Contraste insuffisant

NF Z 43-1<u>2</u>0-14

51553

RÉPERTOIRE

DE LA

LITTÉRATURE

ANCIENNE ET MODERNE.

IMPRIMERIE DE E. POCHARD,
RUE DU POT DE FER, N° 14, A PARIS.

RÉPERTOIRE

DE LA

LITTÉRATURE

ANCIENNE ET MODERNE,

CONTENANT :

1° LE LYCÉE DE LA HARPE, LES ÉLÉMENTS DE LITTÉRATURE DE MARMONTEL, UN CHOIX D'ARTICLES LITTÉRAIRES DE ROLLIN, VOLTAIRE, BATTEUX, etc. ;

2° DES NOTICES BIOGRAPHIQUES SUR LES PRINCIPAUX AUTEURS ANCIENS ET MODERNES, AVEC DES JUGEMENTS PAR NOS MEILLEURS CRITIQUES, TELS QUE :

D'*Alembert*, *Batteux*, *Bernardin de Saint-Pierre*, *Blair*, *Boileau*, *Chénier*, *Delille*, *Diderot*, *Dussault*, *Fénelon*, *Fontanes*, *Ginguené*, *La Bruyère*, *La Fontaine*, *Marmontel*, *Maury*, *Montaigne*, *Montesquieu*, *Palissot*, *Rollin*, *J.-B. Rousseau*, *J.-J. Rousseau*, *Thomas*, *Vauvenargues*, *Voltaire*, etc.;

Et MM. *Amar*, *Andrieux*, *Auger*, *Burnouf*, *Buttura*, *Chateaubriand*, *Duviquet*, *Feletz*, *Gaillard*, *Le Clerc*, *Lemercier*, *Patin*, *Villemain*, etc.;

3° DES MORCEAUX CHOISIS AVEC DES NOTES

TOME VINGT-NEUVIÈME.

A PARIS,

CHEZ CASTEL DE COURVAL, LIBRAIRE-ÉDITEUR,

RUE DE RICHELIEU, N° 87;

ET BOULLAND ET Cie, PALAIS ROYAL, GALERIES DE BOIS, N° 254.

M DCCC XXV.

RÉPERTOIRE

DE LA

LITTÉRATURE

ANCIENNE ET MODERNE.

EXAMEN DES TRAGÉDIES DE VOLTAIRE.

Section première. — Œdipe.

Si parmi nos trois tragiques français du premier ordre, Corneille, Racine et Voltaire, la prééminence est susceptible de contestation, suivant les différents rapports sous lesquels on les envisage, au moins la supériorité de ce dernier sur tous ses contemporains n'est pas contestable, et n'est plus disputée même par ses ennemis; ou s'il en reste encore quelques-uns qui lui opposent ou lui préfèrent Crébillon, c'est par une sorte d'entêtement puéril à soutenir ce que personne ne croit plus; c'est l'imperceptible reste d'un vieil esprit de parti qui a long-temps fait du bruit, et même du mal, et dont aujourd'hui l'on ne s'aperçoit que pour en rire. Ainsi donc, pour me conformer au plan que je me suis fait de parler d'abord, dans chaque genre, des écrivains qui ont été les premiers de leur siècle, mes regards doivent s'arrêter avant tout sur Voltaire, qui est sans contredit ce que le nôtre a produit de plus grand dans le genre dramatique.

Ce qu'il y eut de plus hardi dans son coup d'essai, fut de lutter contre une pièce de Corneille, encore en possession du théâtre : mais ce qu'il y eut de plus glorieux ne fut pas de l'emporter sur un ouvrage reconnu bientôt après pour très mauvais de tout point, ce fut de balancer un des chefs-d'œuvre de Sophocle, et de le surpasser même en quelques parties. C'est le témoignage que lui rendit Rousseau, qui ne se croyait pas encore obligé d'être injuste envers Voltaire : « Le Fran-
« çais de vingt-quatre ans, écrivait-il, l'a em-
« porté en plus d'un endroit sur le Grec de qua-
« tre-vingts. » Il eût pu soutenir la concurrence avec plus d'avantage encore, sans le malheureux épisode des amours de Jocaste et de Philoctète, bien plus vicieux que celui de Créon accusé par Œdipe, dans la pièce de Sophocle. L'auteur a eu sur ce point le courage très louable de se condamner lui-même : il est rare d'avouer si hautement ses fautes, si ce n'est quand on a eu assez de talent pour les couvrir, ou qu'on se sent assez de force pour les réparer. Voltaire, en se reprochant avec tant de sévérité cet insipide amour, qu'il ne fit entrer dans sa pièce que par une complaisance forcée pour la mode et le préjugé, qui n'admettaient encore aucune tragédie sans une intrigue

amoureuse, annonçait l'homme qui, vingt ans après, oserait renouveler dans *Mérope* l'exemple unique donné par l'auteur d'*Athalie*. Mais tel est quelquefois sur les meilleurs esprits le pouvoir des idées dominantes, que ce même écrivain, qui n'a cessé depuis de s'élever contre cette monotone habitude de mettre de l'amour dans tous les sujets, commença pourtant par vouloir excuser un défaut qu'il avouait. Voici comme il en parle dans ses *Lettres sur Œdipe* : « A l'égard de ce souvenir « d'amour entre Jocaste et Philoctète, j'ose encore « dire que c'était un défaut nécessaire. Le sujet ne « me fournissait rien par lui-même pour remplir « les trois premiers actes, à peine avais-je de la « matière pour les deux derniers. Il faut toujours « donner des passions aux principaux personnages; « et quel rôle insipide aurait joué Jocaste, si elle « n'avait eu du moins le souvenir d'un amour lé- « gitime, et si elle n'avait craint pour les jours « d'un homme qu'elle avait autrefois aimé ? »

Voltaire était fort jeune quand il écrivit ces *Lettres*; et lorsque son jugement fut mûri par les années, il changea bien d'opinion : c'est un motif de plus pour dire ici que les raisons qu'il allègue sont fort mauvaises. D'abord il n'y a de défaut *nécessaire* dans un sujet que quand le sujet ne peut subsister sans ce défaut, comme par exemple, dans celui d'*Œdipe*, le silence absolu gardé entre Jocaste et lui pendant quatre ans sur la mort de Laïus. Il n'est nullement vraisemblable que ni l'un ni l'autre n'aient fait aucune recherche sur un évènement de cette nature, et qu'ils n'en aient même jamais parlé. Mais sans cette supposition improbable, il n'y a plus de sujet, et heureusement elle est du nombre de ces fautes que le premier législateur du théâtre, Aristote, regarde avec raison comme les plus excusables de toutes, parce qu'elles sont comme reculées dans l'avant-scène, et ne font point partie de l'action. Il y a bien d'autres exemples de ces sortes de défauts qu'en termes de l'art on appelle *nécessaires*; mais celui-là suffit pour faire voir que cette théorie n'a rien de commun avec l'épisode des amours de Jocaste et de Philoctète, qui non-seulement n'est pas nécessaire au sujet d'*Œdipe*, mais qui même y est absolument étranger. Voltaire nous dit que sans cela il ne pouvait remplir cinq actes; mais il confond ce qui est nécessaire au poète avec ce qui est nécessaire au sujet, deux choses très différentes, et qu'il est bon de distinguer, de peur des conséquences; car de ces deux sortes de nécessités, l'une a toujours trouvé grace aux yeux de tous les gens de l'art, et l'autre n'en obtient point. Ce serait une étrange excuse que d'avouer qu'on a gâté son sujet parce qu'on ne pouvait pas le remplir. Je sais qu'il n'était pas encore d'usage de donner moins de cinq actes à la tragédie; mais peu d'années après, l'auteur d'*Œdipe* donna cet exemple utile quand il fit la *Mort de César*. Il serait bien à souhaiter qu'après avoir osé déroger une fois à la règle des cinq actes, qui certainement admet des exceptions faciles à motiver, et n'est point une loi fondamentale, il eût réduit la tragédie d'*Œdipe* à ses bornes naturelles et raisonnables. Rien n'était plus aisé, car telle que nous l'avons, elle forme deux pièces très distinctes : la première roule sur l'accusation intentée contre Philoctète et sur ses ennuyeuses amours avec Jocaste ; la seconde, sur le développement de la destinée d'Œdipe, accusé par le grand-prêtre d'être le meurtrier de Laïus. Ces deux pièces sont tellement séparées, que l'une commence où l'autre finit, c'est-à-dire à la quatrième scène du troisième acte, et dans les deux derniers, il n'est pas plus question de Philoctète que s'il n'eût jamais existé. Il ne s'agissait donc, en supprimant toute cette première pièce, que d'en réserver la dernière scène du premier acte, la seule qui appartienne au sujet, et d'y joindre cette belle exposition des évènements qui ont précédé l'action, l'un des morceaux les mieux écrits de l'ouvrage. Il ne faudrait pas plus de vingt vers nouveaux pour cette réunion, et nous aurions dans *Œdipe*, au lieu d'un drame très irrégulier, dont une moitié est très froide, une pièce à peu près irréprochable, d'une simplicité toujours attachante, et qui n'offrirait pas un moment de vide ni de langueur.

La seconde raison alléguée par Voltaire est encore moins recevable ; elle se sent un peu du temps où il fallait à toute force un rôle pour l'amoureuse. Quoi ! Jocaste serait insipide si elle n'avait à trembler que pour elle et pour son mari, dont elle doit nécessairement partager les affreuses destinées ! ce n'est au contraire que sous ce seul rapport qu'elle peut être intéressante; et ce qui le prouve invinciblement, c'est qu'elle ne l'est en effet que dans cette admirable scène de la double confidence, où elle est véritablement dans son rôle, et telle que Sophocle l'a faite : dans tout ce qui précède, elle ne produit et ne peut produire aucun effet.

Veut-on savoir maintenant ce que Voltaire, instruit par l'expérience, pensait de ce rôle de Jocaste qu'il avait d'abord voulu excuser dans le moment où il venait de faire *Œdipe*? il n'y a qu'à lire ce qu'il en dit dans l'épître dédicatoire d'*Oreste*, adressée à la duchesse du Maine : « V. A. S. se
« souvient que j'eus l'honneur de lire *Œdipe* de-
« vant elle..... Vous, et M. le cardinal de Polignac,
« et M. de Malézieux, et tout ce qui composait votre
« cour, vous me blâmâtes universellement, et avec
« très grande raison, d'avoir prononcé le mot d'a-
« mour dans un ouvrage où Sophocle avait si bien
« réussi sans ce malheureux ornement. Le public
« fut entièrement de votre avis : tout ce qui était
« dans le goût de Sophocle fut applaudi générale-
« ment, et ce qui ressentait un peu la passion de
« l'amour fut condamné de tous les critiques éclai-
« rés. En effet, Madame, qu'elle place pour la ga-
« lanterie, que le parricide et l'inceste qui désolent
« une famille, et la contagion qui ravage un pays!
« Et quel exemple plus frappant du ridicule de
« notre théâtre et du pouvoir de l'habitude, que
« Corneille, d'un côté, qui fait dire à Thésée :

« Quelque ravage affreux qu'étale ici la peste,
« L'absence aux vrais amants est encor plus funeste,

« et moi qui, soixante ans après lui, viens faire par-
« ler une vieille Jocaste d'un vieil amour ; et tout cela
« pour complaire au goût le plus fade et le plus
« faux qui ait jamais corrompu la littérature. »

Ce morceau est aussi instructif par les faits qu'il contient que par les principes qu'il établit, et fait autant d'honneur à l'excellent goût et à la franchise courageuse de Voltaire, qu'au génie de Sophocle. Que l'on rapproche cette préface d'*Oreste* des *Lettres sur Œdipe*, où le jeune imitateur traite l'original ancien avec le mépris le plus injuste et le plus inconséquent, et l'on avouera que s'il lui devait cette réparation, il s'en est noblement acquitté, et qu'il lui rend justice en se la faisant. Ce n'est pas le seul endroit où les éloges les plus flatteurs pour ce même Sophocle démentent dans Voltaire la légèreté injurieuse de ses premiers jugements, que la jeunesse seule pouvait excuser. Un si frappant concontraste peut apprendre aux jeunes gens à se défier un peu de leurs opinions, quand un homme tel que Voltaire est revenu si formellement, à cinquante ans, de celles qu'il avait à vingt-quatre. Ce qu'il dit de l'impression que produisit *Œdipe* au théâtre, même dans sa nouveauté et dans la première chaleur de son succès, ne mérite pas moins d'attention, et confirme ce que d'autres exemples ont prouvé depuis, que les Grecs n'avaient pas tort d'exclure l'amour de la plupart de leurs sujets tragiques qui ne le comportaient pas. On voit, par le rapport de Voltaire, que le public de Paris, malgré l'ascendant de l'habitude et du préjugé, ne fut pas affecté différemment de celui d'Athènes ; c'est que la nature est la même en tous temps, et que ses impressions l'emportent sur les idées reçues. On n'était pas surpris d'entendre parler d'amour dans le sujet d'*OEdipe*, parce qu'on était accoutumé à voir l'amour occuper toujours la scène ; mais on sentait qu'il n'était pas à sa place, et la vérité des convenances naturelles l'emportait sur celles de la mode et du préjugé. La même chose est arrivée dans l'*Électre* de Crébillon : les beautés tirées du sujet et le rôle de Palamède la firent réussir, et l'ont soutenue au théâtre, malgré le double épisode d'amour infiniment vicieux, et plus ridicule que celui de Jocaste et de Philoctète. Mais lisez la préface de Crébillon, et vous verrez comme il traite l'*Électre* de Sophocle, et les belles raisons qu'il apporte pour justifier la sienne ; vous verrez comme il fait de ses fautes les plus palpables autant de beautés supérieurs, et comme il met autant de confiance à les soutenir que Voltaire de candeur à les avouer. C'est que Crébillon, qui n'avait que du talent, n'eut jamais ni assez de connaissances ni assez de goût pour bien juger les autres ni lui-même.

On doit avouer, à la gloire de l'auteur d'*OEdipe*, qu'il n'y a guère de défaut essentiel dans son ouvrage qu'il n'ait reconnu le premier, et c'est une chose assez rare qu'on ne puisse critiquer un écrivain que d'après lui. Il est convenu en propres termes qu'il y avait dans sa pièce *deux tragédies, dont l'une roule sur Philoctète, et l'autre sur OEdipe*. Il ajoute qu'il craint bien *d'avoir poussé la grandeur d'âme*, dans le personnage de Philoctète, *jusqu'à la fanfaronnade;* et il est vrai qu'il y règne un ton de jactance trop continuel et trop marqué. Mais on y aperçoit aussi des traits d'une vraie grandeur : tel est sur-tout l'endroit où il parle de ce qu'il doit à Hercule :

Cependant l'univers, *tremblant au nom d'Alcide*,
Attendait son destin de sa valeur rapide.
A ses divins travaux j'osai m'associer ;
Je marchai près de lui, ceint du même laurier.
C'est alors en effet que mon âme éclairée,
Contre les passions se sentit assurée.
L'amitié d'un grand homme est un bienfait des dieux.
Je lisais mon devoir et mon sort dans ses yeux.
Des vertus avec lui je fis l'apprentissage :
Sans endurcir mon cœur, j'affermis mon courage,
L'inflexible *vertu* m'enchaîna sous sa loi.
Qu'eussé-je été sans lui? rien que le fils d'un roi,
Rien qu'un prince vulgaire, et je serais peut-être
Esclave de mes sens dont il m'a rendu maître.

Ce témoignage rendu à l'amitié est d'un caractère héroïque.

Un autre défaut dans la marche de la pièce, que l'auteur lui-même a relevé, c'est que « le troisième « acte n'est point fini : on ne sait pourquoi les ac- « teurs sortent de la scène. OEdipe dit à Jocaste :

Suivez mes pas ; rentrons : il faut que j'éclaircisse.
Un soupçon que je forme avec trop de justice.
. . . . Suivez-moi,
Et venez dissiper ou combler mon effroi.

« Mais il n'y a pas de raison pour qu'OEdipe éclair- « cisse son doute plutôt derrière le théâtre que sur

« la scène. Aussi après avoir dit à Jocaste de le
« suivre, revient-il avec elle le moment d'après ; et
« il n'y a aucune autre distinction entre le troisième
« et le quatrième acte, que le coup d'archet qui les
« sépare. » Je rapporte les propres expressions de
Voltaire ; elles font voir qu'en lui le critique n'épar-
gnait point l'auteur.

Je ne trouve dans son *Œdipe* que deux fautes
qui aient échappé à sa censure, et dont l'une est une
inadvertance assez singulière. A la première scène,
Philoctète apprend avec surprise la mort de Laïus
comme un évènement tout nouveau pour lui ; et,
dans le second acte, un confident dit à Jocaste, en
parlant de ce même Philoctète :

Il partit, et depuis, *sa destinée errante*
Ramena sur nos bords *sa fortune flottante*.
Même il était dans Thèbes en ces temps malheureux
Que le Ciel a marqués d'un parricide affreux.

S'il était dans Thèbes lorsque Laïus fut tué, il ne
peut pas ignorer sa mort. Il serait facile de retrancher ces quatre vers, qui ne sont pas du tout nécessaires à la pièce.

Une autre espèce de contradiction, et toujours
dans ce même rôle de Philoctète, qui emporterait
avec lui presque tout ce qu'il y a de défectueux dans
Œdipe, s'il en était retranché, c'est de faire dire à
ce guerrier, dans la scène où le roi est accusé par
le grand-prêtre :

Contre vos ennemis je vous offre mon bras ;
Entre un pontife et vous je ne balance pas ;

et dans la scène suivante :

> Si vous n'aviez, seigneur, à craindre que des rois,
> Philoctète avec vous combattrait sous vos lois.
> Mais un prêtre est ici d'autant plus redoutable,
> Qu'il vous *perce* à nos yeux *par un trait* respectable.

Il s'excuse ici de donner ici un secours que tout à l'heure il offrait, et trouve le pontife plus *redoutable* que les rois, après avoir dit qu'il ne balançait pas entre un pontife et le roi. Cependant cette contradiction est plus aisée à expliquer que la première; elle vient de ce que ces vers,

> Contre vos ennemis je vous offre mon bras;
> Entre un pontife et vous je ne balance pas,

ont été ajoutés dans les éditions de Genève au bout de quarante ans; et l'auteur, en les faisant, oublia qu'ils ne s'accordaient pas avec ce qui suit. Il y a plus d'un inconvénient et plus d'un danger à revenir ainsi dans la vieillesse sur des écrits travaillés long-temps auparavant, et nous en verrons des preuves dans ceux de Voltaire. On n'a plus alors la mémoire assez présente pour se rappeler tout l'ensemble d'un ouvrage, ce qui est pourtant indispensable pour toucher à une partie sans risquer de nuire aux autres : on s'expose aussi à écouter des scrupules qui deviennent trop vétilleux quand l'imagination est trop refroidie. C'est ainsi que Voltaire a gâté plusieurs endroits de sa *Henriade* et de ses tragédies; en y substituant de nouvelles versions qui se sentaient de la faiblesse de l'âge. Nous

en avons un exemple dans *Œdipe*, et j'en prendrai
du moins occasion de vous rappeler un morceau
supérieurement écrit, et qui dans sa nouveauté eut
un succès prodigieux que le temps a confirmé; c'est
cette exposition dont j'ai parlé; c'est le récit que
Dimas fait à Philoctète des désastres qui ont suivi
la mort de Laïus :

Du bruit de son trépas mortellement frappés,
A répandre des pleurs nous étions occupés,
Quand, du courroux des dieux, ministre épouvantable,
Funeste à l'innocent sans punir le coupable,
Un monstre (loin de nous que faisiez-vous alors?)
Un monstre furieux vint ravager ces bords.
Le ciel, industrieux dans sa triste vengeance,
Avait à le former épuisé sa puissance.
Né parmi des rochers, au pied du Cythéron,
Ce monstre à voix humaine, aigle, femme et lion,
De la nature entière exécrable assemblage,
Unissait contre nous l'artifice à la rage.
Il n'était qu'un moyen d'en préserver ces lieux.
D'un sens embarrassé dans des mots captieux,
Le monstre chaque jour dans Thèbes épouvantée
Proposait une énigme avec art concertée,
Et si quelque mortel voulait nous secourir,
Il devait voir le monstre, et l'entendre, ou périr.
A cette loi terrible il nous fallut souscrire.
D'une commune voix Thèbe offrit son empire
A l'heureux interprète inspiré par les dieux,
Qui nous dévoilerait ce sens mystérieux.
Nos sages, nos vieillards, séduits par l'espérance,
Osèrent, sur la foi d'une vaine science,
Du monstre impénétrable affronter le courroux.

Nul d'eux ne l'entendit, ils expirèrent tous.
Mais OEdipe, héritier du sceptre de Corinthe,
Jeune, et dans l'âge heureux qui méconnaît la crainte,
Guidé par la fortune en ces lieux pleins d'effroi,
Vint, vit ce monstre affreux, l'entendit, et fut roi.

C'était pour la première fois, depuis la mort de Racine, qu'on entendait au théâtre des vers tournés avec cette élégance poétique, cette sage précision, cette harmonie variée; et dans un temps où le goût n'était pas corrompu comme aujourd'hui, où les amateurs qui remplissaient le parterre avaient l'oreille exercée, où l'on ne demandait pas, pour admirer des vers, qu'ils fussent d'une tournure bizarre et monstrueuse; on fut enchanté de ce morceau qui ne pouvait être que d'un vrai poète, on l'applaudit avec transport. Les connaisseurs remarquèrent ce mouvement heureux et naturel qui coupe si bien le récit :

Un monstre...(loin de nous que faisiez-vous alors?)

cette épithète trouvée, qui ne pouvait convenir qu'au sphinx, *du monstre impénétrable.* Tout le monde répéta ce vers d'une précision si rare :

Vint, vit ce monstre affreux, l'entendit, et fut roi.

On ne s'avisa pas d'y chercher une prétendue ressemblance avec ce vers de Racine :

Titus pour mon malheur vint, vous vit, et vous plut.

On sentit quelle distance il y avait de ce vers, qui

ne dit qu'une chose très commune, et qui pourrait appartenir à la comédie comme à la tragédie, à celui d'OEdipe qui renferme tant de grands objets dans sa brièveté énergique, et peint si rapidement l'audace, le succès et la récompense. Peut-être n'y a-t-il à reprendre dans cette excellente tirade qu'une seule expression qui peut paraître impropre, *une énigme avec art concertée* : ce mot suppose toujours un concours de plusieurs personnes; un dessein bien *concerté*, une entreprise bien *concertée*. On ne dirait pas du discours le plus artificieusement arrangé qu'il est *concerté avec art*, à moins qu'on ne voulût exprimer des rapports, des intelligences avec d'autres personnes. Cette remarque peut faire voir combien l'exacte propriété des termes est un mérite difficile et rare, puisque les plus grands écrivains y manquent quelquefois. Aussi ce qui distingue Racine est d'y avoir manqué moins que tout autre, depuis *Andromaque*. Mais Voltaire céda, dans ses dernières éditions, à un scrupule bien mal entendu sur ce beau vers :

Jeune, et dans l'âge heureux qui méconnaît la crainte.

Il est bien vrai que *méconnaître* signifie proprement *ne pas reconnaître*, et non point ne pas *connaître*. Mais en poésie cette hardiesse n'est qu'une figure heureuse, et qui offre à l'imagination un sens clair et vrai; ce qui est la plus sûre épreuve de toute figure. La poésie, qui anime tout, peut offrir le danger aux yeux d'un jeune homme ardent et fougueux qui ne le *reconnaît pas*, et alors *mécon-*

naître la crainte n'est autre chose que *méconnaître le danger* : c'est une espèce de métonymie très belle et très permise, parce que tout le monde la saisit du premier coup-d'œil. Sans doute on ne pourrait pas s'exprimer ainsi en prose, et c'est pour cela même qu'on sait gré au poète d'être plus hardi et plus fort que le prosateur, sans être moins clair. L'auteur d'*Œdipe* a mis à la place :

Au-dessus de son âge, au-dessus de la crainte,

vers faible et commun qui remplace un vers fait de verve, et qui n'a ni le tour poétique du premier, ni sur-tout le mouvement que produit cette césure au premier pied :

Jeune — et dans l'âge heureux, etc.

On peut appliquer aux premières conceptions du talent ce que dit Platon des idées archétypes, *qu'elles ont quelque chose de divin*. Il est de fait que les plus grandes beautés d'un ouvrage ont toujours été conçues les premières, puisque ce sont elles qui engagent à l'entreprendre. Il y a aussi dans la composition des détails une première chaleur très précieuse à conserver ; et quand la raison tranquille vient les retoucher, il faut bien prendre garde qu'elle s'arrête seulement sur ce que la première pensée a négligé, et non pas sur ce qu'elle a vivifié.

Ce qui fit réussir *Œdipe*, malgré l'irrégularité du plan et le vice des premiers actes, c'est la perfection des deux derniers ; ils suffisaient pour annoncer un talent supérieur : la conduite en est parfaite, le développement des destins d'OEdipe est gradué de scène en scène, de manière à soutenir et augmenter sans cesse la curiosité et l'intérêt. Ils sont entièrement calqués sur la pièce grecque; mais j'ose dire que le dialogue est encore plus vif, plus animé, et le style plus éloquent. Il y a dans Sophocle quelques longueurs, comme il y en a presque toujours chez les Grecs : ici rien d'inutile. Ces deux actes sont un chef-d'œuvre pour les connaisseurs, et il ne fallait rien moins pour l'emporter sur ceux de Sophocle, qui sont très beaux. Le pathétique de la double confidence est poussé plus loin dans Voltaire, le rôle de Jocaste est plus soutenu, et celui d'OEdipe est aussi intéressant qu'il peut l'être, parce qu'il n'a pas à se reprocher, comme dans le poète grec, une accusation injuste et violente contre un prince innocent. Dans Sophocle, au moment où le vieil Icare, en apprenant à OEdipe qu'il n'est point fils de Polybe, fait entrevoir le secret de son sort, Jocaste quitte la scène en déplorant le sort de l'infortuné qu'elle n'ose plus appeler ni son époux ni son fils. Sa sortie du théâtre est bien adaptée à la situation; mais on ne voit nulle part entre elle et ce malheureux roi un dialogue tel que celui-ci, où le jeune auteur semble avoir voulu lutter contre Corneille, le meilleur modèle de ces scènes où la force d'une situation est redoublée par une espèce de choc de reparties alternées entre les interlocuteurs :

JOCASTE.

Vivez : c'est moi qui vous en presse.

Écoutez ma prière.

OEDIPE.
Ah ! je n'écoute rien.

J'ai tué votre époux.

JOCASTE.
Mais vous êtes le mien.

OEDIPE.
Je le suis par le crime.

JOCASTE.
Il est involontaire.

OEDIPE.
N'importe, il est commis.

JOCASTE.
O comble de misère !

OEDIPE.
O trop funeste hymen ! ô feux jadis si doux !

JOCASTE.
Ils ne sont point éteints : vous êtes mon époux.

OEDIPE.
Non, je ne le suis plus, et ma main ennemie
N'a que trop bien rompu le saint nœud qui nous lie.
Je remplis ces climats du malheur qui me suit :
Redoutez-moi, craignez le dieu qui me poursuit.
Ma timide vertu ne sert qu'à me confondre,
Et de moi désormais je ne puis plus répondre.
Peut-être, de ce dieu partageant le courroux,
L'horreur de mon destin s'étendrait jusqu'à vous.
Ayez du moins pitié de tant d'autres victimes ;
Frappez, ne craignez rien, vous m'épargnez des crimes.

Le monologue d'OEdipe à la suite de ce funeste

éclaircissement me paraît exprimer mieux le désespoir, que le langage que lui prête Sophocle dans la même situation :

..... Sortez, cruels, sortez de ma présence;
De vos affreux bienfaits craignez la récompense;
Fuyez : à tant d'horreurs par vous seuls réservé,
Je vous punirais trop de m'avoir conservé.
Le voilà donc rempli cet oracle exécrable
Dont ma crainte a pressé l'effet inévitable;
Et je me vois enfin, par un mélange affreux,
Inceste et parricide, et pourtant vertueux.
Misérable vertu, nom stérile et funeste,
Toi par qui j'ai réglé des jours que je déteste,
A mon noir ascendant tu n'as pu résister;
Je tombais dans le piége en voulant l'éviter :
Un dieu plus fort que toi m'entraînait vers le crime.
Sous mes pas fugitifs il creusait un abîme;
Et j'étais malgré moi, dans mon aveuglement,
D'un pouvoir inconnu l'esclave et l'instrument.
Voilà tous mes forfaits; je n'en connais point d'autres;
Impitoyables dieux, mes crimes sont les vôtres,
Et vous m'en punissez!

OEdipe, dans Sophocle, s'exprime ainsi : « Eh bien « destins affreux, vous voici dévoilés! Je suis donc « né de ceux dont jamais je n'aurais dû naître? Je « suis l'époux de celle que la nature me défendait « d'épouser; j'ai donné la mort à ceux à qui je de- « vais le jour! Mon sort est accompli..... O soleil ! « je t'ai vu pour la dernière fois ! » Comme dans les deux pièces OEdipe quitte alors la scène pour aller se crever les yeux. Il me semble que celui des deux auteurs qui lui a donné le désespoir le plus violent est celui qui est le mieux entré dans la situation. Voltaire a été encore plus loin : il donne à OEdipe un moment de délire :

Où suis-je ? quelle nuit
Couvre d'un voile affreux la clarté qui nous luit.
Ces murs sont teints de sang, je vois les Euménides
Secouer leurs flambeaux vengeurs des parricides.
Le tonnerre en éclats semble fondre sur moi;
L'enfer s'ouvre... O Laïus! ô mon père est-ce toi?
Je vois, je reconnais la blessure mortelle
Que te fit dans le flanc cette main criminelle.
Punis-moi, venge-toi d'un monstre détesté,
D'un monstre qui souilla les flancs qui l'ont porté.
Approche, entraîne-moi dans les demeures sombres;
J'irai de mon supplice épouvanter les ombres.

Cet égarement prépare au parti furieux que va prendre le malheureux OEdipe; et j'ai remarqué que ce morceau produit toujours de l'effet au théâtre *.

* Il me paraît douteux qu'on doive préférer le monologue d'OEdipe dans Voltaire, monologue bien écrit, mais dont le fond est commun, aux rapides et énergiques exclamations que lui prête Sophocle dans ce moment terrible. Peut-être cette brièveté de paroles, cette brusque et impétueuse sortie, sont-ils une plus vive expression du désespoir que l'emportement, un peu convenu, du morceau français. Ce dernier est plus dans notre goût, il est vrai, et on ne peut nier, comme le dit La Harpe, qu'il ne produise de l'effet au théâtre. Mais il est remarquable que les Grecs représentaient l'extrême douleur d'une manière tout opposée, par quelques cris, quelques gémissements, plus souvent par un silence, avant-coureur terrible des plus funestes résolutions. C'est ainsi, dans Sophocle, que Jocaste et OEdipe quittent la scène. Son théâtre et celui de ses rivaux Eschyle et Euripide offrent beaucoup d'autres exemples semblables. Fénelon les loue beaucoup, dans sa *Lettre à l'Académie française*, de ces naïves peintures. « Sophocle, selon lui, ne fait dire à OEdipe que des mots entrecoupés. Tout est douleur. C'est

Il est vrai que dans le grec la scène suivante, où Sophocle ramène OEdipe aveugle et recevant les adieux de ses enfants, est du plus grand pathétique. Mais Voltaire n'a pas cru qu'elle pût entrer dans son plan; il affirme même qu'elle est hors d'œuvre, et qu'après que le spectateur est instruit de tout, il ne veut plus rien entendre. Je n'oserais affirmer le contraire de cette opinion, assez conforme à l'esprit général de notre théâtre; mais ce qui est sûr, c'est qu'on ne peut lire cette scène sans verser des larmes, et que Sophocle lui-même en a peu d'aussi touchantes *.

plutôt un gémissement, ou un cri, qu'un discours. C'est ainsi, ajoute-t-il après avoir cité le morceau, que parle la nature quand elle succombe à la douleur. » Il est difficile dans cette opposition du goût ancien et du goût moderne, de ne point se ranger du côté de Fénelon et des Grecs. H. PATIN.

* Voltaire a paru dans sa vieillesse regretter de n'avoir pas reproduit cette scène. On peut du moins le conjecturer d'après ce passage de son *Commentaire sur Corneille*, où il soutient, contre le sentiment de ce grand poète, qu'il n'était pas impossible de transporter sur notre scène cette éloquente description des douleurs d'OEdipe: « Elle réussirait sans doute beaucoup si elle était de ce style mâle et terrible, et en même temps pur et exact, qui caractérise Sophocle. Je ne sais même si aujourd'hui que la scène est libre et dégagée de tout ce qui la défigurait, on ne pourrait pas faire paraître OEdipe tout sanglant comme il parut sur le théâtre d'Athènes. La disposition des lumières, OEdipe ne paraissant que dans l'enfoncement pour ne pas offenser les yeux, beaucoup de pathétique dans l'acteur et peu de déclamation dans l'auteur, les cris de Jocaste et les douleurs de tous les Thébains, pourraient former un spectacle admirable. Les magnifiques tableaux dont Sophocle a orné son OEdipe, feraient sans doute le même effet que les autres parties du poème firent dans Athènes. Mais du temps de Corneille, nos jeux de paume étroits, dans lesquels on représentait ces pièces, les vêtements ridicules des acteurs, la décoration aussi mal entendue que ces vêtements, excluaient la magnificence d'un spectacle véritable, et réduisaient la tragédie à de simples conversations que Corneille anima quelquefois par le feu de son génie. »   H. P.

D'un autre coté, Voltaire a plusieurs avantages sur Sophocle dans ce qu'il en a emprunté, particulièrement dans le récit du combat d'OEdipe contre Laïus, et des prédictions sinistres que les oracles lui avaient faites. Pour en mieux juger, citons le texte grec traduit par le P. Brumoy : je sais qu'une version en prose fait perdre beaucoup à un poète; mais celle-ci du moins est assez fidèle; et, en supposant dans Sophocle l'élégance et le nombre qu'il a en effet, vous verrez clairement que le poëte français a mis plus d'invention et d'intérêt dans les circonstances des faits, et plus de poésie dans les détails.

« Fils de Polybe, roi des Corinthiens, et de la
« reine Mérope son épouse, j'ai tenu le premier rang
« à Corinthe. J'en étais l'espérance lorsqu'il m'arriva
« une aventure propre à me surprendre, peu
« digne pourtant des soucis qu'elle me causa.—Un
« homme pris de vin eut l'audace de me reprocher
« à table que je n'étais point le fils du roi et de la
« reine. Outré d'un affront si sanglant, j'eus peine
« à retenir ma colère. Toutefois je laisse passer ce
« jour-là. Le lendemain, je vais trouver Polybe et
« Mérope, et je leur fais part de mon chagrin. Ils
« entrent en fureur contre celui qui m'avait outragé
« dans l'ivresse. Je fus flatté de ce qu'ils me dirent;
« mais l'affront était gravé trop profondément dans
« mon cœur. Je pars à l'insu de mes parents; je vais
« au temple de Delphes. Apollon interrogé, au lieu
« de répondre à mes demandes, m'annonce le plus
« horrible avenir; que je serai l'époux de ma mère;

« que je mettrai au jour une race exécrable ; que
« je serai le meurtrier de mon père. »

Voltaire a retranché la circonstance, trop peu
noble pour notre théâtre, de l'injure proférée dans
l'ivresse, et voici de quelle manière il raconte le
même fait :

Le destin m'a fait naître au trône de Corinthe ;
Cependant, de Corinthe et du trône éloigné,
Je vois avec horreur les lieux où je suis né.
Un jour (ce jour affreux présent à ma pensée,
Jette encor la terreur dans mon âme glacée),
Pour la première fois, par un don solennel,
Mes mains jeunes encore enrichissaient l'autel :
Du temple tout à coup les combles s'ent'rouvrirent ;
De traits affreux de sang les marbres se couvrirent ;
De l'autel ébranlé par de longs tremblements,
Une invisible main repoussait mes présents,
Et les vents au milieu de la foudre éclatante
Portèrent jusqu'à moi cette voix effrayante :
« Ne viens plus des lieux saints souiller la pureté ;
« Du nombre des vivants les dieux t'ont rejeté ;
« Ils ne reçoivent point tes offrandes impies ;
« Va porter tes présents aux autels des Furies,
« Conjure leurs serpents prêts à te déchirer ;
« Va, ce sont là les dieux que tu dois implorer. »
Tandis qu'à la frayeur j'abandonnais mon âme,
Cette voix m'annonça, le croirez-vous, Madame ?
Tout l'assemblage affreux des forfaits inouïs
Dont le Ciel autrefois menaça votre fils ;
Me dit que je serais l'assassin de mon père.....

JOCASTE.

Ah dieux !

OEDIPE.
Que je serais le mari de ma mère.

On ne disconviendra pas, je crois, que cette idée du premier sacrifice offert par OEdipe n'amène bien plus heureusement l'oracle, que des paroles échappées dans le vin; et combien il en tire de beautés poétiques qu'il ne doit point à Sophocle, et qui ne sont point déplacées dans le sujet! Reprenons la suite du récit dans l'auteur grec :

« Épouvanté, comme vous pouvez juger, d'un
« oracle si effrayant, je prends le parti d'éviter pour
« toujours Corinthe, afin de me mettre hors d'état
« d'accomplir cette affreuse prédiction. Je règle
« mon voyage sur les astres, et j'arrive à l'endroit
« où vous dites que Laïus a péri. Je vous l'avoue-
« rai, Madame : à peine eus-je atteint le chemin qui
« se partage en trois, qu'un homme tel à peu près
« comme vous le peignez, monté sur un char et
« accompagné d'un héraut, se présente devant moi,
« et veut me faire retirer par force. Transporté de
« fureur, je frappe l'insolent qui m'insultait. Le
« maître prend son temps, et me porte deux coups.
« Il n'en fut pas quitte pour la même peine : at-
« teint d'un seul coup, il est renversé de son char,
« il expire à mes pieds, et tous ceux de sa suite
« tombent en même temps sous mes coups. »

Supposons encore une fois ce récit mis en vers plus élégans et mieux tournés que cette prose, il sera encore bien loin de celui que vous allez entendre :

Du sein de ma patrie il fallut m'exiler.

Je craignis que ma main, malgré moi criminelle,
Aux destins ennemis ne fût un jour fidèle;
Et suspect à moi-même, à moi-même odieux,
Ma vertu n'osa point lutter contre les dieux.
Je m'arrachai des bras d'une mère éplorée;
Je partis, je courus de contrée en contrée;
Je déguisai partout ma naissance et mon nom;
Un ami de mes pas fut le seul compagnon.
Dans plus d'une aventure, en ce fatal voyage,
Le dieu qui me guidait seconda mon courage.
Heureux si j'avais pu dans l'un de ces combats
Prévenir mon destin par un noble trépas!
Mais je suis réservé sans doute au parricide.
Enfin, je me souviens qu'aux champs de la Phocide
(Et je ne conçois pas par quel enchantement
J'oubliais jusqu'ici ce grand évènement:
La main des dieux sur moi si long-temps suspendue
Semble ôter le bandeau qu'ils mettaient sur ma vue),
Dans un chemin étroit je trouvai deux guerriers,
Sur un char éclatant que traînaient deux coursiers.
Il fallut disputer, dans cet étroit passage,
Des vains honneurs du pas le frivole avantage.
J'étais jeune et superbe, et nourri dans un rang
Où l'on puisa toujours l'orgueil avec le sang.
Inconnu, dans le sein d'une terre étrangère,
Je me croyais encore au trône de mon père;
Et tous ceux qu'à mes yeux le sort venait offrir
Me semblaient mes sujets, et faits pour m'obéir.
Je marche donc vers eux, et ma main furieuse
Arrête des coursiers la fougue impétueuse.
Loin du char à l'instant ces guerriers élancés
Avec fureur sur moi tombent à coups pressés.
La victoire entre nous ne fut point incertaine,

Dieux puissants! je ne sais si c'est faveur ou haine,
Mais sans doute pour moi contre eux vous combattiez,
Et l'un et l'autre enfin tombèrent à mes pieds.
L'un d'eux, il m'en souvient, déjà glacé par l'âge,
Couché sur la poussière, observait mon visage;
Il me tendit les bras, il voulut me parler;
De ses yeux expirants je vis des pleurs couler;
Moi-même en le perçant je sentis dans mon âme,
Tout vainqueur que j'étais... Vous frémissez, Madame!

On ne me soupçonnera pas de partialité en faveur des modernes contre les anciens; mais je demande à quiconque n'en aura d'aucune espèce, si ce récit n'est pas infiniment supérieur à celui de Sophocle pour l'intérêt dramatique autant que pour le coloris poétique. L'un n'a fait qu'un dessin pur et correct; l'autre, un tableau plein de vie. Je vois ici des traits de caractère :

J'étais jeune et superbe, etc.;

des mouvements d'âme :

Heureux si j'avais pu dans l'un de ces combats, etc.
Dieux puissants, je ne sais si c'est faveur ou haine, etc.

des peintures animées :

Et ma main furieuse
Arrête des coursiers la fougue impétueuse, etc.

des détails touchants :

L'un d'eux, il m'en souvient, déjà glacé par l'âge, etc.

enfin, un dernier trait qui frappe de terreur, un

trait vraiment tragique, et qui faisait trembler quand le célèbre Lekain le prononçait :

. . . . Vous frémissez, Madame!

Rien de tout cela n'est dans le grec. Qu'on juge ce que les hommes instruits devaient attendre d'un auteur de vingt-quatre ans, qui savait ainsi embellir ce qu'il empruntait d'un écrivain tel que Sophocle.

Il ne fait guère que le traduire dans l'endroit où OEdipe s'écrie, après avoir appris la mort de Polybe dont il se croit encore le fils :

Qu'êtes-vous devenus, oracles de nos dieux,
Vous qui faisiez trembler ma vertu trop timide,
Vous qui me prépariez l'horreur du parricide?
Mon père est chez les morts, et vous m'avez trompé :
Malgré vous dans son sang mes mains n'ont point trempé.

Mais attentif à saisir partout les mouvements de la nature, Voltaire ajoute tout de suite :

O Ciel! et quel est donc l'excès de ma misère,
Si le trépas des miens me devient nécessaire;
Si, trouvant dans leur perte un bonheur odieux,
Pour moi la mort d'un père est un bienfait des dieux?

C'est à de semblables traits qu'on pouvait reconnaître un tour d'esprit propre à la tragédie. Voyez aussi avec quelle noblesse intéressante il fait parler OEdipe, lorsque, convaincu qu'il a tué Laïus, mais ignorant encore qu'il est son fils, il se résout à s'exiler de Thèbes :

Finissez vos regrets, et retenez vos larmes.
Vous plaignez mon exil; il a pour moi des charmes.
Ma fuite à vos malheurs assure un prompt secours;
En perdant votre roi, vous conservez vos jours.
Du sort de tout ce peuple il est temps que j'ordonne.
J'ai sauvé cet empire en arrivant au trône;
J'en descendrai du moins comme j'y suis monté;
Ma gloire me suivra dans mon adversité.
Mon destin fut toujours de vous rendre la vie.

C'est ainsi qu'il parle aux Thébains; et il avait dit à Jocaste :

Adieu. Que de vos pleurs la source se dissipe;
Vous ne reverrez plus l'inconsolable OEdipe.
C'en est fait, j'ai régné; vous n'avez plus d'époux;
En cessant d'être roi, je cesse d'être à vous.
Je pars : je vais chercher, dans ma douleur mortelle,
Des pays où ma main ne soit point criminelle;
Et vivant loin de vous, sans états, mais en roi,
Justifier les pleurs que vous versez pour moi.

En général, tout le rôle d'OEdipe dans la pièce française est dessiné avec plus de grandeur, d'énergie et d'intérêt, que dans les quatre premiers actes de la pièce grecque; car le cinquième de celle-ci, comme je l'ai dit, ne peut pas entrer dans la comparaison.

C'est dans *OEdipe* que se trouvent ces vers sur les prêtres païens, répétés depuis si souvent par ceux qui en ont fait une application générale aux prêtres chrétiens :

Nos prêtres ne sont point ce qu'un vain peuple pense :
Notre crédulité fait toute leur science.

La manière de penser de l'auteur, dès-lors assez connue par quelques pièces de société, fit accuser l'intention de ces vers, et l'on ne s'avisa guère d'examiner s'ils étaient de l'esprit de Voltaire ou de celui de Sophocle. Il est vrai qu'à juger par ce qui arriva dans la suite, ils semblent avoir été le premier signal d'une guerre qui n'a eu d'autre terme que celui de sa vie. Mais il n'est pas moins vrai que Jocaste parle dans Sophocle précisément comme dans Voltaire, et ne cesse de témoigner le plus grand mépris pour les prêtres et les oracles; ce qui n'était permis sur le théâtre d'Athènes que dans la bouche d'un personnage puni à la fin de la pièce, et l'on sait quelle est la catastrophe de l'*OEdipe* grec *.

---

* Je ne sais où La Harpe a pris cette loi du théâtre des Grecs, qui voulait, selon lui, qu'un personnage impie fût puni à la fin de la pièce. Cette assertion, que je crois assez gratuite, pourrait toutefois être en partie justifiée par une anecdote de la vie d'Euripide, que, dans son *Cours de Littérature dramatique*, Schlegel raconte en ces termes :

« On prétend que dans sa tragédie de *Bellérophon*, ce héros en faisant l'éloge de la richesse la mettait au-dessus de toutes les joies domestiques, et finissait par dire que si Aphrodite (qui portait le surnom de Dorée) brillait comme l'or, elle méritait bien en effet l'amour des mortels; qu'alors il s'était élevé un grand cri dans l'assemblée, et qu'on allait se mettre en devoir de lapider l'acteur et le poète, lorsque Euripide s'était élancé sur le devant de la scène, en criant aux spectateurs : attendez, attendez seulement; il le paiera bien à la fin. Il se justifia de même des discours horribles et blasphématoires qu'il faisait tenir à Ixion, et promit qu'il ne laisserait pas finir la pièce sans attacher à la roue cet impie. »

Quant aux deux vers dont La Harpe cherche à défendre l'intention en les rapprochant des discours que Sophocle prête à Jocaste, il n'est guère possible de se méprendre sur le sens qu'a voulu leur donner l'auteur, et que leur attribue constamment, aux représentations de la pièce, une partie du public.

La Jocaste de Sophocle est plus réservée que celle de Voltaire. Elle ne croit

Ce qu'ajoute Jocaste dans celui de Voltaire peut fournir une observation d'une espèce fort différente :

Un ministère saint les attache aux autels :
Ils approchent des dieux, mais ils sont des mortels.
Pensez-vous qu'en effet, au gré de leur demande,
Du vol de leurs oiseaux la vérité dépende,
Que sous un fer sacré des taureaux gémissants
Dévoilent l'avenir à leurs regards perçants,
Et que de leurs festons ces victimes ornées
Des humains dans leurs flancs portent les destinées?

Ces vers sont de la plus riche élégance : qui croi-

pas à l'art des devins, qui lui a coûté un fils ; les prêtres lui paraissent abusés par une fausse science ; mais jamais elle ne les représente comme des imposteurs. La légèreté de ses paroles ne pouvait d'ailleurs faire une mauvaise impression sur les spectateurs ; l'effet en était détruit par l'esprit religieux imprimé à l'ouvrage, où triomphe d'une manière éclatante la puissance du destin et des dieux, la véracité des oracles et des présages ; par les discours du chœur, qui blâme le langage téméraire de la reine ; par la piété d'Œdipe, qui dans son affreuse fortune ne se révolte point contre la main qui le frappe. Dans l'auteur français au contraire, les prêtres qui se trouvent à la fin avoir raison contre Œdipe, sont perpétuellement accusés, soit par lui, soit par les autres personnages, d'ignorance et de fourberie (Voyez act. II, sc. 5 ; III, 4, 5 ; IV, 1.) Œdipe auquel Sophocle avait donné quelques défauts de caractère, qu'il avait rendu en quelque sorte l'artisan de son infortune, pour absoudre la justice des dieux et réconcilier les spectateurs avec l'horreur du dénouement, est ici un prince vertueux, irréprochable ; la barbarie des dieux paraît tout-à-fait révoltante, et l'auteur s'attache à la faire ressortir principalement dans le monologue qui suit le fatal éclaircissement (act. V, sc. 4), et que La Harpe a cité, et dans les vers qui terminent la pièce comme pour en résumer l'esprit. Il résulte de tout cela une vive impression d'horreur contre cette puissance aveugle et tyrannique qui opprime la vertu, contre les ministres mortels de cette puissance ; impression qui contredit la fable même de la pièce, qui est, quoiqu'en dise La Harpe, peu conforme au caractère de l'ouvrage de Sophocle et de la tragédie grecque, et qui trahit le dessein irréligieux de l'auteur. H. Patin.

rait que les deux derniers, les plus beaux de tous, sont exactement calqués sur deux vers souverainement ridicules du *Scévole* de Du Ryer? C'est la même idée et la même métaphore : on va voir ce que produit la noblesse d'expression et le choix des termes :

Donc vous vous figurez qu'une bête assommée
Tienne notre fortune en son ventre enfermée?

Mettez au lieu de *la bête assommée, de festons ces victimes ornées;* au lieu d'*en son ventre*, mettez *dans leurs flancs*; au lieu de *tienne notre fortune*, mettez *portent les destinées*, et de deux vers ridicules vous en faites deux très beaux, dont le dernier est admirable. Celui qui a dit des victimes, qu'*elles tiennent notre fortune enfermée dans leur ventre*, a certainement conçu la même idée et imaginé la même figure que celui qui a dit qu'*elles portent dans leurs flancs les destinées des humains*; et puis qu'on vienne nous dire que le premier mérite poétique est d'imaginer des figures! En ce genre, c'est à la quantité qu'on reconnaît les mauvais poètes, c'est à l'usage qu'on reconnaît les bons.

L'art d'orner les détails me ramène à un autre parallèle où Voltaire me paraît encore avoir l'avantage sur Sophocle, non pas sans doute comme il l'a sur Du Ryer, mais en relevant par des accessoires bien choisis, la simplicité quelquefois un peu nue des tragiques grecs. Il s'agit de l'endroit où Œdipe, qui commence à concevoir quelques soupçons sur lui-même, interroge Jocaste sur quelques circonstances qui peuvent l'éclairer :

OEDIPE.

« Madame, quel était le port et l'âge de Laïus?

JOCASTE.

« Sa taille était grande et majestueuse; sa tête
« commençait à blanchir. Du reste, il avait beau-
« coup de votre air.

OEDIPE.

« Était-il peu accompagné, ou entouré d'une
« nombreuse garde?

JOCASTE.

« Cinq personnes faisaient toute l'escorte de ce
« roi populaire, etc. »

Avant d'aller plus loin, il faut observer que Sophocle donne à Laïus une escorte de cinq personnes, et suppose qu'OEdipe tout seul les a tuées toutes. Cette supériorité extraordinaire pouvait ne pas étonner dans un temps où la force du corps et l'avantage des armes rendaient souvent un seul homme formidable à plusieurs; mais Voltaire, pour se conformer à nos idées, n'a donné à Laïus, ainsi qu'à OEdipe, qu'un seul compagnon. Venons maintenant à l'usage qu'il a fait de cet endroit de Sophocle:

OEDIPE.

Quand Laïus entreprit ce voyage funeste;
Avait-il près de lui des gardes, des soldats?

JOCASTE.

Je vous l'ai déjà dit, un seul suivait ses pas.

OEDIPE.

Un seul homme?

JOCASTE.

Ce roi, plus grand que sa fortune,
Dédaignait comme vous une pompe importune :
On ne voyait jamais marcher devant son char
D'un bataillon nombreux le fastueux rempart.
Au milieu des sujets soumis à sa puissance,
Comme il était sans crainte, il marchait sans défense ;
Par l'amour de son peuple il se croyait gardé.

OEDIPE.

O héros par le Ciel aux mortels accordé,
Des véritables rois exemple auguste et rare !
OEdipe a-t-il sur toi porté sa main barbare ?
Dépeignez-moi du moins ce prince malheureux.

JOCASTE.

Puisque vous rappelez un souvenir fâcheux,
Malgré le froid des ans, dans sa mâle vieillesse,
Ses yeux brillaient encor du feu de sa jeunesse.
Son front cicatrisé sous ses cheveux blanchis
Imprimait le respect aux mortels interdits ;
Et si j'ose, seigneur, dire ce que j'en pense,
Laïus eut avec vous assez de ressemblance,
Et je m'applaudissais de retrouver en vous,
Ainsi que les vertus, les traits de mon époux.

Je ne prétends pas reprendre l'extrême simplicité du dialogue de Sophocle, mais dans notre langue, où les petits détails ont plus besoin d'être relevés que dans celle des Grecs, il me semble qu'il faut louer l'auteur d'avoir su les orner de manière à leur donner plus d'intérêt, sans que l'ornement nuise à la vérité. Ce qu'il dit de la popularité de Laïus fait plaindre davantage le triste sort de ce prince; et c'est en même-temps une leçon donnée aux rois en beaux vers, sans que ces vers, qui n'énoncent qu'un fait, aient l'air d'une leçon. Il y a aussi, dans le portrait de Laïus, plus de particularités frappantes et favorables à l'expression poétique.

> Ses yeux brillaient encore du feu de sa jeunesse.
> Son front cicatrisé sous ses cheveux blanchis, etc.

Enfin, il y a ici des nuances délicates qu'on n'aperçoit pas dans le grec. Lorsque Jocaste fait l'éloge de son époux mort, elle a soin d'y joindre celui d'OEdipe.

> . . . . Ce roi, plus grand que sa fortune,
> Dédaignait comme vous une pompe importune.

Ces mots, *comme vous*, mettent OEdipe de moitié dans les louanges qu'elle donne à Laïus. Si elle est obligée de dire que Laïus lui ressemblait, elle sent que cette ressemblance doit lui causer de nouvelles inquiétudes, elle ne l'avoue qu'avec ménagement :

> Et si j'ose, seigneur, dire ce que j'en pense,
> Laïus eut avec vous assez de ressemblance, etc.;

et elle ajoute tout de suite :

> Et je m'applaudissais de retrouver en vous,
> Ainsi que les vertus, les traits de mon époux.

Toutes ces convenances, relatives à la personne et à la situation, sont bien plus sensibles et plus fréquentes chez les modernes que chez les anciens.

La versification d'*Œdipe* est correcte, élégante et nombreuse; c'est un des mérites dont alors on fut d'autant plus frappé, qu'on n'en était pas, il y a soixante ans, à l'époque où la satiété corrompt le goût, et où les hérésies littéraires corrompent le jugement. Les vers de la pièce furent très-applaudis, et quelques détails le furent d'autant plus, que dans les circonstances du moment ils offraient des allusions que le public est toujours prompt à saisir.

> Tel est souvent le sort des plus justes des rois :
> Tant qu'ils sont sur la terre, on respecte leurs lois :
> On porte jusqu'aux cieux leur justice suprême;
> Adorés de leur peuple, ils sont des dieux eux-même.
> Mais après leur trépas, que sont-ils à vos yeux?
> Vous éteignez l'encens que vous brûliez pour eux;
> *Et, comme à l'intérêt l'âme humaine est liée,*
> La vertu qui n'est plus est bientôt oubliée.

Toute cette tirade est un peu lâche : on y voit un peu le jeune homme, qui se complaît quelquefois dans les phrases sentencieuses que l'homme mûr sait resserrer. Il y a même un vers entier oiseux et d'une tournure prosaïque:

> *Et, comme à l'intérêt l'âme humaine est liée.*

Mais il y en a de bien tournés; et ce qui le fit surtout remarquer, c'est qu'ils étaient l'histoire de ce qui venait de se passer après la mort de Louis XIV, dont on avait cassé le testament, et dont on n'avait pas plus respecté la mémoire que les dernières volontés.

On ne fit pas moins d'attention à cet autre morceau que récitait Jocaste.

>Des courtisans sur nous les inquiets regards
>Avec avidité tombent de toutes parts.
>A travers les respects leurs trompeuses souplesses
>Pénètrent dans nos cœurs, et cherchent nos faiblesses.
>A leur malignité rien n'échappe et ne fuit :
>Un seul mot, un soupir, un coup d'œil nous trahit.
>Tout parle contre nous, jusqu'à notre silence.
>Et quand leur artifice et leur persévérance
>Ont enfin malgré nous arraché nos secrets,
>Alors avec éclat leurs discours indiscrets,
>Portant sur notre vie une triste lumière,
>Vont de nos passions remplir la terre entière.

Cette tirade, quoique plus soignée que la précédente, a le même défaut, celui de la prolixité. L'auteur a su depuis renfermer ses réflexions morales dans une mesure bien plus juste, et les fondre plus habilement dans le dialogue. Ces sortes de morceaux qui s'en écartent trop long-temps ont trop l'air d'être faits pour le parterre plus que pour la situation; et les écrivains, plus jaloux de l'estime que de l'applaudissement, ne se les permettent pas. Mais ce défaut était pardonnable dans un jeune homme; et d'ailleurs ces vers rappelaient au public cette foule de libelles anonymes et de mémoires scandaleux publiés sur le dernier règne, et même contre le régent et contre sa cour, et qui alors inondaient l'Europe.

On sait que le succès d'*Œdipe* fut très grand : il fut représenté quarante-cinq fois de suite, dans un temps où toute nouveauté était jouée régulièrement trois fois par semaine, et où il était très rare qu'il y eût aucune interruption. Nul des chefs-d'œuvre de Voltaire n'eut, à beaucoup près, le même succès, si l'on en juge par le nombre des représentations. Mais lui-même, au sujet d'*Œdipe*, nous avertit, dans une des dernières éditions de son *Théâtre*, qu'il ne faut pas juger d'une pièce par cette vogue du moment, et que des ouvrages qui, dans la nouveauté, n'ont eu que sept ou huit représentations, valaient beaucoup mieux qu'*Œdipe*. Cette observation modeste de la part de l'auteur est très vraie en elle-même, et prouvée par cent exemples ; et sans remonter jusqu'à *Britannicus*, si supérieur à *Œdipe*, et qui ne fut joué que huit fois, *Oreste*, qui ne le fut que neuf ou dix vaut beaucoup mieux que ce même *Œdipe*. Il n'est point du tout étonnant que ce coup d'essai ait eu tant d'éclat au théâtre. Indépendamment de son mérite réel, le premier pas que faisait dans la carrière un jeune homme qui s'y annonçait avec tant d'avantages donnait à son ouvrage un intérêt particulier, excitait la curiosité universelle, et produisait cette célébrité qui fait parler toutes les voix et attire la foule. D'ailleurs, un talent qui ne fait que de naître n'a pas encore éveillé l'envie, et tout concourt à favoriser la première impression qu'il produit. Celle d'*Œdipe* fut marquée par plusieurs circonstances intéressantes. L'auteur était alors brouillé avec sa famille : son père, ainsi que celui d'Ovide, ne voulait pas que son fils fît des vers ; il

l'avait chassé de sa maison, et lui avait défendu
d'y rentrer, à moins qu'il ne consentît à être avo-
cat. Le jeune homme s'était retiré à Notre-Dame-
des-Vertus, où était alors le fils du grand Racine,
qui travaillait à son poëme de *la Grace*. C'est là
qu'il fit le quatrième acte d'*Œdipe* ; mais il fut bientôt obligé de quitter cette communauté, parce que
le goût de la poésie, par lui-même un peu conta-
gieux, commençait à gagner les jeunes religieux
qui fréquentaient les deux poètes. Voltaire, forcé
de revenir à la maison paternelle, promit tout ce
qu'on voulut, et continua sa tragédie. Son père
fut très irrité quand il sut qu'on allait la représenter, et ne voulut plus le revoir ; mais les succès
raccommodent tout, et malgré sa mauvaise humeur,
il se laissa entraîner par les amis de l'auteur à la
troisième représentation. La maréchale de Villars
et plusieurs autres des plus grandes dames de la
cour vinrent le féliciter d'avoir un fils d'une si
grande espérance ; les comédiens le lui amenèrent
dans sa loge ; le vieillard l'embrassa en pleurant, et
il fallut bien lui permettre d'être poète. Voltaire, de
qui je tiens ces détails, ajoutait que son frère *le
janséniste*, qui ne se connaissait pas autrement en
vers, croyait le louer beaucoup en disant qu'*Œdipe
était du beau Danchet*.

Quelques personnes ont écrit que cette pièce
était la meilleure qu'il eût faite ; mais on peut être
bien persuadé que c'est moins pour exalter cet ouvrage que pour rabaisser ceux qu'il a faits depuis.
La haine est perfide jusque dans ses louanges ; et

ceux qui sont dans le secret des petits moyens qu'elle emploie, savent que, quand elle se fait cet effort de louer beaucoup le premier ouvrage d'un auteur, c'est uniquement pour en conclure qu'il n'a pu aller au-delà ; elle applaudit le talent au premier pas, mais c'est pour dire qu'il s'y est arrêté. Heureusement cette préférence maligne est bien démentie par l'opinion générale ; et l'on sait que l'auteur d'*OEdipe* prit bien un autre essor depuis *Zaïre* jusqu'à *Tancrède*. *OEdipe* est un coup d'essai brillant, mais n'est point au nombre des chefs-d'œuvre de l'auteur. Nous verrons, dans la suite, des pièces bien supérieures, et par le choix du sujet, et par le mérite de l'exécution.

Malgré la justice qu'on rendit à cette tragédie, il ne faut pas croire qu'un grand succès au théâtre puisse jamais ne pas entraîner à sa suite une foule de critiques. De toutes celles que l'on fit d'*OEdipe* (et il y en eut beaucoup), la meilleure fut, comme nous l'avons vu, celle qui était de Voltaire lui-même. La plus amère et la plus injuste était du jeune Racine, qui pourtant ne pouvait pas être jaloux pour son compte, et ne devait pas l'être pour celui de son père. Il prétend que la pièce n'a *qu'un succès de mode, qu'elle ennuie à la lecture....* Philoctète *est la même chose que le capitan Matamore...* Jocaste *a le tempérament échauffé..... OEdipe est un blasphémateur.* Racine le fils blâme ce vers fameux qu'aurait admiré son père :

Vint, vit ce monstre affreux, l'entendit et fut roi.

Il ne veut pas qu'*entendit* puisse signifier *comprit*, quoique cette acception soit la chose la plus commune de notre langue. Il ne veut pas qu'on puisse dire :

Entouré de forfaits à vous seul réservés,

quoiqu'en parlant d'OEdipe qui a des enfants de sa mère, cette expression soit aussi juste qu'élégante. Il ne voit dans le style qu'un *plagiat éternel* : il y a en effet des réminiscences assez fréquentes pour faire voir que l'auteur était plein de la lecture de nos poètes, et sur-tout de Racine. Mais il y a aussi un bien plus grand nombre de beaux vers qui lui appartiennent, et qui prouvent un écrivain fait pour parler la même langue que ses maîtres : et dans ce cas, le talent du jeune poète fait pardonner à sa mémoire.

Mais ceux qui recherchent avec une curiosité maligne ces sortes d'emprunts, ne manquent pas d'y joindre beaucoup de ces vers qui ne sont à personne, parce que tout le monde peut les faire. Si Voltaire dit :

Araspe, c'est donc là le prince Philoctète?

il importe peu que Corneille ait dit avant lui :

Madame, c'est donc là le prince Nicomède?

Si la tragédie d'*OEdipe* commençait dans la première édition par ces vers :

Est-ce vous, Philoctète? en croirai-je mes yeux?

il ne fallait pas crier au plagiat, parce que Corneille a dit :

Est-ce vous, Curiace ? en croirai-je mes yeux ?

Cette accusation est à peu près aussi grave que celle qui se trouve dans une *critique d'Œdipe par un gentilhomme suédois* (c'est le titre), à propos de ce beau vers :

Un monstre (loin de nous que faisiez-vous alors ?)

« On prétend que ce vers est pris dans un recueil
« de Noëls :
  Or dites-nous, Marie,
  Où étiez-vous alors ? »

Après l'*Œdipe* de Voltaire, il ne faut pas parler des autres : ce serait descendre de trop haut. Je dirai un mot des deux *Œdipes* de La Motte, l'un en prose et l'autre en vers, à l'article de cet auteur.

Puisque j'ai parlé de La Motte, je crois devoir rappeler un trait qui lui fait plus d'honneur que ses deux *Œdipes*. Ce fut lui qui fut chargé d'approuver le manuscrit de Voltaire, et voici en quels termes cette approbation est conçue : « Le public,
« à la représentation de cette pièce, s'est promis
« un digne successeur de Corneille et de Racine,
« et je crois qu'à la lecture il ne rebattra rien de
« ses prétentions. » Voilà ce qui s'appelle louer noblement, et rendre au génie naissant une justice franche et entière. Elle lui attira de la part de l'abbé de Chaulieu une mauvaise épigramme, où il est dit que La Motte est un *faux prophète*. Le temps a

vérifié la *prophétie*; et cette approbation et *Inès* sont, à mon gré, les deux choses qui font le plus d'honneur à La Motte.

*Observations sur le style d'*OEDIPE.

¹ Nul mortel n'ose ici mettre un pied téméraire.

Racine avait dit :

Prends garde que jamais l'astre qui nous éclaire
Ne te voie en ces lieux mettre un pied téméraire.

Cette expression était neuve et poétique, et par conséquent ne devait pas être empruntée. Il y a dans toute espèce de sujet et de style, des idées et des expressions qui appartiennent à tout le monde; c'est pour ainsi dire un fond commun où chacun peut puiser sans scrupule; et le goût enseigne à distinguer ce qu'il convient d'embellir et de s'approprier, et ce qu'il ne faut pas chercher à dire mieux qu'un autre. Mais tout ce qui marque, dans un ouvrage, comme beauté de diction ou d'invention, appartient en propre à son auteur; et ceux qui ont droit de se placer parmi les bons écrivains, ne doivent pas se permettre d'emprunter à leurs rivaux. C'est un principe dont Voltaire ne s'est pas assez souvenu, même lorsque dans l'âge de la force il eut le style de son génie. Ce n'est que dans la première jeunesse que ces sortes d'imitations doivent être pardonnées.

² Oui, seigneur, elle vit; mais la contagion
Jusqu'au pied de *son* trône apporte *son* poison.

Le premier de ces pronoms se rapporte à la reine, le second à la *contagion* : c'est un des inconvénients de l'équivoque trop souvent attachée à nos pronoms relatifs et possessifs. Ici le sens est clair, et ce n'est pas une faute que je prétends relever. J'observerai seulement qu'à moins d'une extrême nécessité, il faut prendre garde à ne pas répéter dans un même vers le même pronom différemment appliqué. C'est une petite attention qui contribue à l'élégance; Racine ne l'a pas négligée.

³ Cependant l'univers, *tremblant au nom d'Alcide*,
Attendait son destin de sa valeur rapide.

La liaison des idées n'est pas exacte : l'*univers* ne doit pas *trembler* au nom d'un héros ennemi des brigands et des malfaiteurs. Racine s'est bien mieux exprimé lorsqu'il a dit de Thésée :

. . . . Ce héros intrépide,
Consolant les mortels de l'absence d'Alcide.

Je crois que Voltaire se serait énoncé avec la même justesse s'il eût mis :

Cependant l'univers, rassuré par Alcide,
Attendait son destin, etc.

⁴ Il partit, et depuis *sa destinée errante*
Ramena sur nos bords *sa fortune flottante*.

Sa destinée ramena sa fortune est une bien mauvaise phrase; et *sa destinée errante* et *sa fortune flottante*, sont deux hémistiches d'une uniformité presque battologique : ce sont deux vers mal faits.

VOLTAIRE.

5 . . . . Thèbe, en ce jour funeste,
D'un respect dangereux dépouillera le reste.

Imitation de Racine :

Et d'un respect forcé ne dépouille les restes.
(*Athalie.*)

6 . . . . Ces secrets mouvements,
De la nature en nous *indomptables enfants.*

et plus bas :

. . . . Un feu *tumultueux.*
De mes sens enchantés *enfant impétueux.*

Voltaire prodigue beaucoup cette expression figurée; elle n'est guère bien placée qu'à propos des personnes ou des choses personnifiées :

Quel mérite ont des arts, enfants de la mollesse?
(*l'Orphelin.*)

Enfants est ici à sa place; mais j'avoue que je ne saurais goûter des *mouvements* qui sont des *enfants*, un *feu* qui est un *enfant*, et encore moins des *enfants indomptables* et un *enfant impétueux*. Ces figures forcées et ces épithètes accumulées semblent de l'enflure plutôt que de la poésie.

7 Je ne reconnus point cette brûlante flamme
Que le seul Philoctète a fait naître en mon âme,
Et qui, sur mon esprit *répandant son poison,*
De son charme fatal a séduit ma raison.

Une *flamme* ne *répand* point de *poison* ; et puis

voilà une *flamme brûlante* qui *répand son poison sur l'esprit*, et qui *séduit la raison par un charme fatal*. Amas de figures incohérentes; poésie de jeune homme.

⁸ *Emportait-elle ailleurs;* etc.

Hémistiche un peu dur : il y en a quelques autres semblables.

⁹ La splendeur de ces noms *où* votre nom s'allie.

Où signifie *dans qui*; et non pas *à qui*; ainsi l'on ne peut dire *un nom où je m'allie*. Racine s'est exprimé correctement dans ce vers, dont celui de Voltaire est imité :

Le déshonneur d'un nom à qui le mien s'allie.

¹⁰ Peut-être il me devait cette grâce *infinie*...

Vers faible.

¹¹ Aujourd'hui votre arrêt vous sera prononcé.
Tremblez, malheureux roi! votre règne est passé.

Imitation de Racine :

Bientôt son juste arrêt te sera prononcé,
Tremble, son jour approche, et ton règne est passé.
(*Esther*, act. III, sc. 5.)

¹² *Accablé* sous *le poids* du *soin* qui me *dévore*...

Expressions vagues et faibles dans la situation d'OEdipe, et incohérentes en elles-mêmes.

Sur mes destins *affreux* ne soit trop éclairé...

. . . .

Et que tous deux unis par ces liens *affreux*.....
. . . .
Que cet exemple *affreux* puisse au moins vous instruire.
. . . .
Un jour (ce jour *affreux*, présent à ma pensée...
. . . .
De traits *affreux de sang* les marbres se couvrirent...
. . . .
Tout l'assemblage *affreux* des forfaits inouis.....
. . . .
Hélas ! mon doute *affreux* va donc être éclairci.....

La même épithète répétée sept fois dans une scène est une négligence qui fait d'autant plus de peine, que cette scène est la plus belle de la pièce, et qu'elle est d'ailleurs très bien écrite.

Section II. — *Mariamne*.

Un auteur dont le début a été un triomphe est jugé sévèrement à son second ouvrage ; il a averti ses juges d'espérer beaucoup de lui, et ses rivaux de le craindre : il faut des efforts bien heureux pour satisfaire les uns et pour résister aux autres. Il s'en fallait de beaucoup qu'*Artémire*, jouée en 1720, deux ans après *OEdipe*, pût soutenir cette lutte dangereuse. La pièce fut très mal reçue; et ce qui nous en reste prouve que si le public fut rigoureux, il ne fut pas injuste. Nous avions déjà dans quelques éditions anciennes la scène qui fut le plus applaudie, et qui fut imprimée avec quelques autres ouvrages de l'auteur. Ceux qui ont rédigé l'édition posthume de ses œuvres complètes, y ont inséré le rôle tout entier d'Artémire, qui suffisait pour faire connaître à peu près le sujet et même le plan de la pièce, et faire voir que l'un n'était pas bien choisi, et que l'autre était fort défectueux. Un Ménas, scélérat subalterne, confident de Pallante, autre scélérat, conduit toute l'intrigue. Ils travaillent tous deux à perdre Artémire dans l'esprit de Cassandre son époux, roi de Macédoine, et irritent par de fausses accusations la jalousie cruelle de ce prince, avec d'autant plus de facilité, qu'il ne peut pas se croire aimé d'Artémire dont il a tué le père. Cassandre est absent pendant les premiers actes, et a donné à Pallante, son ministre, l'ordre de faire périr la reine. Mais Pallante en est amoureux; il ne projette rien moins que d'assassiner son maître et d'épouser Artémire, et ne laisse à celle-ci d'autre alternative que de se prêter à ce double projet, ou d'être conduite à la mort. On s'attend bien au refus de la reine, et d'autant plus qu'on sait qu'elle aime Philotas, à qui elle fut promise avant d'être unie à Cassandre. Philotas est un des généraux qui disputent l'héritage d'Alexandre; il a un parti puissant dans la Macédoine, et il aime Artémire. Voilà le nœud de la pièce; on voit déjà qu'il ne pouvait guère produire d'intérêt. Ce rôle de Pallante est bassement odieux; et l'amour d'une femme mariée, ne laissant aucune espérance, ne peut toucher que faiblement. La jalousie d'un tyran produit encore moins d'effet. Il n'y aurait donc que le péril d'Artémire qui pourrait faire naître la pitié et la terreur : mais Pallante, qui a dès le premier acte l'ordre de la faire mourir, passe le temps en pour-parlers et en d'inutiles tentatives pour la séduire, et l'on voit trop d'un autre côté que Philotas a les moyens de la défendre : tout cela fait languir l'action pendant trois actes, jusqu'à l'arrivée de Cassandre. Rien n'est si froid au théâtre, que d'insister longtemps sur des propositions d'amour qui seront infailliblement refusées; à moins que celui qui les fait ne soit un personnage que sa passion rend intéressant, et qu'un refus rend plus malheureux, comme Vendôme dans *Adélaïde*. Mais dans un homme du caractère de Pallante, l'amour, mêlé avec les crimes de l'ambition, ne forme qu'une disparate choquante, à moins qu'il ne le subordonne entièrement à ses intérêts, comme Mahomet, qui n'en parle jamais à Palmire, et pour qui cette passion renfermée et trompée finit par être la punition de ses forfaits. A ce premier vice du plan d'*Artémire* se joignaient des fautes bien plus graves. Au troisième acte, Pallante, instruit de l'arrivée de Cassandre, et craignant qu'un reste de faiblesse pour sa femme ne lui fît révoquer ses ordres, voulait précipiter la perte de cette reine innocente, et ne lui laissait que le choix du fer ou du poison. Elle saisissait une épée pour s'en frapper, lorsqu'un officier de Cassandre venait par l'ordre du roi lui arracher le fer, comme Arbate, dans *Mithridate*, arrache le poison des mains de Monime. Cette imitation d'un dénouement si connu ne pouvait être que malheureuse, non-seulement par la ressemblance trop marquée, mais parce que cette démarche de Cassandre faisait cesser, dès le troisième acte, le danger qui, dans la pièce de Racine, ne finit qu'avec le cinquième, et annonçait par avance toute l'indécision du caractère de Cassandre et tout l'ascendant d'Artémire sur lui. Cette double faute commença à indisposer les spectateurs, et l'acte suivant augmenta le mécontentement. Ménas, envoyé par Pallante, demandait à la reine un entretien secret sous prétexte de lui révéler d'importants mystères, et Pallante poignardait Ménas en présence d'Artémire, sous prétexte de venger l'honneur de son maître, et de punir dans ce Ménas un traître lié avec elle par un commerce adultère. Il est facile de concevoir combien l'on dut être révolté d'une imposture si mal ourdie, et que l'abjection d'un personnage tel que Ménas rendait si peu vraisemblable. On le fut d'autant plus, que Cassandre poussait la crédulité jusqu'à donner dans ce piége, et prêtait l'oreille à cette calomnie grossière. Il y a plus : dans les principes de l'art, cet incident, eût-il été mieux motivé, était encore un défaut, puisqu'il est de règle que dans l'intrigue d'une pièce on ne doit faire jouer aucun de ces ressorts subits dont le mobile n'est pas établi dès le premier acte, ou qui ne sont pas nécessairement amenés par la suite des évènements. Or on voit que toute cette machine du quatrième acte était absolument épisodique et gratuite. Cependant la scène suivante, celle où Artémire voyait pour la première fois son époux, soutint un moment la pièce. Cette scène, que nous avons encore, offre quelques endroits pathétiques. Mais le cinquième acte, loin de réparer les fautes des précédents, y en ajoutait de nouvelles. Philotas, non moins crédule que Cassandre, et moins excusable encore, ajoutait foi à cet amour prétendu d'Artémire pour ce misérable Ménas, et son amante avait bien de la peine à le dissuader. La pièce finissait par la mort de Pallante, tué en combattant contre Philotas, qui était parvenu à soulever le peuple en faveur d'Artémire. Avant d'expirer, il rendait témoignage à sa vertu et à son innocence; mais Cassandre, détrompé trop tard, était blessé à mort dans ce même combat, et revenait sur le théâtre pour avouer ses injustices, et unir Artémire à Philotas.

Il ne paraît pas qu'un fond si vicieux fût racheté par le style : ce qu'on nous en a conservé n'est pas digne de l'auteur d'*OEdipe*. En général, le rôle d'Artémire est faiblement et incorrectement écrit : c'est d'ailleurs une imitation continuelle des tournures de Racine, et c'est ici que la réminiscence n'est pas couverte par le talent. Il se faisait pourtant reconnaître encore par quelques beautés. La pièce commençait par deux vers que tout le monde a retenus :

Oui, tous ces conquérants rassemblés sur ce bord,
Soldats sous Alexandre, et rois après sa mort, etc.

Ce second vers est sublime : Voltaire a voulu le remettre dans *Olympie*; mais il l'a coupé de manière à l'affaiblir beaucoup :

Jurez-moi seulement, soldats du roi mon père,
Rois après son trépas...

D'abord il était important que le même vers réunît

les deux idées qui contrastent ; et de plus, le nom d'Alexandre était absolument nécessaire, et n'est pas, à beaucoup près, remplacé par le *roi mon père* : tout l'effet du vers est attaché à ce grand nom d'Alexandre. En voici d'autres qui sont dans ce goût un peu froidement sentencieux, où l'auteur se laissait aller encore quelquefois, mais qui d'ailleurs sont bien tournés :

Voilà quelle est souvent la vertu d'une femme.
L'honneur peint dans ses yeux semble être dans son âme ;
Mais de ce faux honneur les dehors fastueux
Ne servent qu'à couvrir la honte de ses feux.
Au seul amant chéri prodiguant sa tendresse,
Pour tout autre elle n'a qu'une austère rudesse ;
Et l'amant rebuté prend souvent pour vertu
Les fiers dédains d'un cœur qu'un autre a corrompu.

On trouve aussi quelques endroits écrits avec noblesse et intérêt dans la scène d'explication entre Artémire et Cassandre, entre autres celui-ci, qui pourtant n'est pas exempt de tache :

Vous êtes mon époux : votre gloire m'est chère ;
Mon devoir me suffit, et ce cœur innocent
Vous a gardé sa foi, même en vous haïssant.
J'ai fait plus : ce matin, à la mort condamnée,
J'ai pu briser les nœuds d'un funeste hyménée ;
Je tenais dans mes mains l'empire et votre sort ;
Si j'avais dit un mot, on vous donnait la mort.
Vos peuples indignés allaient me reconnaître :
Tout m'en sollicitait ; je *l'aurais* dû* peut-être,

---

* *Je l'aurais dû* ne se rapporte à rien par la construction.

Du moins par votre exemple instruite aux attentats,
J'ai pu *rompre des lois** que vous ne gardez pas.
J'ai voulu cependant respecter votre vie ;
Je n'ai considéré ni votre barbarie,
Ni mes *périls présents*, ni mes *périls passés*** ;
J'ai sauvé mon époux; vous vivez, c'est assez.
Le temps, qui *perce enfin la nuit* la plus obscure**** ;
Peut-être éclaircira cette horrible *aventure******;
Et vos yeux, recevant une triste clarté,
Verront trop tard, un jour, luire la vérité.
Vous connaîtrez alors tous les maux que vous faites,
Et vous en frémirez, tout tyran que vous êtes.

Telle est la difficulté des compositions dramatiques, qu'une seule idée fausse peut tromper le plus grand talent. Voltaire, persuadé que cette situation d'une femme innocente, victime d'un mari jaloux, pouvait par elle-même être la source d'un grand intérêt, s'y attacha pour la seconde fois dans *Mariamne*, qui est à peu près le même sujet qu'*Artémire*, quoique bien différemment traité. *Mariamne*, jouée en 1724, quatre ans après *Artémire*, fut d'abord plus malheureuse encore. *Artémire* avait eu quelques représentations, *Mariamne* tomba dès la première, de manière à n'être pas rejouée. *La Henriade*, qui venait de paraître (en 1723), et qui avait jeté un

* *Rompre des lois* est une expression impropre.
** La répétition et l'antithèse sont ici d'un style faible.
*** On dit bien *percer la nuit des temps*: je ne crois pas qu'on puisse dire que *le temps perce la nuit*.
**** *Aventure* est bien faible dans la bouche d'Artémire, quoique Rousseau ait pu dire que Circé *pleurait sa funeste aventure* ; ce n'est pas Circé qui parle.

grand éclat, pouvait consoler Voltaire de ses disgraces au théâtre, si telle n'était pas l'excusable faiblesse des cœurs amoureux de la gloire, que pour eux le passé n'est rien, que le moment présent est tout, et que, s'il leur manque, il ne leur reste d'autre ressource que de s'élancer dans l'avenir.

Voltaire ne se rebuta pas; il passa une année à revoir sa *Mariamne*; et quand il la fit reparaître, en 1725, elle eut du succès. Il était dû sans doute aux beautés de détail; car la pièce n'a pu se soutenir sur la scène, pas même lorsqu'en 1762 il y revint pour la troisième fois, et y fit encore des changements assez considérables. C'est un des exemples qui peuvent nous convaincre qu'il y a dans certains sujets un vice essentiel qui ne peut pas être racheté par les plus beaux efforts du talent; et ce vice ne peut jamais être que le manque d'intérêt; car *Rodogune* est la preuve que le manque de vraisemblance peut être réparé par l'effet théâtral. Il faut chercher à quoi tient ce défaut d'intérêt dans un sujet qui en a chez les historiens, et dans une pièce dont l'exécution est aussi soignée que celle d'*Artémire* était négligée. *Mariamne* n'est pas une production indifférente aux amateurs de la poésie et du théâtre : si la multitude ne connaît guère les pièces que par leur effet sur la scène, ils ont un plaisir particulier à rendre justice à celles qui, sans obtenir ce succès, arrachent l'estime par les ressources du génie. Ils aiment à jouir de toutes les richesses qu'il a prodiguées sur un sol ingrat, à le suivre, à l'observer dans cette lutte qui a peu de juges, mais qui n'est infructueuse ni pour sa gloire ni pour notre instruction.

Nous connaissons plusieurs tragédies où la jalousie d'un époux est intéressante et tragique, à commencer par la plus ancienne de toutes, par *Othello*. Malgré les bizarreries monstrueuses et les folies dégoûtantes dont il est rempli, le fond de ce drame est attachant, et les fureurs de ce Maure, qui le portent jusqu'à donner la mort à une femme qu'il idolâtre, sont certainement le premier germe de cette inimitable *Zaïre*, d'ailleurs si prodigieusement supérieure au drame anglais. Mais Othello est passionnément aimé de Desdémona; et il est naturel de s'intéresser à l'union de deux cœurs tendres, si cruellement troublée par une fatale erreur qui les perd tous deux. La jalousie fait aussi le fond du caractère de Rhadamiste; mais il était aimé de Zénobie quand il devint son époux; lui-même en était épris jusqu'à la fureur : et au moment où il se vit sur le point de la perdre, il aima mieux lui plonger un poignard dans le cœur que de se la voir enlever. Depuis ce temps il a traîné ses jours dans le désespoir et le repentir; Zénobie elle-même, quoique se croyant libre par la mort de Rhadamiste, qui depuis long-temps passe pour certaine, Zénobie, quoique sensible à l'amour d'Arsame, quoique pénétrée d'horreur pour les crimes et les cruautés de Rhadamiste, ne se rappelle pas sans attendrissement l'excès de la passion qu'il a eue pour elle ; et cet attendrissement est à son comble quand elle retrouve son époux, quand elle le revoit à ses pieds plein d'amour et de remords. Le spectateur s'intéresse à tous les sentiments qu'ils éprouvent, parce que ces sentiments sont partagés et réciproques, parce que les évènements qui les ont précédés et les périls qui les accompagnent sont également tragiques. C'est donc quand la jalousie fait le malheur de deux êtres qui tiennent l'un à l'autre, qu'elle fait naître la pitié et la terreur, qui sont les principes de tout effet dramatique. Mais peut-on les retrouver dans Hérode et Mariamne? Mariamne a toujours une invincible horreur pour Hérode, qui est l'assassin de son père, et dont les crimes n'ont pas été, comme ceux de Rhadamiste, l'effet d'une passion forcenée, mais d'une politique barbare. Mariamne a toujours été tourmentée par la sombre et injurieuse jalousie de son mari, jalousie sans objet, puisque Mariamne ne montre d'autre sentiment que l'obéissance à son devoir et la résignation à son malheur. Elle n'est donc que malheureuse; et ce n'est pas assez dans la tragédie, où tout personnage sur qui l'intérêt est porté doit nécessairement être passionné, de quelque manière que ce soit. Ce n'est pas tout : il faut que le spectateur puisse être ému de cette passion, puisse s'y prêter à un certain degré, l'excuser, la partager. La jalousie d'Hérode peut-elle obtenir cet effet? Que nous fait la jalousie d'un homme qui n'est point aimé, qui ne l'a pas été, qui ne peut pas, qui ne doit pas l'être, qui tourmente Mariamne pour la tourmenter, sans raisons que nous puissions admettre, sans espoir où nous puissions nous livrer? Est-ce autre chose qu'une fantaisie féroce, une maladie, une démence qui nous révolte et nous fatigue? Et quand il envoie Mariamne à la mort sur les plus frivoles prétextes, est-ce autre chose qu'un bourreau qui frappe une victime sans défense? Il n'en peut résulter qu'une horreur froide, qui n'est point au nombre des impressions que nous allons chercher au théâtre.

Telle fut donc la principale erreur qui trompa Voltaire dans le choix de son sujet; il manquait à ce précepte si important de l'*Art poétique :*

Inventez des ressorts qui puissent m'attacher.

Il crut que l'innocence opprimée suffisait pour atteindre ce but. Non, une situation purement passive n'est jamais théâtrale. Celle de Mariamne est absolument la même pendant cinq actes; elle est toujours tranquillement résignée, et l'emportement d'Hérode est toujours gratuit. Les personnages secondaires ne sont pas mieux conçus. Salome, la sœur d'Hérode, est une intrigante subalterne, qui n'a d'autre objet, en persécutant et calomniant Mariamne, que d'avoir le premier crédit sur l'esprit de son frère.

Dans les dernières corrections, l'auteur, pour lui donner de plus grands motifs, a substitué au préteur romain Varus, qui était froidement amoureux de Mariamne, un Sohême, prince d'Ascalon, dont l'amour est aussi froid, mais qui pour cet amour abandonne Salome qu'il devait épouser. Ce Sohême est un philosophe de la secte des Esséniens. Voici comme il parle des principes de sa secte et des siens :

> Non, d'un coupable amour je n'ai point les erreurs ;
> La secte dont je suis forme en nous d'autres mœurs.
> Ces durs Esséniens, stoïques de Judée,
> Ont eu de la morale une plus noble idée.
> Nos maîtres, les Romains, vainqueurs des nations,
> Commandent à la terre et nous aux passions.

Ces vers sont beaux ; mais ils suffiraient pour annoncer un caractère qui n'a rien de théâtral. Un homme qui se fait un devoir de *commander à ses passions* ne doit point parler d'amour. C'est en ce sens qu'on peut appliquer ce qu'a si bien dit Horace après Térence : « Ce qui par soi-même n'admet ni « règle ni mesure ne doit point être traité raison- « nablement. » Ce qu'il nous faut au théâtre, ce n'est pas des hommes qui *commandent à leurs passions*, mais des hommes à qui *leurs passions commandent*. Voilà les quatre personnages principaux de la pièce ; on voit qu'il n'y en a pas un dont la conception soit dramatique.

Il est possible que l'auteur ait été séduit par le grand succès qu'avait eu dans le siècle dernier la *Mariamne* de Tristan, et par la réputation dont elle avait joui ; mais c'était avant Corneille et Racine ; et depuis ces deux grands hommes, le public, plus éclairé, était devenu plus difficile.

J'ai vu Voltaire se reprocher le temps qu'il croyait avoir perdu en s'obstinant à un sujet qui n'était pas heureux. Son âme, insatiable de gloire, eût voulu ne pas laisser une trace des pas qu'il avait faits dans la carrière, qui ne fût marquée par des lauriers ; mais il se jugeait trop sévèrement. Ce n'est pas un temps perdu que celui qu'on emploie à un ouvrage que les connaisseurs lisent toujours avec plaisir ; et ils savent gré à Voltaire de sa *Mariamne*, comme à Racine de son *Esther*. *Mariamne* est une des pièces où il s'est le plus approché de la pureté, de l'élégance et de l'harmonie de Racine. Voltaire en a fait plusieurs bien supérieures à celle-ci pour l'intérêt, mais dont la diction est moins soignée : elle en avait d'autant plus besoin, que le vide de l'action s'y fait sentir d'un bout à l'autre, autant que le défaut d'intérêt. Les deux premiers actes ne contiennent rien que le projet de la fuite de Mariamne, dont Sohême se charge d'assurer les moyens. Hérode, qui arrive au troisième, n'avance pas encore l'action d'un pas, et tout se passe en discours. Il ne voit la reine qu'au quatrième, et cette scène est belle ; c'est la seule où il y ait du mouvement et de l'effet ; malheureusement le vice radical du sujet devient plus sensible que jamais à la fin de cette éloquente scène, par la faiblesse trop évidente des motifs qui font revenir Hérode de l'attendrissement à la fureur. Au cinquième acte, il y a encore une scène très noble, où Mariamne refuse de suivre Sohême qui vient pour la sauver à main armée ; elle préfère son devoir à la vie ; mais cette vertu ne produit qu'une admiration tranquille, et le récit de sa mort a encore moins d'effet. Jetons les yeux sur quelques-unes des beautés qui rendent cet ouvrage estimable, malgré tout ce qui lui manque d'ailleurs.

La passion d'Hérode pour Mariamne est caractérisée avec autant de vérité que de force dans ces vers de la première scène entre Salome et Mazaël :

> Eh ! ne craignez-vous plus ces charmes tout-puissants,
> Du malheureux Hérode impérieux tyrans ?
> Depuis près de cinq ans qu'un fatal hyménée
> D'Hérode et de la reine unit la destinée,
> L'amour prodigieux dont ce prince est épris
> Se nourrit par la haine, et croît par le mépris.
> Vous avez vu cent fois ce monarque inflexible
> Déposer à ses pieds sa majesté terrible,
> Et chercher dans ses yeux irrités ou distraits
> Quelques regards plus doux qu'il ne trouvait jamais.
> Vous l'avez vu frémir, soupirer et se plaindre,
> La flatter, l'irriter, la menacer, la craindre,
> Cruel dans son amour, soumis dans ses fureurs,
> Esclave en son palais, héros partout ailleurs.
> Que dis-je ? en punissant une ingrate famille,
> Fumant du sang du père, il adorait la fille ;
> Le fer encor sanglant, *et que vous excitiez*,
> Était levé sur elle, et tombait à ses pieds.

Dans la même scène, Salome se plaint que Mariamne lui enlève le cœur de Sohême :

MAZAEL.

> Vous pensez en effet qu'une femme sévère,
> Qui pleure encore ici son aïeul et son frère,
> Et dont l'esprit hautain, qu'aigrissent ses malheurs,
> Se nourrit d'amertume et vit dans les douleurs,
> Recherche imprudemment le funeste avantage

D'enlever un amant qui sous vos lois s'engage !
L'amour est-il connu de son superbe cœur ?

SALOME.

Elle l'inspire au moins, et c'est là mon malheur.

MAZAEL.

Ne vous trompez-vous point ? Cette âme impérieuse
Par excès de fierté semble être vertueuse :
A vivre sans reproche elle a mis son orgueil.

SALOME.

Cet orgueil si vanté trouve enfin son écueil.
Que m'importe après tout que son âme hardie
De mon parjure amant flatte la perfidie,
Ou qu'exerçant sur lui son dédaigneux pouvoir,
Elle ait fait mes tourments sans même le vouloir ?
Qu'elle chérisse ou non le bien qu'elle m'enlève..
Je le perds, il suffit : sa fierté s'en élève ;
Ma honte fait sa gloire : elle a dans mes douleurs
Le plaisir insultant de jouir de mes pleurs.

Le choix des expressions et des épithètes, les phrases qui tantôt procèdent périodiquement, tantôt sont coupées par des césures variées ; l'harmonie qui naît du concours heureux des voyelles et des consonnes ; tout donne à ces vers, et sur-tout aux huit derniers, un caractère d'élégance qu'on peut appeler racinien, et que j'ai cru devoir remarquer d'autant plus que l'auteur les a faits en 1762, lors de la dernière reprise de *Mariamne*, à l'âge de soixante-huit ans. Les autres changements ne sont pas tous à beaucoup près, du même mérite ; mais il paraît que, lors de la composition de *Mariamne*, Voltaire étudiait dans Racine l'élégante simplicité du style tragique, et l'art de la relever à propos par des figures nobles et naturelles.

> Vous avez vu ma mère au désespoir réduite,
> Me presser en pleurant d'accompagner sa fuite.
> Son esprit accablé d'une juste terreur,
> Croit à tous les moments voir Hérode en fureur,
> Encor tout dégouttant du sang de sa famille,
> Venir à ses yeux même assassiner sa fille.
> Elle veut à mes fils, menacés du tombeau,
> Donner César pour père et Rome pour berceau.
> On dit que l'infortune à Rome est protégée ;
> Rome est le tribunal où la terre est jugée, etc.

Narbas confirme la reine dans ce projet :

> Il est temps d'épargner un meurtre à votre époux,
> Et d'éloigner du moins de ces tendres victimes
> Le fer de vos tyrans et l'exemple des crimes, etc.

Tout le rôle de Varus, remplacé depuis par Sohême, était écrit avec le plus grand soin. Albin, confident de son amour pour Mariamne, lui rappelle le mépris qu'il avait montré pour les femmes romaines. Varus répond :

> Dans nos murs corrompus ces coupables beautés
> Offraient de vains attraits à mes yeux révoltés.
> Je fuyais leurs complots, leurs brigues éternelles,
> Leurs amours passagers, leur vengeances cruelles.
> Je voyais leur orgueil accru du déshonneur
> Se montrer triomphant sur leur front sans pudeur ;
> L'altière ambition, l'intérêt, l'artifice,
> La folle vanité, le frivole caprice,

Chez les Romains séduits prenant le nom d'amour,
Gouverner Rome entière, et régner tour à tour.

On remarqua dans ce morceau, qui semblait être, sous d'autres noms, la peinture des mœurs de la régence, le même esprit que nous avons vu dans *Œdipe* présenter des allusions aux circonstances du moment. Ce mérite est peu de chose, parce qu'il est passager : un mérite plus réel, c'est que ce tableau satirique répandait plus d'intérêt sur le portrait de Mariamne, qui est peint avec le coloris le plus pur et le plus touchant.

L'univers était plein du bruit de ses malheurs;
Son parricide époux faisait couler ses pleurs.
Ce roi, si redoutable au reste de l'Asie,
Fameux par ses exploits et par sa jalousie,
Prudent, mais soupçonneux, vaillant, mais inhumain,
Au sang de son beau-père avait trempé sa main.
Sur ce trône sanglant il laissait en partage
A la fille des rois la honte et l'esclavage.
Du sort qui la poursuit tu connais la rigueur :
Sa vertu, cher Albin, surpasse son malheur.
Loin de la cour des rois la vérité proscrite,
L'aimable vérité sur ses lèvres habite.
Son unique artifice est le soin généreux
D'assurer des secours aux jours des malheureux.
Son devoir est sa loi : sa tranquille innocence
Pardonne à son tyran, méprise sa vengeance,
Et près d'Auguste encore implore mon appui
Pour ce barbare époux qui l'immole aujourd'hui.

Ce style était d'un disciple de Racine, fait pour devenir son rival. Rien n'y ressent la contrainte ni l'effort : l'oreille est toujours flattée, et le langage s'élève au-dessus de la prose, sans ambition et sans audace. On dirait en prose : *Elle pardonne à son tyran ;* le poète dit : *Sa tranquille innocence pardonne.* Ces sortes de figures, qui ornent la diction sans jamais l'enfler, sont celles dont l'usage peut être fréquent sans danger, et qui constituent l'élégance habituelle ; les figures hardies doivent être plus rares, et naître du besoin ou de la passion. Salome, furieuse du retour d'Hérode, dont la promptitude a devancé Zarès, qui portait l'ordre de la mort de Mariamne, peut dire sans blesser les convenances :

Zarès fut sur les eaux trop long-temps arrêté ;
La mer alors tranquille à regret l'a porté ;
Mais Hérode, en partant pour son nouvel empire,
Revole avec les vents vers l'objet qui l'attire ;
Et les mers et l'amour, et Varus et le roi,
Le ciel, les éléments, sont armés contre moi.

Il y a de l'éclat dans ces vers ; il y a beaucoup de hardiesse dans cette figure :

La mer alors tranquille à regret l'a porté.

C'est prêter un sentiment à la mer et aux vents ; mais la vérité n'est point blessée. Il est naturel à la colère et à la douleur de s'en prendre à tout, et de prêter une intention même au hasard : ce n'est donc pas le poète qui a voulu faire une figure, comme auparavant, lorsque Salome parlait des *sables mouvants ;* c'est la passion du personnage qui en avait besoin pour s'exhaler. Qu'on examine toutes les figures dans cet esprit, on ne se méprendra guère sur le jugement qu'il en faut porter. J'insiste sur cet article, parce qu'il importe d'observer dans quels principes travaillait alors l'auteur, qui se modelait évidemment sur la versification de Racine. Les premiers ouvrages des grands écrivains ont été pour eux des études, et doivent aussi en être pour nous.

Remarquons encore que ces vers, qui ne sont d'aucun effet au théâtre, parce que l'on ne peut s'intéresser au personnage de Salome, pourraient en avoir beaucoup, s'ils étaient dans la bouche d'un personnage plus intéressant. Qu'une amante, qu'une mère dont la destinée aurait dépendu du plus ou moins de célérité d'un voyage, prononçât dans son désespoir ce vers :

La mer alors tranquille a regret l'a porté.

elle serait sûrement applaudie; on sentirait vivement la force de cette poésie, qui ajouterait à la force du sentiment; et cela nous prouve une autre vérité qui peut faire comprendre toute la difficulté, et en même temps tout le mérite de l'art dramatique : c'est que les plus grandes beautés de détail perdent leur effet sur le spectateur, si le caractère et la situation ne l'attachent pas, et qu'au contraire tout ressort, même les mots les plus simples, quand le spectateur est ému.

De même, dans le plan de *Mariamne*, si l'amour et la jalousie d'Hérode avaient pu exciter plus d'intérêt; si le caractère de ce prince, si les évènements qui ont précédé, avaient pu nous faire désirer sa réunion avec son épouse, on eût été bien plus affecté de ce morceau où il confirme l'éloge que Varus faisait tout à l'heure de cette princesse, et se livre à un mouvement aussi noble que pathétique :

> Ma sœur que trop long-temps mon cœur a daigné croire,
> Ma sœur n'aima jamais ma véritable gloire.
> Plus cruelle que moi dans ses sanglants projets,
> Sa main faisait couler le sang de mes sujets,
> Les accablait du poids de mon sceptre terrible ;
> Tandis qu'à leurs douleurs Mariamne sensible,
> S'occupant de leur peine, et s'oubliant pour eux,
> Portait à son époux les pleurs des malheureux.
> C'en est fait : je prétends, plus juste et moins sévère,
> Par le bonheur public mériter de lui plaire.
> Sion va respirer sous un règne plus doux.
> Mariamne a changé le cœur de son époux ;
> Et mes mains, de mon trône écartant les alarmes,
> Des peuples opprimés vont essuyer les larmes.
> Je veux sur mes sujets régner en citoyen,
> Et gagner tous les cœurs pour mériter le sien.

Tout ce rôle d'Hérode est d'un coloris tragique, quoique placé dans un cadre qui ne l'est pas assez ; et la scène avec Mariamne, qui correspond à celle que nous avons vu tout à l'heure entre Artémire et Cassandre, prouve à la fois, et les progrès de l'auteur dans l'expression des mêmes idées, et et talent qu'il montrait déjà pour le pathétique. Lorsqu'on a persuadé à Hérode que la fuite de Mariamne, projetée de concert avec Sohême, est la suite d'un commerce criminel ; lorsque Salome et Mazaël craignent sur-tout qu'il ne veuille voir la reine dont il vient de prononcer l'arrêt de mort, les agitations d'une âme partagée entre l'amour et le ressentiment sont vivement tracées. C'est en vain qu'on lui répète :

Oubliez-la, seigneur.

Calmez-vous.

HÉRODE.

Non, je veux la voir et la confondre ;
Je veux l'entendre ici, la forcer à répondre ;
Qu'elle tremble en voyant l'appareil du trépas,
Qu'elle demande grace et ne l'obtienne pas.

SALOME.

Quoi ! seigneur, vous voulez vous montrer à sa vue !

HÉRODE.

Ah ! ne redoutez rien, sa perte est résolue.
Vainement l'infidèle espère en mon amour ;
Mon cœur à la clémence est fermé sans retour,
Loin de craindre ses yeux qui m'avaient trop su plaire,
Je sens que sa présence aigrira ma colère.
Gardes, que dans ces lieux on la fasse venir :
Je ne veux que la voir, l'entendre et la punir.

Ce sont là les illusions ordinaires de l'amour jaloux et irrité : on cherche à se justifier à soi-même ce besoin, toujours le premier de tous, de revoir celle qu'on s'efforce de haïr ; et l'on ne fait éclater la fureur et la menace que pour couvrir la faiblesse dont on rougit, et qu'on ne veut pas avouer. Hérode reproche à la reine ses intelligences avec Sohême : elle avoue qu'elle a voulu se soustraire à la cruauté d'un homme qui a versé le sang de tous les siens ;

mais elle repousse avec une noble fierté les soupçons qui attaquent son innocence :

Il suffit de ma vie.
D'un si cruel affront cessez de me couvrir :
Laissez-moi chez les morts descendre sans rougir.
N'oubliez pas du moins qu'attachés l'un à l'autre,
L'hymen qui nous unit joint mon honneur au vôtre.
Voilà mon cœur : frappez, mais, en portant vos coups,
Respectez Mariamne, et même son époux.

HÉRODE.
Perfide, il vous sied bien de prononcer encore
Ce nom qui vous condamne et qui me déshonore.
Vos coupables dédains vous accusent assez,
Et je crois tout de vous, si vous me haïssez.

La réponse de Mariamne réunit toutes les convenances dramatiques. Si l'auteur ne lui eût donné que la juste fierté de l'innocence calomniée, la scène eût été froide. Mariamne ne peut non plus, sans se démentir, montrer aucun sentiment pour un époux qui n'a jamais été pour elle que le tyran de sa femme et le bourreau de sa famille. Cependant elle ne veut pas le braver; elle est mère, et craint pour ses enfants; et c'est pour eux seuls qu'elle croit devoir prendre quelque soin de sa vie. Il fallait donc qu'elle parvînt à toucher Hérode sans s'abaisser devant lui. Le poëte a su la faire parler de manière qu'en rappelant tous les crimes de son époux sans trop d'amertume, elle lui fait sentir qu'elle eût été capable d'affection pour lui, s'il avait su la mériter; et sans descendre à aucune prière pour elle-même, elle tire tous ses moyens de la tendresse maternelle, qui suffit pour donner à tout de la noblesse et de l'intérêt.

Quand vous me condamnez, quand ma mort est certaine,
Que vous importe, hélas! ma tendresse ou ma haine?
Et quel droit désormais avez-vous sur mon cœur,
Vous qui l'avez rempli d'amertume et d'horreur;
Vous qui depuis cinq ans insultez à mes larmes,
Qui marquez sans pitié mes jours par mes alarmes;
Vous, de tous mes parents destructeur odieux;
Vous, teint du sang d'un père expirant à mes yeux?
Cruel! ah! si du moins votre fureur jalouse
N'eût jamais attenté qu'aux jours de votre épouse,
Les cieux me sont témoins que mon cœur tout à vous
Vous chérirait encore en mourant par vos coups.
Mais qu'au moins mon trépas calme votre furie;
N'étendez point mes maux au-delà de ma vie.
Prenez soin de mes fils; respectez votre sang;
Ne les punissez pas d'être nés dans mon flanc.
Hérode, ayez pour eux des entrailles de père :
Peut-être, un jour, hélas! vous connaîtrez leur mère;
Vous plaindrez, mais trop tard, ce cœur infortuné
Que seul dans l'univers vous avez soupçonné,
Ce cœur qui n'a point su, trop superbe peut-être,
Déguiser ses douleurs et ménager un maître;
Mais qui jusqu'au tombeau conserva sa vertu,
Et qui vous eût aimé, si vous l'aviez voulu.

Ce morceau touchant produit une révolution dans le cœur d'Hérode.

Qu'ai-je entendu? quel charme et quel pouvoir suprême
Commande à ma colère et m'arrache à moi-même?
Mariamne!...

    MARIAMNE.
  Cruel!
    HÉRODE.
   O faiblesse! ô fureur!

MARIAMNE.

De l'état où je suis voyez du moins l'horreur.
Otez-moi par pitié cette odieuse vie.

HÉRODE.

Ah! la mienne à la vôtre est pour jamais unie.
C'en est fait, je me rends; bannissez votre effroi;
Puisque vous m'avez vu, vous triomphez de moi.
Vous n'avez plus besoin d'excuse et de défense;
Ma tendresse pour vous vous tient lieu d'innocence.
En est-ce assez, ô ciel! en est-ce assez, amour?
C'est moi qui vous implore, et qui tremble à mon tour.
Serez-vous aujourd'hui la seule inexorable?
Quand j'ai tout pardonné, serai-je encore coupable?
Mariamne, cessons de nous persécuter;
Nos cœurs ne sont-ils faits que pour se détester?
Nous faudra-t-il toujours redouter l'un et l'autre?
Finissons à la fois ma douleur et la vôtre.
Commençons sur nous-même à régner en ce jour:
Rendez-moi votre main, rendez-moi votre amour.

MARIAMNE.

Vous demandez ma main! juste ciel que j'implore,
Vous savez de quel sang la sienne fume encore.

HÉRODE.

Eh bien, j'ai fait périr et ton père et mon roi;
J'ai répandu son sang pour régner avec toi.
Ta haine en est le prix, ta haine est légitime;
Je n'en murmure point, je connais tout mon crime.
Que dis-je! son trépas, l'affront fait à ses fils,
Sont les moindres forfaits que mon cœur ait commis.
Hérode a jusqu'à toi porté sa barbarie;
Durant quelques moments je t'ai même haïe;
J'ai fait plus : ma fureur a pu te soupçonner;

Et l'effort des vertus est de me pardonner.
D'un trait si généreux ton cœur seul est capable.
Plus Hérode à tes yeux doit paraître coupable,
Plus ta grandeur éclate à respecter en moi
Ces nœuds infortunés qui m'unissent à toi.
Tu vois où je m'emporte et quelle est ma faiblesse,
Garde-toi d'abuser du trouble qui me presse.
Cher et cruel objet d'amour et de fureur,
Si du moins la pitié peut entrer dans ton cœur,
Calme l'affreux désordre où mon âme s'égare.
Tu détournes les yeux... Mariamne....

MARIAMNE.

Ah barbare!
Un juste repentir produit-il vos transports,
Et pourrai-je en effet compter sur vos remords?

HÉRODE.

Oui, tu peux tout sur moi, si j'amollis ta haine.
Hélas! ma cruauté, ma fureur inhumaine,
C'est toi qui dans mon cœur a su la rallumer;
Tu m'as rendu barbare en cessant de m'aimer.

C'est là certainement de l'éloquence tragique. Je ne suis pas surpris que cette scène et les beaux détails répandus dans le reste de la pièce aient fait d'autant plus de plaisir à la reprise de 1725, que l'on pouvait juger d'une année à l'autre les efforts de l'auteur pour se relever dans un sujet où il avait d'abord totalement échoué. Mais pourquoi ce succès, qui était la juste récompense du travail et de la docilité, n'a-t-il pu être durable? Vous allez en voir la raison. Je fus témoin de la reprise de cette pièce en 1762; et, quoique fort jeune, je fus assez frappé de ce qui s'y passa pour ne l'avoir jamais oublié. Le vide d'action dans les trois premiers actes les fit accueillir froidement : les beautés du style avaient pu les faire applaudir dans la nouveauté, mais alors la pièce était connue depuis long-temps; et il faut observer que ces sortes de beautés qui attirent d'abord beaucoup d'applaudissements lorsqu'elles sont nouvelles, perdent bientôt de leur effet au théâtre si elles ne sont pas attachées à un fond tragique, la seule chose qui agisse en tout temps sur les spectateurs, et qui mette constamment en valeur tous les autres genres de beautés. Au quatrième acte, la scène que vous venez d'entendre, jouée par l'inimitable Lekain et par une actrice digne de jouer avec lui, mademoiselle Clairon, fit un plaisir général. Voici comme elle se termine; un garde vient dire à Hérode :

..... Seigneur, tout le peuple est en armes;
Dans le sang des bourreaux il vient de renverser
L'échafaud que Salome a déjà fait dresser.
Au peuple, à vos soldats Sohême parle en maître;
Il marche vers ces lieux, il vient, il va paraître.

HÉRODE.

Quoi! dans le moment même où je suis à vos pieds,
Vous auriez pu, perfide!...

MARIAMNE.

Ah! seigneur! vous croiriez....

HÉRODE.

Tu veux ma mort? Eh bien! je vais *remplir ta haine*;
Mais au moins dans ma tombe il faut que je t'entraîne,
Et qu'unis malgré toi.... Qu'on la garde, soldats.

Il s'éleva un murmure universel à cet endroit qui montrait tout le faible de l'ouvrage, et de quel frivole prétexte l'auteur se servait pour amener la mort de Mariamne, commandée par le sujet. En effet, qu'est-il arrivé qui puisse motiver cette nouvelle fureur d'Hérode? Il a pardonné la fuite de Mariamne, et certes il ne croit pas que Sohême en soit aimé; car c'est la seule chose qu'il n'eût pas pardonnée. L'attendrissement a succédé à la vengeance, et la vengeance revient, parce que le peuple a renversé l'échafaud, parce que Sohême a pris les armes. Mais peut-il penser que ce soit la faute de Mariamne, et qu'elle soit complice de ce qu'on veut faire pour elle? Cet excès de prévention serait probable, si Hérode était représenté dans la pièce tel qu'il l'est dans l'histoire, d'un caractère toujours inflexible, toujours armé de soupçons et de rigueurs, et ne cherchant qu'à punir; mais on l'a vu, dans tout son rôle, susceptible de mouvements tendres, de pitié, de remords; il a rendu justice à toutes les vertus de son épouse; il est dans ce même moment à ses pieds, versant les larmes de l'amour et du repentir. Il est évident que, pour le faire revenir de si loin, il faut autre chose qu'un échafaud renversé dans l'instant où il ne songe plus à y envoyer Mariamne, et qu'un soulèvement excité par Sohême, qu'il ne croit point l'amant de sa femme. Plus on venait d'être ému de la scène des deux époux, plus cette révolution invraisemblable dut refroidir tout le reste de la pièce, où l'on ne voyait plus dans Hérode qu'une barbarie gratuite, qui devenait encore plus odieuse quand

Mariamne, au cinquième acte, aimait mieux mourir que d'accepter le secours de Sohême; et par une autre conséquence non moins fâcheuse et non moins nécessaire, cette générosité de Mariamne touchait fort peu, parce que l'objet en était trop indigne. La pièce, dans les deux représentations suivantes, ne se releva pas, et depuis elle n'a pas reparu *.

Peut-être demandera-t-on pourquoi l'auteur ne corrigeait pas cette faute si visiblement indiquée. C'est que ce sont de ces fautes qu'on ne peut corriger qu'en faisant un autre plan. La préface, où l'auteur rend compte de celui qu'il avait suivi d'abord, et qu'il condamne lui-même, peut nous convaincre que ce sujet était fait pour le conduire d'écueil en écueil. Voici comme il s'exprime sur la manière dont il avait conformé son premier plan aux idées établies par l'histoire. « Hérode parut, dans « cette pièce, cruel et politique, tyran de ses sujets, « de sa famille, de sa femme, plein d'amour pour Ma- « riamne, mais plein d'un amour barbare qui ne lui « inspirait pas le moindre repentir de ses fureurs. Je « ne donnai à Mariamne d'autres sentiments qu'un « orgueil imprudent et qu'une haine inflexible pour « son mari..... Qu'arriva-t-il de tout cet arrangement? « Mariamne intraitable n'intéressa point ; Hérode, « n'étant que criminel, révolta. » Voltaire blâme ce plan, et il a bien raison; il était mauvais de tout point, ne pouvant produire aucune espèce d'émotion ; il

* Notre grand tragédien Talma l'a fait reprendre il y a quelques années, mais elle n'a en encore qu'un succès assez froid, et un petit nombre de représentations.　　　　　　　　　　　　　　　　　　　H. P.

nous fait concevoir pourquoi la pièce, à ce que nous dit l'auteur, fut à peine achevée. Il ajoute : « Hérode, « pour plaire, devait émouvoir la pitié. Il fallait que « l'on détestât ses crimes, que l'on plaignît sa pas- « sion, qu'on aimât ses remords..... Si l'on veut que « Mariamne intéresse, ses reproches doivent faire « espérer une réconciliation ; sa haine ne doit pas « paraître toujours inflexible. »

Il a raison, et cette refonte de ces deux principaux caractères prouve qu'il avait su profiter des lumières que donne la perspective du théâtre. Mais il ne prit pas garde que, dans un sujet historique, on ne peut modifier les caractères que jusqu'au point où ils peuvent s'adapter à une action connue et à des résultats donnés. Or, il y en a ici deux indispensables : il faut que Mariamne meure, et qu'elle ne soit pas coupable : l'histoire, sur ces deux points, ne peut pas être contredite. Mais s'il faut qu'Hérode intéresse en faisant mourir une femme innocente, il faut donc qu'il soit trompé de manière que son erreur fasse excuser sa cruauté : et, cela posé, on ne pouvait plus se contenter de suggestions vagues et de soupçons aussitôt détruits que formés. Un système entier d'artifice, bâti sur un fait capital, devait être le nœud de l'intrigue, et il n'y en a d'aucune espèce dans *Mariamne*. Celle de Tristan était positivement accusée de poison ; et un scélérat, gagné par Salome, déposait qu'il avait reçu d'elle un breuvage pour faire mourir le roi. Ce nœud, dans la pièce de Tristan, est formé sans aucun art : Voltaire pouvait aisément y en mettre beaucoup davantage. Je ne sais si, même en établissant la vraisemblance, il serait parvenu à produire de l'intérêt : tout ce que je voulais faire voir, c'est que le changement de son plan aurait dû suivre celui de ses caractères, et qu'il lui fallait absolument une autre intrigue pour éviter les fautes qui sont restées dans sa pièce, et qui, sans cela, ne pouvaient pas en être ôtées; car, après la réconciliation dont il a rendu Hérode capable, que voudrait-on qu'il eût mis à la place de cet échafaud renversé et de cette émeute excitée par Sohême? Comment amener le dénouement, comment motiver cette condamnation, qui est nécessaire? Au point où en est la pièce, il ne peut plus y avoir que de mauvaises raisons pour faire périr Mariamne; et ce qui résulte de cette discussion, c'est que, quand on s'est trompé dans la première conception, dans l'idée mère d'un ouvrage, les fautes ensuite sont comme nécessitées, et l'on n'a plus guère que le choix des inconvénients.

La tragédie de *Mariamne* finit par un morceau remarquable, en ce que, depuis les beaux jours du théâtre Français, c'était la première fois qu'on avait hasardé d'y représenter le désespoir porté jusqu'au délire complet, quoique passager; car les Anglais seuls avaient imaginé de mettre sur la scène une tête aliénée pendant cinq actes[*]. Voltaire emprunta de Tristan cette idée très heureuse de donner à Hé-

---

[*] Dans une des pièces les plus absurdes de Shakspeare, *le roi Léar*[a].

[a] Le roi Léar n'est point fou pendant cinq actes, comme le dit La Harpe, et cette pièce, qui lui paraît si absurde, est pleine d'un pathétique admirable. On a déjà pu remarquer, qu'à l'exemple de Voltaire, La Harpe se montre fort injuste envers Shakspeare. H. P.

rode, désespéré de son crime, un instant d'aliénation. Il tombe, après un accès de rage, dans une espèce de stupeur, une sorte d'anéantissement dont il ne sort que pour demander Mariamne, dont il a oublié la mort. Tristan a tout gâté, il est vrai, en le faisant revenir trois fois à ce même oubli : Voltaire y a mis la mesure convenable. Hérode, furieux contre lui-même, veut se percer de son épée : on l'arrête, on le désarme ; il s'écrie :

> Quoi ! vous me retenez ! Quoi ! citoyens perfides,
> Vous arrachez ce fer à mes mains parricides !
> Ma chère Mariamne, arme-toi, punis-moi ;
> Viens déchirer ce cœur qui brûle encor pour toi.
> Je me meurs.
> (*Il tombe dans un fauteuil.*)

Un des officiers, Narbas, dit :

> De ses sens il a perdu l'usage.
> Il succombe à ses maux.

Maintenant je suppose que la passion d'Hérode eût produit beaucoup plus qu'une émotion momentanée, détruite à la fin de la scène même qui l'a fait naître ; que pendant cinq actes il eût porté dans les cœurs cet intérêt qui s'accroît de scène en scène, je crois que la dernière, telle que Voltaire l'a faite, eût pu y mettre le comble.

HÉRODE, *revenant à lui.*

> Quel funeste nuage
> S'est répandu soudain sur mes esprits troublés ?
> D'un sombre et noir chagrin mes sens sont accablés.

D'où vient qu'on m'abandonne au trouble qui me gêne ?
Je ne vois point ma sœur, je ne vois point la reine.
Vous pleurez ! vous n'osez vous approcher de moi !
Triste Jérusalem, tu fuis devant ton roi !
Qu'ai-je donc fait ? Pourquoi suis-je en horreur au monde ?
Qui me délivrera de ma douleur profonde ?
Par qui ce long tourment sera-t-il adouci ?...
Qu'on cherche Mariamne, et qu'on l'amène ici.

NARBAS.

Mariamne ! seigneur ?

HÉRODE.

Oui, je sens que sa vue
Va rendre un calme heureux à mon âme éperdue.
Toujours devant ses yeux que j'aime et que je crains,
Mon cœur est moins troublé, mes jours sont plus sereins.
Déjà même à son nom mes douleurs s'affaiblissent,
Déjà de mon chagrin les ombres s'éclaircissent.
Qu'elle vienne.

NARBAS.

Seigneur....

HÉRODE.

Je veux la voir.

NARBAS.

Hélas !
Avez-vous pu, seigneur, oublier son trépas ?

HÉRODE.

Cruel, que dites-vous ?

et il revient à la fois à la raison et au désespoir. Il me semble que cet oubli de soi-même, qui ne donne à l'infortune un moment de calme que pour la rendre ensuite plus à plaindre, est d'un effet théâtral; mais il suffit qu'on l'ait imaginé une fois, pour qu'il ne soit plus permis d'employer le même moyen; car où serait le mérite de s'en servir une seconde fois? On sent qu'il est trop aisé de faire délirer un personnage; et l'idée de faire du délire une beauté ne peut être louable que dans celui qui l'a conçue le premier.

Une particularité qui distingue la tragédie de *Mariamne*, c'est qu'une des scènes les mieux écrites ne se trouve plus que dans les variantes de la dernière édition, où elle est imprimée telle qu'elle fut jouée à la première représentation. Elle n'a été récitée qu'une fois au théâtre, et par conséquent elle est assez peu connue pour qu'il ne soit pas hors de propos de la rappeler ici. Mais auparavant écoutons l'auteur et les raisons qu'il a eues de la supprimer. « Je ménageai une entrevue entre Hérode « et Varus, dans laquelle je fis parler ce préteur « avec la hauteur *qu'on s'imagine* que les Romains « affectaient avec les rois..... Cette entrevue rendit « Hérode méprisable. » Il conclut que ce prince ne devait point voir du tout Varus: « Si Varus, dit il, « parle à ce prince avec hauteur et avec colère, il « l'humilie, et il ne faut point avilir un personnage « qui doit intéresser. S'il lui parle avec politesse, ce « n'est qu'une scène de compliments, qui serait d'au- « tant plus froide qu'elle serait inutile. » Ces raisons sont fondées sur une exacte connaissance du théâtre. Telle est la grandeur romaine, que tout paraît petit devant elle : il convient donc de ne mettre en scène avec les Romains un personnage principal que lorsqu'il peut les haïr et les braver impunément, comme Nicomède, comme Pharasmane. Deux de nos grands tragiques ont échoué au même écueil dans un sujet qui les réduisit tous les deux, dans *Sophonisbe*, où le héros de la pièce, Massinisse, est inévitablement avili devant Scipion, ce qui rend le sujet impraticable.

Voltaire eut donc raison de supprimer la scène d'Hérode avec Varus ; mais quand il parle de *cette hauteur qu'on s'imagine que les Romains affectaient avec les rois*, sans doute il ne prétend s'inscrire en faux que contre l'*affectation* de cette hauteur, telle qu'on l'a reprochée quelquefois à Corneille, et il est bien vrai que toute *affectation* est l'opposé de la grandeur, car on n'affecte que ce qu'on n'a pas, ou ce qu'on n'est pas en effet. La hauteur des Romains était réelle : elle tenait à une véritable supériorité, celle du caractère national et politique, du gouvernement et de la discipline. Mais c'est précisément parce qu'ils étaient grands, que cette grandeur s'énonçait toujours avec simplicité. Ils dictaient des lois, parce qu'ils le pouvaient, mais sans arrogance, sans injure, sans mépris ; et ce n'était pas seulement en eux un sentiment juste de la grandeur, c'était aussi une politique très habile. Ils ne renonçaient pas à se faire un ami utile de celui même qu'ils auraient convaincu d'être un ennemi impuissant, et ils savaient que la haine est irréconciliable dans le cœur du faible qu'on a eu la lâcheté d'humilier. Aussi recueillaient-ils le fruit de cette haute sagesse : ils reçurent en tout temps les plus grands services des rois dont ils avaient honoré le mérite et ménagé l'amitié, et cette amitié fut à l'épreuve des conjonctures les plus critiques. A l'égard d'Hérode en particulier, il était d'autant plus naturel que le préteur Varus le traitât avec la *hauteur romaine*, que cet Arabe usurpateur ne tenait sa couronne uniquement que de la protection d'Auguste, qui estimait ses talents, et qui méprisait ses vices. On voit dans l'histoire qu'au fond la royauté d'Hérode était une espèce de magistrature très dépendante et très subordonnée. Le seul nom de César était tout dans la Judée comme ailleurs; et peu de temps après Hérode, tout le pays fut réduit en province romaine. Venons maintenant à cette scène où Voltaire, quoi qu'il en dise, a fait parler un Romain comme il devait parler :

HÉRODE.

Avant que sur mon front je mette la couronne
Que m'ôta la fortune et que César me donne,
Je viens en rendre hommage au héros dont la voix
De Rome en ma faveur a fait pencher le choix.
De vos lettres, seigneur, les heureux témoignages
D'Auguste et du sénat m'ont gagné les suffrages ;
Et pour premier tribut, j'apporte à vos genoux
Un sceptre que ma main n'eût point porté sans vous.
Je vous dois encor plus : vos soins, votre présence,
De mon peuple indocile ont dompté l'insolence.
Vos succès m'ont appris l'art de le gouverner,
Et m'instruire était plus que de me couronner.
Sur vos derniers bienfaits excusez mon silence ;
Je sais ce qu'en ces lieux a fait votre prudence ;

Et trop plein de mon trouble et de mon *repentir*,
Je ne puis à vos yeux que me taire et *souffrir* *.

VARUS.

Puisqu'au yeux du sénat vous avez trouvé grace,
Sur le trône aujourd'hui reprenez votre place.
Régnez, César le veut. Je remets en vos mains
L'autorité qu'aux rois permettent les Romains.
J'ose espérer de vous qu'un règne heureux et juste
Justifira mes soins et les bontés d'Auguste.
Je ne me flatte pas de savoir enseigner
A des rois tels que vous le grand art de régner.
On vous a vu long-temps, dans la paix, dans la guerre,
En donner des leçons au reste de la terre.
Votre gloire, en un mot, ne peut aller plus loin ;
Mais il est des vertus dont vous avez besoin.
Voici le temps sur-tout que, sur ce qui vous touche,
L'austère vérité doit parler par ma bouche,
D'autant plus qu'entouré de flatteurs assidus,
Puisque vous êtes roi, vous ne l'entendrez plus.
On vous a vu long-temps, respecté dans l'Asie,
Régner avec éclat, mais avec barbarie;
Craint de tous vos sujets, admiré, mais haï ;
Et par vos flatteurs même à regret obéi.
Jaloux d'une grandeur avec peine achetée,
Du sang de vos parents vous l'avez cimentée.
Je ne dis rien de plus : mais vous devez songer
Qu'il est des attentats que César peut venger;
Qu'il n'a point en vos mains mis son pouvoir suprême,
Pour régner en tyran sur un peuple qu'il aime;
Et que du haut du trône un prince, en ses états,
Est comptable aux Romains du moindre de ses pas.
Croyez-moi, la Judée est lasse de supplices ;

* Mauvaises rimes.

Vous en fûtes l'effroi, soyez-en les délices.
Vous connaissez le peuple : on le change en un jour;
Il prodigue aisément sa haine et son amour :
Si la rigueur l'aigrit, la clémence l'attire.
Enfin souvenez-vous, en reprenant l'empire,
Que Rome à l'esclavage a pu vous destiner,
Et du moins apprenez de Rome à pardonner.

HÉRODE.

Oui, seigneur, il est vrai que les destins sévères
M'ont souvent arraché des rigueurs nécessaires.
Souvent, vous le savez, l'intérêt des états
Dédaigne la justice *et veut des attentats* *.
Rome, que l'univers avec frayeur contemple,
Rome, dont vous voulez que je suive l'exemple,
Aux rois qu'elle gouverne a pris soin d'enseigner
Comme il faut qu'on la craigne et comme il faut régner.
De ses proscriptions nous gardons la mémoire.
César même, César, au comble de la gloire,
N'eût point vu l'univers à ses pieds prosterné,
Si sa bonté facile eût toujours pardonné.
Ce peuple de rivaux, d'ennemis et de traîtres,
Ne pouvait...

VARUS.

        Arrêtez, et respectez vos maîtres;
Ne leur reprochez point ce qu'ils ont réparé :
Et du sceptre aujourd'hui par leurs mains honoré,
Sans rechercher en eux cet exemple funeste,
Imitez leurs vertus, oubliez tout le reste.
Sur votre trône assis, ne vous souvenez plus
Que des biens que sur vous leurs mains ont répandus.
Gouvernez en bon roi, si vous voulez leur plaire.

---

* Oui, dans les tyrans.

Commencez par chasser ce flatteur mercenaire
Qui, du masque imposant d'une feinte bonté,
Cache un cœur ténébreux par le crime infecté.
C'est lui qui le premier écarta de son maître
Des cœurs infortunés qui vous cherchaient peut-être.
Le pouvoir odieux dont il est revêtu
A fait fuir devant vous la timide vertu :
Il marche accompagné de délateurs perfides,
Qui, des tristes Hébreux inquisiteurs avides,
Par cent rapports honteux, par cent détours *abjects*,
Trafiquent avec lui du sang de vos *sujets* *.
Cessez, n'honorez plus leurs bouches criminelles
D'un prix que vous devez à des sujets fidèles.
De tous ces délateurs le secours tant vanté
Fait la honte du trône, et non la sûreté.
Pour Salome, seigneur, vous devez la connaître ;
Et si vous aimez tant à gouverner en maître,
Confiez à des cœurs plus fidèles pour vous
Ce pouvoir souverain dont vous êtes jaloux.
Après cela, seigneur, je n'ai rien à vous dire.
Reprenez désormais les rênes de l'empire ;
De Tyr à Samarie allez donner la loi :
Je vous parle en Romain, songez à vivre en roi.

Cette scène annonçait l'auteur de *Brutus*, de la *Mort de César*, de *Rome sauvée*. Un des mérites qu'il y faut observer, c'est qu'Hérode y est à peu près ce qu'il peut être. Il conserve une sorte de dignité jusque dans ses soumissions politiques; et la tournure ironique de sa réponse, quand il rappelle les proscriptions des Romains, est ménagée avec art. Il est là tel qu'il se vante d'avoir été dans

---

* Rime insuffisante.

Rome, lorsque dans la scène suivante, qui n'est aussi que dans les variantes de la pièce, il rend compte de la conduite qu'il a tenue pour plaire à César.

Tu vois ce qu'il m'en coûte, et sans doute on peut croire
Que le joug des Romains *offense* assez ma gloire.
Mais je règne à ce prix : leur orgueil fastueux
Se plaît à voir les rois s'abaisser devant eux.
Leurs dédaigneuses mains jamais ne nous couronnent
Que pour mieux avilir le sceptre qu'ils nous donnent.
Pour avoir des sujets qu'il nomment souverains,
Et sur des fronts sacrés signaler leurs dédains.
Il m'a fallu dans Rome, avec ignominie,
Oublier cet éclat tant vanté dans l'Asie.
Tel qu'un vil courtisan, dans la foule jeté,
J'allais des affranchis caresser la fierté;
J'attendais leurs moments, je briguais leurs suffrages;
Tandis qu'accoutumés à de pareils hommages,
Au milieu de vingt rois à leur cour assidus,
A peine ils remarquaient un monarque de plus.
Je vis César enfin; je sus que son courage
Méprisait tous ces rois qui briguaient l'esclavage.
Je changeai ma conduite : une noble fierté
De mon rang avec lui soutint la dignité;
Je fus grand sans audace, et soumis sans bassesse.
César m'en estima, j'en acquis sa *tendresse;*
Et bientôt dans sa cour, appelé par son choix,
Je marchai distingué dans la foule des rois.
Ainsi selon les temps il faut qu'avec souplesse,
Mon courage docile, ou s'élève ou s'abaisse.
Je sais dissimuler, me venger et souffrir;
Tantôt parler en maître, et tantôt obéir.
Ainsi j'ai subjugué Solime et l'Idumée;

Ainsi j'ai fléchi Rome à ma perte animée ;
Et toujours enchaînant la fortune à mon char,
J'étais ami d'Antoine, et le suis de César.

Il n'y a qu'un maître dans l'art d'écrire qui puisse rejeter de pareils morceaux dans les variantes, et il n'y a point d'écrivain qui ne pût s'en faire honneur.

Observations sur le style de MARIAMNE.

1 Jusques à son retour est *du moins* affermie.
. . . .
Madame, il était temps que *du moins* ma présence...

Deux fois *du moins* en quatre vers, sur-tout au commencement d'une pièce, c'est un défaut d'attention d'autant plus singulier, que c'est en revoyant ces premiers vers, que l'auteur a commis cette faute, qui d'abord n'y était pas.

2 Le fer encor sanglant, *et que vous excitiez*,
Était levé sur elle et tombait à ses pieds.

Il était d'autant plus nécessaire de corriger le dernier hémistiche, que le second vers est fort beau.

3 La jalousie *éclaire*, et l'amour se décèle.

Éclaire sans régime est inélégant, et ce vers est faible. La même faiblesse de style se fait remarquer dans ces deux vers qu'on trouve un peu plus bas :

Phérore fut chargé du *ministère affreux*
D'immoler cet objet de *ses horribles feux*.

La ressemblance des deux hémistiches en épithètes, et le mot *affreux* répété trois fois en peu de vers, prouvent que l'auteur ne soigna pas assez les derniers changements qu'il fit à cette pièce.

> 4 J'ai veillé sur des jours *si chers*, *si déplorables*...
> Tout hymen à mes yeux est *horrible et funeste*.....
> . . . .

Toujours trop d'épithètes; et *funeste* est moins fort qu'*horrible*, ce qui est encore un défaut.

> 5 . . . . *Pense encor maintenir*
> Le pouvoir emprunté qu'elle *veut retenir*.

Même défaut que ci-dessus : pléonasme et chevilles.

> 6 Pour adoucir les traits par vous même *portés*.

Termes impropres. On *porte* des coups et non pas des *traits*.

> 7 Je vois qu'il est des temps où tout l'effort humain
> *Tombe* sous la fortune et se *débat* en vain.
> Où la prudence échoue, où l'art nuit *à soi-même*;
> Et je sens ce pouvoir invincible et suprême
> Qui se joue à son gré dans nos climats *voisins*,
> De leurs sables mouvants comme de nos destins.

Ces vers réunissent toutes les sortes de fautes. Un *effort* ne peut ni *tomber*, ni *se débattre*. *Soi-même* ne peut s'employer que dans un sens indéfini, à moins d'y joindre *se*, qui rend le verbe réciproque, *où l'art se nuit à soi-même*. *Voisins* est une cheville très vicieuse, et quel rapport entre les destinées de Salome et les *sables mouvants* de l'Arabie? En général, tous ces changements, faits en 1762, se sentent trop de la faiblesse de l'âge, et ne pouvaient pas réparer le vice du sujet, quand même ils auraient été meilleurs.

Malheureux qui *n'attend* son bonheur que *du temps.*

C'est encore un vers d'une dureté choquante. Il n'est jamais permis de faire rimer ainsi les deux hémistiches.

8 Je vais me présenter aux *rois des souverains.*

Mauvaise expression. On trouve dans *Rome sauvée*, *les souverains des rois*, en parlant de ces mêmes Romains ; et cela est beaucoup meilleur, parce que le mot de *souveraineté* emporte une idée de suprématie plus étendue que celui de *royauté.*

9 En me rendant *plus craint*, m'a fait plus misérable.

Ce participe est placé dans cette phrase plus mal encore pour la construction que pour l'oreille. On dirait bien *ma rigueur me rendant plus à craindre*, mais non pas *plus craint*. On doit en sentir aisément les raisons ; c'est que *craint* est un participe, et non pas un adjectif, et que rendre ne peut régir qu'un adjectif.

10 Madame, *en se vengeant*, le roi *va vous venger.*

Vers chargé de consonnances.

11 Loin de ces tristes lieux témoins de *votre outrage....*

Hémistiche dur.

12 Son mépris pour ma race et ses *altiers murmures.*

Altiers est du nombre de ces épithètes qui ne se placent point indifféremment avant ou après le substantif. On dirait bien ce *prince altier*, cette *femme altière*, et non pas cet *altier prince*, cette *altière femme*. C'est au goût à faire cette distinction en consultant l'oreille et l'usage, seules règles en pareil cas.

13 Mais parlez, défendez votre indigne *retraite*.

Terme impropre : votre *fuite* était ici le mot nécessaire.

14 Que ton crime et le mien soit *noyé* dans mes larmes.

Mauvaise expression.

15 . . . . Eh bien! je vais *remplir ta haine*...

Impropriété de terme que l'on retrouve ailleurs. L'auteur a souvent abusé de ce mot *remplir*. On satisfait, on assouvit la haine, on ne la *remplit* pas.

16 Et du moins à demi mon bras vous a *vengé*.

C'est un solécisme. La grammaire exige qu'en parlant à une femme, on dise mon bras vous a *vengée*. C'est une règle sans exception ; et ces sortes de fautes sont sans excuse, parce qu'il n'y a ici ni licence poétique, ni hardiesse de style, ni aucune des raisons qui autorisent quelquefois à sacrifier la grammaire à la poésie. Voltaire a commis plusieurs fois cette même faute.

Section III. — *Brutus*.

Un séjour de plusieurs années que Voltaire fit en Angleterre, depuis 1726 jusqu'en 1729, et une étude approfondie de la littérature anglaise, alors presque inconnue en France, durent avoir une influence très marquée sur un génie que la liberté de penser devait développer, sur une imagination prompte à saisir de nouveaux objets; sur un esprit avide de tout ce qui pouvait l'enrichir. Quatre tragédies qu'il donna successivement depuis son retour, *Brutus*, *Éryphile*, *Zaïre* et *la Mort de César*, se sentaient plus ou moins du sol étranger qui en avait porté le premier germe. C'est même en Angleterre qu'il commença *Brutus*; et peut-être ne fallait-il rien moins que le spectacle de la société d'un peuple libre pour imprimer toute l'austérité des idées républicaines à un esprit rempli jusquelà de toutes les séductions de la régence, et que rien n'avait encore averti de penser fortement. C'est chez les Anglais qu'il apprit à se pénétrer de cet enthousiasme patriotique, de cette haine pour le pouvoir arbitraire, de cet amour de la liberté légale, qui devaient former le caractère de Brutus, et balancer dans son fils les passions de la jeunesse. Aussi ces deux personnages sont dessinés avec la même vigueur, quoique la couleur en soit bien différente. Titus n'est pas seulement républicain, il aime Tullie avec toute la vivacité de son âge; il est fier de sa gloire et de ses exploits, et blessé de n'en avoir pas reçu le prix et d'avoir brigué vainement le consulat. Arons et Messala, l'un ambassadeur de Porsenna près des Romains, l'autre chef d'une conspiration pour remettre Tarquin sur le trône, sont distingués par des nuances très diverses, quoique ayant les mêmes vues et les mêmes intérêts. Arons est plus souple, plus insinuant, plus adroit; c'est un ministre qui sert son maître. Messala mêle à sa politique une fureur sombre, une fermeté déterminée; c'est un conjuré qui risque tout pour un grand dessein. Il hait Brutus et la démocratie beaucoup plus qu'il n'aime Tarquin ; il veut faire une révolution ou périr : ce sont ses passions qui le meuvent, et non pas les intérêts d'autrui. Arons intrigue, et Messala conspire : la différence est grande, et le poète l'a conservée. Tullie, fille de Tarquin, est la partie faible de cette pièce ; et malheureusement la faiblesse du personnage se répand sur toute l'intrigue, parce qu'il se trouve que ce personnage, secondaire en lui-même, est le principal instrument d'une entreprise dont il n'est pas le premier mobile. Les ressorts sont dans la main d'Arons ; et l'amour de Tullie pour Titus, amour qui est le nœud de la pièce, n'est qu'un moyen subordonné à la politique de l'ambassadeur. De cette première combinaison naissent tout les défauts qui jettent de la langueur dans le plan et la conduite de cette tragédie : elle montrait un progrès plus frappant dans la conception des caractères, mais non pas encore le talent le plus essentiel de tous au théâtre, celui d'embrasser puissamment un sujet. Ce talent consiste sur-tout dans l'art de contre-balancer par des forces à peu près égales les principaux moyens de l'action, en sorte que l'équilibre subsiste jusqu'à ce que le cours des évènements fasse un poids qui entraîne et précipite le dénouement. Un instant d'attention sur la marche de la pièce fera voir clairement que cet équilibre manque dans *Brutus*.

L'ouverture de la scène est majestueuse : c'est le sénat romain assemblé et présidé par Brutus, délibérant si l'on recevra le député du roi d'Étrurie Porsenna, qui assiège Rome, où il veut rétablir Tarquin détrôné. Dans cette délibération, dans la scène où l'ambassadeur Arons est introduit au sénat, dans les réponses de Brutus aux discours et aux demandes de ce même Arons, dans les serments prononcés sur l'autel de Mars, enfin dans tout le premier acte, regardé avec raison comme un chef-d'œuvre, respire cette première énergie d'une république naissante, ce sentiment de la liberté, si puissant quand il est éclairé, si cher quand son objet est réel, si respectable quand il est le résultat d'un vœu général; enfin cet enthousiasme qu'inspire la nécessité de combattre pour défendre ce que l'on vient d'acquérir. Tous ces objets, faits pour exalter l'âme, et relevés par un style dont Corneille seul avait donné le modèle, sont la première impression qui s'empare des spectateurs, et qui les transporte dans le sanctuaire de la liberté; car Rome l'était alors en effet. Arons lui-même ajoute à cette impression, dans la dernière scène du premier acte, par le respect qu'il témoigne pour le caractère de ces nouveaux républicains, par les alarmes qu'il en conçoit pour tous les peuples d'Italie. Cette impression va croissant encore dans la scène du second acte entre Titus et Arons, où ce jeune homme, tout amoureux qu'il est de Tullie, parle en fils de Brutus, en Romain : lui-même rougit de son amour, comme d'une faiblesse honteuse. Messala, peu auparavant, a dit de lui :

> Parmi les passions dont il est agité,
> Sa plus grande fureur est pour la liberté.

La scène qui termine le second acte, celle où Brutus montre devant Messala cette joie paternelle et patriotique d'être le vengeur de Rome et d'avoir un fils qui en est l'espérance, renouvelle et fortifie de plus en plus cette même impression dont tous les cœurs sont remplis. Voilà donc une grande force établie par le poète : quelle sera celle qu'il va lui opposer pour former le nœud de l'intrigue ? C'est l'amour du fils de Brutus pour une fille de Tarquin; mais ce contre-poids est-il en proportion avec tout ce qui a précédé ? Quelle est cette Tullie ? On ne la connaît pas encore; on ne sait pas si elle partage cet amour; elle ne paraît qu'à la moitié du troisième acte : on ignore quel est son caractère, jusqu'où peut aller son ascendant sur Titus, à quel point on peut s'intéresser à elle et à cet amour qu'elle a fait naître.

Cet amour ne paraît pas encore très puissant sur le cœur de Titus, il a jusqu'ici parlé bien plus en Romain qu'en amant; enfin, Tullie paraît uniquement pour recevoir une lettre de son père, qui, informé par son agent de l'amour de Titus pour sa fille, promise d'abord au roi de Ligurie, lui écrit que, si Titus veut le servir, si elle peut l'y engager, Titus sera son époux; elle s'écrie alors :

Éclatez, mon amour, ainsi que ma vertu.
La gloire, la raison, le devoir, tout l'ordonne, etc.

Oui, mais pour le théâtre c'est trop tard que cet *amour éclate*; il devait *éclater* avant que *la gloire, la raison et le devoir l'ordonnassent*. Une jeune fille ingénue et docile qui arrive si tard pour nous entretenir de cet amour qu'elle ne se permet de montrer que parce que la politique d'un ministre lui en fait donner l'ordre par son père, n'est pas un rôle assez prononcé pour balancer en nous tout cet appareil de grandeur républicaine qui nous a rendus Romains pendant deux actes. Voltaire dit dans son épître dédicatoire au lord Bolingbroke : « Des « amis m'exhortaient à donner à la jeune Tullie un « *caractère de tendresse et d'innocence*, parce que, « si j'en avais fait une héroïne altière qui n'eût par-« lé à Titus que comme à un sujet qui devait servir « son prince, alors Titus aurait été avili, et l'am-« bassadeur eût été inutile. » Il me semble qu'on lui donnait un fort mauvais conseil : un caractère aussi faible que celui de Tullie est une véritable disparate à côté du consul Brutus et d'un Romain tel que Titus. Cette jeune princesse, qui n'a pour armes que des soupirs et des pleurs contre ce colosse imposant de Rome et de la liberté, ne semble faite que pour efféminer une production mâle et vigoureuse, et non pour en soutenir les ressorts. Sans doute il ne fallait pas qu'elle parlât à son amant comme à un *sujet de Tarquin*, mais il fallait qu'elle parlât comme une femme sûre de son ascendant et de ses droits, comme une princesse fille d'un roi détrôné; que son caractère, fondé dès le premier acte, nous fit partager ses intérêts, ses desseins, ses espérances, son ambition, sa vengeance; qu'il justifiât la passion de Titus, et nous parût digne d'entrer en comparaison avec les devoirs et les honneurs que, dans la suite de la pièce, il doit lui sacrifier. En un mot, ce devait être un personnage à peu près tel que l'Émilie de *Cinna*, dont la passion noble et fière est d'accord avec le ton de l'ouvrage. Corneille a souvent mal à propos placé l'amour dans ses pièces, et ne lui a pas donné le langage qui lui est propre; mais dans *Cinna* il a su donner à Émilie l'espèce d'amour qui est propre au sujet. S'il ne produit pas l'attendrissement, comme je l'ai remarqué ailleurs, c'est qu'il ne devait pas le produire dans une pièce qui tend à un effet d'une autre nature; mais il soutient l'intrigue comme il devait la soutenir, jusqu'au moment où la clémence d'Auguste doit faire couler les larmes de l'admiration; il agit sur l'âme de Cinna aussi puissamment qu'il doit agir; et si le rôle de celui-ci était aussi bien conçu que celui d'Émilie, il y aurait peu de reproches à faire à cet admirable ouvrage.

A cette disproportion de moyens qui fait languir l'intrigue de *Brutus* pendant le second, le troisième et le quatrième actes, se joint une sorte d'uniformité qui en est la suite, car dans la composition dramatique, les défauts naissent des défauts, comme les beautés naissent des beautés. Les deux scènes entre Titus et Tullie n'ont de progression, d'un acte à l'autre, que dans le dialogue ; et Voltaire nous a dit lui-même, d'après l'exemple des maîtres, qu'il en fallait une dans l'action, qui, dans chaque scène principale, doit avancer vers le dénouement. La situation des deux amants est absolument la même dans ces deux scènes, et l'action n'a pas fait un pas. Les mêmes irrésolutions règnent dans les scènes entre Titus et Messala, et il n'y a pas plus de progrès, parce que le personnage de Tullie, qui n'est qu'un instrument passif dans les mains de la politique, n'est pas capable de produire aucune révolution. Aussi ai-je remarqué qu'au théâtre le troisième et le quatrième actes ne semblent se réchauffer que dans les deux scènes où Brutus ramène un moment l'intérêt patriotique et paternel. Heureusement cet intérêt domine seul dans le cinquième acte, où l'on retrouve toute la grandeur qui caractérise le premier, avec le pathétique que produisent les combats de la nature et de la patrie dans un homme tel que Brutus. C'est la beauté de ce cinquième acte qui a sur-tout contribué à soutenir sur la scène cette tragédie, mais en total, c'est une de celles de l'auteur qui, depuis cinquante ans, a le moins de vogue au théâtre, et *Brutus* est aujourd'hui, comme dans sa nouveauté, plus admiré que suivi. L'auteur, qui a toujours su se juger lui-même, se faisait dire par la Critique, dans les premières éditions du *Temple du Goût* :

> Donnez plus d'intrigue à *Brutus*,
> Plus de vraisemblance à *Zaïre*.

Les derniers éditeurs de ses œuvres disent qu'il retrancha ces deux vers, « parce qu'ils étaient moins « l'expression de son jugement qu'un sacrifice qu'il « faisait à l'opinion publique du moment. » Je crois qu'ils ont raison pour *Zaïre*, qui ne me paraît point pécher contre la vraisemblance, comme j'espère le prouver incessamment; mais à l'égard de *Brutus*, il me semble que la Critique et Voltaire avaient raison, et que l'expérience du théâtre et l'opinion de tous les connaisseurs ont achevé de le démontrer. En effet, quelle autre cause peut-il y avoir pour que cet ouvrage, rempli de beautés sublimes, et de tous ceux de l'auteur le plus fortement écrit, ait toujours eu moins de succès aux représentations que la plupart de ses autres pièces? Serait-ce parce que c'est un sujet républicain? Mais *Cinna* et *les Horaces* sont des sujets du même genre, et sont d'un bien plus grand effet que *Brutus*. Serait-ce l'atrocité du dénouement? Cette raison peut y contribuer pour quelque chose; mais le dénouement de *Mahomet*, où trois victimes innocentes sont immolées à l'ambition hypocrite d'un scélérat, n'est ni moins triste ni moins atroce; et *Mahomet* est une production bien autrement théâtrale que *Brutus*. En général, lorsqu'un drame ne fait qu'une médiocre impression sur la scène, le vice est, ou dans le choix du sujet, ou dans le plan, ou dans l'exécution. Sur l'exécution, il ne peut y avoir de doute; elle est d'un grand maître : le sujet est vraiment tragique; il faut donc qu'il y ait un vice dans le plan, et je crois l'avoir assez clairement montré dans la faiblesse de l'intrigue, qui tient principalement à celle du rôle de Tullie.

Voltaire a paru croire que si ce rôle eût été d'une plus grande force, *Titus aurait été avili, et l'ambassadeur inutile.* C'est l'affaire du talent de soutenir un personnage en présence d'un autre; et la situation respective de Tullie et de Titus n'est point du tout de celles où l'un des deux est nécessairement dégradé. A l'égard d'Arons, il n'eût pas été *inutile*, parce qu'il eût agi de concert avec Messala pour recueillir le fruit des séductions de Tullie; et quand même son rôle, secondaire par lui-même, eût perdu quelque chose, combien ce léger inconvénient eût-il été compensé par l'avantage de renforcer un rôle qui devait être capital, celui de Tullie! Enfin, ce qui achève de me persuader que les motifs de justification allégués par l'auteur de *Brutus* ne sont nullement fondés, c'est qu'il a retranché tout ce passage de sa préface dans les éditions de Genève : ce qui semble prouver que la réflexion et l'expérience l'avaient fait changer d'avis.

Une autre critique de la conduite de cette pièce, mais bien moins motivée, est celle qui a été souvent répétée depuis une lettre de J. B. Rousseau, qui circula dans Paris quelque temps après l'impression de *Brutus*. Il y marque son étonnement de voir Brutus condamner son fils à la mort « pour une « simple pensée qui serait à peine regardée comme « une tentation chez les plus rigides casuistes. » Cette critique est outrée, quoiqu'elle ne soit pas tout-à-fait destituée de fondement. Pour l'apprécier avec exactitude, voyons comment s'exprime Titus lorsqu'il a consenti, après de longs combats, à servir Tarquin et à livrer le poste où il commande. Tullie vient de le quitter, et il est seul :

Tu l'emportes, cruelle, et Rome est asservie ;
Reviens régner sur elle, ainsi que sur ma vie.
Reviens ; je vais me perdre ou vais te couronner :
Le plus grand des forfaits est de t'abandonner.
Qu'on cherche Messala : — ma fougueuse imprudence
A de son amitié lassé la patience.
Maîtresse, amis, Romains, je perds tout en un jour,
  (*à Messala qui entre.*)
Sers ma fureur enfin, sers mon fatal amour ;
Viens, suis-moi.

    MESSALA.

      Commandez, tout est prêt ; mes cohortes
Sont au mont Quirinal, et livreront les portes.
Tous nos braves amis vont jurer avec moi
De reconnaître en vous l'héritier de leur roi.
Ne perdez point de temps : déjà la nuit plus sombre,
Voile nos grands desseins du secret de son ombre.

    TITUS.

L'heure approche, Tullie en compte les moments,
Et Tarquin après tout eut mes premiers serments.
Le sort en est jeté.

Certainement il y a là plus qu'une *pensée* et plus qu'une *tentation* ; il y a une résolution très positivement énoncée, et d'après laquelle Messala est bien en droit d'inscrire le nom de Titus sur la liste des conjurés qu'Arons doit porter à Tarquin. Le complot est découvert par un esclave, et Messala

7

arrêté, Brutus trouve le nom de son fils sur la liste fatale avec celui de son frère Tibérinus; cependant il doute encore. Tibérinus se fait tuer plutôt que de se rendre. Le consul fait venir Titus devant lui.

TITUS.

Seigneur, souffrez qu'un fils.....

BRUTUS.

Arrête, téméraire!
De deux fils que j'aimais les dieux m'avaient fait père:
J'ai perdu l'un... Que dis-je? ah! malheureux Titus!
Parle : ai-je encore un fils?

TITUS.

Non, vous n'en avez plus.

BRUTUS.

Réponds donc à ton juge, opprobre de ma vie !
Avais-tu résolu d'opprimer ta patrie,
D'abandonner ton père au pouvoir absolu,
De trahir tes serments?

TITUS.

Je n'ai rien résolu.
Plein d'un mortel poison *dont l'horreur me dévore*,
Je m'ignorais moi-même, et je me cherche encore.
Mon cœur, encor surpris de son égarement,
Emporté loin de soi, fut coupable un moment.
Ce moment m'a couvert d'une honte éternelle;
A mon pays que j'aime il m'a fait infidèle;
Mais, ce moment passé, mes remords infinis
Ont égalé mon crime et vengé mon pays.

C'est ici qu'il y a un peu de vague et d'incertitude. On peut douter que Titus eût exécuté sa funeste résolution ; et comme il n'y a d'autre preuve contre lui que son nom mis sur la liste de Messala qui s'est donné la mort et qui n'a rien révélé, comme il s'agit de justifier aux yeux du spectateur un père qui condamne son propre fils, peut-être il eût été mieux de rendre la preuve du crime plus sensible, et de n'y pas laisser la moindre équivoque. Il eût suffi, par exemple, d'une promesse signée de Titus de livrer à Tarquin la porte Quirinale. Au reste, cette démonstration rigoureuse n'était utile que pour le spectateur; car pour un juge tel que Brutus, c'en est assez que la liste de Messala confirmée par l'aveu de Titus, qui déclare lui-même qu'il a été *coupable un moment.* Dans les principes de Brutus et dans la situation des Romains, c'est assez pour mériter la mort, et Titus n'a que trop raison quand il dit à son père :

Rome qui vous contemple,
A besoin de ma perte, et veut un grand exemple.

Enfin le caractère des Romains à cette époque est si connu, l'arrêt de mort porté contre Titus est un fait si consacré dans l'histoire, que la pièce ne pouvait pas avoir un autre dénouement : il est fait pour produire par lui-même la terreur et la pitié, et l'exécution en est sublime. Il fallait que le génie de l'auteur eût acquis bien de la force et bien de la maturité pour soutenir cette scène, tout autrement difficile à faire qu'aucune de celles qu'il avait déjà traitées ; cette scène terrible où un père, un consul, Brutus, en un mot, doit envoyer son fils à la mort, et un fils tel que Titus, dont on a jusqu'à ce moment admiré les vertus et plaint la faiblesse. De pareilles scènes sont pour les connaisseurs l'épreuve et la mesure du grand talent : ce ne sont pas de ces situations heureuses et séduisantes où la médiocrité même peut se soutenir à la faveur de l'illusion du théâtre : ce sont de ces situations fortes et pénibles, où le poète est obligé d'élever l'âme, s'il veut qu'on lui pardonne d'affliger la nature. C'est là que chaque mot doit porter un coup, que le personnage doit être continuellement à la même hauteur pour nous y tenir avec lui. On ne lui passerait pas ce qu'il fait, si son langage n'était pas, comme sa conduite, au-dessus d'un homme ordinaire. Dès que Titus a dit que Brutus n'a plus de fils, le père disparaît entièrement pour faire place au consul : pas une plainte, pas la plus légère trace d'agitation. Brutus s'assied sur son tribunal :

Réponds donc à ton juge, opprobre de ma vie !

Mais quand Titus, après l'aveu de son crime, ajoute :

Prononcez mon arrêt. Rome, qui vous contemple,
A besoin de ma perte, et veut un grand exemple :
Par mon juste supplice il faut épouvanter
Les Romains, s'il en est qui puisse m'imiter.
Ma mort servira Rome autant qu'eût fait ma vie ;
Et ce sang, en tout temps utile à sa patrie,
Dont je n'ai qu'aujourd'hui souillé la pureté,
N'aura coulé jamais que pour la liberté.

alors Brutus s'étonne de retrouver encore dans son

fils criminel les sentiments d'un Romain; il s'étonne de ce mélange de grandeur et de faiblesse; il semble ne pas s'occuper de l'arrêt qui est déjà prononcé dans son âme; il ne songe qu'au forfait qu'il ne conçoit pas.

Quoi! tant de perfidie avec tant de courage!
De crimes, de vertus quel horrible assemblage!
Quoi! sous ces lauriers même, et parmi ces drapeaux,
Que ton sang à mes yeux rendait encor plus beaux!

Comme ce dernier vers est romain!

Quel démon t'inspira cette horrible inconstance?

TITUS.

Toutes les passions, la soif de la vengeance,
L'ambition, la haine, un instant de fureur...

Brutus, informé du pouvoir qu'avait sur Titus la fille de Tarquin, qui n'a prononcé, en se donnant la mort, que le nom de son amant, Brutus s'écrie :

Achève! malheureux!

TITUS.

Une plus grande erreur,
Un feu qui de mes sens est même encor le maître,
Qui fit tout mon forfait, qui l'augmente peut-être.
C'est trop vous offenser par cet aveu honteux,
Inutile pour Rome, indigne de nous deux.

Titus s'arrête là : il n'en dit pas davantage sur cet amour, dont tout autre eût fait son excuse; il n'ose pas même prononcer devant Brutus ce mot d'amour; il en rougit, et regarde comme un crime de plus d'avoir aimé la fille d'un tyran, la fille de Tarquin.

Quel art dans cette réserve! loin d'imiter cette réticence, un poète vulgaire n'eût pas manqué de s'étendre sur le malheureux ascendant de cette passion ; il eût étalé des lieux communs qui pouvaient n'être pas déplacés ailleurs, qui pouvaient même être éloquents : mais quel lieu commun, même le plus beau n'eût pas été une faute insupportable dans un pareil moment, dans une scène où Brutus est juge de son fils? Le poète a senti en homme habile que, dans une situation semblable, Titus eût été trop petit devant Brutus, s'il n'eût pas été aussi Romain que lui, si l'amour ne lui eût pas paru alors ce qu'il est en présence des grands devoirs et des grands objets, une faiblesse indigne et avilissante. C'est dans ces occasions que les connaisseurs savent autant de gré à l'écrivain de ce qui n'est pas dans son ouvrage que de ce qu'il y a mis, parce que l'un marque autant de génie que l'autre. C'est là ce qui prouve la vérité de ce qu'a dit La Bruyère, « que « les bons ouvrages sont aussi admirables par les « choses qui n'y sont pas que par celles qui s'y « trouvent. »

Titus ne songe qu'à se relever de sa faute aux yeux de son père, et c'était la seule manière de maintenir dans cette scène l'équilibre théatral.

Terminez mes forfaits, mon désespoir, ma vie :
Votre opprobre est le mien; mais si dans les combats
J'avais suivi la trace où m'ont conduit vos pas,
Si je vous imitai, si j'aimai ma patrie,
D'un remords assez grand si ma faute est suivie,
A cet infortuné daignez ouvrir les bras;

Dites du moins : Mon fils, Brutus ne te hait pas.
Ce mot seul, me rendant mes vertus et ma gloire,
De la honte où je suis défendra ma mémoire.
On dira que Titus, descendant chez les morts,
Eut un regard de vous pour prix de ses remords ;
Que vous l'aimiez encore, et que, malgré son crime,
Votre fils dans la tombe emporta votre estime.

Son remords me l'arrache,

s'écrie Brutus, et voilà encore un de ces instants délicats où un poète d'un goût moins sûr eût succombé à la tentation si prochaine de développer les combats que doit éprouver Brutus, qui ressent à la fois la joie de voir que son fils n'est pas indigne de lui, et l'affreuse nécessité de le condamner. Mais ces combats, cette situation, n'avaient rien de neuf au théâtre : on les avait vus dans la tragédie d'*Inès*, dans *Venceslas*, et *Brutus* ne devait pas leur ressembler. La même situation doit être différemment traitée, suivant la différence des caractères, et le vrai talent ne les confond pas. Brutus ne dit ici que deux mots :

........O Rome! ô mon pays!

et tout ému qu'il est de ce qu'il vient d'entendre, il continue à être avant tout consul et juge ; il prononce la terrible sentence :

Proculus..... à la mort que l'on mène mon fils.

Mais enfin, après qu'il a satisfait Rome, rien ne l'empêche plus d'être père, du moins autant que peut l'être Brutus. Il descend de son tribunal, et tendant les bras à son fils :

> Lève-toi, triste objet d'horreur et de tendresse,
> Lève-toi, cher appui qu'espérait ma vieillesse ;
> Viens embrasser ton père : il t'a dû condamner ;
> Mais s'il n'était Brutus, il t'allait pardonner.
> Mes pleurs, en te parlant, inondent ton visage ;
> Va, porte à ton supplice un plus mâle courage ;
> Va, ne t'attendris point, sois plus Romain que moi,
> Et que Rome t'admire en se vengeant de toi.

Combien ces huit vers, si admirables dans leur énergique précision, sont supérieurs, même pour l'effet théâtral, à tout ce qu'aurait pu produire auparavant un développement plus étendu ! Cette scène est courte, et l'impression en est profonde : le caractère de la situation et celui des personnages défendait qu'elle fût plus longue ; mais il n'y avait qu'un excellent esprit qui pût entendre cette défense. L'écrivain qui aurait cru ce qu'on croit communément aujourd'hui en vers comme en prose, qu'on ne peut approfondir qu'en allongeant, aurait manqué cette scène. L'expression détaillée des combats de la nature, intéressante dans tout autre père, eût été au-dessous d'un Brutus. Il doit les éprouver, ces combats, mais il ne doit les faire connaître que par des mots que lui seul peut prononcer :

> Mais s'il n'était Brutus, il t'allait pardonner.

Ce seul vers en dit plus qu'une scène entière d'agitations et de tourments, parce qu'il présente à l'imagination tout l'intérieur de Brutus, parce que tout autre père peut se livrer à sa douleur, et que lui seul doit laisser deviner la sienne. Les âmes fortes souffrent plus que d'autres et se plaignent moins. Et comment eût-il commencé par des plaintes, celui qui se permet si peu de discours avec son fils, même en l'envoyant au supplice, celui qui ne l'embrasse qu'après l'avoir condamné, qui ne pleure que dans ce seul instant, et se hâte d'exhorter son fils à être plus ferme que lui ? Quel vers que celui-ci :

Va, ne t'attendris point, sois plus Romain que moi!

Le sublime de sentiment ne peut aller plus loin.

Tout le rôle de Brutus en est un modèle parfait. A peine son fils l'a-t-il quitté, que Proculus vient de la part du sénat :

Seigneur, tout le sénat, dans sa douleur sincère,
En frémissant du coup qui doit vous accabler...

BRUTUS.

Vous connaissez Brutus, et l'osez consoler !
Songez qu'on nous prépare une attaque nouvelle.
Rome seule a mes soins, mon cœur ne connaît qu'elle.
Allons, que les Romains, dans ces moments affreux,
Me tiennent lieu du fils que j'ai perdu pour eux;
Que je finisse au moins ma déplorable vie
Comme il eût dû mourir, en vengeant la patrie.

UN SÉNATEUR, *qui a été témoin de l'exécution, se présente.*

Seigneur...

BRUTUS.

Mon fils n'est plus ?

LE SÉNATEUR.

C'en est fait, et mes yeux...

BRUTUS.

Rome est libre, il suffit... Rendons graces aux dieux !

Rendons graces aux dieux ! et la tête de son fils, et de quel fils ! vient de tomber sous la hache des licteurs ! Tout ce que la vertu romaine a de terrible et de féroce est contenu dans cet hémistiche qui fait frémir.

Dans tout ce qui précède la condamnation de Titus, depuis le moment où il est accusé, Brutus la fait pressentir à chaque parole qui lui échappe, de manière qu'on y distingue toujours l'accent de la nature avec celui du patriotisme, et que ce dernier est toujours le plus fort.

VALÉRIUS.

Du sénat la volonté suprême
Est que sur votre fils vous prononciez vous-même.

BRUTUS.

Moi !

VALÉRIUS.

Vous seul.

BRUTUS.

Et du reste, en a-t-il ordonné ?

VALÉRIUS.

Des conjurés, seigneur, le reste est condamné.
Au moment où je parle, ils ont vécu peut-être.

BRUTUS.

Et du sort de mon fils le sénat me rend maître ?

VALÉRIUS.

Il croit à vos vertus devoir ce rare honneur.

BRUTUS.

O patrie!

Ce mot, le seul mot que prononce Brutus, annonce l'arrêt de mort de Titus; mais est-il possible de n'y pas reconnaître en même temps le gémissement d'un cœur paternel?

VALÉRIUS.

Au sénat que dirai-je, seigneur?

BRUTUS.

Que Brutus voit le prix de cette grace insigne :
Qu'il ne la cherchait pas, mais qu'il s'en rendra digne.

Ces deux vers serrent le cœur. Oh! qu'il faut faire cas des écrivains qui savent que, dans certaines circonstances, la sobriété de paroles est la véritable éloquence! Proculus veut lui faire entendre qu'il ne tiendra qu'à lui de sauver Titus, que le sénat même ne blâmera pas cette indulgence :

Le sénat indulgent vous remet ses destins :
Ses jours sont assurés, puisqu'ils sont dans vos mains.
Vous saurez à l'état conserver ce grand homme.
Vous êtes père enfin.

BRUTUS.

Je suis consul de Rome.

Quand il jette le premier coup d'œil sur la liste des conjurés, et qu'il aperçoit d'abord le nom de Tibérinus, il ne peut se défendre d'un premier mouvement de surprise et de consternation :

Me trompez-vous, mes yeux? O jours abominables!
O père infortuné! Tibérinus! mon fils!

Mais il se rappelle aussitôt qu'il est consul et au milieu des sénateurs; et comme s'il ne lui eût pas été permis d'avoir d'autres sentiments et d'autres soins que ceux d'un citoyen et d'un magistrat, il y revient tout-à-coup.

Sénateurs, pardonnez... Le perfide est-il pris?

C'est avec ces traits que l'on marque un grand caractère. Celui de Brutus est de la même force depuis le commencement de la pièce jusqu'à la fin, dans les scènes qui ouvrent un libre champ à l'éloquence consulaire et aux épanchements d'une âme à la fois romaine et paternelle, comme dans celle que nous venons de voir, où cette âme profondément blessée, ne laisse guère échapper que quelques paroles détachées qui expriment fortement le devoir, et laissent entrevoir ce qu'il coûte.

Depuis la *Mort de Pompée*, le début d'aucune tragédie n'avait eu la pompe et la dignité du premier acte de *Brutus*.

Destructeurs des tyrans, vous qui n'avez pour rois
Que les dieux de Numa, vos vertus et nos lois,
Enfin notre ennemi commence à nous connaître.
Ce superbe Toscan qui ne parlait qu'en maître,
Porsenna, de Tarquin ce formidable appui,
Ce tyran protecteur d'un tyran comme lui,
Qui couvre de son camp les rivages du Tibre,
Respecte le sénat, et craint un peuple libre;
Aujourd'hui devant vous abaissant sa hauteur,
Il demande à traiter par un ambassadeur.
Arons, qu'il nous députe, en ce moment s'avance,
Aux sénateurs de Rome il demande audience;

Il attend dans ce temple, et c'est à vous de voir,
S'il le faut refuser, s'il le faut recevoir.

On peut observer que ce morceau, excepté les deux premiers vers, ne diffère de la prose noble que par l'harmonie du vers alexandrin, et c'est pour cela qu'il est parfait. Il y a dans quelques personnages que l'histoire fournit au théâtre, une vigueur mâle, une austérité de caractère qui exclut certains ornements du style. On aurait tort d'en conclure que tout ornement est une petitesse ; ils sont en général un mérite et une beauté dès qu'ils sont à leur place ; il faut en conclure seulement que la première beauté et le premier mérite, c'est l'observation des convenances. Voltaire, qui les connaissait, donne très rarement à Brutus un langage figuré : ce qui domine dans ce rôle, c'est l'élévation des pensées et la force des sentiments; et le peu de figures qu'on y remarque est adapté à la simplicité énergique du ton dominant, hors un seul endroit dont je parlerai tout à l'heure.

Valérius est d'avis que l'on refuse audience à l'envoyé de Porsenna; et c'est une occasion pour l'auteur de développer les maximes que la politique romaine suivit constamment jusqu'à la chûte de la république.

      Rome ne traite plus
Avec ses ennemis, que quand ils sont vaincus.
. . . .
Que Tarquin satisfasse aux ordres du sénat;
Exilé par nos lois, qu'il sorte de l'état :
De son coupable aspect qu'il purge nos frontières;
Et nous pourrons ensuite écouter ses prières,

C'est la réponse que fit le sénat à Pyrrhus, lorsque après deux victoires il proposait de traiter avec les Romains : c'est ainsi que le poëte dramatique doit peindre les mœurs. Valérius ajoute :

> Ce nom d'ambassadeur a paru vous frapper.
> Tarquin n'a pu nous vaincre, il cherche à nous tromper.
> L'ambassadeur d'un roi m'est toujours redoutable;
> Ce n'est qu'un ennemi sous un titre honorable,
> Qui vient, rempli d'orgueil ou de dextérité,
> Insulter ou trahir avec impunité.

Ces vers annoncent adroitement ce qu'on verra dans la conduite d'Arons. Les motifs qui fondent cet avis de Valérius sont pleins de la fierté romaine, pleins d'une véritable grandeur; et cette grandeur va céder à celle de Brutus, comme les proportions dramatiques le demandaient. C'est ce progrès dans la grandeur qui mène jusqu'au sublime, et ce sublime éclate dans la réponse de Brutus :

> Rome sait à quel point sa liberté m'est chère;
> Mais plein du même esprit, mon sentiment diffère.
> Je vois cette ambassade au nom des souverains
> Comme un premier hommage aux citoyens romains.
> Accoutumons des rois la fierté despotique
> A traiter en égal avec la république,
> Attendant que, du Ciel remplissant les décrets,
> Quelque jour avec elle ils traitent en sujets.
> Arons vient voir ici Rome encor chancelante,
> Découvrir les ressorts de sa grandeur naissante,
> Épier son génie, observer son pouvoir :
> Romains, c'est pour cela qu'il le faut recevoir.
> L'ennemi du sénat connaîtra qui nous sommes,

Et l'esclave d'un roi va voir enfin des hommes.
Que dans Rome à loisir il porte ses regards ;
Il la verra dans vous : vous êtes ses remparts.
Qu'il révère en ces lieux le dieu qui nous rassemble ;
Qu'il paraisse au sénat, qu'il écoute, et qu'il tremble.

On juge bien que cet avis l'emporte : c'est le génie de Rome qui se montre tout entier dans ce discours de Brutus, tel qu'il apparut souvent à Corneille quand il faisait *les Horaces*. Ce qu'il y a d'un peu plus poli dans le style de Voltaire tient seulement à la différence des temps et au progrès du langage.

Brutus soutient le même ton et le même style dans sa réponse à l'ambassadeur toscan, qui demande fièrement au sénat de quel droit il a détrôné Tarquin :

Qui du front de Tarquin ravit le diadème ?
Qui peut de vos serments vous dégager ?

BRUTUS.
Lui-même.
N'alléguez point ces nœuds que le crime a rompus,
Ces dieux qu'il outragea, ces droits qu'il a perdus.
Nous avons fait, Arons, en lui rendant hommage,
Serment d'obéissance, et non point d'esclavage ;
Et puisqu'il vous souvient d'avoir vu dans ces lieux
Le sénat à ses pieds faisant pour lui des vœux,
Songez qu'en ce lieu même, à cet autel auguste,
Devant ces mêmes dieux il jura d'être juste.
De son peuple et de lui tel était le lien :
Il nous rend nos serments lorsqu'il trahit le sien ;
Et dès qu'aux lois de Rome il ose être infidèle,
Rome n'est plus sujette, et lui seul est rebelle.

Toujours la même force de raisonnement, toujours cette simplicité ferme dans l'expression, et rien de plus : c'est ainsi qu'il convient à des hommes d'état de parler dans les délibérations publiques; et cette scène est la meilleure critique des déclamations ampoulées qu'on a si justement reprochées à Corneille, et qui gâtent presque d'un bout à l'autre cette exposition de *la Mort de Pompée*, dont le plan était si beau.

Brutus, après la réplique adroite et insinuante d'Arons, qui, en sa qualité de harangueur et de négociateur, est aussi prodigue de figures que le consul en est avare; Brutus, qui craint les séductions flatteuses de ce ministre, et qui hait les maximes qu'Arons vient de faire entendre, leur oppose l'enthousiasme républicain dont il veut embraser le sénat. Il se lève ensuite pour rompre la séance, et demande pardon aux dieux, au nom de tous les Romains, d'avoir souffert si long-temps la tyrannie.

Pardonnez-nous, grands dieux, si le peuple romain
A tardé si long-temps à condamner Tarquin.
Le sang qui regorgea sous ses mains meurtrières
De notre obéissance a rompu les barrières.
Sous un sceptre de fer tout ce peuple abattu
A force de malheurs a repris sa vertu.
Tarquin nous a remis dans nos droits légitimes;
Le bien public est né de l'excès de ses crimes;
Et nous donnons l'exemple à ces mêmes Toscans,
S'ils pouvaient à leur tour être las des tyrans.
O Mars! dieu des héros, de Rome et des batailles,

Qui combats avec nous, qui défends ces murailles;
Sur ton autel sacré, Mars, reçois nos serments,
Pour ce sénat, pour moi, pour tes dignes enfants.
Si dans le sein de Rome il se trouvait un traître
Qui regrettât les rois et qui voulût un maître,
Que le perfide meure au milieu des tourments;
Que sa cendre coupable, abandonnée aux vents,
Ne laisse ici qu'un nom plus odieux encore
Que le nom des tyrans que Rome entière abhorre!

On sent que Brutus s'engage ici, sans le savoir, à prononcer l'arrêt de son fils; mais cet art est si facile, qu'il appartenait à tout le monde, et ce n'est pas à Voltaire qu'il en faut faire un mérite. Il y en a beaucoup plus dans ce serment sur l'autel de Mars, qui est d'une solennité imposante et religieuse, et qui fait que cet autel n'est pas une vaine décoration et ajoute à l'effet de cette belle scène.

Pour achever d'y répandre toute l'illusion des couleurs locales et tout l'éclat des vertus de Rome naissante, il ne restait plus qu'à peindre le désintéressement et le mépris des richesses, c'est ce que le poëte exécute habilement, en faisant redemander par Arons les trésors que Tarquin a laissés dans Rome avec la princesse sa fille. Cet envoyé toscan ne serait pas fâché que le sénat les refusât, et qu'il souillât la cause de la liberté par les bassesses de l'avarice; il paraît s'y attendre, et se hâte de les faire rougir d'avance de leur refus. Ces trésors, dit-il,

Sont-ils votre conquête, ou vous sont-ils donnés?

Est-ce pour les ravir que vous le détrônez ?
Sénat, si vous l'osez, que Brutus les dénie.

Mais que répond Brutus ?

Vous connaissez bien mal, et Rome et son génie.
Ces pères des Romains, vengeurs de l'équité,
Ont blanchi dans la pourpre et dans la pauvreté.
Au-dessus des trésors que sans peine ils vous cèdent,
Leur gloire est de dompter les rois qui les possèdent.
Prenez cet or, Arons; il est vil à nos yeux.
Quant au malheureux sang d'un tyran odieux,
Malgré la juste horreur que j'ai pour sa famille,
Le sénat à mes soins a confié sa fille.
Elle n'a point ici de ces respects flatteurs
Qui des enfants des rois empoisonnent les cœurs;
Elle n'a point trouvé la pompe et la mollesse
Dont la cour des Tarquins enivra sa jeunesse;
Mais je sais ce qu'on doit de bontés et d'honneur
A son sexe, à son âge, et sur-tout au malheur.
Dès ce jour en son camp que Tarquin la revoie;
Mon cœur même en conçoit une secrète joie.
Qu'aux tyrans désormais rien ne reste en ces lieux
Que la haine de Rome et le courroux des dieux.
Pour emporter au camp l'or qu'il faut y conduire,
Rome vous donne un jour; ce temps doit vous suffire.
Ma maison cependant est votre sûreté;
Jouissez-y des droits de l'hospitalité.
Voilà ce que par moi le sénat vous annonce.
Ce soir à Porsenna rapportez ma réponse;
Reportez-lui la guerre, et dites à Tarquin
Ce que vous avez vu dans le sénat romain.
Et nous du Capitole allons orner le faîte
Des lauriers dont mon fils vient de ceindre sa tête;

Suspendons ces drapeaux et ces dards tout sanglants,
Que ses heureuses mains ont ravis aux Toscans,
Ainsi puisse toujours plein du même courage,
Mon sang, digne de vous, vous servir d'âge en âge !
Dieux ! protégez ainsi contre nos ennemis
Le consulat du père et les armes du fils !

Tel est le pouvoir de la vraie éloquence, de celle qui est adaptée en tout au sujet, que cette scène fait des spectateurs autant de Romains, et que l'on s'écrie unanimement : Voilà des hommes dignes d'être libres ! Une autre scène, celle qui termine le second acte, entre Brutus et Messala, manifeste toute la sévérité des principes de ce digne citoyen, et combien l'intérêt de l'État et le véritable esprit républicain lui étaient plus chers que l'élévation de sa famille et les intérêts du sang. Il sait que Messala est étroitement lié avec son fils ; il n'ignore pas que ce jeune homme altier et fougueux est blessé des refus qu'il a essuyés en demandant le consulat ; il craint que Messala ne flatte et n'entretienne ses ressentiments ; il l'exhorte en consul et en père, à ne se servir du crédit qu'il a sur l'esprit de Titus que pour modérer ses passions, et non pour les nourrir et les encourager. Messala ne dissimule pas que les services de Titus lui paraissent mériter une autre récompense. Brutus lui répond :

Non, non, le consulat n'est point fait pour son âge ;
J'ai moi-même à mon fils refusé mon suffrage.
Croyez-moi, le succès de son ambition
Serait le premier pas vers la corruption.
Le prix de la vertu serait héréditaire ;

> Bientôt l'indigne fils du plus vertueux père,
> Trop assuré d'un rang d'autant moins mérité,
> L'attendrait dans le luxe et dans l'oisiveté.
> Le dernier des Tarquins en est la preuve insigne.
> Qui naquit dans la pourpre en est rarement digne :
> Nous préservent les cieux d'un si funeste abus !
> *Berceau* de la mollesse, et *tombeau* des vertus !

Ce dernier vers est le seul où Voltaire ait oublié qu'il faisait parler Brutus : ce vers a bien quelqu'éclat, mais cet éclat est frivole et déplacé. Ce rapprochement de *berceau* et de *tombeau*, figure de diction qui n'ajoute rien à l'idée, est trop petit pour une scène grave, et sur-tout pour Brutus; il est même au-dessous de la dignité tragique, du moins aux yeux de ceux qui en ont une juste idée. Si l'on veut voir un rapprochement d'un autre genre, et tel que la tragédie le comporte, on le trouvera dans ces vers que j'ai cités ci-dessus :

> Ces pères des Romains, vengeurs de l'équité,
> Ont blanchi dans la pourpre et dans la pauvreté.

Ce n'est pas là une antithèse de mots, c'est la chose même, et une grande chose. La réunion de *la pourpre* et de *la pauvreté*; voilà en deux mots le caractère des magistrats romains. Ce vers est d'un grand poète, le *berceau* et le *tombeau* sont des figures d'un jeune rhéteur. Mais dans l'auteur de *Brutus* c'est un oubli d'un moment, et c'est le seul dans tout ce rôle : il s'en relève bientôt dans la suite de ce discours à Messala :

> Si vous aimez mon fils (je me plais à le croire),

Représentez-lui mieux sa véritable gloire.
Étouffez dans son cœur un orgueil insensé :
C'est en servant l'état qu'il est récompensé.
De toutes les vertus mon fils doit un exemple :
C'est l'appui des Romains que dans lui je contemple.
Plus il a fait pour eux, plus j'exige aujourd'hui.
Connaissez à mes vœux l'amour que j'ai pour lui.
Tempérez cette ardeur de l'esprit d'un jeune homme;
Le flatter, c'est le perdre, et c'est outrager Rome.

La réponse de Messala est équivoque :

J'ai peu d'autorité; mais s'il daigne me croire,
Rome verra bientôt comme il chérit la gloire.

BRUTUS.

Allez donc, et jamais n'encensez ses erreurs.
Si je hais les tyrans, je hais plus les flatteurs.

Voilà Brutus. Avec quelle noblesse il déclare à Tullie qu'il faut quitter Rome et retourner vers Tarquin! Ce motif de scène paraît bien peu de chose; mais dans un rôle travaillé sévèrement l'auteur sait tirer parti de tout. Brutus est instruit que cette princesse est destinée au roi de Ligurie; il saisit cette occasion de donner une leçon digne du fondateur de la liberté romaine et du destructeur de la tyrannie :

Allez, et que du trône où le ciel vous appelle,
L'inflexible équité soit la garde éternelle.
Pour qu'on vous obéisse, obéissez aux lois :
Tremblez en contemplant tout le devoir des rois ;
Et si de vos flatteurs la funeste malice
Jamais dans votre cœur ébranlait la justice,
Prête alors d'abuser du pouvoir souverain,
Souvenez-vous de Rome, et songez à Tarquin.

Mais la scène où l'auteur semble avoir donné le plus de chaleur à l'éloquence patriotique et paternelle, est celle du quatrième acte, où Brutus vient offrir le commandement à son fils; elle forme d'ailleurs un coup de théâtre, parce que le consul arrive à l'instant même où Titus vient de s'engager avec Messala dans la conspiration en faveur de Tarquin :

Viens, Rome est en danger; c'est en toi que j'espère.
Par un avis secret le sénat est instruit
Qu'on doit attaquer Rome au milieu de la nuit.
J'ai brigué pour mon sang, pour le héros que j'aime,
L'honneur de commander dans ce péril extrême.
Le sénat te l'accorde : arme-toi, mon cher fils ;
Une seconde fois va sauver ton pays ;
Pour notre liberté va prodiguer ta vie ;
Va, mort ou triomphant, tu feras mon envie.

TITUS.

Ciel !...

BRUTUS.

Mon fils !...

TITUS.

Remettez, seigneur, en d'autres mains,
Les faveurs du sénat et le sort des Romains.

MESSALA, *à part.*

Ah ! quel désordre affreux de son âme s'empare !

BRUTUS.

Vous pourriez refuser l'honneur qu'on vous prépare!

TITUS.

Qui? moi, seigneur !

BRUTUS.

Eh quoi ! votre cœur égaré,

Des refus du sénat est encore ulcéré ?
De vos prétentions je vois les injustices.
Ah ! mon fils est-il temps d'écouter vos caprices ?
Vous avez sauvé Rome, et n'êtes pas heureux !
Cet immortel honneur n'a pas comblé vos vœux !
Mon fils au consulat a-t-il osé prétendre
Avant l'âge où les lois permettent de l'attendre ?
Va, cesse de briguer une injuste faveur :
La place où je t'envoie est ton poste d'honneur.
Va, ce n'est qu'aux tyrans que tu dois ta colère.
De l'état et de toi je sens que je suis père.
Donne ton sang à Rome, et n'en exige rien ;
Sois toujours un héros, sois plus, sois citoyen.
Je touche, mon cher fils, au bout de ma carrière ;
Tes triomphantes mains vont fermer ma paupière ;
Mais soutenu du tien, mon nom ne mourra plus,
Je renaîtrai pour Rome, et vivrai dans Titus.

Je ne crois pas qu'on puisse rien reprendre dans ce sublime morceau, si ce n'est ce vers,

Cet immortel honneur n'a pas comblé vos vœux !

qui paraît un peu faible après celui-ci, qui est divin :

Vous avez sauvé Rome, et n'êtes pas heureux !

C'est une légère négligence perdue dans la rapide véhémence de ce morceau entraînant. Ce rôle de Brutus, où peut-être il n'y a pas quatre vers faibles, me paraît digne d'être comparé aux plus beaux rôles romains de Corneille. Il méritait d'être détaillé : c'était un grand pas qu'avait fait le talent de Voltaire, et une de ses plus parfaites productions.

Le style de la pièce, à quelques endroits près, n'est pas moins soutenu dans les autres rôles, avec les différences relatives à leurs caractères : il est impétueux et passionné dans Titus, d'une élégance fleurie dans Arons.

Il n'était pas le premier qui eût traité le sujet de *Brutus*. On en joua un en 1647, à l'époque des triomphes de Corneille; il eut un grand succès, et l'on ignore aujourd'hui jusqu'au nom de son auteur. En 1690, mademoiselle Bernard donna un autre *Brutus*, attribué généralement à Fontenelle, et qui eut vingt-cinq représentations. Le style est d'une faiblesse qui va souvent jusqu'à la platitude. Le plan n'est pas moins faible, quoique l'intrigue ne soit pas absolument sans art. On voit que l'auteur, quel qu'il fût, quoique dénué de tout talent dramatique, avait de l'esprit. Il paraît même que cet ouvrage n'a pas été inutile à Voltaire; il a pu en emprunter son personnage d'ambassadeur, et il en a évidemment imité quelques endroits. On y trouve une double intrigue d'amour selon l'usage du temps. Les deux fils de Brutus sont amoureux d'une Aquilie, fille d'Aquilius, chef de la conspiration en faveur des rois bannis; et une Valérie, sœur du consul Valérius, est amoureuse de Titus, qui ne l'aime point. On se doute bien qu'au milieu de tous ces amours, traités dans la manière des romans, le génie de Rome et le ton du sujet ont entièrement disparu. L'idée de rendre Titus amoureux d'une fille de Tarquin est bien supérieure à cette intrigue d'Aquilie, et il n'y manque, dans Voltaire, qu'une exécution mieux entendue. Il n'y a pas moins de distance entre l'audience solennelle donnée dans le sénat romain à l'envoyé de Porsenna, et la scène où les deux consuls reçoivent Octavius, qui joue dans la pièce de mademoiselle Bernard le même rôle qu'Arons dans celle de Voltaire. Mais ces deux personnages commencent leur discours à peu près de même pour le fond des idées, et à peu près avec la même différence qu'on a remarquée entre les vers de Pradon et ceux de Racine dans la déclaration d'Hippolyte :

OCTAVIUS.

Consul, quelle est ma joie
De parler devant vous pour le roi qui m'envoie,
Et non devant un peuple aveugle, audacieux,
D'un crime tout récent encore furieux,
Qui, ne prévoyant rien, sans crainte s'abandonne
Au frivole plaisir qu'un changement lui donne!

ARONS.

Consuls, et vous, sénat, qu'il m'est doux d'être admis
Dans ce conseil sacré de sages ennemis ;
De voir tous ces héros dont l'équité sévère
N'eut jusques aujourd'hui qu'un reproche à se faire ;
Témoin de leurs exploits, d'admirer leurs vertus ;
D'écouter Rome enfin par la voix de Brutus ;
Loin des cris de ce peuple indocile et barbare,
Que la fureur conduit, réunit et sépare,
Aveugle dans sa haine, aveugle en son amour,
Qui menace et qui craint, règne et sert en un jour!

On ne peut nier que l'un de ces deux morceaux n'ait pu fournir l'idée de l'autre ; mais l'obligation est assez légère, et l'intervalle est immense.

On peut observer le même rapport et la même distance entre ces quatre vers de Brutus à son fils qu'il va condamner, et ceux que nous avons admirés dans Voltaire :

Reçois donc mes adieux pour prix de ta constance ;
Porte sur l'échafaud cette mâle assurance.
Ton père infortuné *tremble à te condamner*,
Va, ne l'imite pas, *et meurs sans t'étonner*.

Je ne me permets ces rapprochements que pour faire voir sur quels frivoles moyens s'appuyaient les ennemis d'un grand poète, quand ils criaient au plagiat pour une douzaine de vers qui se ressemblaient par des idées communes à un même sujet ; car d'ailleurs toute comparaison serait ici une injure.

Nous avons aussi un *Brutus* latin du père Porée, joué au collège de Louis-le-Grand. Le dialogue, quoique semé d'antithèses, ne manque ni de vivacité ni de noblesse, et vaut beaucoup mieux que celui de mademoiselle Bernard; mais le plan est d'un homme qui n'a aucune connaissance du théâtre, défaut très excusable dans un jésuite qui n'y allait jamais, et qui travaillait pour des écoliers. Cette pièce ressemble à toutes celles du même auteur, qui ne sont que des espèces de pastiches, des copies maladroites de nos plus belles tragédies françaises. Les trois derniers actes de son *Brutus* sont calqués sur l'*Héraclius* de Corneille. Les deux fils de Brutus se disputent, comme les deux princes, à qui mourra ; et chacun d'eux n'accuse que lui-même, et veut justifier et sauver l'autre. Cependant cette mauvaise pièce du P. Porée a fourni à son élève deux beaux mouvements qui valent beaucoup mieux que toute la pièce de mademoiselle Bernard. Titus condamné dit à son père : « Je vais mourir, mon « père; vous l'avez ordonné. Je vais mourir, et je « donne volontiers ma vie en expiation de ma faute; « mais ce qui m'accable d'une juste douleur, je meurs « coupable envers mon père. Ah! du moins que je ne « meure pas haï de vous, que je n'emporte pas au « tombeau ce regret affreux : accordez à un fils qui « vous aime les embrassements paternels; que j'ob- « tienne de vous cette dernière grace, ouvrez les bras « à votre fils, etc. »

Vous reconnaissez ici le morceau si touchant des adieux de Titus, que vous avez entendu tout à l'heure. Il est sans doute prodigieusement embelli dans l'imitateur : ce qui n'est qu'indiqué dans le poète latin est supérieurement développé dans le poète français; ce qui dans l'un ne fait qu'effleurer le cœur, dans l'autre le pénètre et le déchire. Si Voltaire n'a fait que traduire

A cet infortuné daignez ouvrir les bras,

qu'il y a loin de ces mots, *que je ne meure pas haï de vous*, à ce vers si attendrissant :

Dites du moins : Mon fils, Brutus ne te hait pas!

Combien l'élève surpasse ici le maître! mais cela n'empêche pas qu'il ne lui ait obligation. Il lui doit aussi ce dernier vers qui termine si bien la tragédie de *Brutus* :

Rome est libre, il suffit... Rendons graces aux dieux!

Mais il enchérit encore sur le modèle. Le *Brutus* latin dit seulement, lorsqu'on lui annonce la mort de son fils : *Je suis content, Rome est vengée.* La beauté consiste dans ce premier sentiment donné tout entier à la patrie, et c'est là ce que Voltaire a emprunté; car d'ailleurs, *Rome est libre* a bien une autre étendue et une autre force d'idée que *Rome est vengée.* C'est parce que Rome est *libre* que Brutus peut se consoler de l'avoir *vengée*; et *Rendons graces aux dieux* est sublime.

Brutus fut très applaudi, fut très estimé des connaisseurs, et peu suivi. Voltaire nous dit lui-même dans un avertissement, que c'est de toutes ses pieces (restées au théâtre) celle qui eut le moins de représentations, et il ajoute, celles dont les étrangers font le plus de cas. Il voulait parler sans doute des Anglais, qui doivent avoir pour le rôle de Brutus une prédilection particulière; car d'ailleurs on ne peut disconvenir que les tragédies qu'il fit ensuite ne fussent d'une composition bien plus théâtrale.

Immédiatement après *Brutus*, il eut le désagrément de voir reprendre un *Amasis* de La Grange, qui eut le plus grand succès, et parut s'élever sur ses ruines. Cet *Amasis*, qui ne vaut pas une des belles scènes de *Brutus*, n'est autre chose que le sujet de *Mérope* romanesquement défiguré. Voltaire, quelques années après, se vengea en homme de génie de cette victoire passagère de la médiocrité; il fit sa *Mérope*, qui a fait disparaître *Amasis*.

Nous avons des vers de Piron, juge qui ne peut pas être suspect de partialité en faveur de Voltaire, dans lesquels il compte parmi les erreurs qu'il reproche au public,

> L'injustice sans pareille
> Dont gémit le consul romain,
> Claqué, bien reclaqué la veille,
> Et déserté le lendemain.

Fontenelle, ennemi secret de Voltaire, crut aussi triompher de lui en faisant réimprimer alors le *Brutus* de mademoiselle Bernard ou le sien, qu'on avait oublié depuis long-temps. Mais celui de Voltaire s'est maintenu sur la scène : il est su par cœur de tous ceux qui aiment les beaux vers, et l'autre n'est plus que dans les bibliothèques de quelques curieux.

Éryphile, jouée en 1732, eut peu de succès, et essuya beaucoup de justes critiques. L'auteur la retira et ne la fit pas imprimer. Cette pièce, aussi défectueuse dans le plan que faible de style, est remarquable en ce que ce fut la première tentative de Voltaire pour faire passer sur notre théâtre le spectre qui l'avait frappé dans la tragédie anglaise d'*Hamlet*; elle est plus remarquable encore en ce qu'elle a produit depuis *Sémiramis*. Il sera temps d'en parler quand je rapprocherai ces deux pièces, comme j'ai rapproché *Artémire* et *Mariamne*.

Observations sur le style de BRUTUS.

1 *Tout art t'est étranger : combattre est ton partage.*

Le premier hémistiche est d'une extrême dureté.

2 Moins *piqué* d'un discours si hautain...

Piqué n'est pas du style noble : *blessé* était le mot propre.

3 Du sang qui les inonde ils semblent *ébranlés*....

L'auteur a lui-même condamné ce vers. La figure est fausse ; des remparts ne sont pas *ébranlés par le sang*.

4 Vous, des droits des mortels *éclairés interprètes*......

C'est encore là une de ces épithètes qui ne doivent jamais précéder le substantif; et cette règle est générale pour tous les participes de la même espèce, employés comme adjectifs verbaux, tels que *éclairé, inspiré, instruit*, etc. On dit *un juge éclairé*, et non pas un *éclairé juge*; un *censeur instruit*, et non pas un *instruit censeur*; un *prophète inspiré*, et non pas un *inspiré prophète*, etc. S'il y a des exceptions, elles sont très rares. Par exemple, on dit en style familier, *un renommé buveur*; on dit d'un homme ridicule, *le renommé tel. Dans un cas d'absolue nécessité* est une phrase faite, et qui peut-être a fait passer l'*absolu pouvoir*, permis en poésie, comme dans ce vers qu'on trouve ci-après :

Ah ! quand il serait vrai que l'absolu pouvoir, etc.

⁵ Parmi vos citoyens en est-il d'assez *sage*
Pour détester tout bas cet indigne esclavage ?

Faute de grammaire, amenée par la rime. D'*assez sage* est une phrase indéfinie qui exige le pluriel.

⁶ Qui versiez dans mon sein *ce grand secret de Rome*...

Il y a ici de l'emphase dans la diction. L'amour de Titus pour Tullie n'est point *le grand secret de Rome*.

⁷ Une douleur *plus tendre*, et des maux plus touchants.

Expression impropre. Une douleur amoureuse comparée à un dépit ambitieux ne peut s'appeler *une douleur plus tendre*, parce que les douleurs de l'ambition, qui sont l'objet comparé, n'ont rien de *tendre*.

⁸ De vos feux devant moi *vous étouffiez la flamme*.

Le vers est dur, et *vous étouffiez la flamme de vos feux* est une phrase qui pèche par la redondance des mots.

⁹ *Éteignait-elle en vous*, etc.

C'est encore un vers dur. Les fautes sont ici très près les unes des autres, parce que ce morceau fut ajouté à la pièce long-temps après sa nouveauté, et que l'auteur ne travaillait pas assez ses corrections.

¹⁰ Ah ! j'aime avec transport, je hais avec furie.

Vers emprunté de Racine.

Il faut désormais que mon cœur,
S'il n'aime avec transport, haïsse avec fureur.
(*Andromaque*, act II, sc. 4.)

11 Et pourquoi, de vos mains déchirant vos blessures,
Déguiser votre amour, et non pas vos injures ?

Il n'y a aucune liaison d'idées et d'expressions dans ces deux vers.

12 J'espère que bientôt ces voûtes embrasées,
Ce Capitole en cendre et ces tours écrasées,
Du sénat et du peuple éclairant les tombeaux,
A cet hymen heureux vont servir de flambeaux.

Le ton et le style de ces quatre vers tiennent trop de la déclamation et de l'emphase : on pourrait tout au plus le pardonner à l'emportement d'un jeune homme passionné, mais non pas à la réserve et à l'insinuation, qui sont le caractère d'Arons. Ce défaut devait d'autant plus être relevé, que la pièce est plus sévèrement écrite.

13 Arons pourrait servir vos *légitimes feux*.

Cette chute de vers est désagréable et sèche : c'est l'effet que produit ordinairement un monosyllabe après un mot de quatre ou cinq syllabes, et c'est ce que doit éviter l'écrivain qui soigne son style.

14 Nous préservent les cieux d'un si funeste abus,
Berceau de la mollesse, et *tombeau* des vertus !

Ce petit rapprochement de *berceau* et de *tombeau* est une sorte d'affectation qui ne sied pas à l'austérité mâle du langage de Brutus. Ce n'est pas que ce vers n'ait une sorte d'éclat très propre à éblouir les jeunes versificateurs, qui ne savent pas même combien les vers de ce genre sont aisés à faire ; mais les connaisseurs, ceux qui ont une juste idée du style tragique et des convenances générales du style, ne trouveront pas cette remarque trop sévère.

15 Du trône avec Tullie un *assuré partage*.

Faute qui a déjà été remarquée. On doit dire en vers comme en prose, un *partage assuré*, et non pas un *assuré partage*. Le principe de cette règle, c'est que *assuré* vient d'un verbe, et que dans le génie de notre langue le participe d'un verbe doit marcher après le substantif qui le régit.

16 J'espérais couronner des *ardeurs si parfaites*.

Expressions d'élégie ou de roman, peu dignes d'une tragédie, et sur-tout d'une tragédie intitulée *Brutus*.

17 . . . . Tarquin
Rentrait dès cette nuit la vengeance à la main.

La vengeance à la main est une expression neuve et heureuse qui appartient à Corneille :

Je l'ai vu cette nuit, ce malheureux Sévère,
La vengeance à la main, l'œil ardent de colère, etc.

Section IV. — *Zaïre*.

Quatorze ans s'étaient écoulés depuis *Œdipe*; et Voltaire avait échoué successivement dans *Artémire*, dans *Mariamne*, dans *Éryphile*; et *Brutus*, qui n'avait montré qu'au petit nombre de juges éclairés et équitables ce que l'auteur pouvait faire, *Brutus* était resté bien au-dessous d'*Œdipe* dans l'opinion de la multitude, qui ne juge que sur les succès du théâtre. Nous avons vu même, dans l'examen de cette dernière pièce, que l'auteur n'en avait pas tiré tout ce qu'un si grand sujet devait fournir. Je tiens de la bouche même de Voltaire, que les plus beaux esprits de ce temps, que madame de Tencin rassemblait chez elle, et à leur tête Fontenelle et La Motte, engagèrent cette dame à lui conseiller de ne plus s'obstiner à suivre une carrière pour laquelle il ne semblait pas fait, et d'appliquer à d'autres genres le grand talent qu'il avait pour la poésie, car alors on ne le lui disputait pas; c'est depuis que son talent pour la tragédie eut éclaté de manière à ne pouvoir pas être mis en doute, qu'on s'avisa de lui contester celui de la poésie. Ainsi les sottises de la haine et de l'envie varient selon les temps et les circonstances; mais l'envie et la haine ne changent point. Je demandai à Voltaire ce qu'il avait répondu à ce beau conseil; *Rien*, me dit-il, *mais je donnai Zaïre.*

On a disputé et l'on disputera encore long-temps sur cette question interminable : Quelle est la plus belle tragédie du théâtre Français? et il y a de bonnes raisons pour que ceux-mêmes qui pourraient le mieux décider cette question n'entreprennent pas de la discuter. L'art dramatique est composé de tant de parties différentes, il est susceptible de produire des impressions si diverses, qu'il est à peu près impossible, ou qu'un même ouvrage réunisse tous les mérites au même degré, ou qu'il plaise également à tous les hommes. Tout ce qu'on peut affirmer en connaissance de cause, c'est que telle pièce excelle par tel ou tel endroit; et si l'on s'en rapporte aux effets du théâtre si souvent et si vivement manifestés depuis plus de cinquante ans, si l'on consulte l'opinion la plus générale dans toutes les classes de spectateurs, je crois ne pas trop hasarder en assurant que *Zaïre* est la plus touchante de toutes les tragédies qui existent.

A quoi tient ce prodigieux intérêt? C'est ce qu'il s'agit de développer. D'abord il faut remonter à ce principe de l'*Art poétique*, d'autant moins suspect dans la bouche de Despréaux, qu'à peu près étranger au sentiment dont il parlait, il paraît n'avoir cédé qu'à l'impression universelle et au témoignage irrécusable de l'expérience du théâtre.

> De l'amour la sensible peinture
> Est pour aller au cœur la route la plus sûre.

Je n'ai pas oublié que Voltaire lui-même a nié une fois ce principe, et a prétendu que Boileau ne l'avait établi que « par condescendance pour son ami Ra« cine; que jamais l'amour n'a fait verser autant de « larmes que la nature; que la route de la nature « est cent fois plus sûre..... » Ce sont ses termes; mais il parlait ainsi dans la préface de *Sémiramis*, à qui l'on reprochait les amours un peu froids d'Azéma et de Ninias, et dont le mérite éminent tient sans contredit aux sentiments filial et maternel. Nous aurons plus d'une occasion de remarquer que son imagination mobile lui dictait souvent des avis qui n'étaient que ceux du moment. Vous m'êtes témoins, Messieurs, que personne n'a condamné plus que moi la prédilection exclusive qu'on a voulu donner

9.

sur la scène à l'intérêt de l'amour : mais en réclamant contre ceux qui semblaient n'en vouloir point d'autre, j'ai toujours reconnu avec Boileau, que c'était le plus puissant de tous. Pour avoir un autre avis, je serais obligé de démentir ce que j'ai vu et observé au théâtre depuis plus de trente ans; et quant à l'autorité de Voltaire, qui certainement est ici bien imposante, j'en ai une à lui opposer qui ne vaut pas moins, et c'est encore la sienne : il dit dans sa lettre à Maffey : « L'amour est la passion la plus « théâtrale, la plus fertile en sentiments, la plus va- « riée. » Si ces deux opinions différentes prouvent dans Voltaire cette mobilité d'esprit qui en mettait quelquefois dans ses jugements, heureusement elles ne peuvent guère compromettre son goût, puisqu'il ne s'agit que du plus ou du moins d'effet entre deux ressorts très puissants; mais il m'est permis de m'en tenir à celle qui est confirmée par l'expérience.

L'amour était donc en possession, depuis près d'un siècle, de produire les pièces qui portaient le plus loin le sentiment de la pitié. *Le Cid* avait ouvert cette route, que dans la suite Corneille suivit rarement; Racine y avait marché avec tant de succès, qu'il semblait que personne ne pût l'y atteindre, et ce genre de gloire lui était devenu propre et particulier. Hermione, Roxane, Bérénice (je ne considère ici que le rôle, laissant à part la faiblesse du sujet), et sur-tout Phèdre, ce rôle où la passion de l'amour est si tragique, étaient des modèles d'une telle perfection, qu'il eût été glorieux de pouvoir même s'en approcher; et si l'auteur de *Zaïre* a su tirer des effets encore plus grands de cette passion si souvent et si supérieurement traitée, il faut avouer que c'était un beau triomphe. Je vais tâcher de faire voir comment il y est parvenu.

Tragédie, comédie, opéra, romans, romances, roulent plus ou moins sur l'amour, et le représentent toujours plus ou moins malheureux; et puisque tous les arts de l'imagination se sont accordés pour employer ce ressort, c'est à coup sûr parce qu'il a la correspondance la plus universelle avec le cœur humain. Il n'y a presque personne qui n'ait éprouvé les effets de cette passion, et l'on peut appliquer ici un vers de Zaïre :

Qui ne sait compatir aux maux qu'on a soufferts?

mais il y a des degrés dans la pitié, comme il y en a dans le malheur.

Examinons ces différents degrés dans les pièces que je viens de citer. Le Cid a tué le père de sa maîtresse, mais l'honneur lui en faisait un devoir : Chimène elle-même, en le poursuivant, ne saurait le haïr : tous deux n'ont à se plaindre que du sort, et se plaignent ensemble, et bientôt le Cid devient si grand, que nous pouvons espérer de le voir un jour heureux avec ce qu'il aime : assurément c'est le cas de rappeler ce vers du fameux sonnet sur Job :

J'en connais de plus misérables.

Titus est obligé, par les lois de Rome, de se séparer de Bérénice; mais Bérénice elle-même finit par en reconnaître la nécessité : ces deux cœurs sont contents l'un de l'autre; et, pour citer encore un vers fameux :

Ils ne se verront plus : — ils s'aimeront toujours;

et c'est beaucoup. L'on peut s'en rapporter à Phèdre, qui dans ce vers vous fait assez entendre qu'il y a de plus grands malheurs. Les siens sont affreux; mais on ne peut la plaindre qu'autant que ses remords font excuser son crime; on ne peut pas désirer qu'une passion comme la sienne soit heureuse, et sa cause n'est pas la nôtre. J'en dis autant d'Hermione et de Roxane; l'une est abandonnée, l'autre est trahie : nous plaignons leur infortune, et le but de la tragédie est rempli. Mais notre intérêt ne porte ni sur leur amour, ni sur leur caractère. Le mariage de Pyrrhus était à peu près un arrangement de politique, et cette Hermione a plus d'orgueil que de tendresse; elle nous occupe encore plus de son injure que de son amour. Roxane aime davantage, mais elle n'a jamais été aimée de Bajazet; la politique entre aussi pour beaucoup dans les desseins qu'elle a sur lui; c'est une esclave ambitieuse qui veut être l'épouse d'un sultan, et qui lui présente ou sa main ou la mort. On la plaint, parce qu'elle est passionnée, trompée et malheureuse; mais nos vœux ne sont pas pour elle; ils seraient plutôt pour Atalide, et la cause de Roxane ne devient pas la nôtre. Après ces beaux efforts du génie et de l'éloquence de Racine, si nous venons à des sujets d'une exécution bien inférieure, mais dont le fond est plus touchant, vous trouverez *Ariane* et *Inès* qui font répandre bien des larmes. *Didon*, abandonnée comme Ariane, en fait verser aussi dans quelques moments, quoique ses sentiments et son langage aient bien moins de vérité. Tout le monde s'attendrit sur Ariane; c'est l'amante la plus tendre et la plus indignement trahie; mais Thésée, si grand dans la fable et si petit dans cette tragédie, y joue un rôle si méprisable, sa trahison est si odieuse et si gratuite, que le désir de le voir réuni avec Ariane n'entre pour rien dans la compassion qu'elle inspire, et, dès qu'elle n'est pas sur la scène, la pièce n'est pas supportable. Énée est mieux soutenu dans *Didon*, sa conduite est suffisamment justifiée, mais c'est précisément cet ordre si précis et si absolu qu'il reçoit des dieux, c'est cette grande destinée de Rome dont il doit être le fondateur, qui forme un obstacle si bien motivé, que nous sentons l'impossibilité d'y résister. Le dénouement, comme dans *Bérénice*, est nécessaire et prévu; nos cœurs n'appellent pas Énée au trône de Carthage et à l'hymen de Didon; nous la plaignons, et c'est assez pour la tragédie. Il n'en est pas de même d'Inès : ici l'intérêt va beaucoup plus loin. Son union secrète avec un jeune prince aimable et couvert de gloire; les gages qu'elle a de son amour, les sacrifices qu'il lui a faits, les dangers qu'ils courent tous les deux, et cette catastrophe terrible qui enlève Inès à son époux et à ses enfants au moment où leur bonheur allait être assuré, étaient certainement la fable la plus susceptible de pathétique que l'amour eût encore fournie au théâtre; et si le talent de l'auteur eût répondu au sujet, *Inès* devait être un des chefs-d'œuvre de la scène française. Il avait seul ce grand avantage qui avait manqué jusque-là à tous les sujets d'amour, d'offrir deux personnages également chers au spectateur, et qui sont les victimes de leur passion mutuelle, quand nous pouvions espérer leur bonheur. Cependant ce sujet, fût-il aussi bien traité qu'il pouvait l'être, ne me paraît pas encore aussi heureux que celui de *Zaïre*; et j'appuie d'abord mon opinion sur un principe puisé dans le cœur humain, que j'ai déjà indiqué ailleurs, et que vous avez paru adopter : c'est que les plus grandes douleurs de l'amour sont celles qu'il se fait à lui-même, et non pas celles qui lui viennent d'autrui. Il n'est pas nécessaire de dire que je suppose l'amour dans son plus haut degré d'énergie : et, quand il unit deux cœurs également passionnés, de quelque coup qu'ils soient frappés, j'ose affirmer que, quand ils sont sûrs l'un de l'autre, ils n'ont pas encore éprouvé le plus grand des maux. Il est temps de voir quel est en comparaison le malheur d'Orosmane, et jusqu'où il est porté dans la tragédie de *Zaïre*.

Le poëte a commencé par mettre sous nos yeux le couple le plus aimable que le même penchant et les mêmes vertus aient pu jamais assortir : d'un côté, un prince jeune et victorieux, plein de sensibilité, de noblesse et de franchise, un successeur du grand Saladin, élevé comme lui au-dessus des mœurs barbares de sa nation, des préjugés de son pays, et même de ceux de sa religion, puisqu'il se croit en droit d'être généreux envers les chrétiens, ses plus mortels ennemis ; de l'autre, une jeune esclave, d'une âme douce, tendre et naïve, mais qui, née avec tous les sentiments de la vertu, conserve dans l'ivresse même de l'amour cette juste fierté qui est le principe de l'honneur et de la modestie.. de son sexe. Si, d'un côté, Orosmane dédaigne de s'avilir dans la mollesse d'un sérail, s'il aime mieux une amante, une épouse que cent maîtresses, s'il ne veut vivre que pour la gloire et pour Zaïre; de l'autre, Zaïre, tout éprise qu'elle est d'Orosmane, tout abaissée qu'elle est par la condition d'esclave, aimerait mieux mourir que de lui appartenir à tout autre titre que celui de son épouse. Le premier acte est donné tout entier au développement de tous ces sentiments, de toutes ces qualités qui nous font chérir Orosmane et Zaïre; et il est écrit avec cet intérêt de style qui ajoute à tous les autres, et leur donne tout l'effet dont ils sont susceptibles. Zaïre confie son bonheur prochain à sa compagne Fatime:

Ce *superbe* Orosmane...

FATIME.

Eh bien!

ZAÏRE.

Ce soudan même,
Ce vainqueur des chrétiens... chère Fatime... il m'aime...
Tu rougis... je t'entends... garde-toi de penser
Qu'à briguer ses soupirs je puisse m'abaisser;
Que d'un maître absolu la *superbe* tendresse
M'offre l'honneur honteux du rang de sa maîtresse,
Et que j'essuie enfin l'outrage et le danger
Du malheureux éclat d'un amour passager.

Cette fierté qu'en nous soutient la modestie
Dans mon cœur à ce point ne s'est pas démentie.
Plutôt que jusque-là j'abaisse mon orgueil,
Je verrais sans pâlir les fers et le cercueil.
Je m'en vais t'étonner : son *superbe courage*
A mes faibles appas présente un pur hommage.
Parmi tous ces objets à lui plaire empressés,
J'ai fixé ses regards à moi seule adressés :
Et l'hymen, confondant leurs intrigues fatales,
Me soumettra bientôt son cœur et mes rivales.

Fatime lui rappelle qu'elle est née chrétienne, qu'elle porte encore sur elle une croix, symbole de la religion de ses pères ; qu'un chevalier français, Nérestan, a promis de venir payer sa rançon. Zaïre lui répond qu'elle a été élevée dans la loi musulmane ; que Nérestan, qui depuis deux ans n'a point accompli sa promesse, est peut-être hors d'état de la tenir ; enfin l'amour vient bientôt ajouter à ces différents motifs une tout autre puissance : ce qu'elle doit à des parents qu'elle ne connaît pas, à un culte qu'elle ignore, peut-il balancer Orosmane ?

Qui lui refuserait le présent de son cœur !
De toute ma faiblesse il faut que je convienne;
Peut-être sans l'amour j'aurais été chrétienne;
Peut-être qu'à ta loi j'aurais sacrifié;
Mais Orosmane m'aime, et j'ai tout oublié.
Je ne vois qu'Orosmane, et mon âme enivrée
Se remplit du bonheur de s'en voir adorée.
Mets-toi devant les yeux sa grace, ses exploits;
Songe à ce bras puissant, vainqueur de tant rois,
A cet aimable front que la gloire environne,

Je ne te parle point du sceptre qu'il me donne;
Non, la reconnaissance est un faible retour,
Un tribut offensant, trop peu fait pour l'amour.
Mon cœur aime Orosmane, et non son diadème;
Chère Fatime, en lui je n'aime que lui-même.
Peut-être j'en crois trop un penchant si flatteur;
Mais si le Ciel, sur lui déployant sa rigueur,
Aux fers que j'ai portés, eût condamné sa vie,
Si le Ciel sous mes lois eût rangé la Syrie,
Ou mon amour me trompe, ou Zaïre aujourd'hui,
Pour l'élever à soi, descendrait jusqu'à lui.

L'amour retrouve ici pour la première fois le langage que lui avait prêté Racine. Dès qu'on a entendu Orosmane, il paraît digne de cet amour.

Vertueuse Zaïre, avant que l'hyménée
Joigne à jamais nos cœurs et notre destinée,
J'ai cru sur mes projets, sur vous, sur mon amour,
Devoir en musulman vous parler sans détour.
Les soudans qu'à genoux cet univers contemple,
Leurs usages, leurs droits, ne sont point mon exemple.
Je sais que notre loi, favorable aux plaisirs,
Ouvre un champ sans limite à nos vastes désirs;
Que je puis à mon gré, prodiguant mes tendresses,
Recevoir à mes pieds l'encens de mes maîtresses,
Et tranquille au sérail, dictant mes volontés,
Gouverner mes états du sein des voluptés,
. . . .
J'atteste ici la gloire, et Zaïre, et ma flamme,
De ne choisir que vous pour maîtresse et pour femme,
De vivre votre ami, votre amant, votre époux,
De partager mon cœur entre la guerre et vous.
Ne croyez pas non plus que mon honneur confie

La vertu d'une épouse à ces monstres d'Asie,
Du sérail des soudans gardes injurieux,
Et des plaisirs d'un maître esclaves odieux.
Je sais vous estimer autant que je vous aime,
Et sur votre vertu me fier à vous-même.
Après un tel aveu vous connaissez mon cœur;
Vous sentez qu'en vous seule il a mis son bonheur.
Vous comprenez assez quelle amertume affreuse
Corromprait de mes jours la durée odieuse,
Si vous ne receviez les dons que je vous fais
Qu'avec ces sentiments que l'on doit aux bienfaits.
Je vous aime, Zaïre, et j'attends de votre âme
Un amour qui réponde à ma brûlante flamme.
Je l'avoûrai : mon cœur ne veut rien qu'ardemment;
Je me croirais haï d'être aimé faiblement.
De tous mes sentiments tel est le caractère :
Je veux avec excès vous aimer et vous plaire :
Si d'un égal amour votre cœur est épris,
Je viens vous épouser, mais c'est à ce seul prix;
Et du nœud de l'hymen *l'étreinte dangereuse*
Me rend infortuné, s'il ne vous rend heureuse.

On connaît déjà l'âme ardente et fière de ce jeune soudan, son caractère fait pour porter tout à l'extrême. La tendresse et la candeur de celui de Zaïre respirent dans sa réponse :

Vous, seigneur, malheureux: Ah! si votre grand cœur
A sur mes sentiments pu fonder son bonheur,
S'il dépend en effet de mes flammes secrètes,
Quel mortel fut jamais plus heureux que vous l'êtes!
Ces noms chers et sacrés et d'amant et d'époux,
Ces noms nous sont communs; et j'ai par-dessus vous
Ce plaisir, si flatteur à ma tendresse extrême,

De tenir tout, seigneur, du bienfaiteur que j'aime,
De voir que ses bontés font seules mes destins,
D'être l'ouvrage heureux de ses augustes mains.

Nous ne sommes qu'à la troisième scène, et déjà ces deux jeunes amants se sont emparés de tous les cœurs; leur bonheur est devenu le nôtre, et déjà aussi, suivant les règles de l'art, va se faire apercevoir de loin l'obstacle qui doit le traverser. On annonce l'arrivée de Nérestan; et les procédés généreux d'Orosmane, et le service important que Zaïre va rendre aux chrétiens, vont encore donner aux deux amants de nouveaux droits sur nous, et nous attacher de plus en plus à leur commune félicité.

Chrétien, je suis content de ton noble courage;
Mais ton orgueil ici se serait-il flatté
D'effacer Orosmane en générosité ?
Reprends ta liberté, remporte tes richesses :
A l'or de ces rançons joins mes justes largesses :
Au lieu de dix chrétiens que je dus t'accorder,
Je t'en veux donner cent, tu les peux demander.
Qu'ils aillent sur tes pas apprendre à ta patrie
Qu'il est quelques vertus au fond de la Syrie.
Qu'ils jugent en partant, qui méritait le mieux,
Des Français ou de moi, l'empire de ces lieux.
Mais parmi ces chrétiens que ma bonté délivre,
Lusignan ne fut point réservé pour te suivre;
De ceux qu'on peut te rendre il est seul excepté ;
Son nom serait suspect à mon autorité.
Il est du sang français qui régnait à Solime,
On sait son droit au trône, et ce droit est un crime.
Du destin qui fait tout tel est l'arrêt cruel :
Si j'eusse été vaincu, je serais criminel.

Lusignan dans les fers finira sa carrière,
Et jamais du soleil ne verra la lumière.
Je le plains; mais pardonne à la nécessité
Ce reste de vengeance et de sévérité,

S'il n'eût pas existé dans ces dynasties barbares et conquérantes un Saladin comparable, pour la grandeur d'âme et la supériorité des lumières, à tout ce que l'antiquité a eu de plus fameux, on n'eût pas manqué de nous dire qu'Orosmane ne devait pas tenir un langage si éloigné de ce mépris féroce et de cette haine fanatique qu'un prince mahométan devait avoir pour un chrétien, sur-tout dans un temps où la fureur des croisades avait encore augmenté cette horreur que les musulmans et les chrétiens avaient les uns pour les autres. Mais heureusement ce caractère de Saladin est si connu, qu'il serait trop absurde de prétendre qu'Orosmane ne pouvait pas lui ressembler; et l'on ne peut que louer l'auteur de *Zaïre* de nous avoir peint un soudan qui mêle aux maximes sévères de la politique les mouvements de l'humanité compatissante, et qui descend jusqu'à s'excuser auprès d'un ennemi, qui a été son esclave, de retenir dans les fers un concurrent au trône qu'il occupe. Mais en faisant briller ses vertus, le poète ne manque pas de ramener toujours ce premier sentiment qui doit dominer dans tout ce rôle, l'amour. A peine Orosmane a-t-il nommé Zaïre, qu'on sent qu'il n'est plus de sang-froid; il s'indigne qu'on ait pu seulement avoir l'idée de disposer du sort de celle qu'il aime.

Pour Zaïre, crois-moi, sans que ton cœur s'offense,

Elle n'est pas d'un prix qui soit en ta puissance.
Tes chevaliers français et tous leurs souverains
S'uniraient vainement pour l'ôter de mes mains.
Tu peux partir.

Nérestan ose insister :

Qu'entends-je ? Elle naquit chrétienne.
J'ai pour la délivrer ta parole et la sienne ;
Et quant à Lusignan, ce vieillard malheureux,
Pourrait-il ?...

Orosmane n'en peut pas écouter davantage, et la fierté de son rang et de son caractère est révoltée qu'on ose lui demander plus qu'il ne veut faire, et sur-tout qu'on ose lui parler de Zaïre :

Je t'ai dit, chrétien, que je le veux.
J'honore ta vertu, mais cette humeur altière,
Se faisant estimer, commence à me déplaire.
Sors, et que le soleil levé sur mes états
Demain près du Jourdain ne te retrouve pas.

Le soudan reparaît dans ces vers, mais il est blessé à la fois dans son amour et dans son orgueil. C'est ainsi que l'on soutient un caractère, et la scène suivante fait entrevoir tout ce dont il est capable.

Corasmin, que veut donc cet esclave infidèle ?
Il soupirait...ses yeux se sont tournés vers elle ;
Les as-tu remarqués ?

CORASMIN.

Que dites-vous, seigneur ?
De ce soupçon jaloux écoutez-vous l'erreur ?

OROSMANE.

Moi, jaloux ! qu'à ce point ma fierté s'avilisse !

Que j'éprouve l'horreur de ce honteux supplice !
Moi, que je puisse aimer comme l'on sait haïr !
Quiconque est soupçonneux invite à le trahir.
Je vois à l'amour seul ma maîtresse asservie ;
Cher Corasmin, je l'aime avec idolâtrie.
Mon amour est plus fort, plus grand que mes bienfaits.
Je ne suis point jaloux... Si je l'étais jamais !...
Si mon cœur... Ah ! chassons cette importune idée.
D'un plaisir pur et doux mon âme est possédée.
Va, fais tout préparer pour ces moments heureux
Qui vont joindre ma vie à l'objet de mes vœux.
Je vais donner une heure aux soins de mon empire,
Et le reste du jour sera tout à Zaïre.

Ce frémissement d'Orosmane à la seule idée de jalousie, ces mots terribles, *Si je l'étais jamais !...* contiennent le germe de tout ce qu'on verra dans ce rôle, et nous retrouverons successivement tous les évènements de la pièce fondés et préparés dans ce premier acte ; ce qui est une des lois les plus essentielles de l'art dramatique, et communément la plus oubliée *.

---

* M. Lemercier loue fort bien la beauté de ce passage ; en citant les vers que vient de transcrire La Harpe, il s'arrête à ceux-ci :

..... Ah ! chassons cette importune idée,
D'un plaisir pur et doux mon âme est possédée.

« Non, non, dit-il, il n'est plus pour Orosmane de jouissance ni de sécurité. Il se trompe, il se ment à soi-même : je le connais déjà trop bien pour ajouter foi à ses paroles. Toujours une secrète amertume se mêlera à l'expression de son amour ; sa joie sera sans cesse troublée d'inquiétude, et son sang bouillonnera de fureur au plus léger doute. L'orage s'amasse, il est prêt à fondre sur lui : dès ce moment nous suivrons toutes ses démarches, nous épierons ses gestes, ses regards ; et chacune de ses attitudes nous fera pressentir les tourments et les crimes de sa passion. Ce trait est aussi beau

Au second acte, le caractère de Zaïre continue à se montrer sous les traits les plus intéressants. Touchée de ce que Nérestan a fait pour elle, Zaïre risque tout pour lui témoigner du moins sa reconnaissance par l'espèce de service qu'elle croit lui être le plus agréable. Elle a entendu de la bouche d'Orosmane les raisons capitales que la politique oppose à la liberté de Lusignan; mais rien ne l'arrête: elle la demande à son amant; elle obtient, et en même temps la permission d'annoncer cette heureuse nouvelle aux anciens compagnons de sa captivité. Cette démarche réunit plusieurs avantages qui entrent tous dans le grand objet de la pièce: elle montre le suprême ascendant de Zaïre, la bonté de son cœur, celle d'Orosmane; et dans quels termes, avec qu'elle effusion il avoue, au commencement du troisième acte, tout le plaisir qu'il sent à complaire à ce qu'il aime! D'abord il a dit à Corasmin que, sûr désormais des desseins du roi de France contre le soudan d'Égypte, et charmé de voir ses deux ennemis aux mains, il est bien aisé de plaire à Louis:

Mène-*lui* Lusignan, dis-*lui* que je *lui* donne
Celui que la naissance allie à sa couronne,
Celui que par deux fois mon père avait vaincu,
Et qu'il tint enchaîné tandis qu'il a vécu.

Corasmin trouve cette complaisance imprudente, comme elle l'est en effet.

qu'inattendu : tout dans la scène précédente paraissait innocent au spectateur, mais la jalousie a d'autres yeux qui voient partout un désir coupable.«

H. P.

Son nom cher aux chrétiens...

ОROSMANE
  Son nom n'est point à craindre.

CORASMIN.

Mais, seigneur, si Louis...

Le soudan l'interrompt précipitamment, et ce n'est point ici une de ces interruptions gratuites, si fréquentes dans les tragédies. Orosmane sait trop bien les raisons très fortes que va lui alléguer le zèle éclairé de Corasmin. Si Louis, vainqueur en Égypte, tourne ses armes contre la Syrie, un prince tel que Lusignan, le dernier de la race des rois de Jérusalem, détrôné par le père d'Orosmane, n'est-il pas entre les mains de Louis un moyen de plus pour rallier autour de lui tous les anciens serviteurs de cette maison respectée, qui a long-temps régné dans la Palestine? Voilà ce que Corasmin veut dire à son maître; mais il ne lui en laisse pas le temps: il n'est pas accoutumé à cette vanité si commune aux souverains, de déguiser des faiblesses sous une apparence de politique. Il n'a pas sur-tout la force de dissimuler l'excès de son amour, ni de résister au plaisir d'en parler.

  Il n'est plus temps de feindre:
Zaïre l'a voulu, c'est assez, et mon cœur,
En donnant Lusignan, le donne à mon vainqueur.
Louis est peu pour moi, je fais tout pour Zaïre:
Nul autre sur mon cœur n'aurait pris cet empire.
Je viens de l'affliger: c'est à moi d'adoucir
Le déplaisir mortel qu'elle a dû ressentir,

Quand sur les faux avis des desseins de la France,
J'ai fait à ces Chrétiens un peu de violence.
Que dis-je? Ces moments perdus dans mon conseil
Ont de ce grand hymen suspendu l'appareil :
D'une heure encore, ami, mon bonheur se diffère ;
Mais j'emploîrai du moins ce temps à lui complaire.

Ces vers, indépendamment de la passion qui s'y exprime, ont tous un objet relatif à la marche des évènements. Orosmane a dit, à la fin du premier acte :

                Et vous, allez, Zaïre :
Prenez dans le sérail un souverain empire,
Commandez en sultane, et je vais ordonner
La pompe d'un hymen qui vous doit couronner.

Pour un homme aussi amoureux que lui, pour celui qui vient de dire,

D'une heure encore, ami, mon bonheur se diffère,

les moments doivent être longs, et cette impatience si naturelle s'accorderait mal avec les retardements qu'a éprouvés cet hymen tant souhaité, pendant tout l'intervalle du premier acte au troisième, dont le poète avait besoin pour faire reconnaître la naissance de Zaïre et de Nérestan, et réunir le père avec les enfants. Les vers qu'on vient d'entendre, et la scène dont ils sont tirés, expliquent l'incident qui justifie tout. La nouvelle d'un armement du roi de France et de l'entrée d'une flotte dans la Méditerranée a forcé le soudan d'assembler son conseil, et même de faire arrêter tous les Français dont il venait d'accorder la liberté, et qu'il n'était pas juste de rendre à un roi qui aurait armé contre lui. Voilà ce qui a *suspendu* cet hymen et renouvelé un moment les alarmes des chevaliers captifs, et même de Zaïre. Ces vers :

Je viens de l'affliger, etc.

prouvent aussi que le soudan ne blâme pas l'affection qu'elle porte aux chrétiens parmi lesquels elle est née ; et le *déplaisir* qu'il lui a causé malgré lui est un nouveau motif pour lui accorder la grace qu'elle lui demande d'un moment d'entretien avec Nérestan. Corasmin s'en étonne, et avec raison :

Et vous avez, seigneur, encor cette indulgence ?

La réponse d'Orosmane, est en même temps pour Corasmin et pour tous les censeurs qui ont trouvé sa conduite invraisemblable : il faut donc rapporter cette réponse et l'examiner.

Ils ont été tous deux esclaves dans l'enfance :
Ils ont porté mes fers ; ils ne se verront plus ;
Zaïre enfin de moi, n'aura point un refus.
Je ne m'en défends point ; je foule aux pieds pour elle
Des rigueurs du sérail la contrainte cruelle.
J'ai méprisé ces lois dont l'âpre austérité
Fait d'une vertu triste une nécessité.
Je ne suis point formé du sang asiatique :
Né parmi les rochers, au sein de la Taurique,
Des Scythes mes aïeux je garde la fierté,
Leurs mœurs, leurs passions, leur générosité.
Je consents qu'en partant Nérestan la revoie ;
Je veux que tous les cœurs soient heureux de ma joie.
Après ce peu d'instants volés à mon amour,
Tous ses moments, ami, sont à moi sans retour.

Va, ce chrétien attend, et tu peux l'introduire.
Presse son entretien, obéis à Zaïre.

Les critiques se sont écriés tous ensemble : Est-il dans les mœurs des Orientaux que le soudan consente à cette entrevue ? Je réponds : Non ; mais s'ensuit-il que cette dérogation aux usages soit une invraisemblance réelle dans la pièce ? Je réponds que je n'en crois rien, parce que le caractère du personnage est assez établi pour justifier ce que sa conduite a d'extraordinaire. Dès le premier acte il a témoigné son éloignement pour les règles austères du sérail :

En tout lieu, sans manquer de respect,
Chacun peut désormais jouir de mon aspect.
Je vois avec mépris ces maximes terribles,
Qui font de tant de rois des tyrans invisibles.

Il a dit à Zaïre, et en bien beaux vers, qu'il croirait lui faire injure de souffrir auprès d'elle la surveillance odieuse des gardiens du sérail ; et cette violation de l'usage le plus universel dans l'Asie est bien autrement importante que l'entretien qu'il permet à Zaïre avec un chrétien élevé près d'elle, et qui va s'en séparer pour jamais. Vous venez de l'entendre expliquer, au troisième acte, ses principes et ses motifs ; et pour dire qu'ils ne sont pas suffisants, il faudrait pouvoir affirmer qu'une passion extrême ne peut pas influer sur un jeune souverain, au point de lui faire violer des usages reçus ; mais cette assertion serait pour le moins très hasardée, et serait sur-le-champ démentie par de grands exemples, pris dans l'histoire. Supposons qu'un poète eût imaginé une chose bien plus hardie et bien plus extraordinaire, le mariage d'un sultan des Turcs avec une esclave, contre la loi formelle et sacrée établie dans la famille ottomane, de ne jamais contracter de mariage légitime, de nommer des sultanes et de n'avoir jamais d'épouse. On crierait à l'invraisemblance : c'est pourtant ce que fit Soliman II, et c'est l'amour qui l'y conduisit. Pourquoi donc un jeune prince de race tartare ne pourrait-il pas déroger dans des points moins essentiels aux coutumes des monarques d'Orient, sur-tout si l'on considère que possesseur, comme il le dit, d'une souveraineté récente, il peut fort bien n'être pas encore imbu des maximes d'orgueil et de mollesse invétérées depuis par une longue habitude dans le gouvernement despotique des empereurs ottomans ?

Mais, dit-on, l'on voit le besoin que l'auteur avait, pour construire sa fable, de donner à Orosmane un langage et des principes qui ne sont pas d'un despote asiatique. — Et quand cela serait (car il n'est point du tout prouvé que l'auteur n'eût pas d'autre moyen), tout ce dont il a besoin devient-il dès-lors invraisemblable, même quand il l'a raisonnablement fondé ? S'il fallait admettre ce principe outré, et par conséquent faux, combien resterait-il de tragédies qu'il ne renversât pas dans leurs fondements ? Non, il n'y a d'invraisemblable que ce que la raison ne saurait croire ; et après les motifs très plausibles énoncés dans le rôle d'Orosmane, après les idées qu'on a prises de son caractère, après l'exemple si connu de Soliman, qui osera dire que la conduite de ce jeune soudan est incroyable ?

Mais je vais plus loin : il n'est point du tout sûr que ce soit la nécessité qui ait tracé à Voltaire le plan de ce personnage, ou, si cela est vrai, c'est une nécessité bien heureuse ; car il en est résulté un mérite très précieux, un très grand surcroît d'intérêt dans l'ensemble de ce rôle, et si frappant quand une fois on l'a observé, qu'il est bien difficile d'imaginer qu'il n'y ait eu aucun dessein. En effet, remarquez, messieurs, combien Orosmane nous paraît plus à plaindre dans les inévitables illusions d'une jalousie trop bien motivée, plus touchant dans ses douleurs, plus excusable dans ses furieux transports, lorsqu'il se croit et doit se croire trahi, après avoir porté jusqu'à l'excès la confiance et l'abandon de l'amour ; combien il est plus amer d'être trompé, lorsqu'on n'a pas même supposé qu'il fût possible de l'être ; combien il est horrible d'avoir en main la preuve apparente de l'infidélité, lorsqu'on était si éloigné même du soupçon. C'est là une des nuances particulières à ce rôle, qui rendent la jalousie d'Orosmane la plus intéressante qu'il y ait au théâtre, et qui produisent ces mouvements si pathétiques que la suite de cet ouvrage va nous offrir. Orosmane n'est point d'un naturel ombrageux et jaloux : si dans le premier acte il a frémi à ce seul mot, ce n'était point le cri d'une âme dont on a touché la blessure habituelle ; c'est celui d'un cœur noble et haut qui regarderait comme l'excès de la honte et du malheur de douter de celle qu'il aime. En quel état sera-t-il donc quand il ne lui sera plus même permis de douter, quand il tiendra la lettre fatale, quand il saura que Zaïre a promis de se rendre au lieu marqué, quand il entendra dans la nuit : *Est-ce vous, Nérestan?*.... Je m'arrête ; je ne veux pas anticiper sur cette effrayante situation. Il suffit d'avoir fait voir que si le caractère d'Orosmane, dans les premiers actes, est fait pour le rendre le plus intéressant de tous les amants, parce qu'il n'y en a point qui aime de meilleure foi, et qui se livre plus entièrement à la foi de son amante, ce qu'il éprouve dans les derniers actes doit, par une conséquence nécessaire, le rendre le plus infortuné de tous les hommes qui ont aimé, parce qu'il n'y en a point qui doive se croire plus horriblement outragé et plus cruellement trahi.

J'ai rassemblé sous un même point de vue tous les traits dont la réunion forme, dans les premiers actes, le caractère que le poète a su donner à ses deux principaux personnages ; et si, après en avoir fait les deux amants les plus aimables et les plus dignes l'un de l'autre; après les avoir mis tout près du bonheur, après avoir fait de leur hymen le vœu le plus cher du spectateur, il finit par nous montrer en eux les plus déplorables victimes des tourments et des fureurs de l'amour, il est évident que ce passage du plus grand des biens au plus affreux des maux, des émotions les plus douces aux déchirements les plus cruels, sera le comble de l'intérêt théâtral.

Mais comment y parvient-il? C'est ici qu'il faut

admirer cet art que nous demandions dans *Brutus*, qui manquait absolument dans *Mariamne* et *Éryphile*, et qu'enfin Voltaire avait appris, de soutenir l'équilibre des moyens qui forment l'intrigue, et de mouvoir puissamment les divers ressorts de la machine dramatique. A cet amour qui a pris sur nous tant d'empire, il oppose ce que la nature a de plus touchant, ce que la religion et le malheur ont de plus auguste, ce que l'honneur et le devoir ont de plus sacré, sans que la diversité des moyens puisse nuire à l'unité du dessein et d'effet, parce qu'il les rassemble tous contre l'amour de Zaïre, le principal objet qui nous occupe : et qu'on y fasse attention ; il est si vrai que cette impression de l'amour, quand on a su lui donner tout ce qu'elle a de force et de charme, est la plus puissante de toutes, comme je l'ai dit ci-dessus, que, pour la balancer dans l'âme du spectateur, comme dans celle de Zaïre, il ne fallait rien moins que tous ces grands pouvoirs que l'art du poète a mis en œuvre ; et quand nous aurons vu tout ce que va produire le terrible combat qui en est la suite, peut-être ne sera-t-on pas surpris que je regarde *Zaïre* comme un drame égal à ce qu'il y a de plus beau pour la conception et l'ensemble, et supérieur à tout pour l'intérêt.

C'est dans le second acte que se trouvent naturellement amenés tous ces moyens que je viens d'annoncer ; c'est pendant qu'Orosmane est dans son conseil que se prépare l'orage qui doit détruire son bonheur et celui de son amante. Le commencement de cet acte si important est destiné par l'auteur à nous donner une haute idée de ce Lusignan qui va jouer un grand rôle. Châtillon, l'un des chevaliers dont Nérestan est venu briser les fers, lui témoigne au nom de tous la reconnaissance qu'ils lui doivent. Ce nom de Châtillon, fameux dans les croisades, et l'un des plus illustres de la noblesse française, nous rappelle ces idées imposantes de l'ancienne chevalerie, qui se montrait pour la première fois dans la tragédie. C'est dans ce second acte que l'auteur déploie habilement toute sa poétique éloquence pour nous remplir l'imagination de cet héroïsme chrétien, de cet enthousiasme de l'honneur et de la religion, double caractère de ces premiers chefs des croisés, tout à la fois apôtres, conquérants et martyrs. Si ces armements prodigieux, ces guerres lointaines, source de tant de gloire et de tant de revers, nous paraissaient aujourd'hui peu conformes à la saine politique, il faut convenir qu'il n'y a rien de plus favorable aux couleurs de la poésie; rien de plus fait pour subjuguer l'imagination; et même, de quelque manière que l'on apprécie l'esprit des croisades, on ne peut au moins se défendre de l'intérêt très juste et très naturel qu'inspirent ces guerriers, respectés même de leurs ennemis, et qui avaient porté dans les cachots la gloire de leurs anciens triomphes, la résignation des martyrs et la fermeté des grands cœurs. Voltaire a bien su profiter de cette disposition dont il était sûr; et s'il a depuis condamné les croisades en philosophe, alors il s'en est servi en poète. Nérestan témoigne à Châtillon la douleur qu'il ressent de n'avoir pu obtenir d'Orosmane la liberté de Lusignan. La réponse de Châtillon est la source d'un nouveau genre de pathétique qui va toujours aller en croissant jusqu'à la fin du second acte :

> Seigneur, s'il est ainsi, votre faveur est vaine.
> Quel indigne soldat voudrait briser sa chaîne
> Alors que dans les fers son chef est retenu?
> Lusignan comme à moi ne vous est pas connu,
> Seigneur; remerciez le Ciel, dont la clémence
> A pour votre bonheur placé votre naissance
> Long-temps après ces jours à jamais détestés,
> Après ces jours de sang et de calamités,
> Où je vis sous le joug de nos barbares maîtres
> Tomber ces murs sacrés conquis par nos ancêtres.
> Ciel! si vous aviez vu ce temple abandonné,
> Du Dieu que nous servons le tombeau profané,
> Nos pères, nos enfants, nos filles et nos femmes,
> Aux pieds de nos autels *expirant* dans les flammes;
> Et notre dernier roi courbé du faix des ans,
> Massacré sans pitié sur ses fils *expirants!*
> Lusignan, le dernier de cette auguste race,
> Dans ces moments affreux ranimant notre audace,
> Au milieu des débris des temples renversés,
> Des vainqueurs, des vaincus et des morts entassés,
> Terrible, et d'une main reprenant cette épée
> Dans le sang infidèle à tout moment trempée,
> Et de l'autre à nos yeux montrant avec fierté
> De notre sainte foi le signe redouté,
> Criant à haute voix : Français, soyez fidèles.....
> Sans doute en ce moment le couvrant de ses ailes,
> La vertu du Très-Haut qui nous sauve aujourd'hui
> Aplanissait sa route, et marchait devant lui;
> Et des tristes chrétiens la foule délivrée

Vint porter avec nous ses pas dans Césarée.
Là, par nos chevaliers, d'une commune voix,
Lusignan fut choisi pour nous donner des lois.
O mon cher Nérestan ! Dieu, qui nous humilie,
N'a pas voulu sans doute, en cette courte vie,
Nous accorder le prix qu'il doit à la vertu.
Vainement pour son nom nous avons combattu :
Ressouvenir affreux dont l'horreur me *dévore* !
Jérusalem en cendre, hélas ! fumait encore,
Lorsque dans notre asyle attaqués et trahis,
Et livrés par un Grec à nos fiers ennemis,
La flamme dont brûla Sion désespérée
S'étendit en fureur aux murs de Césarée.
Ce fut là le dernier de trente ans de revers ;
Là, je vis Lusignan chargé d'indignes fers :
Insensible à sa chute, et grand dans ses misères,
Il n'était attendri que des maux de ses frères.
Seigneur, depuis ce temps, ce père des chrétiens,
Resserré loin de nous, blanchi dans ses liens,
Gémit dans un cachot privé de la lumière,
Oublié de l'Asie et de l'Europe entière.
Tel est son sort affreux ; qui pourrait aujourd'hui,
Quand il souffre pour nous, se voir heureux sans lui ?

Quel effet produira sur nous la vue de ce vénérable vieillard annoncé de cette manière, et qui inspire tant de regrets, d'admiration et d'amour à ceux qui ont servi sous lui, qu'ils ne veulent point d'une liberté qu'il ne pourra pas partager ? Elle lui est rendue cette liberté, et il est tout simple que Zaïre, qui l'a obtenue, s'empresse d'annoncer à Nérestan cette heureuse nouvelle, et de compenser par cette joie le chagrin qu'il doit sentir d'avoir fait d'inutiles sacrifices pour la ramener en France. Lusignan la suit de près. Sorti de l'obscurité des cachots, ses yeux faibles, encore éblouis de la lumière qu'il n'a pas vue depuis si long-temps, cherchent d'abord les compagnons de ses longues infortunes. Il marche avec peine, soutenu par quelques esclaves :

Suis-je avec des chrétiens?

ce sont ses premières paroles; et qu'elles sont vraies ! Que la religion, si puissante par elle-même, l'est encore plus dans le malheur, et dans le malheur dont elle est la cause, le soutien et la récompense ! Ce premier mot de Lusignan prépare tout ce qu'il va montrer de zèle et d'ardeur pour ramener Zaïre à la foi de ses aïeux.

Suis-je libre en effet?

c'est sa seconde question. Châtillon le lui assure, et le vieillard s'écrie :

.... O jour, ô douce voix!
Châtillon, c'est donc vous, c'est vous que je revois!
Martyr, ainsi que moi, de la foi de nos pères,
Le Dieu que nous servons finit-il nos misères?
En quels lieux sommes-nous! Aidez mes faibles yeux.

CHATILLON.

C'est ici le palais qu'ont bâti vos aïeux.
Du fils de Noradin c'est le séjour profane.

Ces mots doivent blesser un peu les oreilles de Zaïre : elle se hâte de prendre la parole pour donner à Lusignan une juste idée du pouvoir et de la générosité du soudan qui le délivre; et dans tout ce qu'elle dit éclate le plaisir qu'elle a de louer son amant :

> Le maître de ces lieux, le puissant Orosmane,
> Sait connaître, seigneur, et chérir la vertu.
> Ce généreux Français qui de vous est inconnu,
> Par la gloire amené des rives de la France,
> Venait de dix chrétiens payer la délivrance.
> Le soudan, comme lui, gouverné par l'honneur,
> Croit, en vous délivrant, égaler son grand cœur.

Comme elle entremêle naturellement l'éloge de Nérestan et celui d'Orosmane! comme elle craint qu'on ne puisse un moment prendre Orosmane pour un barbare! Lusignan veut connaître son libérateur.

NÉRESTAN.

> Mon nom est Nérestan : le sort long-temps barbare,
> Qui dans les fers ici me mit presqu'en naissant,
> Me fit quitter bientôt l'empire du Croissant.
> A la cour de Louis, guidé par mon courage,
> De la guerre sous lui j'ai fait l'apprentissage;
> Ma fortune et mon rang sont un don de ce roi,
> Si grand par sa valeur, et plus grand par sa foi.
> Je le suivis, seigneur, au bord de la Charente,
> Lorsque du fier Anglais la valeur menaçante,
> Cédant à nos efforts, trop long-temps captivés,
> Satisfit, en tombant, aux lis qu'ils ont bravés.
> Venez, prince, et montrez au plus grand des monarques
> De vos fers glorieux les vénérables marques.
> Paris va révérer le martyr de la croix,
> Et la cour de Louis est l'asyle des rois.

LUSIGNAN.

> Hélas! de cette cour j'ai vu jadis la gloire.

> Quand Philippe à Bovine enchaînait la victoire :
> Je combattais, seigneur, avec Montmorenci,
> Melun, d'Estaing, de Nesle, et ce fameux Couci.
> Mais à revoir Paris je ne dois plus prétendre :
> Vous voyez qu'au tombeau je suis prêt à descendre.
> Je vais au roi des rois demander aujourd'hui
> Le prix de tous les maux que j'ai soufferts pour lui.

Tous ces noms fameux alors, prononcés pour la première fois au théâtre, et qui réveillent une foule de grandes idées et de souvenirs intéressants ; ce vieillard tiré des cachots et prêt à descendre dans la tombe ; ces chevaliers qui l'environnent et qui ont combattu et souffert avec lui ; ce mélange de grandeur, de religion et d'infortune, forme un tableau à la fois auguste et touchant, absolument neuf sur la scène, et qui va être porté tout à l'heure jusqu'au plus haut degré de pathétique que jamais elle ait présenté.

Tout ce puissant appareil sert à donner plus d'effet à la reconnaissance qui va suivre. A peine Lusignan est-il sûr de sa liberté, que sa pensée se porte sur ses enfants qui lui ont été enlevés dans le sac de Césarée :

> Vous, généreux témoins de mon heure dernière,
> Tandis qu'il en est temps écoutez ma prière.
> Nérestan, Châtillon, et vous... de qui les pleurs
> Dans ces moments si chers honorent mes malheurs,
> Madame, ayez pitié du plus malheureux père
> Qui jamais ait du ciel éprouvé la colère,
> Qui répand devant vous des larmes que le *temps*
> Ne peut encore tarir dans mes yeux *expirants*.

Une fille, trois fils, ma superbe espérance,
Me furent arrachés dès leur plus tendre enfance.
O mon cher Châtillon ! tu dois t'en souvenir.

CHATILLON.

De vos malheurs encor vous me voyez frémir.

LUSIGNAN.

Prisonnier avec moi dans Césarée en flamme,
Tes yeux virent périr mes deux fils et ma femme.

CHATILLON.

Mon bras chargé de fers ne les put secourir.

LUSIGNAN.

Hélas ! et j'étais père, et je ne pus mourir !
Veillez du haut des cieux, chers enfants que j'implore,
Sur mes autres enfants, s'ils sont vivants encore.

Son dernier fils, à peine âgé de quatre ans, et sa fille au berceau, furent portés à Jérusalem par les Sarrasins vainqueurs. Nérestan se rappelle qu'il n'avait que cet âge quand il y fut conduit :

Hélas ! de mes enfants auriez-vous connaissance ?

s'écrie le vieillard, et il aperçoit en même temps au bras de Zaïre cette croix dont il est parlé au premier acte. Il en est frappé ; il demande depuis quand elle la porte. Elle répond :

Depuis que je respire.

Ah ! daignez confier à mes tremblantes mains...

reprend Lusignan ; et il considère cette croix de plus près : il la reconnaît pour celle qui ornait toujours la tête de ses enfants lorsqu'on célébrait le jour de leur naissance :

> .... Dans l'espoir dont j'entrevois les charmes,
> Ne m'abandonne pas, Dieu témoin de mes larmes !
> Dieu mort sur cette croix, et qui revis pour nous,
> Parle, achève, ô mon Dieu ! ce sont là de tes coups !
> Quoi ! Madame, en vos mains elle était demeurée ?
> Quoi ! tous les deux captifs et pris dans Césarée ?
> . . . .
> Leurs paroles, leurs traits,
> De leur mère en effet sont les vivants portraits.
> Oui, grand Dieu, tu le veux ; tu permets que je voie...
> Dieu ! ranime mes sens trop faibles pour ma joie !
> Madame... Nérestan... Soutiens-moi, Châtillon...

A peine a-t-il la force de demander à Nérestan s'il n'a pas au sein la cicatrice d'une blessure.... Oui, seigneur, s'écrie Nérestan ; et Zaïre et lui sont un moment après aux pieds du vieillard, et Lusignan embrasse ses enfants.

Il y avait déjà, lorsque *Zaïre* fut représentée, bien des reconnaissances au théâtre, quoiqu'il n'y en eût pas une dans Racine, et que l'*Héraclius* de Corneille fût la seule de ses pièces où il eût employé ce moyen, devenu depuis une espèce de lieu commun dramatique, que le vrai talent ne peut plus se permettre que pour en tirer des situations assez frappantes et assez singulières, pour racheter ce qu'il y a de trop facile dans ces sortes de coups de théâtre, et rajeunir ce qu'ils ont de trop usé. Presque toutes les pièces de Crébillon sont fondées sur ce moyen, qui produit de la terreur dans une scène d'*Atrée*, de l'intérêt dans le quatrième acte d'*Electre*, et un grand effet tragique dans *Rhadamiste* : partout ailleurs il l'a rendu froid et trivial. Voltaire est de nos poètes celui qui en a fait le plus souvent un usage très heureux. Ses ennemis n'ont pas manqué de jeter sur les reconnaissances un mépris qu'ils faisaient retomber, non pas sur Crébillon, qui souvent les emploie si mal à propos, mais sur Voltaire, qui en a tiré les plus grandes beautés; et toujours conséquents comme à leur ordinaire, ils n'ont cessé d'exalter dans Crébillon la force de *génie*, quoiqu'il ait mis en œuvre le même ressort dans tous ses ouvrages, soit qu'ils aient du mérite ou qu'ils n'en aient pas, et n'ont cessé de reprocher à Voltaire la stérilité de *génie*, quoiqu'il ait fait de ce même ressort l'emploi le mieux entendu, et qu'il ait su en même temps s'en passer dans plusieurs de ses belles tragédies; ce que n'a jamais fait Crébillon. On reconnaît là leur justice et leur logique; mais on reconnaît aussi leur ignorance lorsqu'ils réprouvent ce moyen comme trop petit, parce que Racine et Corneille n'y ont point eu recours. D'abord c'est précisément pour ouvrir de nouvelles sources de beautés qu'il convenait de faire ce que Corneille et Racine n'avaient pas fait; ensuite ces sources ne sont pas à dédaigner, puisque les meilleures pièces du théâtre grec y sont puisées, et qu'Aristote, qui en savait bien autant que nos faiseurs de brochures, désigne les pièces à reconnaissance * par le nom de

---

* Il faut ajouter, pour que l'idée d'Aristote soit rendue d'une manière complète, *et à péripéties*; la reconnaissance n'étant qu'une des espèces, et

pièces *implexes*, comme celles dont le sujet est le plus théâtral.

Il suit de ce commentaire, qui était nécessaire pour réprimer la suffisance étourdie de nos ignorants critiques, que c'est uniquement par la combinaison des effets et des résultats qu'il faut juger des reconnaissances dramatiques, et sur ce principe je n'en connais point qu'on puisse égaler à celle du second acte de *Zaïre*. Les impressions de la nature sont ordinairement les seules qui caractérisent la reconnaissance; mais ici combien il s'y joint d'accessoires plus intéressants les uns que les autres ! le lieu, le moment, le caractère et la situation des personnages; l'âge de Lusignan, sa longue captivité; cette religion pour laquelle il a tant combattu et tant souffert; ce palais, qui est celui de ses aïeux; cette contrée le berceau de la foi qu'il professe, et le théâtre de la mort d'un Dieu rédempteur; tout concourt à répandre sur cette reconnaissance un merveilleux sacré qui nous transporte, qui nous montre quelque chose au-dessus des évènements humains, un dessein particulier de la Providence; et c'est ce que l'auteur nous a fait si bien sentir par ce beau vers :

Parle, achève, ô mon Dieu! ce sont là de tes coups.

Et quelle exécution! Vous avez observé, Messieurs, cette foule de mouvements pathétiques, tous ces mots échappés au désordre, à la nature agitée, en-

la plus remarquable en effet de ces révolutions théâtrales appelées *péripéties*, qui constituent la tragédie implexe.   H. P.

trecoupés par le saisissement de la crainte et l'incertitude de l'espérance; tout ce trouble répandu entre tous les personnages, et qui s'accroît encore par celui qu'il fait entrevoir. A peine Lusignan a-t-il goûté un instant la joie de revoir ses enfants qu'il avait perdus, qu'il s'offre à son esprit une pensée effrayante, et capable seule d'empoisonner toute sa joie :

Toi qui seul as conduit sa fortune et la mienne,
Mon Dieu, qui me la rends, me la rends-tu chrétienne?

Zaïre rougit, baisse les yeux, pleure; elle avoue la vérité fatale.

Sous les lois d'Orosmane...
Punissez votre fille... elle était musulmane.

LUSIGNAN.

Que la foudre en éclats ne tombe que sur moi!
Ah! mon fils! à ces mots j'eusse expiré sans toi.
Mon Dieu, j'ai combattu soixante ans pour ta gloire,
J'ai vu tomber ton temple, et périr ta mémoire;
Dans un cachot affreux abandonné vingt ans,
Mes larmes t'imploraient pour mes tristes enfants;
Et lorsque ma famille est par toi réunie,
Quand je trouve une fille, elle est ton ennemie!
Je suis bien malheureux... C'est ton père, c'est moi,
C'est ma seule prison qui t'a ravi ta foi.
Ma fille, tendre objet de mes dernières peines,
Songe au moins, songe au sang qui coule dans tes veines :
C'est le sang de vingt rois, tous chrétiens comme moi,
C'est le sang des héros, défenseurs de ma loi;
C'est le sang des martyrs... O fille encor trop chère!
Connais-tu ton destin? sais-tu quelle est ta mère?
Sais-tu bien qu'à l'instant que son flanc mit au jour

Ce triste et dernier fruit d'un malheureux amour,
Je la vis massacrer par la main forcenée,
Par la main des brigands à qui tu t'es donnée !
Tes frères, ces martyrs égorgés, à mes yeux,
T'ouvrent leurs bras sanglants tendus du haut des cieux.
Ton Dieu que tu trahis, ton Dieu que tu blasphêmes,
Pour toi, pour l'univers est mort en ces lieux mêmes,
En ces lieux où mon bras le servit tant de fois,
En ces lieux où son sang te parle par ma voix.
Vois ces murs, vois ce temple envahi par tes maîtres :
Tout annonce le Dieu qu'ont vengé tes ancêtres.
Tourne les yeux, sa tombe est près de ce palais ;
C'est ici la montagne où, lavant nos forfaits,
Il voulut expirer sous les coups de l'impie :
C'est là que de sa tombe il rappela sa vie.
Tu ne saurais marcher dans cet auguste lieu,
Tu n'y peux faire un pas sans y trouver ton Dieu ;
Et tu n'y peux rester sans renier ton père,
Ton honneur qui te parle et ton Dieu qui t'éclaire.
Je te vois dans mes bras et pleurer et frémir ;
Sur ton front pâlissant Dieu met le repentir.
Je vois la vérité dans ton cœur descendue ;
Je retrouve ma fille après l'avoir perdue,
Et je reprends ma gloire et ma félicité,
En dérobant mon sang à l'infidélité.

Quelle véhémence entraînante ! quel torrent d'éloquence ! C'est là de la vraie chaleur, celle qui consiste dans une succession rapide et pressante de mouvements naturels qui naissent les uns des autres, et acquièrent en se multipliant une force irrésistible. Ce discours serait beau, même s'il était mis en prose. Que sera-ce si l'on considère que les difficultés de la versification, non-seulement n'ont rien ôté à la vérité, à la précision, à la justesse, mais encore y ont ajouté un charme inséparable des vers harmonieux? Ne faudrait-il pas en conclure que le premier de tous les talents est celui d'être éloquent en vers?

Il est impossible que Zaïre résiste à cette impulsion victorieuse, et le spectateur est entraîné avec elle.

Ah! mon père!
Cher auteur de mes jours! parlez, que dois-je faire?

LUSIGNAN.

M'ôter par un seul mot ma honte et mes ennuis,
Dire: Je suis chrétienne.

ZAÏRE.

Oui... seigneur... je le suis.

Un ordre du soudan vient la séparer des chrétiens. Lusignan n'a que le temps de lui dire:

O vous que je n'ose nommer,
Jurez-moi de garder un secret si funeste.

ZAÏRE.

Je vous le jure.

LUSIGNAN.

Allez, le ciel fera le reste.

Cet acte, si riche en beautés pathétiques, a essuyé beaucoup de censures. Comment cette croix entourée de diamants a-t-elle pu se dérober à l'avidité des soldats qui enlevèrent Zaïre au berceau? Cette cicatrice de Nérestan est-elle une preuve bien sûre de sa naissance? Et sur des questions pareilles on a conclu l'invraisemblance. Quelles misérables chicanes? Sans doute il faudrait d'autres preuves dans les tribunaux; mais une scène de tragédie est-elle une discussion juridique? Malheur au poète qui confondrait deux choses si différentes! Il pourrait bien être si exact, qu'il glacerait le spectateur; il constaterait si bien la reconnaissance, qu'on ne s'en soucierait plus. Il suffit que tout soit plausible et raisonnable; et qu'on nous dise ici ce qui ne l'est pas : cette croix a pu être dérobée par les Sarrasins; mais elle a pu aussi n'en être pas aperçue, et c'est assez pour le poète. Ne voulez-vous dans la tragédie que des choses qui n'aient jamais pu être autrement? Il y en a trop peu de cette espèce. Un autre que Nérestan peut avoir la même cicatrice au même endroit : oui, mais ce serait un grand hasard; et quand les circonstances, les temps, les lieux se rapportent avec cet indice, Lusignan peut y croire, et nous y croyons aussi. Je sais que l'abus de ces reconnaissances, prodiguées jusqu'au dégoût dans toute espèce d'ouvrages, a jeté un vernis romanesque sur ces sortes d'évènements; mais j'ai fait voir aussi par combien d'endroits celle de *Zaïre* se distinguait de toutes les autres; et cet acte sera toujours aux yeux des connaisseurs un morceau unique dans son genre *.

---

* Voltaire avait lu *Zaïre* à mademoiselle Quinaut, sœur du célèbre Dufresne, qui joua Orosmane d'original. Cette actrice, qui joignait à un grand talent comique beaucoup d'esprit naturel, de finesse et de gaieté, sachant combien Voltaire, sur tout ce qui avait rapport à ses pièces, était facile à alarmer, se divertit d'autant plus à lui faire une plaisanterie sur son ouvrage, qu'elle-même assurément n'y attachait aucune conséquence. Quand elle eut entendu cet acte, « Savez-vous, lui dit-elle, comment il faut intituler cette

Vous voyez dès à présent, Messieurs, quel puissant contre-poids l'auteur a placé dans ce second acte, et comment il l'a rendu assez fort pour balancer tout ce que nous avions ressenti dans le premier. Il accumule encore de nouvelles forces au troisième acte, dans cette entrevue qu'Orosmane a permise entre Zaïre et Nérestan ; il lui apprend, dès les premiers mots, que le vieux Lusignan touche à sa dernière heure : sa caducité n'a pu résister aux différentes révolutions qu'il vient d'éprouver.

Vous ne reverrez plus un trop malheureux père....
. . . .
Mais pour comble d'horreurs, à ses derniers moments,
Il doute de sa fille et de ses sentiments :
Il meurt dans l'amertume, et son âme *incertaine*
Demande en soupirant si vous êtes *chrétienne*.

Zaïre s'étonne et s'afflige qu'on puisse douter de sa fidélité ; mais Nérestan, qui soupçonne déjà une partie de la vérité, lui fait entendre qu'elle est bien

« pièce ? La Procession des captifs. » Voltaire jeta un cri d'effroi. « Mademoiselle, si vous ne me donnez votre parole d'honneur de ne jamais répéter cette plaisanterie, jamais *Zaïre* ne sera représentée ; il ne faudrait que faire circuler ce mot dans le parterre pour la faire tomber. » On peut imaginer que mademoiselle Quinault lui promit tout ce qu'il voulut. Mais ce qu'on aurait peine à croire, si l'on ne savait comment Voltaire était jugé aux premières représentations de ses pièces, c'est ce que le second acte de *Zaïre*, la première fois qu'il fut joué, produisit peu d'effet, et même excita des murmures dans le parterre pendant qu'on pleurait dans les loges ; c'est du moins ce que l'auteur m'a dit plus d'une fois. Mais ce moment d'injustice fut très court, et, dès la seconde représentation, la pièce fut aux nues. Ce n'est guère que le premier jour que les envieux et les mauvais plaisants cherchent à troubler l'impression du moment ; et quand cette impression est aussi vive et aussi vraie que celle d'une tragédie telle que *Zaïre*, elle s'accroît sans cesse, et va bientôt aussi loin qu'elle doit aller.

loin de connaître encore tous les devoirs de cette religion qui est désormais la sienne. Il demande qu'il lui soit permis d'amener à sa sœur un des ministres de cette religion sainte, dont elle recevra les lumières en recevant le baptême.

> Obtenez qu'avec lui je puisse revenir.
> Mais à quel titre, ô ciel ! faut-il donc l'obtenir ?
> A qui le demander dans ce sérail profane ?
> Vous, le sang de vingt rois, esclave d'Orosmane !
> Parente de Louis, fille de Lusignan,
> Vous, chrétienne et ma sœur, esclave d'un soudan ?
> Vous m'entendez... Je n'ose en dire davantage.
> Dieu, nous réserviez-vous à ce dernier outrage ?

Zaïre, qui ne l'entend que trop bien, la sincère Zaïre, incapable de rien dissimuler, et pressentant déjà son malheur, dit à son frère :

> Je suis chrétienne, hélas !... J'attends avec ardeur
> Cette eau sainte, cette eau qui peut guérir mon cœur.
> Non, je ne serai point indigne de mon frère,
> De mes aïeux, de moi, de mon malheureux père.
> Mais parlez à Zaïre, et ne lui cachez rien.
> Dites... quelle est la loi de l'empire chrétien ?
> Quel est le châtiment pour une infortunée
> Qui loin de ses parents, aux fers abandonnée,
> Trouvant chez un barbare un généreux appui,
> Aurait touché son âme et s'unirait à lui ?

Personne, sans doute, ne peut se méprendre à ce mot de *barbare*, qui n'est ici que la dénomination usitée chez les chrétiens pour désigner tous les peuples mahométans, et qu'ils donnaient même aux Grecs du Bas-Empire, qui ne manquaient pas de la leur rendre. Nérestan se récrie avec indignation :

O ciel! que dites-vous? Ah! la mort la plus prompte
Devrait...

ZAÏRE.

C'en est assez, frappe et préviens ta honte.

NÉRESTAN.

Qui? vous? ma sœur?

ZAÏRE.

C'est moi que je viens d'accuser.
Orosmane m'adore... et j'allais l'épouser.

NÉRESTAN.

L'épouser! est-il vrai, ma sœur? est-ce vous-même?
Vous la fille des rois!

ZAÏRE.

Frappe, dis-je ; je l'aime.

Ainsi chaque scène amène une situation. Nous avons vu Zaïre avouer, aux pieds de son père, qu'elle était musulmane. Elle a juré d'être chrétienne ; et ici elle avoue à son frère qu'elle aime un musulman. Il éclate en reproches :

Opprobre malheureux du sang dont vous sortez,
Vous demandez la mort, et vous la méritez ;
Et si je n'écoutais que ta honte et ma gloire,
L'honneur de ma maison, mon père, sa mémoire,
Si la loi de ton Dieu que tu ne connais pas,
Si ma religion ne retenait mon bras,
J'irais dans ce palais, j'irais au moment même,
Immoler de ce fer un barbare qui t'aime,
De son indigne flanc le plonger dans le tien ;
Et ne l'en retirer que pour percer le mien.

On fait de ce morceau une critique peu réfléchie. On a blâmé l'emportement de Nérestan, on y a trouvé un fanatisme trop féroce : mais c'est sur-tout dans le genre dramatique que la critique ne saurait être juste, si elle ne considère dans chaque partie tous les rapports qui tiennent à l'ensemble. Certainement il y a de l'excès dans le zèle de Nérestan, si on ne le juge que suivant la droite raison; mais c'est la raison relative qui est celle du drame; et quand nous le jugeons, c'est la raison propre à chaque personnage qui doit devenir la nôtre. Or, il est facile de faire voir que Nérestan ne doit pas parler autrement. Il est très vrai que, s'il était capable de faire ce qu'il dit, il commettrait un attentat très odieux; mais il y a loin d'une semblable menace, échappée dans un premier transport, à l'idée d'un assassinat. Lui-même avoue que *sa religion* le lui défend; et quand elle ne *retiendrait pas son bras*, on sent que sa générosité naturelle est bien loin d'un pareil forfait. Ainsi ce qu'il y a de trop violent dans ce transport ne va qu'à faire sentir au spectateur combien aux yeux d'un chrétien, d'un chevalier, d'un croisé, c'était une chose horrible que le mariage d'une chrétienne avec un infidèle, d'une princesse parente de saint Louis avec un soudan de Jérusalem, et le poète remplit son objet, va directement à son but, en donnant la plus grande énergie à ce zèle exalté, qui n'a rien ici d'odieux, et qui était et devait être le caractère des chrétiens du temps des croisades, de ces guerriers toujours prêts à être martyrs, et dont la plupart, si l'on consulte l'histoire, auraient été capables de donner la mort à leur propre fille, plutôt que de la voir épouser un musulman. Le poète a donc doublement raison, d'abord en ce qu'il peint fidèlement les mœurs, ensuite en ce qu'il nous donne une plus forte idée des devoirs que la naissance et la religion imposaient à Zaïre, et renforce par conséquent la situation où il l'a placée.

Nérestan porte le dernier coup quand il ajoute :

Et je vais donc apprendre à Lusignan trahi
Qu'un Tartare est le dieu que sa fille a choisi.
Dans ce moment affreux, hélas ! ton père expire,
En demandant à Dieu le salut de Zaïre.

Quelle image à présenter à cette âme noble et sensible que ce père mourant, le père qu'elle vient de retrouver en cet instant même, qui, en lui révélant des destinées si glorieuses, vient de l'enchaîner à des devoirs si sacrés ! A mesure qu'elle les connaît, elle en est plus effrayée :

L'état où tu me vois accable ton courage ;
Tu souffres, je le vois ; je souffre davantage.
Je voudrais que du Ciel le barbare secours
De mon sang dans mon cœur eût arrêté le cours,
Le jour qu'empoisonné d'une flamme profane,
Ce pur sang des chrétiens brûla pour Orosmane ;
Le jour que de ta sœur Orosmane charmé...
Pardonnez-moi, chrétiens : qui ne l'aurait aimé ?
Il faisait tout pour moi ; son cœur m'avait choisie ;
Je voyais sa fierté pour moi seule adoucie.
C'est lui qui des chrétiens a ranimé l'espoir :
C'est à lui que je dois le bonheur de te voir :

Pardonne ; ton courroux, mon père, ma tendresse,
Mes serments, mon devoir, mes remords, ma faiblesse,
Me servent de supplice ; et ta sœur en ce jour,
Meurt de son repentir plus que de son amour.

Que cet amour est éloquent dans ses plaintes ! De quels traits il vient de peindre encore celui qui en est l'objet ! Quel vers que celui-ci !

Pardonnez-moi, chrétiens : qui ne l'aurait aimé ?

C'est là le cri du cœur, et dans quel moment ! Que de vérité dans cette interruption ! Elle s'accuse de son amour, elle voudrait avoir cessé de vivre le jour qu'*Orosmane charmé*..... Là elle s'arrête, elle n'a pas la force de poursuivre. Ce mouvement que le repentir a commencé, est interrompu par l'amour : tout ce qu'elle peut est d'en demander pardon ; mais, bien loin d'y renoncer, elle ne peut pas même achever le reproche qu'elle s'en fait ; elle se hâte de le couvrir par toutes les louanges qu'on prodigue avec tant de plaisir à ce qu'on aime, et qui sont à la fois les jouissances d'un cœur tendre et l'excuse de ses faiblesses.

Ce même Nérestan, dont tout à l'heure le courroux était si sévère, s'attendrit sur le sort de Zaïre ; il la plaint, la console, l'encourage, lui promet les secours du ciel.

Achève donc ici ton serment commencé ;
Achève ; et dans l'horreur dont ton cœur est pressé,
Promets au roi Louis, à l'Europe, à ton père,
Au Dieu qui déjà parle à ce cœur si sincère,
De ne point accomplir cet hymen odieux

Avant que le pontife ait éclairé tes yeux,
Avant qu'en ma présence il te fasse chrétienne,
Et que Dieu par ses mains t'adopte et te soutienne.
Le promets-tu, Zaïre ?.....

ZAÏRE.

Oui, je te le promets;
Rends-moi chrétienne et libre; à tout je me soumets.
Va, d'un père expirant va fermer la paupière;
Va, je voudrais te suivre, et mourir la première.

La voilà donc liée plus que jamais par des engagements qui deviennent à tout moment plus impérieux. Cette scène vient d'ajouter encore à tous les motifs que l'art du poète veut opposer à l'amour; et, je le répète, on va sentir incessamment qu'il ne fallait pas en employer moins. Orosmane va reparaître : les larmes de Zaïre nous ont sans cesse occupés de lui; et dès qu'il parlera, nous serons tous, au fond du cœur, du parti de son amour. Ce qui est dû aux devoirs, à la religion, aux bienséances de toute espèce, est encore plus, il faut l'avouer, de réflexion que de sentiment; mais la passion tient immédiatement au cœur; la passion, c'est nous-mêmes. Le poète le savait bien, mais toutes ses ressources sont prêtes : le père de Zaïre est mourant; elle lui a juré, elle a juré à son frère d'être chrétienne, de ne consentir à rien avant d'avoir vu le saint pontife. Quoi qu'elle oppose à son amant, quoi qu'il fasse pour la persuader, nous ne pouvons plus que la plaindre de sa résistance, et non pas l'en blâmer. Le génie dramatique tient la balance d'une main ferme et rigoureuse, et Orosmane peut paraître.

Zaïre l'attend et frémit de l'attendre. Le spectateur l'attend et frémit aussi. Zaïre s'écrie :

A ta loi, Dieu puissant! oui, mon âme est rendue;
Mais fais que mon amant s'éloigne de ma vue.
Cher amant, ce matin, l'aurais-je pu prévoir,
Que je dusse aujourd'hui redouter de te voir?
Moi qui, de tant de feux justement possédée,
N'avais d'autre bonheur, d'autre soin, d'autre idée
Que de t'entretenir, écouter ton amour,
Te voir, te souhaiter, attendre ton retour.
Hélas! et je t'adore, et t'aimer est un crime!

OROSMANE.

Paraissez, tout est prêt.

A ces mots si simples, s'il était possible qu'au théâtre on jugeât par réflexion quand le cœur est occupé, il s'élèverait de toutes parts un cri d'admiration. C'est là ce que les connaisseurs appellent un vrai coup de théâtre, et non pas ces surprises d'un moment, produites par des combinaisons forcées, et dont il ne résulte tout au plus que de l'embarras ou de la curiosité. Les plus beaux coups de théâtre sont ceux où, comme ici, un personnage annonce, en se montrant, une de ces situations terribles, un de ces grands combats du cœur où nous sommes tous de moitié. Assemblez des milliers d'hommes, et il n'y en aura pas un dont le cœur ne palpite à ce seul mot : *Paraissez, tout est prêt;* pas un qui ne pense en lui-même : Que va dire, que va faire la malheureuse Zaïre? Mais pour produire tant d'effet avec ce seul mot, il a fallu qu'il n'y eût pas, dans toute la première moitié de la pièce, un seul ressort qui ne fût juste ; et ce n'est pas cet art que le poète nous permet de remarquer, quand il nous montre son ouvrage dans la perspective théâtrale : alors au contraire il ne demande qu'à nous le faire oublier ; l'illusion est complète ; nous ne songeons qu'à ce qui va se passer entre Zaïre et Orosmane. Le silence de la crainte, le saisissement de la pitié est alors le vrai triomphe du génie, qui nous fait éprouver sa force avant de nous en avoir révélé le secret, et devient notre maître au point qu'il ne nous permet de l'admirer qu'après qu'il nous a rendus à nous-mêmes.

Orosmane, qui vient chercher Zaïre pour la mener à l'autel, déploie, en arrivant, cette triomphante allégresse de l'amour qui se croit au comble de ses vœux :

> Et l'ardeur qui m'anime
> Ne souffre plus, Madame, aucun retardement ;
> Les flambeaux de l'hymen brillent pour votre amant ;
> Les parfums de l'encens remplissent la mosquée.
> Du dieu de Mahomet la puissance invoquée
> Confirme mes serments et préside à mes feux.
> Mon peuple prosterné pour vous offre ses vœux.
> Tout tombe à vos genoux ; vos superbes rivales,
> Qui disputaient mon cœur, et marchaient vos égales,
> Heureuses de vous suivre et de vous obéir,
> Devant vos volontés vont apprendre à fléchir.
> Le trône, les festins et la cérémonie,
> Tout est prêt : commencez le bonheur de ma vie.

Chaque mot est un coup de poignard pour la sensible Zaïre. Des soupirs, des mots entrecoupés, sont la seule réponse qu'elle peut faire aux empres-

sements et aux transports du soudan. Il n'y voit
pendant quelque temps que ce trouble ingénu et
modeste, si naturel à une âme jeune et tendre, qui,
au moment du bonheur suprême, en paraît comme
accablée, et semble ne pouvoir ni le soutenir ni le
concevoir. Cette méprise, si excusable dans Orosmane, n'en est que plus cruelle pour Zaïre; elle
veut parler, et la parole meurt sur ses lèvres. Orosmane commence à s'étonner : elle se hâte de lui
renouveler toutes les protestations de sa tendresse.
Ne sachant quelles raisons lui donner, elle prononce
en tremblant les noms de *chrétiens*, de *Lusignan*.

Ces chrétiens !.... quoi ! Madame.
Qu'auraient donc de commun cette secte et ma flamme ?

ZAÏRE.

Lusignan, ce vieillard accablé de douleurs.
Termine en ce moment sa vie et ses malheurs.

C'est une adresse du poète d'avoir ramené ici
l'idée de Lusignan qui meurt, et qui est toujours
présent à l'esprit de sa fille. Orosmane, éloigné de
plus en plus de la vérité qu'il ignore, répond par
des vers pleins d'une douceur attendrissante :

Eh bien ! quel intérêt si pressant et si tendre
A ce vieillard chrétien votre cœur peut-il prendre ?
Vous n'êtes point chrétienne; élevée en ces lieux,
Vous suivez dès long-temps la foi de mes aïeux.
Un vieillard qui succombe au poids de ses années
Peut-il troubler ici vos belles destinées ?
Cette aimable pitié qu'il s'attire de vous,
Doit se perdre avec moi dans des moments si doux.

ZAÏRE.

Seigneur, si vous m'aimez, si je vous étais chère.....

OROSMANE.

Si vous l'êtes! ah Dieu!....

ZAÏRE.

Souffrez que l'on diffère....
Permettez que ces nœuds par vos mains assemblés....

OROSMANE.

Que dites-vous? ô ciel! est-ce vous qui parlez,
Zaïre?

ZAÏRE.

Je ne puis soutenir sa colère.

Orosmane éperdu ne peut que répéter : *Zaïre!* et cette répétition est l'accent de l'amour. Dans tous les moments, sa plus tendre prière est de prononcer le nom de l'objet aimé. Zaïre ne peut plus supporter une situation si douloureuse :

Il m'est affreux, Seigneur, de vous déplaire;
Excusez ma douleur.... Non, j'oublie à la fois,
Et tout ce que je suis, et tout ce que je dois.
Je ne puis soutenir cet aspect qui me tue;
Je ne puis.... Ah! souffrez que loin de votre vue;
Seigneur, j'aille cacher mes larmes et mes ennuis;
Mes vœux, mon désespoir et l'horreur où je suis.

Cette scène, qu'un goût sûr a renfermée dans de justes bornes, ne devait pas durer plus long-temps. Quelle situation que celle où la présence de ce qu'on adore devient un tourment insupportable! Dans quel état elle doit laisser Orosmane! Il ne sait où il est; il doute de ce qu'il a entendu.

Le soupçon s'éveille un moment dans son cœur : l'amour, trompé dans ses vœux, peut-il se défendre du soupçon ? Mais sur qui ce soupçon peut-il tomber ? Nérestan seul peut en être l'objet.

        Si c'était ce Français !

Cette pensée l'épouvante et le consterne ; mais sa générosité naturelle ne lui permet pas de s'y arrêter long-temps :

Non, si Zaïre, ami, m'avait fait cette offense,
Elle eût avec plus d'art trompé ma confiance.
Le déplaisir secret de son cœur agité,
Si ce cœur est perfide, aurait-il éclaté ?
Écoute : garde-toi de soupçonner Zaïre....
Mais, dis-tu, ce Français gémit, pleure, soupire....
Que m'importe, après tout, le sujet de ses pleurs ?
Qui sait si l'amour même entre dans ses douleurs ?
Et qu'ai-je à redouter d'un esclave infidèle,
Qui demain pour jamais se va séparer d'elle ?

        CORASMIN.

N'avez-vous pas, seigneur, permis, malgré nos lois,
Qu'il jouît de sa vue une seconde fois,
Qu'il revînt en ces lieux ?

Ces mots nous apprennent que Nérestan a déjà fait demander cette grace, qu'il voulait, il n'y a qu'un moment, appuyer du crédit de Zaïre ; mais le temps de la complaisance est passé : un instant de soupçon a suffi pour rendre ce Français odieux au soudan, et les douleurs de l'amour sont trop cruelles pour ne pas faire haïr celui qui les a causées. La demande d'un second entretien n'est plus qu'un outrage dont la seule pensée révolte Orosmane, et le rend furieux :

> Qu'il revînt, lui, ce traître !
> Qu'aux yeux de ma maîtresse il osât reparaître !
> Oui, je le lui rendrais, mais mourant, mais puni,
> Mais versant à ses yeux le sang qui m'a trahi,
> Déchiré devant elle, et ma main dégouttante
> Confondrait dans son sang le sang de son amante....
> Excuse les transports de ce cœur offensé ;
> Il est né violent, il aime, il est blessé.

Cet emportement terrible est la première explosion de l'orage qui s'élève dans le sein de l'impétueux Orosmane ; mais le poète, fidèle à ce premier dessein si bien conçu de ramener toujours cette noble confiance qui caractérise les belles âmes, le poète, en terminant cet acte, ne laisse dans le cœur du soudan que le ressentiment d'une fierté offensée ; elle seule dicte le parti qu'il va prendre et les ordres qu'il va donner, et il s'obstine même à repousser la défiance :

> Non, c'est trop sur Zaïre arrêter un soupçon :
> Non, son cœur n'est point fait pour une trahison.
> Mais ne crois pas non plus que le mien s'avilisse
> A souffrir des rigueurs, à gémir d'un caprice,
> A me plaindre, à reprendre, à redonner ma foi :
> Les éclaircissements sont indignes de moi.
> Il vaut mieux sur mes sens reprendre un juste empire ;
> Il vaut mieux oublier jusqu'au nom de Zaïre.
> Allons que le sérail soit fermé pour jamais ;
> Que la terreur habite aux portes du palais ;
> Des rois de l'Orient suivons l'antique usage.

On peut, pour son esclave oubliant sa fierté,
Laisser tomber sur elle un regard de bonté ;
Mais il est trop honteux de craindre une maîtresse :
Aux mœurs de l'Occident laissons cette bassesse.
Ce sexe dangereux qui veut tout asservir,
S'il commande en Europe, ici doit obéir.

Non-seulement ce courroux trompeur est naturel à un amant irrité qui se suppose alors une force qu'il n'aura pas long-temps, mais il donne lieu au poète de tirer des mouvements de la passion les incidents qui nouent l'intrigue. Les ordres que donne Orosmane étaient nécessaires pour obliger Nérestan de hasarder la lettre qui produira bientôt la plus affreuse catastrophe.

Zaïre reparaît avec Fatime à l'ouverture du quatrième acte. Cette Fatime, dont l'auteur a eu soin de faire une chrétienne très attachée à sa religion, afin de soutenir mieux la faiblesse de Zaïre, veut d'abord la féliciter de la victoire qu'elle vient de remporter sur elle-même, et lui fait envisager de nouveaux secours et de nouvelles espérances ; mais Zaïre s'écrie pour toute réponse :

Ah ! j'ai porté la mort dans le sein d'Orosmane.
J'ai pu désespérer le cœur de mon amant !
Quel outrage, Fatime, et quel affreux moment !
Mon Dieu ! vous l'ordonnez : j'eusse été trop heureuse.

Nouveaux reproches de Fatime. Zaïre poursuit :

Non, tu ne connais pas ce que je sacrifie.
Cet amour si puissant, ce charme de ma vie,
Dont j'espérais, hélas ! tant de félicité,

Dans toute son ardeur n'avait point éclaté.
Fatime, j'offre à Dieu mes blessures cruelles;
Je mouille devant lui de larmes criminelles
Ces lieux où tu m'as dit qu'il choisit son séjour;
Je lui crie en pleurant: Ote-moi mon amour,
Arrache-moi mes vœux, remplis-moi de toi-même!
Mais, Fatime, à l'instant les traits de ce que j'aime,
Ces traits chers et charmants, que toujours je revoi,
Se montrent dans mon âme entre le ciel et moi.

Les critiques, que ce style enchanteur n'a pu désarmer, ont demandé comment cette jeune esclave, dont la conversion est si récente, peut avoir assez de religion pour combattre tant d'amour, et rendre si bien les sentiments de l'un et de l'autre, qui se mêlent et se combattent dans son âme. A les entendre, le christianisme devrait avoir moins de droits sur elle; ils oublient que dès le premier acte on a vu qu'il ne lui était pas étranger; qu'elle avait conservé de l'attachement pour cette religion où elle était née, qu'elle en estimait la morale et les principes. Elle a dit:

La foi de nos chrétiens me fut trop tard connue.
Contre elle, cependant, loin d'être prévenue,
Cette croix, je l'avoue, a souvent malgré moi
Saisi mon cœur *surpris* de respect et d'effroi.
J'osais l'invoquer même avant qu'en ma pensée
D'Orosmane en secret l'image fût tracée.
J'honore, je chéris ces charitables lois
Dont ici Nérestan me parla tant de fois;
Ces lois qui, de la terre écartant les misères,
Des humains attendris font un peuple de frères;
Obligés de s'aimer, sans doute ils sont heureux.

Enfin elle a été jusqu'à dire :

Peut-être, sans l'amour, j'aurais été chrétienne.

L'auteur a donc pris ses mesures dès le commencement de la pièce pour fonder la vraisemblance morale, peut-être encore plus importante que celle des évènements, puisqu'il est encore plus dangereux de blesser le sentiment que la raison. Il n'est donc pas du tout surprenant que ces premières impressions aient acquis beaucoup de force après tout ce qui vient de se passer; et que la religion, la nature et le malheur, qui viennent d'étaler aux yeux de Zaïre un spectacle si frappant et de si grandes révolutions, réveillent en elle cette sensibilité que les âmes tendres portent dans la religion comme dans l'amour. Tout cela est également fondé sur la connaissance du cœur humain, sans laquelle on ne fait point de bonnes tragédies.

L'amour ne voit rien d'impossible; aussi Zaïre se flatte-t-elle que sa religion même pourra ne pas réprouver son union avec Orosmane. Elle dit, en parlant du Dieu des chrétiens :

Eh! pourquoi mon amant n'est-il pas né pour lui?
Orosmane est-il fait pour être sa victime?
Dieu pourrait-il haïr un cœur si magnanime?
Généreux, bienfaisant, juste, plein de vertus,
S'il était né chrétien, que serait-il de plus?

Un moment après, elle est vivement tentée de tout découvrir à son amant :

Je voudrais quelquefois me jeter à ses pieds,
De tout ce que je suis faire un aveu sincère.

Mais Fatime lui oppose des raisons péremptoires :

Songez que cet aveu peut perdre votre frère,
Expose les chrétiens, qui n'ont que vous d'appui,
Et va trahir le Dieu qui vous rappelle à lui.

La force de ces motifs n'a pas empêché qu'ils ne parussent insuffisants à bien des personnes. Les uns, uniquement par envie de censurer un bel ouvrage, ont prononcé sans hésiter que Zaïre devait dire son secret ; les autres, en plus grand nombre, ont senti seulement qu'ils le désiraient ; et ils ont pris pour une critique de la pièce ce désir qui en faisait l'éloge. On peut répondre aux uns et aux autres que la conduite de Zaïre est nécessitée par les raisons les plus puissantes. Deux choses sont indubitables : c'est qu'avec un homme aussi amoureux et aussi violent qu'Orosmane, on doit tout craindre d'un premier transport de fureur contre un chrétien qui veut lui arracher ce qu'il aime ; et en supposant même qu'il l'épargne, il est du moins hors de doute qu'il ne consentira jamais à ce que Zaïre embrasse un culte qui lui défend de l'épouser ; et alors que deviennent les serments qu'elle a faits à son père et à son frère ; que devient tout ce qu'elle doit à sa naissance, à ses aïeux, à sa religion ? Zaïre ne sent que trop la force de ces raisons, et doit la sentir ; elle les combat pourtant, et doit les combattre. Elle dit à Fatime :

Ah ! si tu connaissais le grand cœur d'Orosmane !

Mais Fatime répond :

Il est le protecteur de la loi musulmane ;

Et plus il vous adore, et moins il peut souffrir
Qu'on vous ose annoncer un Dieu qu'il doit haïr.
Le pontife à vos yeux en secret va se rendre,
Et vous avez promis...

ZAÏRE.

Eh bien ! il faut l'attendre.
J'ai promis, j'ai juré de garder ce secret :
Hélas ! qu'à mon amant je le tais à regret !

Quant à ceux qui, désolés des revers affreux qui sont la suite de ce silence nécessaire, voudraient à tout prix que Zaïre ne l'eût pas gardé, ils ne s'aperçoivent pas que ce n'est pas là un jugement de leur raison, mais une illusion de leur sensibilité. S'ils blâment Zaïre, ce n'est pas qu'elle ait tort, c'est qu'ils ne se consolent pas de son malheur; et par là ils rendent hommage, sans y penser, au talent de l'auteur; car ce qu'il pouvait faire de mieux, c'était que Zaïre eût les meilleures raisons possibles pour ne rien révéler, et pourtant que son silence nous mît au désespoir.

La scène suivante, qui commence par ces mots, *Madame, il fut un temps*, etc. est une de celles que savent par cœur tous ceux qui fréquentent le théâtre. Je ne ferai pas un mérite particulier à Voltaire de ce premier morceau, dont le fond se retrouvait dans d'autres pièces, parce que l'amour n'a point d'illusion plus commune que celle de l'indifférence affectée. Je remarquerai seulement que les grands maîtres, en traitant ces lieux communs de la passion, ne manquent jamais d'y mettre l'empreinte de leur génie, non-seulement par le style, mais par des nuances aussi justes que délicates qu'eux seuls savent apercevoir. Ici, par exemple, le poëte a observé que dans les scènes de dépit, si connues de ceux qui ont aimé, l'expression de l'injure et du mépris, très marquée dans les premières phrases, que la colère soutient encore, ne manque jamais de s'affaiblir dans les dernières, à mesure que la présence de ce qu'on aime produit son infaillible effet. L'amour alors trouve moyen, n'importe comment, de se remontrer sous toutes les formes qu'il prend pour se cacher. Aussi, à peine Orosmane a-t-il déclaré qu'une autre va monter au rang qu'il destinait à Zaïre, qu'il ajoute tout de suite :

> Il pourra m'en coûter; mais mon cœur s'y résout.
> Apprenez qu'Orosmane est capable de tout;
> Que j'aime mieux vous perdre, et, loin de votre vue
> Mourir désespéré de vous avoir perdue,
> Que de vous posséder, s'il faut qu'à votre foi
> Il en coûte un soupir qui ne soit pas pour moi.
> Allez, mes yeux jamais ne reverront vos charmes.

Il a débuté par annoncer *le plus froid mépris*, et finit par faire entendre, tout en renonçant à Zaïre, qu'il ne pourra la perdre sans en mourir de regret. Tel est le chemin que fait l'amour en quelques minutes. Si Zaïre pouvait être de sang-froid, elle serait peu alarmée d'une rupture si amoureusement annoncée; mais elle aime, elle craint tout de l'amant qu'elle a offensé; elle est épouvantée de ces derniers mots :

> Allez, mes yeux jamais ne reverront vos charmes.

Il est vrai qu'en les prononçant, Orosmane n'a pas
le courage de regarder ces mêmes charmes qu'il
veut abandonner.

ZAÏRE.

Eh bien ! puisqu'il est vrai que vous ne m'aimez plus,
Seigneur...

Orosmane l'interrompt ; déjà il a besoin de raffermir
un courroux qui chancelle ; il rappelle tout ce qui
peut le justifier à ses yeux et à ceux de son amante :

Il est trop vrai que l'honneur me l'ordonne...

Que je vous adorai... que je vous abandonne...
Que je renonce à vous,... que vous le désirez...
Que sous une autre loi...

Mais il regarde Zaïre, et Zaïre pleure. Il n'en faut
pas plus, et Orosmane est à ses pieds. Tous les cœurs
ont retenu ce mot fameux dans l'histoire du théâtre,
parce qu'il est si vrai dans celle de l'amour. *Zaïre,
vous pleurez*, ce mot qui ne peut avoir l'accent qui
lui convient que dans l'illusion de la scène, ou dans
la réalité d'une situation semblable. On admire, et
personne n'admire plus que moi ce vers de Roxane
au milieu de ses fureurs :

Bajazet, écoutez : je sens que je vous aime.

Ce vers est profond ; il peint d'un trait, comme celui
de Zaïre, une révolution rapide du cœur humain ;
mais celui de Zaïre est d'un effet plus touchant, et
toujours par cette même raison qui tient à la première conception sur laquelle est fondée toute la
pièce. Roxane adresse un cri sublime, mais inutile,

à un cœur qui le repousse; le cri d'Orosmane est entendu dans le cœur de Zaïre, et le nôtre y répond avec le sien; le nôtre suit Orosmane quand il tombe aux genoux de ce qu'il aime.

Zaïre, en le voyant à ses pieds, n'est occupée d'abord que de cette seule crainte, qu'il ne puisse attribuer ses larmes au regret de perdre le rang suprême :

> Me punisse à jamais ce ciel qui me condamne,
> Si je regrette rien que le cœur d'Orosmane !

OROSMANE.
> Zaïre, vous m'aimez !

ZAÏRE.
> Dieu ! si je l'aime, hélas !

C'est là un de ces moments où le cœur répand avec abondance tous les sentiments qui l'oppressent d'autant plus, qu'il les a renfermés quelque temps; mais je ne crois pas que, dans ces sortes d'épanchements imités par l'imagination dramatique, on puisse mettre rien au-dessus du morceau suivant :

> Quel caprice étonnant, que je ne conçois pas !
> Vous m'aimez ? Eh ! pourquoi vous forcez-vous, cruelle,
> A déchirer le cœur d'un amant si fidèle ?
> Je me connaissais mal; oui, dans mon désespoir,
> J'avais cru sur moi-même avoir plus de pouvoir.
> Va, mon cœur est bien loin d'un pouvoir si funeste.
> Zaïre, que jamais la vengeance céleste
> Ne donne à ton amant enchaîné sous ta loi
> La force d'oublier l'amour qu'il a pour toi !
> Qui, moi ? que sur mon trône une autre fût placée !

Non, je n'en eus jamais la fatale pensée.
Pardonne à mon courroux, *à mes sens interdits*,
Ces dédains affectés et si bien démentis.
C'est le seul déplaisir que jamais dans ta vie
Le ciel aura voulu que ta tendresse essuie.
Je t'aimerai toujours... Mais d'où vient que ton cœur,
En partageant mes feux, différait mon bonheur?
Parle : était-ce un caprice? est-ce crainte d'un maître,
D'un soudan qui pour toi veut renoncer à l'être?
Serait-ce un artifice? Épargne-toi ce soin :
L'art n'est pas fait pour toi, tu n'en as pas besoin.
Qu'il ne souille jamais le saint nœud qui nous lie :
L'art le plus innocent tient de la perfidie.
Je n'en connus jamais...

Tel est l'avantage des sujets conçus d'une manière originale, que les détails ont le même caractère de nouveauté. Le commencement de cette scène ressemblait à plusieurs autres; mais depuis ces mots, *Zaïre, vous pleurez*, la situation d'Orosmane est absolument neuve; et quoique Racine ait si souvent fait parler l'amour, aucun endroit de ses ouvrages ne peut se rapprocher, sous aucun rapport, de ce morceau que vous venez d'entendre. Il n'y a ici de commun, entre ces deux grands écrivains, que cette magie de style qui, jusqu'à *Zaïre*, n'avait appartenu qu'à Racine. Tous deux l'ont portée si loin, que l'esprit pourrait difficilement marquer différents degrés d'admiration, et ne doit pas même y penser. Mais le cœur a toujours ses préférences, et peut s'en rendre compte jusqu'à un certain point, sans y porter l'exactitude de l'analyse, qui ne trouve point ici de place. Je ne crois pas, ni qu'on puisse me reprocher d'aimer trop peu Racine, ni que *Zaïre*, que je sais par cœur depuis mon enfance, puisse aujourd'hui me faire aucune espèce d'illusion. S'il m'est permis d'énoncer ce que je sens, il me semble que, dans cette tragédie, la première où le génie de Voltaire ait marché sans guide et se soit abandonné à ses propres forces, son style, qui jusque-là était d'un imitateur de Racine, a pris une couleur qui lui est propre; et c'est une preuve que le style, qu'on a si souvent et si mal à propos voulu séparer du génie, en prend toujours le caractère, et qu'on s'exprime en raison de ce que l'on conçoit. Je crois que Voltaire avait l'imagination la plus vive que jamais ait eue aucun des poètes dans qui elle a été réglée par le goût; et c'est par cette raison qu'il devait être le plus tragique de tous; car c'est la vivacité de l'imagination qui vous prête le langage des passions que vous n'éprouvez pas, et vous transporte dans une situation qui n'est pas la vôtre. Ce feu, qui dévorait Voltaire, et qui se répandait dans ses compositions, ne lui a pas permis de les soigner dans toutes les parties aussi scrupuleusement que Racine, non pas peut-être qu'il eût moins de goût naturel que lui, mais il l'écoutait moins, et il n'était pas en lui de faire autrement : il était trop puissamment emporté; aussi a-t-il, ce me semble, plus de véhémence, plus d'effet, plus d'entraînement. Nous le verrons tout à l'heure quand Orosmane sera en proie à ses fureurs; mais dans les vers que je viens de citer, qui ne demandaient qu'une sensibilité vive, une tendresse passionnée, je crois apercevoir avec une élégance moins égale, moins travaillée que celle de Racine, une plus grande facilité de mouvements et d'expression, plus d'abandon, plus de grace, enfin un charme plus pénétrant, peut-être parce qu'il ressemble plus à l'inspiration, et n'offre pas la moindre apparence de travail. Qu'on examine ce morceau et beaucoup d'autres du même rôle, ils sont faits pour ainsi dire d'un jet; ils vont tellement au cœur, que le sentiment fait oublier le vers, et je ne sais si ce n'est pas là le dernier degré de l'illusion tragique. La versification de Racine est si singulièrement belle, qu'il n'est guère possible de séparer le plaisir qu'elle fait de toutes les autres impressions de la tragédie. La versification de l'auteur de *Zaïre* a dans son élégance un si grand air de facilité, que les vers semblent n'avoir pas été composés; ils ont été conçus; et je croirais volontiers que ce qui distingue surtout la poésie de Voltaire, c'est qu'il paraît plus que tout autre penser et sentir en vers. Un peu de négligence est la suite inévitable de cette prodigieuse facilité. Racine, depuis *Andromaque*, n'aurait pas laissé dans un morceau aussi remarquable que celui dont je parle un vers comme celui-ci :

Pardonne à mon courroux, *à mes sens interdits.*

il aurait corrigé ce dernier hémistiche, si vague qu'il ressemble à une cheville, et qui est la seule tache de cette scène enchanteresse. Mais en revanche, des endroits tels que ceux-ci :

Parle: était-ce un caprice? est-ce crainte d'un maître,

> D'un soudan qui, pour toi, veut renoncer à l'être?
> Serait-ce un artifice? Épargne-toi ce soin :
> L'art n'est pas fait pour toi; tu n'en as pas besoin.

ces traits d'une vérité si simple, ce langage si naturel qu'on ne sait comment la mesure et la rime y ont trouvé place, et une foule d'autres morceaux dans le même goût, me paraissent, si l'on compare cette manière à celle de Racine, pleins de cette *grace* dont La Fontaine a dit qu'elle était *plus belle encore que la beauté.*

Zaïre prend le seul parti qu'elle puisse prendre; elle se jette aux genoux de son amant, et le conjure au nom de l'amour de lui laisser le reste de cette journée : demain, dit-elle,

> Demain tous mes secrets vous seront révélés.

Le soudan, quoique son inquiétude soit égale à son impatience, ne peut rien refuser à Zaïre : on ne refuse rien tant qu'on se croit aimé :

> Allez, souvenez-vous que je vous sacrifie
> Les moments les plus beaux, les plus chers de ma vie.

A peine l'a-t-il vue s'éloigner, que l'amour murmure dans son cœur de ce qu'il vient d'accorder,

> Je suis bien indigné de voir tant de caprices.

Mais il se reproche aussitôt ce mouvement si excusable :

> Mais moi-même, après tout eus-je moins d'injustices?
> Ai-je été moins coupable à ses yeux offensés!
> Est-ce à moi de me plaindre? On m'aime, c'est assez,
> Il me faut expier par un peu d'indulgence,

De mes transports jaloux l'injurieuse offense.
Je me rends : je le vois son cœur est sans détours;
La nature naïve anime ses discours.
Elle est dans l'âge heureux où règne l'innocence;
A sa sincérité je dois ma confiance.
Elle m'aime sans doute; oui, j'ai lu devant toi,
Dans ses yeux attendris, l'amour qu'elle a pour moi;
Et son âme, éprouvant cette ardeur qui me touche,
Vingt fois pour me le dire a volé sur sa bouche.
Qui peut avoir un cœur assez traître, assez bas,
Pour montrer tant d'amour, et ne le sentir pas?

C'est pendant qu'il se livre tout entier à des mouvements si tendres, qu'on lui apporte la lettre saisie par les gardes du sérail entre les mains d'un chrétien qui cherchait à s'y introduire. C'est à Zaïre qu'elle est adressée; nous la savons tous, cette lettre; elle est présente à notre souvenir, comme si chacun de nous l'avait reçue; mais comme elle a été le sujet de beaucoup de critiques, il faut la rapporter. Les premiers mots doivent porter un coup mortel à un amant :

« Chère Zaïre, il est temps de nous voir.
« Il est vers la mosquée une secrète issue,
« Où vous pouvez sans bruit, et sans être aperçue,
« Tromper vos surveillants et remplir notre espoir.
« Il faut tout hasarder, vous connaissez mon zèle :
« Je vous attends; je meurs, si vous n'êtes fidèle. »

La première remarque qu'on a faite, et qui ne coûtait pas beaucoup à faire, c'est que, si Nérestan avait mis dans son billet, *ma sœur*, au lieu de *chère Zaïre*, il n'y aurait plus de pièce. Cela est incontestable; et j'ai vu bien des gens si frappés de cette remarque, qu'elle semblait détruire à leurs yeux tout le mérite de l'ouvrage. Pour moi, j'avoue que je n'ai jamais compris l'importance qu'on pouvait donner à de pareilles observations. D'abord on conviendra que Nérestan a pu tout aussi bien mettre *chère Zaïre*, que *ma sœur;* et si l'un est aussi naturel que l'autre, je ne sais pas pourquoi l'on saurait mauvais gré à l'auteur d'avoir choisi celui qui lui donnait une belle tragédie. Mais ce n'est pas tout ; il me parait évident qu'il a eu de très bonnes raisons pour le choisir, et que le billet de Nérestan est écrit selon toutes les règles de la prudence. Il est forcé de l'envoyer, parce qu'il n'a pas d'autre moyen d'avertir sa sœur du moment et du lieu où elle pourra joindre le prêtre chrétien dont elle doit recevoir le baptême. Ce billet peut être intercepté, et Nérestan a le plus grand intérêt à n'y pas révéler le secret de la naissance de Zaïre avant qu'elle soit baptisée; il ne doit donc pas dire, *ma sœur*. Il ne veut pas non plus y expliquer qu'il s'agit d'une cérémonie chrétienne. Cependant, autorisé à douter encore d'un cœur dont il a vu les combats, il lui rappelle ses devoirs avec ces expressions d'un zèle affectueux que malheureusement Orosmane peut prendre pour celles de l'amour, parce qu'il n'en peut pas connaître le vrai sens. Ainsi toutes les vraisemblances sont ménagées, la méprise doit avoir lieu; et si les suites en sont horribles, s'il en résulte une tragédie, c'est que de semblables méprises, déplorable effet de cet assemblage de circonstances qu'on nomme *hasard*, n'ont que trop souvent produit des scènes tragiques dans le grand théâtre de la vie humaine.

Je ne vois ici qu'une objection à faire, la seule qui me paraisse réellement embarrassante, et la seule que je ne sache pas qu'on ait jamais proposée. Le premier mot d'Orosmane est de demander qui portait cette lettre. On lui répond :

Un de ces chrétiens
Dont vos bontés, seigneur, ont brisé les liens.
Au sérail en secret il allait s'introduire.
On l'a mis dans les fers.

Le soudan ne doit-il pas sur-le-champ faire venir ce chrétien, et lui dire : Qui t'a chargé de cette lettre ? C'est là du moins le mouvement qui semble le plus naturel, celui qui se présente d'abord à l'esprit. Cependant l'auteur pourrait répondre qu'un mouvement encore plus prompt et le premier de tous, c'est de lire la lettre; que, dès qu'Orosmane l'a lue, il ne doute pas, d'après ses premiers soupçons, qu'elle ne soit de Nérestan, et qu'alors l'horreur de cette perfidie le jette dans des accès de rage qui troublent et égarent sa raison. On peut répliquer à l'auteur que le premier effet de cette même rage doit être de faire arrêter celui qu'il croit son rival, et de le faire amener devant lui; ce qui produirait un éclaircissement qui préviendrait la catastrophe du cinquième acte ; mais l'auteur répondrait encore que le soudan ne revient à lui que pour écouter le conseil de Corasmin, qui lui propose le moyen le plus infaillible de connaître la vérité, et de s'assurer si sa maîtresse est infidèle ou ne l'est pas : c'est de lui faire rendre cette lettre par une main inconnue, par un esclave affidé qui rapportera la réponse qu'elle aura faite. Le poète pourrait ajouter qu'Orosmane doit être d'autant plus disposé à se rendre à cet avis, que ce qui l'intéresse le plus, c'est de savoir avec certitude si Zaïre est coupable ou non, puisque dans le fait il en doute encore jusqu'à la fin de cet acte, et jusqu'au moment où l'esclave vient lui dire qu'elle a promis d'être au rendez-vous indiqué. Cette réponse est certainement fondée sur la connaissance du cœur humain; car il est sûr que, dans la situation d'Orosmane, un amant est encore plus pressé de s'assurer des sentiments de sa maîtresse que de se venger de son rival; et c'est pour cela que le soudan, qui n'est occupé que des moyens de convaincre Zaïre, qui ne peut consentir à la croire coupable que le plus tard qu'il est possible, suspend sa vengeance à l'égard de Nérestan qui d'ailleurs ne peut lui échapper, et ne donne l'ordre de l'arrêter qu'au moment où il se présentera pour entrer au sérail. On ne peut nier que ces motifs ne soient très plausibles; et s'il ne s'ensuit pas précisément qu'Orosmane n'a pas dû, dans l'instant où il reçoit la lettre, faire venir le chrétien qui la portait, ils prouvent au moins que sa conduite, depuis le conseil que lui donne Corasmin, est conforme à la nature et à son caractère. Or, il est possible que dans une situation si violente, et qui renverse toutes les facultés de l'âme, Orosmane n'ait pas cette première idée; et passé ce moment, qui est très-rapide, le poète a eu l'art de lui donner tous les motifs qui doivent éloigner cette idée, et lui prescrire un autre plan de conduite. J'en conclus que l'objection que j'ai proposée, la seule qu'on puisse faire sur ce plan si bien combiné dans toutes ses parties, n'est pourtant pas assez forte pour en conclure une invraisemblance réelle; ce n'est qu'une difficulté que le poète a sentie, et qu'il a éludée avec une adresse qu'il faudrait encore admirer, quand même l'effet de cette scène ne serait pas assez grand pour répondre à toute objection *.

Quelle scène en effet! elle a du rapport avec celle où Roxane a surpris la lettre de Bajazet pour Atalide; mais il y a cette différence très grande, que Roxane, en lisant cette lettre, ne fait guère que se confirmer dans les soupçons très fondés qu'elle avait déjà sur Bajazet dont elle a vu les froideurs; et qu'Orosmane, au contraire, voit dans la lettre écrite à Zaïre la trahison d'un cœur dont il se croit aussi sûr que du sien. Combien la situation est plus forte!

* Quelque ingénieuse que soit cette apologie, on ne peut nier qu'il n'y ait beaucoup d'arbitraire dans cette erreur d'Orosmane sur laquelle se fonde la fable de Voltaire. Il est ici, comme dans la plupart de ses tragédies, conforme au principe qu'il aimait à répéter, qu'*au théâtre il faut frapper fort plutôt que juste.* On ne peut pas dire, comme le montre fort bien La Harpe, qu'il manque complètement à la vraisemblance; les choses ont pu se passer comme il les présente : mais elles pouvaient aussi, très naturellement, plus naturellement peut-être, se passer d'une autre manière. C'est la volonté du poète qui leur imprime le mouvement qu'elles suivent, et tout entraîné qu'il est, le spectateur sent fort bien la main qui le pousse et se révolte quelque peu contre cette violence de l'art. H. P.

Joignez-y la différence de caractère entre une esclave ambitieuse et féroce, trompée dans sa politique et dans ses intérêts autant que dans son amour, et l'amant le plus généreux, le plus sensible, le plus confiant, le plus exclusivement rempli du seul sentiment de l'amour. Il doit s'ensuivre une grande différence dans l'exécution des deux scènes, dont le fond est à peu près le même; et cette différence, marquée autant qu'elle devait l'être sous la plume de deux écrivains tels que Racine et Voltaire, mérite de nous occuper.

ROXANE, en prenant le billet.

Donne..... Pourquoi frémir; et quel trouble soudain
Me glace à cet objet, et fait trembler ma main?
Il peut l'avoir écrit sans m'avoir offensée.
Il peut même..... Lisons, et voyons sa pensée.

Les premiers mouvements d'Orosmane sont bien plus vifs:

Donne... Qui la portait?.... Donne.....

Le saisissement qu'il éprouve l'oppresse bien davantage.

Hélas! que vais-je lire?
Laisse-nous... Je frémis.....

Il éloigne l'esclave; ce n'est que devant son ami qu'il veut s'exposer à ouvrir ce fatal billet. Il hésite comme Roxane; mais bien moins maître de lui, il ne dit pas comme un juge qui cherche un coupable: *Lisons, et voyons sa pensée*: il rassemble toutes ses forces:

Ah! lisons... ma main tremble, et mon âme étonnée

Prévoit que ce billet contient ma destinée.....
Lisons.....

et il lit comme un criminel lirait sa sentence de mort. Roxane, lorsqu'elle a lu, ne fait d'abord éclater que la joie cruelle d'avoir reconnu le traître qu'elle soupçonnait :

Ah! de la trahison me voilà donc instruite.
Je reconnais l'appât dont ils m'avaient séduite.
Ainsi donc mon amour était récompensé,
Lâche, indigne du jour que je t'avais laissé!
Ah! je respire enfin, et ma joie est extrême,
Que le traître une fois se soit trahi lui-même.
Libre des soins cruels où j'allais m'engager,
Ma tranquille fureur n'a plus qu'à se venger.

C'est ainsi que devait parler Roxane. On sent bien cependant que *sa fureur* n'est pas si *tranquille* qu'elle le dit, et les vers qui suivent immédiatement le prouvent assez :

Qu'il meure : vengeons-nous; courez, qu'on le saisisse;
Que la main des muets s'arme pour son supplice;
Qu'ils viennent préparer ces nœuds infortunés
Par qui de ses pareils les jours sont terminés.
Cours, Fatime; sois prompte à servir ma colère.

Nous allons voir bientôt le même transport dans Orosmane; mais qu'il sera différemment exprimé! Roxane n'a pas encore mêlé à ses fureurs un seul mouvement d'amour : on n'a vu encore qu'une femme outragée respirant la vengeance, et déterminée à punir. Nul combat, nul incertitude; elle n'est que furieuse. *Sois prompte à servir ma colère,* ce sont ses dernières paroles, celles d'une souveraine offensée; et l'élégance exquise du poète trouve encore le moyen de se montrer dans

> Ces nœuds infortunés·
> Par qui de ses pareils les jours sont terminés.

Retournons maintenant à Orosmane. La lettre qu'il vient de lire l'a tué: les seuls mots qu'il peut prononcer, avec une voix étouffée, sont ceux-ci :

> Eh bien ! cher Corasmin ; que dis-tu ?

CORASMIN.
> Moi, seigneur ?
> Je suis épouvanté de ce comble d'horreur.

OROSMANE.
> Tu vois comme on me traite.

Il paraît tellement anéanti, que Corasmin prend cet accablement mortel pour une sorte d'insensibilité. Corasmin, qui connaît cette âme impétueuse, qui se rappelle toute la violence dont il avait été témoin quelques heures auparavant au seul nom de Nérestan, croit que la fierté de son maître ne voit plus dans Zaïre qu'une esclave misérable qui a trompé son bienfaiteur, quand tout-à-coup Orosmane sort de cet état de mort par un éclat pareil à celui de la foudre :

> Cours chez elle à l'instant, va, vole, Corasmin ;
> Montre-lui cet écrit, qu'elle tremble...... et soudain
> De cent coups de poignard que l'infidèle meure !

Roxane ordonne aussi la mort de Bajazet ; mais elle veut l'abandonner aux muets, comme toute autre victime de la vengeance despotique. Ici c'est la vengeance d'un amant trahi : chaque mot en exprime la rage : « Montre lui cet écrit ; qu'elle tremble..... « de cents coups de poignard...» Il n'ordonne que ce qu'il ferait lui-même : mais ce transport est aussi court qu'il est forcené. Roxane, bien loin de rétracter son arrêt, s'étonne que Fatime hésite à le faire exécuter ; elle insiste. Il faut que Fatime lui représente en tremblant tout le danger que Roxane elle-même va courir, s'il faut que Bajazet périsse. Mais dans Orosmane, à peine la fureur a-t-elle commandé, que l'amour tremble qu'elle ne soit obéie.

> Mais avant de frapper..... Ah ! cher ami, demeure ;
> Demeure, il n'est pas temps... Je veux que ce chrétien
> Devant elle amené... Non, je ne veux plus rien.
> Je me meurs ; je succombe à l'excès de ma rage.

Je ne me rappelle aucune scène où l'on ait peint avec une si frappante énergie ces combats tumultueux d'un cœur outragé qui crie vengeance, et qui n'a pas la force de l'achever, ce désordre d'idées et de sentiments, ce bouleversement de l'âme auquel elle ne peut résister long-temps, et qui bientôt l'accable et l'abat sous ses propres fureurs. Ce mot sur-tout, *Non, je ne veux plus rien*, est le sublime du désespoir.

Après ces premières explosions de la rage, il est dans la nature que l'âme fatiguée retombe sur elle-même et envisage son malheur. Roxane, qui s'est un peu calmée en écoutant Fatime, s'écrie dans sa douleur, où l'amour commence à se remontrer :

> Avec quelle insolence et quelle cruauté
> Ils se jouaient tous deux de ma crédulité!
> Quel penchant, quel plaisir je sentais à les croire!
> Tu ne remportais pas une grande victoire,
> Perfide, en abusant ce cœur préoccupé,
> Qui lui-même craignait de se voir détrompé.
> Tu n'as pas eu besoin de tout ton artifice ;
> Et je veux bien te rendre encor cette justice :
> Toi-même, je m'assure, as rougi plus d'un jour
> Du peu qu'il t'en coûtait pour tromper tant d'amour.
> Moi qui, de ce haut rang qui me rendait si fière,
> Dans le sein du malheur t'ai cherché la première,
> Pour attacher des jours tranquilles, fortunés,
> Aux périls dont tes jours étaient environnés ;
> Après tant de bontés, de soins, d'ardeurs extrêmes,
> Tu ne saurais jamais prononcer que tu m'aimes!

Cette douleur ne saurait être plus éloquente ni s'exprimer en plus beaux vers. Celle d'Orosmane est bien plus véhémente ; elle est animée d'une indignation plus vive à la fois et plus profonde ; elle ne saurait s'énoncer en vers aussi nombreux, en phrases aussi bien cadencées. Les plaintes de Roxane sont plus réfléchies ; celles d'Orosmane sont plus amères : il y mêle des transports furieux, comme un volcan qui a jeté des flammes gronde encore après sa première éruption.

> Le voilà donc connu ce secret plein d'horreur,
> Ce secret qui pesait à son infâme cœur!
> Sous le voile emprunté d'une crainte ingénue,

Elle veut quelque temps se soustraire à ma vue.
Je me fais cet effort, je la laisse sortir ;
Elle part en pleurant... et c'est pour me trahir.
Quoi, Zaïre !

CORASMIN.

Tout sert à redoubler son crime.
Seigneur, n'en soyez pas l'innocente victime ;
Et de vos sentiments rappelant la grandeur...

OROSMANE.

C'est là ce Nérestan, ce héros plein d'honneur,
Ce chrétien si vanté, qui remplissait Solime
De ce faste imposant de sa vertu sublime !
Je l'admirais moi-même, et mon cœur combattu
S'indignait qu'un chrétien m'égalât en vertu.
Ah ! qu'il va me payer sa fourbe abominable !
Mais Zaïre, Zaïre est cent fois plus coupable.
Une esclave chrétienne, et que j'ai pu laisser
Dans les plus vils emplois languir sans l'abaisser !
Une esclave ! elle sait ce que j'ai fait pour elle.
Ah ! malheureux !

CORASMIN.

Seigneur, si vous souffrez mon zèle,
Si, parmi les horreurs qui doivent vous troubler,
Vous vouliez.....

OROSMANE.

Oui, je veux la voir, et lui parler.
Allez, volez, esclave, et m'amenez Zaïre.

Nous allons retrouver encore cet art si nécessaire et si admirable, d'accorder avec les mouvements de la passion les incidents qui doivent soutenir l'intrigue et reculer le dénouement ; cet art qui disparaît d'abord et se perd dans l'illusion théâtrale, mais qu'il importe de chercher ensuite pour la gloire du poète et pour notre instruction. Orosmane veut voir Zaïre, et doit le vouloir; mais s'il la voit, lui qui vient de dire, *montrez-lui cet écrit*, infailliblement va le lui montrer, et tout va s'éclaircir : il n'y a plus ni dénouement, ni cinquième acte, et par conséquent plus de pièce. Que fait l'auteur? Il fait donner par Corasmin cet avis dont j'ai déjà parlé, mais qu'il faut entendre dans sa bouche, pour voir à quel point l'auteur a su le motiver.

> Ah seigneur, vous allez dans votre désespoir,
> Vous plaindre, menacer, faire couler ses larmes :
> Vos bontés contre vous lui donneront des armes;
> Et votre cœur séduit, malgré tous vos soupçons,
> Pour la justifier cherchera des raisons.
> M'en croirez-vous? Cachez cette lettre à sa vue;
> Prenez pour la lui rendre une main inconnue.
> Par-là, malgré la fraude et les déguisements,
> Vos yeux démêleront ses secrets sentiments;
> Et des plis de son cœur verront tout l'artifice.

Ce conseil entre trop bien dans le premier intérêt d'Orosmane, pour qu'il puisse ne pas s'y rendre. Mais que sa réponse est belle !

> Penses-tu qu'en effet Zaïre me trahisse?

Combien la trahison doit être un coup horrible pour un homme qui a tant de peine à la croire !

> Allons, quoi qu'il en soit, je vais tenter mon sort,
> Et pousser la vertu jusqu'au dernier effort.
> Je veux voir à quel point une femme hardie
> Saura de son côté pousser la perfidie.

CORASMIN.

Seigneur, je crains pour vous ce funeste entretien,
Un cœur tel que le vôtre....

OROSMANE.

Ah! n'en redoute rien.
A son exemple, hélas! ce cœur ne saurait feindre;
Mais j'ai la fermeté de savoir me contraindre.
Oui, puisqu'elle m'abaisse à connaître un rival....
Tiens, reçois ce billet à tous trois si fatal;
Va, choisis pour le rendre un esclave fidèle;
Mets en de sûres mains cette lettre cruelle;
Va, cours... Je ferai plus, j'éviterai ses yeux.
Qu'elle n'approche pas... C'est elle : justes cieux!

Ainsi tout est prévu. Zaïre, qui a reçu l'ordre du soudan, se présente devant lui; mais il est affermi comme il doit l'être dans le dessein qu'on lui a suggéré, et dans la résolution d'en attendre l'effet : et ce qui est décisif, il n'a plus la lettre dans les mains; il vient de la remettre dans celles de son ami; et pendant qu'il est avec Zaïre, Corasmin est allé chercher l'ecslave qui doit servir les projets du sultan, et lui en rend compte dans la scène suivante. Ainsi, quand il dit à part :

Quoi! des plus tendres feux sa bouche encor m'assure!
Quel excès de noirceur! Zaïre! Ah! la parjure!
Quand de sa trahison j'ai la preuve en ma main!

il parle et il doit parler comme s'il l'avait en effet; mais nous avons vu qu'il l'a remise à Corasmin. Ce qui est à remarquer dans cette scène entre Zaïre et son amant, c'est que l'un malgré tout ce qu'il lui en coûte pour commander à un ressentiment qui paraît si juste, soutient la générosité de son caractère; et que l'autre en multipliant les témoignages de la tendresse la plus vraie et la plus pure, garde la noble fierté qui convient à l'innocence accusée. Orosmane ne demande qu'à lire dans le cœur de Zaïre; il demande que la franchise de sa maîtresse réponde à la sienne. Elle a pu prendre pour de l'amour ce qui n'était que de la reconnaissance : il la presse de s'expliquer :

> Si de quelque autre amour l'invincible puissance
> L'emporte sur mes soins, ou même les balance,
> Il faut me l'avouer; et dans ce même instant,
> Ta grace est dans mon cœur : prononce, elle t'attend.

Que ce mouvement généreux fait encore aimer Orosmane ! On conçoit cependant combien le cœur de Zaïre doit être offensé d'entendre parler *de grace*. D'abord sa réponse est fière; mais que bientôt elle devient tendre !

> J'ignore si le ciel qui m'a toujours trahie,
> A destiné pour vous ma malheureuse vie.
> Quoi qu'il puisse arriver je jure par l'honneur,
> Qui non moins que l'amour est gravé dans mon cœur,
> Je jure que Zaïre, à soi-même rendue,
> Des rois les plus puissants détesterait la vue,
> Que tout autre après vous me serait odieux.
> Voulez-vous plus savoir et me connaître mieux?
> Voulez-vous que ce cœur à l'amertume en proie,
> Ce cœur désespéré devant vous se déploie?
> Sachez donc qu'en secret il pensait malgré lui

Tout ce que devant vous il déclare aujourd'hui;
Qu'il soupirait pour vous avant que vos tendresses
Vinssent justifier mes naissantes faiblesses;
Qu'il prévint vos bienfaits, qu'il brûlait à vos pieds,
Qu'il vous aimait enfin lorsque vous m'ignoriez;
Qu'il n'eut jamais que vous, n'aura que vous pour maître.
J'en atteste le ciel, que j'offense peut-être;
Et si j'ai mérité son éternel courroux,
Si ce cœur fut coupable, ingrat, c'était pour vous.

Ainsi, par une fatalité aussi étrange qu'inévitable, il faut qu'Orosmane se croie malheureux et trahi, dans l'instant même où il entend ce que l'amour peut faire entendre de plus doux. Une situation si pénible ne pouvait pas se prolonger: le secret d'Orosmane lui échapperait. Il fait sortir Zaïre, et demande à Corasmin qui rentre s'il a trouvé l'esclave qui doit bientôt lui découvrir la vérité,

CORASMIN.

Oui, je viens d'obéir; mais vous ne pouvez pas
Soupirer désormais pour ses traîtres appas;
Vous la verrez sans doute avec indifférence,
Sans que le repentir succède à la vengeance,
Sans que l'amour sur vous en repousse les traits.

La réponse d'Orosmane va terminer cet acte par une de ces révolutions du cœur puisées dans la nature, et qui est encore une progression dans cet extrême intérêt, qui jusqu'ici a toujours été en croissant.

Corasmin, je l'adore encore plus que jamais.

CORASMIN.

Vous? ô ciel! vous?

OROSMANE.

      Je vois un rayon d'espérance.
Cet odieux chrétien, l'élève de la France,
Est jeune, impatient, léger, présomptueux,
Il peut croire aisément ses téméraires vœux.
Son amour indiscret et plein de confiance,
Aura de ses soupirs hasardé l'insolence ;
Un regard de Zaïre aura pu l'aveugler :
Sans doute il est aisé de s'en laisser troubler.
Il croit qu'il est aimé, c'est lui seul qui m'offense ;
Peut-être ils ne sont point tous deux d'intelligence.
Zaïre n'a point vu ce billet criminel,
Et j'en croyais trop tôt mon déplaisir mortel.
Corasmin, écoutez... Dès que la nuit plus sombre
Aux crimes des mortels viendra prêter son ombre,
Sitôt que ce chrétien chargé de mes bienfaits,
Nérestan, paraîtra sous les murs du palais,
Ayez soin qu'à l'instant la garde le saisisse ;
Qu'on prépare pour lui le plus honteux supplice,
Et que chargé de fers il me soit présenté.
Laissez sur-tout, laissez Zaïre en liberté.
Tu vois mon cœur, tu vois à quel excès je l'aime !
Ma fureur est plus grande, et j'en tremble moi-même.
J'ai honte des douleurs où je me suis plongé.
Mais malheur aux ingrats qui m'auront outragé !

Laissez sur-tout, laissez Zaïre en liberté.
Tu vois mon cœur....

Toujours des mouvements aimables au milieu des tourments de la jalousie, et de la jalousie d'un maître, d'un soudan.

 Après tout ce que le poète nous a fait ressentir pendant quatre actes, que dire du cinquième, où il a trouvé ce secret qui est le comble de la perfection dramatique, de renforcer progressivement de scène en scène une situation depuis long-temps si cruelle, et de conduire Orosmane par tous les degrés de l'infortune et du désespoir? Jusqu'ici du moins il pouvait y mêler la consolation d'un doute passager; mais enfin son malheur est trop sûr. Zaïre a promis d'être au rendez-vous; et c'est ici que rien ne peut se comparer aux déchirements de ce cœur dont il ne sort plus que des cris affreux et entrecoupés comme les cris de la torture. Il est seul avec Corasmin; il erre dans les ténèbres et dans la rage; il attend Zaïre. J'ai vu, et ceux qui ne l'ont pas vu ne peuvent en avoir d'idée, j'ai vu cette situation épouvantable rendue par cet homme unique que la nature, qui voulait tout prodiguer à Voltaire, semblait avoir créé exprès pour lui, pour qu'il y eût un acteur égal au poète ; pour que la tragédie, sentie au même degré par tous les deux, parût sur le théâtre Français avec toute son énergie, tout son pouvoir, tous ses effets. Il faut pour concevoir ce qu'elle est avoir vu cette terreur profonde, ce silence de consternation interrompu de temps en temps, non par ces exclamations tumultueuses, souvent si équivoques, et quelquefois même si ridicules, mais par des accents douloureux qui répondaient à ceux de l'acteur, par des sanglots qui attestaient le froissement de tous les cœurs, par des larmes dont ils avaient besoin pour se soulager. Quel spectacle! on eût cru, aux pleurs qui coulaient de tous côtés, aux signes multipliés de la désolation universelle, on eût cru voir un peuple qui venait d'éprouver quelque grande calamité. Mais aussi quel tableau! que tous les traits en sont d'une vérité sublime! Orosmane, comme aliéné par le désespoir, repousse jusqu'aux soins de l'amitié; il ne peut plus souffrir la vue d'aucun humain depuis que Zaïre l'a trahi. Il éloigne avec emportement le fidèle Corasmin :

Ote-toi de mes yeux, etc.;

et un moment après il le rappelle; il court après lui ; il n'a pu rester avec lui-même :

Ah! trop cruel ami, quoi, vous m'abandonnez!
Venez: a-t-il paru, ce rival, ce coupable?
. . . .

Son imagination égarée trompe ses sens :

N'entends-tu pas des cris?
..... Un bruit affreux a frappé mes esprits.
On vient.

CORASMIN.

Non, jusqu'ici nul mortel ne s'avance.
Le sérail est plongé dans un profond silence :
Tout dort, tout est tranquille, et l'ombre de la nuit...

OROSMANE.

Hélas! le crime veille, et son horreur me suit.

Et au milieu de cet horreur, l'amour vient se présenter à lui avec ses plus touchants souvenirs; il s'adresse à Zaïre.

Tu ne connaissais pas mon cœur et ma tendresse, etc.

et il pleure enfin, il pleure, ce fier soudan qui disait il y a quelques heures :

...... Il est trop honteux de craindre une maîtresse.

Est-ce vous, lui dit Corasmin étonné,

Est-ce vous qui pleurez? vous, Orosmane? ô cieux!

OROSMANE.

Voilà les premiers pleurs qui coulent de mes yeux.

Il envoie Corasmin arrêter Nérestan. L'instant fatal est arrivé ; il se prépare à la vengeance, et tire son poignard. Mais qu'il y a ici un beau mouvement. Il entend la voix de Zaïre qui dit à sa compagne en tremblent : *Viens, Fatime.* Il s'arrête malgré lui.

Qu'entends-je? Est-ce là cette voix, etc.

Il est convaincu que Zaïre est infidèle, et qu'elle ne vient que pour le trahir ; il est prêt à la frapper, et il ne peut résister au son de sa voix. Que cette dernière expression de l'amour est d'un poète qui l'a bien connu, qui a senti ce charme inexprimable, ce pouvoir indicible de la voix d'une amante, de la voix qui a tant de fois répété l'aveu de l'amour ! Le poignard est prêt à tomber de la main d'Orosmane; mais ce qu'il entend ranime sa fureur :

C'est ici le chemin; viens, soutiens mon courage.
Il va venir.

OROSMANE.

Ce mot me rend toute ma rage.

Il marche vers Zaïre, qui trompée par l'obscurité, croit tendre les bras à son frère :

Est-ce vous, Nérestan, que j'ai tant attendu?

Au nom de Nérestan le coup est déjà porté; et l'amour, qui plonge le poignard dans le sein d'une victime innocente, n'a jamais été ni plus malheureux ni plus excusable.

La punition en est prompte et terrible. Nérestan qu'on amène, et qui s'écrie à la vue de ce corps sanglant : *Ah, ma sœur!* éclaircit d'un mot la vérité fatale. *Sa sœur!* s'écrie en même temps Orosmane frappé à mort; et tout ce qu'il entend de la bouche de Nérestan et de Fatime lui réveille son crime involontaire et le bonheur qu'il a perdu.

Zaïre!... Elle m'aimait? est-il bien vrai, Fatime?
Sa sœur?... J'étais aimé!

Ce mot si simple et si déchirant, ce mot qui dit tout, et après lequel il ne reste plus à Orosmane qu'à mourir, ce mot, le dénouement de cinq actes, me paraît, si l'on considère tout ce qui le précède et tout ce qu'il produit, le plus tragique que la passion et le malheur aient jamais prononcé sur la scène.

Orosmane, dès ce moment paraît calme; il est sûr du cœur de son amante, et sûr de mourir. Il n'entend pas même les reproches de Nérestan et de Fatime; il donne avec tranquillité des ordres pour la sûreté de Nérestan et des chrétiens; il veut qu'ils partent chargés de ses dons; et quand il s'est fait justice, qu'il s'est percé du même poignard dont il a frappé Zaïre, ses derniers soins s'étendent même sur ce digne frère de sa maîtresse :

Respectez ce héros, et conduisez ses pas.

La beauté unique de ce caractère, que j'ai tâché de développer sous tous les rapports; l'art de l'intrigue; la progression de l'intérêt, soutenue jusqu'au dernier vers; la réunion de tout ce que la nature et les passions ont de plus puissant pour émouvoir, de tout ce que le malheur extrême peut inspirer de pitié; le degré d'intérêt proportionnellement ménagé dans tous les personnages, la vérité des sentiments, le charme continuel du style, malgré quelques négligences, le prodigieux effet qui résulte de cet ensemble, et qui est le même sur tous les ordres de spectateurs, tout me fait voir dans *Zaïre* l'ouvrage le plus éminemment tragique que l'on ait jamais conçu. Elle fait pleurer le peuple comme les gens instruits; et, quand les ressorts et l'exécution sont admirés des connaisseurs, si l'effet peut aller jusqu'à devenir pour ainsi dire populaire, c'est sans contredit le plus grand triomphe d'un art qui a pour but principal d'émouvoir les hommes rassemblés *.

Je finirai par une observation qui prouvera combien l'opinion sur les différents rôles des pièces de théâtre dépend du jeu des acteurs. Depuis le temps où *Zaïre* parut, jusqu'à celui où Lekain joua le rôle d'Orosmane, c'était celui de Zaïre qui paraissait avoir fait le succès de la pièce; c'était la tendre Zaïre qui semblait avoir subjugué tous les cœurs. L'auteur dans sa préface, ne parlait que d'elle; il disait dans les vers charmants adressés à l'actrice :

<pre>
         Zaïre est ton ouvrage;
    Il est à toi, puisque tu l'embellis.
</pre>

* On peut voir, sur quelques-unes des beautés de cette pièce, M. de Chateaubriand, *Génie du Christianisme*, seconde partie, II, 8.   H. P.

Aujourd'hui c'est une injustice assez commune de regarder le rôle de Zaïre comme fort peu de chose en comparaison de celui d'Orosmane. Les actrices ne le jouent qu'à regret ; elles se plaignent qu'Orosmane est tout dans la pièce, que tout lui est sacrifié. Il n'est pas à craindre que ce jugement soit jamais celui des hommes éclairés ; mais pourquoi est-il devenu celui du grand nombre, qui va prendre ses opinions au spectacle et aux foyers ; et pourquoi est-il si différent de celui qu'on portait autrefois? C'est que, dans la nouveauté, le rôle de Zaïre fut joué par une actrice qui était encore un de ces dons particuliers que la nature faisait à Voltaire. La figure de mademoiselle Gaussin, son regard, son organe, tout était fait pour exprimer la tendresse, et elle avait des larmes dans la voix; elle avait cet air de candeur, ce ton d'ingénuité modeste qui devait caractériser l'amante d'Orosmane. D'ailleurs, l'art de la déclamation n'était pas alors détruit par le système le plus faux que la médiocrité et l'impuissance aient pu substituer au talent. On ne croyait pas alors qu'il fallût débiter des vers enchanteurs comme la prose la plus commune ; que la familiarité triviale fût de la vérité; que l'expression eût besoin de la multiplicité des gestes ; que, pour être vraie, elle dût toujours être violente. On n'avait pas oublié qu'une femme, une princesse, doit, dans toutes les situations, conserver le caractère de son sexe et de son rang; qu'elle ne doit ni pleurer comme un enfant, ni s'emporter comme un homme; que la douleur, la colère, la tendresse, la fierté, ne doivent pas s'exprimer dans son sexe comme dans le nôtre, sous peine de perdre tous les droits qu'il a sur nous. D'un autre côté, tandis que l'art éprouvait cette dégradation qui aujourd'hui ne peut guère aller plus loin, Lekain, en conservant les anciens principes, y ajoutait une force d'expression et une profondeur de sentiment que n'avait pas avant lui la tragédie. Faut-il s'étonner si l'opinion a varié avec l'exécution des rôles ? Mais qu'il vienne une actrice faite pour celui de Zaïre, et qui sache trouver dans les moyens naturels à son sexe ce charme qu'il ne peut pas remplacer par une force qui lui est étrangère, alors tout le monde reconnaîtra le grand mérite de ce rôle : non pas que je prétende qu'il doive produire autant d'effet que celui d'Orosmane; la différence est en raison de la situation, et cette différence est considérable. Zaïre est toujours sûre d'être aimée, et Orosmane se croit trahi. Mais quoique l'un de ces deux rôles ait en conséquence bien moins de mouvement que l'autre, il est rempli d'une sensibilité pénétrante, il est écrit avec une douceur, une élégance et une grace qu'on ne peut mettre en comparaison qu'avec le rôle de Bérénice.

Je me suis étendu sur cette tragédie; j'avais besoin de motiver l'admiration particulière qu'elle m'a toujours inspirée. Voltaire a pu, dans d'autres sujets, avoir moins de secours, être plus neuf, plus créateur, plus élevé; mais il n'a jamais conçu un sujet aussi heureux et aussi théâtral. La chose la plus difficile à mon gré, même pour le plus grand talent, serait de trouver un sujet aussi intéressant que celui de *Zaïre*. Il n'est pas impossible que la nature produise un homme qui écrive aussi bien que Racine, et qui sache faire des plans aussi parfaits que les siens ; mais il y a telle combinaison d'effets dramatiques plus rare que la perfection même. Peut-être l'art du théâtre n'en a-t-il pas une autre du genre de *Zaïre*, qui, parmi les impressions les plus douces, les plus vives et les plus fortes, n'a pas un sentiment odieux, pas un que l'âme veuille repousser. Il n'a manqué, à cette tragédie qu'une seule chose, c'est que Racine l'ait entendue.

Appendice de la Section quatrième.

Tel est le mérite et l'effet des ouvrages dramatiques bien conçus, qu'on y étudie le cœur humain dans des faits inventés comme dans des événements réels. C'est à la suite d'une conversation sur *Zaïre* que s'éleva la question que je proposais dans le *Journal de Littérature* dont j'étais alors chargé (en 1777), cette question morale : « Quel est le « moment où Orosmane est le plus malheureux ? « Est-ce celui où il se croit trahi par sa maîtresse ? « Est-ce celui où, après l'avoir poignardée, il apprend « qu'elle est innocente ? »

Cette question, qui tient à la connaissance intime des passions, fut parfaitement traitée de part et d'autre dans les deux lettres que l'on va lire ; et le plaisir général qu'elles firent alors m'engage à leur donner ici une place assez naturelle à la suite de l'analyse de *Zaïre*

La première était du marquis de Bièvre, qui valait mieux que ses calembourgs, quoique son *Séducteur* ne fût rien moins qu'une bonne pièce. La seconde était d'une des femmes de Paris * à qui j'ai connu le plus de véritable esprit, et le plus de naturel et de grace dans l'esprit.

Première Lettre.

« Des occupations plus intéressantes vous ont
« sans doute engagé, Monsieur, à nous abandonner
« le soin de résoudre la question proposée. Pour
« peu que vous l'eussiez examinée vous-même, vous
« auriez vu bientôt que ce n'était point une question
« de savoir si un amant passionné est plus malheureux
« lorsqu'il conserve encore de l'espoir que lorsqu'il
« l'a tout-à-fait perdu. Vous n'auriez pas non plus
« soumis aux calculs de l'esprit les effets naturels des
« agitations de l'âme **. C'est avec la mienne que je
« vais vous répondre, et je laisserai tomber rapi-
« dement sur le papier tout ce qu'elle m'inspire en
« ce moment, de peur que la vérité de cette pre-
« mière émotion n'aille se perdre et s'altérer dans
« les détours obscurs de la métaphysique.

« Ceux qui ont éprouvé les orages du cœur, ou
« qui les éprouvent encore, n'ont qu'à se replier

---

* Madame de Cassini, aujourd'hui veuve de M. de Cassini, maréchal-de-camp, et frère du célèbre astronome du même nom, qui était membre de l'Académie des Sciences, comme son fils l'est encore aujourd'hui.

** Ici l'auteur se trompait : il n'y a au contraire que la réflexion tranquille qui puisse bien juger les mouvements et les effets des passions. Il est vrai seulement que celui qui les juge ne doit pas leur être étranger, et l'un n'empêche pas l'autre.

« sur eux-mêmes pour ne plus douter que la jalousie
« la plus effrénée ne nous laisse encore des rayons
« d'espoir. Un amant soupçonneux trouve toujours
« dans son amour-propre quelques raisons qui le
« consolent. Est-il convaincu de la trahison de sa
« maîtresse, il est comme un malade à qui les mé-
« decins ont prononcé son arrêt, et qui se flatte en-
« core jusqu'au dernier moment; et ses espérances
« sont toujours en raison de l'amour qu'il a pour la
« vie. Si des malheurs constants l'en ont détaché,
« alors, sans être même en danger, il se flattera que
« chaque révolution de sa maladie va l'entraîner au
« tombeau. L'espérance enfin accompagne toujours
« le désir qui nous porte vers un objet quelconque.
« Jetez les yeux sur le rôle d'Orosmane, considérez
« le grand acteur qui en est chargé, et faites atten-
« tion à l'expression répandue dans ce vers qu'il
« prononce après la lecture du billet fatal :

Penses-tu qu'en effet Zaïre me trahisse?

« Je sais que rien n'égale la violence des premiers
« transports de la jalousie; mais ce ne sont que des
« convulsions dont les intervalles sont toujours mêlés
« de quelque *douceur* (ou plutôt de quelque relâche).
« Lorsque l'âme est agitée, le délire l'aveugle; lors-
« qu'elle se repose, elle s'ouvre à l'espérance. J'ajou-
« terai encore que les proportions du bonheur d'un
« amant ne changent point avec les circonstances
« où il se trouve, tant que l'objet de son amour
« respire. Est-il trahi, abandonné, dans le déses-
« poir; si sa maîtresse, touchée de son sort, lui ac-

« corde un moment la consolation de la voir, en
« baisant ses pieds, en les arrosant de ses larmes,
« ce premier moment le fait autant jouir que ceux
« qu'il a passés dans ses bras. Si le souvenir du passé
« se réveille, il retombe dans un état douloureux :
« mais si son arrêt est prononcé sans retour, il ne
« pourra s'arracher des pieds de sa maîtresse qu'en
« obtenant la permission d'y revenir pleurer, et cet
« espoir lui fait encore aimer la vie. Le plus grand
« des malheurs de l'amour est de perdre pour jamais
« la vue de l'objet qu'on aime*. Mais lorsque, cé-
« dant à des transports de rage, on lui a plongé soi-
« même le poignard dans le sein, et que l'on brise
« le seul lien par qui l'on tienne à la vie, c'est alors
« que les regrets, les remords, la fureur, le déses-
« poir, s'emparent de nous sans intervalle ; c'est
« alors qu'on ne peut plus vivre. Les sentiments
« doux qui versaient auparavant quelque baume sur
« les plaies du cœur, n'y rentrent alors que pour le
« déchirer. C'est ainsi que nos grands tragiques ont
« peint la nature. Écoutez Hermione lorsque Oreste
« a servi sa vengeance, et voyez ce que regrette
« cette infortunée :

> Nous le verrions encor nous partager ses soins ;
> Il m'aimerait peut-être, il le feindrait du moins ;

« et elle va se poignarder sur le corps de Pyrrhus.

---

* Cela est vrai : mais ne perd-on cette vue que par la mort de l'objet, et cette mort même est-elle la plus cruelle manière d'en être séparé ? C'est là le point de la question.

« Mais Hermione était trahie, son amant infidèle,
« et le malheureux Orosmane vient de donner

La mort la plus affreuse
A la plus digne femme, à la plus vertueuse; etc.

« J'en resterai là : mon âme est trop émue; je
« ne veux pas m'affliger davantage sur une fiction
« poétique, etc. »

Quoique cette lettre ne soit pas, à beaucoup près, aussi bien écrite que la suivante, l'auteur a pourtant très bien saisi la raison la plus forte pour le parti qu'il a pris, c'est-à-dire la perte de toute espérance. Mais cette raison est-elle décisive dans le cas dont il s'agit? Je crois qu'on verra le contraire dans la lettre qu'on va lire, et dans les réflexions que j'ai cru pouvoir y ajouter.

Seconde Lettre.

« J'ai tant pleuré à *Zaïre*, j'ai si souvent et de si
« bonne foi partagé la douleur de son amant, j'ai
« été si fort entraînée par ce bel ouvrage, et, l'illu-
« sion a été si parfaite pour moi, que je crois n'avoir
« jamais vu Orosmane sur la scène sans qu'il ait fait
« passer dans mon âme toutes les passions qui agi-
« taient la sienne : tous ses sentiments s'emparaient
« de mon cœur. Les deux situations qui font l'objet
« de votre question, Monsieur, sont toutes deux
« d'un si grand intérêt, qu'elles ont toutes deux
« le droit de faire couler des larmes bien amères ;
« mais enfin celle qui m'a paru la plus douloureuse
« et la plus cruelle, c'est celle où cet amant pas-

« sionné se croit trahi par l'objet de son culte, et
« d'un culte si tendre et si touchant. Peut-être se
« récriera-t-on contre cette manière de sentir;
« mais peut-être aussi puis-je excuser et motiver ce
« sentiment.

« Lorsque Orosmane croit sa maîtresse infidèle,
« il est en proie à la fureur de trois passions qui le
« déchirent tour à tour : celle de l'amour, la première
« sûrement dans cette âme sensible; celle de l'or-
« gueil, qui doit régner avec empire sur un sultan
« fier, accoutumé à tout soumettre; celle de l'amour-
« propre, si fort dans le cœur de l'homme, et qui le
« rend si faible *; toutes trois se réunissent pour lui
« faire éprouver tous leurs tourments. Alors rien qui
« le console; tout est souffrance, tout est convulsion
« dans cette âme tendre, mais superbe. Cette femme
« qu'il adorait n'est plus digne de ses sacrifices: non-
« seulement il n'a pu la toucher, mais elle est avilie
« à ses yeux, elle est plus qu'indifférente, elle est
« perfide. Tout est pour lui désespoir et humiliation,
« rien ne peut plus justifier sa faiblesse. Il s'est cru
« aimé, il pleure une illusion qui lui fut si chère;
« mais ce sont des larmes de sang. Il ne peut plus
« être animé que du désir de la vengeance : cette seule
« idée s'offre à ses sens égarés; et cette idée qu'il croit
« juste, combattue en même temps par un amour
« qu'il ne peut ni vaincre ni conserver, le livre enfin
« au délire de la douleur, de la rage, du plus hor-

* Cette dernière phrase est digne du meilleur écrivain, et ce n'est pas la
seule. La pensée est d'une femme qui a pu observer comment on menait les
hommes par leur amour-propre.

« rible désespoir. Voilà je crois, la position où il
« souffre le plus, où il est le plus malheureux.

« Venons à celle où Orosmane, après s'être privé
« lui-même de cet objet qu'il crut si coupable, ap-
« prend qu'il était innocent. Ah! que sans doute cette
« lumière pénètre douloureusement jusqu'au fond
« de son cœur! Combien il sent tout ce qu'il a perdu!
« Mais dans cet affreux moment son malheur n'a-
« t-il pas cependant quelque chose de plus tendre?
« L'amour remplit alors son âme tout entière,
« l'amour seul y gémit; tous ses accents sont plain-
« tifs, mais tendres; plus de passions qui lui soient
« étrangères; ce n'est plus Zaïre qu'il accuse, ce
« n'est plus elle qu'il faut punir; c'est lui, c'est lui
« seul qu'il doit haïr : et peut-être souffre-t-on
« moins à s'abhorrer soi-même qu'à se croire forcé
« de haïr ce qu'on aime [*]. Orosmane s'écrie : *J'étais*
« *aimé!* Des regrets, des remords déchirants suivent
« cette pensée, mais au milieu de ses douleurs ne trou-
« ve-t-il pas encore une triste douceur à sentir, à se
« dire que Zaïre aurait vécu pour lui? La mort, dans
« cet instant, n'est-elle pas son refuge, son repos?
« Sa mort va venger Zaïre et le rejoindre à elle, et
« cette idée est encore une sorte de bonheur pour
« un cœur tel que le sien. Il est donc moins mal-
« heureux que lorsqu'il a pu porter la mort dans
« le sein de son amante. C'est, s'il eût été forcé de
« vivre, c'est alors qu'il eût été plus à plaindre
« que jamais ; mais il fut aimé, il le sait, et il
« meurt, etc. »

[*] C'est encore là un trait remarquable.

Résumé sur les deux Lettres précédentes.

Pour l'homme qui aime, le plus grand de tous les malheurs est de n'être pas aimé; et pour celui qui a été aimé et qui aime encore, le plus grand des malheurs est d'être trahi et abandonné. En prenant le mot *aimé* dans toute son énergie possible, comme on doit le prendre ici, cette vérité est incontestable.

La mort de ce qu'on aime, tout horrible qu'elle est, l'est moins que sa trahison. Pourquoi? C'est qu'il est moins cruel d'accuser la destinée que le cœur de sa maîtresse.

Combien de fois un amant a-t-il dit : J'aimerais mieux la voir morte qu'infidèle! C'est un délire sans doute; mais l'amour, la plus violente de toutes les passions, est-il autre chose qu'un délire? Celui qui aime ainsi, ne ment pas quand il parle ainsi; il extravague, mais il est conséquent dans son extravagance.

On nous objecte l'espérance. Quand l'infidélité est avérée, ou qu'elle le paraît comme ici, ce n'est que l'effort d'un moment que l'on fait sur soi-même pour s'abuser, une illusion fugitive qui nous livre un moment après à la vérité devenue plus cruelle. Cette vérité, qui ne nous quitte pas, est celle-ci : mon amante vit, mais ce n'est plus pour moi; elle vit, mais pour un autre. Comparez cette idée à celle-ci : elle m'aimait et n'est plus; elle ne vit plus, mais elle a vécu pour moi. Toutes deux sont affreuses; mais celle-ci a une consolation, l'autre n'en a pas.

La passion peut supporter tout, pourvu qu'on ne l'arrache pas à son objet; et l'objet de l'amour, c'est d'être aimé.

— « Mais Orosmane n'a pas seulement perdu son « amante; il l'a tuée, et elle était fidèle : sa perte « est donc hors de comparaison avec toute autre. »

Je frémis, mais je réponds : Sa perte est la plus douloureuse qu'il soit possible; mais il s'y mêle le plus doux de tous les soulagements, celui qui ferme la plus horrible plaie de l'amour : *J'étais aimé!* Quel mot pour celui qui tout à l'heure se disait: Je suis trahi!

— « Oui, mais en disant *j'étais aimé*, il faut qu'il « ajoute : *et je l'ai tuée!* Quoi de plus affreux que « ces deux mots réunis? »

Rien, si le soulagement n'était pas encore tout prêt, en réunissant une dernière parole aux deux autres : Elle m'aimait, je l'ai tuée, et je vais mourir.

— « Mais n'a-t-il pas la même ressource quand « il la croit infidèle ? »

Vous n'y pensez pas : la différence est totale, la mort finira tous ses maux, sans doute, comme elle les finit tous, quels qu'ils soient; mais ce n'est pas de la mort qu'il s'agit, c'est du sentiment qui l'accompagne et la précède; et ce sentiment est-il le même dans les deux situations? Dans l'une, il meurt avec rage et sans une seule idée consolante; il se précipite dans la mort comme un furieux dans un gouffre : dans l'autre, il y entre comme dans un asyle, en répétant : *J'étais aimé!* et voyez quel calme lui a donné le poète après les transports les plus forcés. C'est qu'il connaissait bien la nature.

Cette même question avait été agitée à Ferney en ma présence; et presque tout le monde fut d'un avis contraire au mien dans cette conversation, comme dans les lettres que je reçus avec les deux qu'on vient de lire. C'est que l'on confondait deux choses, la morale avec la passion, et la situation d'un moment avec un état de durée; et il ne s'agit ici que de la passion et d'un moment. Voltaire, qui avait d'abord gardé le silence au milieu du bruit, me dit assez bas pour qu'on ne pût l'entendre : « Vous « avez raison, mais ne disons rien, nous ne serions « pas les plus forts. Vous voyez bien qu'aucune de ces « dames ne se soucie d'être tuée comme Zaïre. »

Cela était vrai, et cependant il n'y en avait pas une qui n'eût voulu être aimée comme elle. On ne voit dans les passions que leur charme, et l'on ne veut pas en voir le danger *.

* On nous pardonnera, dans ce *Répertoire* des opinions littéraires qui ont cours parmi nous, de faire aussi connaître celles des étrangers, même lorsqu'elles ne nous sont point entièrement favorables, et qu'il s'y mêle cette prévention nationale, dont on nous reproche de n'être pas assez exempts lorsque nous jugeons la littérature de nos voisins d'Allemagne et d'Angleterre mais qu'ils nous rendent, il faut en convenir, avec usure. Des idées justes se rencontrent au milieu des censures d'une critique que la passion aveugle le plus souvent, mais qu'elle rend aussi quelquefois très clairvoyante; et puis, les éloges, quoique toujours fort restreints, y ont cependant beaucoup, de prix; car la complaisance n'y entre pour rien, et on sent qu'ils sont arrachés par la force de la vérité. Voici comme Schlegel s'exprime sur ce chef-d'œuvre, si bien analysé par La Harpe :

« *Zaïre* est regardée en France, comme le triomphe de la poésie tragique pour la peinture de la jalousie et de l'amour. Assurément nous sommes loin de prétendre avec Lessing que Voltaire n'y ait employé que le style officiel de la galanterie. Si l'on n'y trouve peut-être pas cette vérité naïve d'un cœur qui s'épanche involontairement, la passion s'y exprime du moins avec feu

Observations sur le style de ZAÏRE.

1 Mais la mollesse est douce, et *sa suite* est cruelle.

Remarquez qu'en prose il serait beaucoup plus correct et plus élégant de dire, *et la suite en est*

et avec énergie. Mais ce que je cherche en vain dans le rôle de Zaïre c'est le coloris oriental ; Zaïre, élevée dans le sérail, devait être une jeune odalisque douée d'une imagination ardente, enivrée pour ainsi dire des parfums de l'Arabie, et ne voyant sur la terre que l'objet de son amour. Un langage sans figures, une passion plus tendre qu'exaltée, ne sont pas ce qu'un soudan doit inspirer. Orosmane, il est vrai, a la prétention d'aimer à l'européenne: mais le Tartare n'est recouvert en lui que d'un vernis léger. Il retombe à tout moment dans sa barbare rudesse, dans ses habitudes despotiques. Si le poète lui avait donné un grand nom historique, et par exemple celui du fameux Saladin, qui était un monarque plein d'idées libérales et élevées, on aurait cru davantage à cette générosité musulmane : mais dans le tableau tel qu'il est présenté, tout l'intérêt se dirige vers le parti chrétien, vers ces chevaliers opprimés, dont les grands noms et la valeur ennoblissent l'esclavage. Qu'y a-t-il de plus touchant que ce vieux Lusignan, à la fois roi et martyr ? que, ce jeune Nérestan qui ne consacre sa brillante valeur qu'à délivrer les victimes de la foi ? Les scènes où paraissent ces héros sont admirables comme eux, et le second acte en particulier est d'une beauté ravissante. L'idée surtout de rattacher la conversion de Zaïre au moment où un père mourant la reconnaît pour sa fille ; cette idée, dis-je, ne saurait être assez louée. Mais le grand effet de ces scènes religieuses nuit, selon moi, au reste de la pièce.»

(*Cours de Littérature dramatique.*)

M. Lemercier ne relève pas avec moins de sévérité que Schlegel l'altération des couleurs locales dans cette tragédie de *Zaïre*, d'ailleurs si touchante et si belle. Il la met sous ce rapport bien au-dessous du *Bajazet* de Racine celui de nos poètes tragiques qui, à quelques exceptions près, a le mieux conservé la fidélité des mœurs historiques.

« Le musulman de Voltaire a le langage et les manières d'un amant français. Sa maîtresse ressemble à l'une de ces filles timides, que l'éducation parisienne aurait disposées à s'enflammer d'un amour romanesque ; et à s'en repentir par dévotion ; on oublierait, que, chez Orosmane elle habite chez un infidèle, s'il n'appelait son temple une mosquée : on ne songerait pas que le lieu de la scène est un sérail, si le jaloux sultan ne jurait une fois à Zaïre *cruelle*, parce que la particule relative *en* convient plus proprement aux choses inanimées que le pronom possessif. Mais cet usage est beaucoup moins impérieux en poésie, d'abord pour la facilité de la versification, ensuite parce que la poésie personnifie souvent les objets.

² Vous comprenez assez quelle amertume *affreuse*
  Corromprait de mes jours *la durée odieuse*.

C'est ici une de ces occasions où les rimes en épithètes rendent la diction faible et défectueuse. L'épithète du premier vers est commune, et celle du second est une cheville. De plus, une *amertume* qui *corrompt la durée des jours* n'est pas une bonne phrase.

³ Et du nœud de l'hymen l'*étreinte dangereuse*
  Me rend infortuné, *s'il* ne vous rend heureuse.

de la confier plutôt à la garde de sa propre pudeur, qu'à l'œil injurieux des eunuques; usage qui le scandalise, quoiqu'il dût le trouver simple en son pays. Enfin il ne rappelle les rigueurs de son séjour, que par un transport de jalousie qui lui dicte ces vers mêlés de trop d'emphase : *que le sérail soit fermé pour jamais*, etc. Ce n'est pas en ces termes que Roxane, irritée contre Bajazet, rétablit les consignes de sa demeure :

  Allons ! que le sérail soit désormais fermé,
  Et que tout rentre ici dans l'ordre accoutumé.

Et l'ordre dont elle parle est celui que maintiennent mille surveillants terribles, une troupe de monstres exécuteurs des proscriptions du sultan. Elle ne s'en étonne pas comme une étrangère, etc. »

(*Cours analytique de littérature.*)

Nous abrégeons à regret cette citation qui excèderait trop les bornes d'une note. Dans ce qui suit, M. Lemercier développe fort bien l'art admirable qu'à montré dans la peinture des mœurs turques, ce Racine qui selon quelques critiques ne savait peindre que des Français.   H. PATIN.

Très mauvaise périphrase pour rendre une idée très simple. On sent trop que cette *étreinte dangereuse* n'est qu'un remplissage d'autant plus déplacé, que les sentiments doux et tendres doivent s'exprimer avec plus de simplicité. *S'il* est encore une petite faute de grammaire ; le premier nominatif, *étreinte*, devait, dans la règle, régir encore le dernier membre de la phrase : *me rend infortuné, si elle ne vous rend heureuse*. Ces deux vers, ainsi que les deux ci-dessus mentionnés, devaient être refaits. Il faut y joindre encore ces deux-ci :

Que de ce fier soudan la clémence *odieuse*
Répand sur ses bienfaits *une amertume affreuse*.

Ils sont vicieux par les mêmes raisons que ceux qui ont été relevés dans l'avant-dernière note, et dont ils ne sont qu'une répétition. De plus, l'épithète *odieuse* est beaucoup trop dure ; on ne peut parler ainsi de la générosité d'Orosmane.

4 Baignant de notre sang la Syrie *enivrée*.

Enivrée est visiblement une cheville.

5 Mon dernier fils, ma fille, *aux chaînes réservés*,
Par de barbares mains *pour servir conservés*.

Ce dernier hémistiche, qui n'est qu'une répétition du vers précédent, a le double inconvénient d'être un pléonasme, et d'être dur à l'oreille.

6 Mène-*lui* Lusignan, dis-*lui* que je *lui* donne
Celui, etc.

Amas de consonnances ; style négligé.

⁷ Vous n'avez point reçu ce *gage* précieux
 Qui nous *lave* du crime et nous *ouvre* les cieux.

Disconvenance dans les expressions; un *gage* ne peut ni *laver* ni *ouvrir*. L'auteur a caractérisé le baptême avec bien plus de justesse, quand il a dit quelques vers après :

Le sceau du Dieu vivant qui nous attache à lui.

⁸ . . . . Seigneur, cet hyménée
 Était un bien suprême à mon âme étonnée.

Nous ne citons ces vers que pour faire observer en général que la poésie permet souvent de mettre *à* au lieu de *pour*. C'est le datif des Latins, adopté par analogie dans notre langue poétique, et même oratoire.

⁹ . . . . Vos superbes rivales,
 Qui disputaient mon cœur et *marchaient vos égales*.

Cette expression est devenue commune : Voltaire sur-tout l'a fréquemment employée. N'oublions pas qu'elle appartient originairement à Racine, qui le premier a rendu d'une manière si heureuse le vers de Virgile :

Ast ego quæ divûm incedo regina...
             (*Æneid.* I, 46.)
Je ceignis la tiare et marchai son égal.
             (*Athalie*, act. III, sc. 3.)

¹⁰ *Dont ton père et ton bras* ont inondé ces lieux.

Vers dur. Si l'on peut apercevoir des fautes légères et rares dans cette foule de beautés de sentiment, et de situation et d'expression, etc., il n'y a dans cette pièce que huit ou dix vers que la critique voulût retrancher ; il y en a plus de mille que la sensibilité et le goût ont consacrés : c'est le caractère des ouvrages marqués du cachet de l'immortalité.

Section V. — *Adélaïde*.

Deux choses paraissent avoir influé sur le choix du sujet d'*Adélaïde*, et toutes deux tenaient au grand succès de *Zaïre*. Cette pièce si heureuse avait prouvé à l'auteur combien l'amour avait d'empire au théâtre et combien son génie était propre à le traiter ; il voulut tenter un nouvel ouvrage où l'amour dominât entièrement. Il avait vu le plaisir qu'avaient fait les noms français, et l'espèce particulière d'intérêt qu'ils avaient ajoutée à sa tragédie, lorsque les Montmorenci, les Châtillon, les de Nesle, les d'Estaing, bordaient les premières loges aux représentations de *Zaïre* : il résolut de choisir des héros français. Un trait historique tiré des annales de Bretagne lui offrit un sujet vraiment tragique : c'était l'action de Bavalan, qui, chargé de faire périr le connétable de Clisson, prit sur lui de désobéir à cet ordre barbare donné dans le premier mouvement de la fureur et de la vengeance, dit au duc son maître que cet ordre était exécuté, et bientôt, témoin du repentir qu'il avait prévu, apprit au duc qu'il l'avait servi malgré lui, et que Clisson était vivant. Ce beau trait de courage et de vertu, confondu avec tant d'autres dans celle de toutes les histoires que nous lisons le moins, je veux dire la nôtre, frappa Voltaire, qui dut aisément y distinguer une des révo=

lutions les plus théâtrales dont on pût tirer un dénouement. Il n'était pas difficile de faire d'une rivalité d'amour le fondement de cette aventure, et de joindre à un acte de vertu l'intérêt de l'amitié; mais souvent les idées les plus simples ne sont pas les moins heureuses, et c'est sur-tout l'exécution qui en fait le mérite. Pour tirer de cette péripétie tout l'effet dont elle était susceptible, il fallait l'éloquence passionnée qui règne dans le rôle de Vendôme, et la noblesse qui caractérise celui de Coucy. Adélaïde et Nemours, quoique subordonnés, sont à peu près ce qu'ils peuvent être. La marche de la pièce est de la plus grande simplicité, et tout se passe en développements de passion. Mais si Voltaire ôta de ce côté tout prétexte à la critique qui lui a reproché ce qu'il y a d'un peu romanesque dans le second acte de *Zaïre*, il ne sut pas toujours, comme dans ce chef-d'œuvre, éviter toute langueur, les scènes sans effet, la répétition des mêmes incidents, le remplissage. Ici l'infériorité est très marquée; elle l'est encore plus dans le style; mais les rôles de Vendôme et de Coucy, et le pathétique du cinquième acte, couvrent tous ces défauts, et ont assuré à cette pièce un succès constant.

Il en a placé l'époque sous le règne de Charles VII, et a substitué au duc de Bretagne un duc de Vendôme, de cette branche des Bourbons qui a depuis occupé le trône. Il semblerait d'abord que l'état malheureux où les querelles des maisons de Bourgogne et d'Orléans avaient réduit la France, qu'alors Charles VII disputait aux Anglais, qui en avaient conquis plus de la moitié, dût offrir de beaux détails historiques à ce même poète à qui les croisades avaient fourni dans *Zaïre* des morceaux épisodiques si bien placés et si brillants. Mais en y réfléchissant, on verra que, si cette sorte d'épisodes pouvait se lier dans *Zaïre* à l'action principale, parce qu'ils y ajoutaient de nouveaux moyens, ils ne pouvaient pas occuper la même place dans *Adélaïde*, où ils auraient été trop loin du sujet. D'ailleurs, autant l'époque des croisades, et l'esprit de chevalerie qui s'y mêlait, étaient faits pour élever l'imagination du poète et plaire à celle du spectateur, autant l'humiliation de la France envahie par l'étranger était propre à ne produire autre chose que de tristes souvenirs. Enfin (et cette dernière raison est capitale), pour peu que le poète eût répandu l'intérêt des couleurs locales sur la situation de Charles VII, il eût rendu odieux le principal personnage, qui dans son plan devait être un prince rebelle sous un monarque faible et chancelant sur le trône, et l'on n'eût pas pardonné l'alliance des Anglais aux ressentiments particuliers de Vendôme. L'auteur a donc sagement sacrifié ce que l'histoire pouvait fournir à la poésie, mais ce qui en même temps pouvait nuire au plan et à l'ensemble. Il s'est contenté d'en tirer quelques beaux vers qu'il met dans la bouche de Coucy au second acte :

Je vois que de l'Anglais la race est peu chérie,
Que son joug est pesant, qu'on aime la patrie,
Que le sang des Capets est toujours adoré.
Tôt ou tard il faudra que de ce tronc sacré

Les rameaux divisés et courbés par l'orage,
Plus unis et plus beaux, soient notre unique ombrage.

Je ne dois pas dissimuler que telle est l'inexorable rigueur de la grande loi des convenances, que ces vers, toujours applaudis au théâtre parce qu'ils sont en eux-mêmes d'une beauté parfaite, sont pourtant répréhensibles aux yeux des juges sévères, parce que ce grand éclat de figures est déplacé dans l'entretien de Vendôme et de Coucy. On essaierait vainement de la justifier par les figures que Racine emploie dans *Mithridate*:

Jusqu'ici la fortune et la victoire mêmes
Cachaient mes cheveux blancs sous trente diadèmes :

et dans *Iphigénie* :

Il fallut s'arrêter, et la rame inutile
Fatigua vainement une mer immobile.

On pourrait être tenté de croire que ces expressions, non moins figurées et non moins brillantes, sont du même genre que celles de Coucy; mais on se tromperait : il y a une différence essentielle qui peut faire voir en passant combien les nuances du style dramatique sont délicates. Mithridate veut dire que son bonheur et ses victoires pouvaient auparavant faire oublier son grand âge à Monime dont il est amoureux; il le dit figurément; mais de quelque manière que ce soit, il doit le dire; c'est une idée essentielle au sujet, à la situation, au dialogue. Il ne fait donc que couvrir du coloris des expressions une idée nécessaire et désagréable à énoncer. De même lorsque Agamemnon parle de ce calme des mers, qui est la cause de tous ses maux, et qui fonde le sujet de la pièce, il est autorisé à en parler avec cette énergie de figures convenable à une imagination qui est et doit être vivement frappée. Mais dans le discours de Coucy, il est évident que les figures sont gratuites, puisque rien ne l'oblige à comparer la maison royale à un arbre battu par la tempête qui en a plié et écarté les branches. C'est donc uniquement ce qu'on appelle un ornement poétique; c'est l'imagination du poète qui a fait ces vers, et non pas celle du personnage, et le goût interdit ces ornements à la tragédie : il ne permet que ceux qui naissent du sujet, et ne nuisent en rien à la vérité du dialogue. L'équité doit ce témoignage à Racine, qu'il a toujours observé cette loi que Voltaire n'a pas assez respectée; mais on doit accorder cette excuse à celui-ci, que du moins il n'a guère laissé de place à ce luxe poétique que dans les moments où le dialogue est tranquille, et que le plus souvent ces vers où le poète se montre sont si beaux, que le goût qui les condamne n'aurait pas la force de les effacer.

L'histoire lui a fourni encore un fort beau mouvement, celui de Vendôme, lorsque Coucy refuse de lui prêter son ministère pour faire périr Nemours :

Ah! trop heureux dauphin, c'est ton sort que j'envie.
Ton amitié du moins n'a point été trahie;
Et Tanguy Duchâtel, quand tu fus offensé,
T'a servi sans scrupule, et n'a pas balancé.

Ces vers, qui rappellent l'assassinat du duc de

Bourgogne, sont d'autant mieux placés, qu'ils nous transportent dans un temps de malheurs et de crimes, où les guerres civiles avaient rendu les mœurs plus féroces, et accoutumé la vengeance et la haine à ne pas rougir de la perfidie et de l'assassinat; et cet exemple trop fameux, cité par Vendôme comme un effort de zèle et de fidélité, donne au forfait qu'il commande plus de vraisemblance morale, et fait craindre davantage qu'il ne soit exécuté.

Le caractère de ce prince est annoncé comme il doit l'être dans la première scène, qui a le double mérite de contenir une exposition régulièrement amenée, et d'être d'un bout à l'autre le développement de ce beau caractère de Coucy, dont la vertu et l'amitié, également courageuses, seront le principal ressort du dénouement. Attaché à Vendôme, il vient d'arriver dans Lille, où ce prince est assiégé par les troupes du roi. Coucy a eu autrefois le dessein d'épouser Adélaïde; mais il est instruit de l'amour de Vendôme et des droits que lui donnent sur elle les services importants qu'elle en a reçus; il est le premier à lui conseiller de se rendre aux désirs d'un prince son bienfaiteur, qui lui offre de l'épouser; mais en même temps il voudrait qu'elle se servît de l'ascendant qu'elle a sur lui pour le détacher de l'alliance des Anglais, et le réconcilier avec le roi son suzerain. Un homme aussi vertueux que Coucy, que l'amitié seule engage à servir un prince rebelle et à partager la révolte qu'il condamne, peint fidèlement cet esprit de la féodalité qui régna si long-temps dans la France, lorsque les grands vassaux de la couronne, trop puissants pour être soumis, comptaient parmi leurs droits celui de faire la guerre à leur suzerain, et d'y mener leurs vassaux, qui se croyaient tenus de les suivre. C'est cette fatale anarchie, source de tant de discordes, qui rendit pendant plusieurs siècles les Anglais redoutables à la France, où ils eurent si long-temps des possessions et des alliés; et c'est la connaissance des mœurs de ces siècles qui, dans *Adélaïde*, rend excusable, aux yeux du spectateur, la révolte du premier personnage de la pièce, et l'attachement que lui conserve Coucy.

> Le malheur de nos temps, nos discordes sinistres,
> Charles qui s'abandonne à d'indignes ministres,
> Dans ce cruel parti tout l'a précipité.

C'est ainsi que s'exprime Coucy dans cette même scène, où il explique ses motifs, sa conduite et ses espérances. Dans la scène suivante on parle encore de

> ....Ces tristes temps de ligues et de haines
> Qui confondent des droits les bornes incertaines,
> Où le meilleur parti semble encor si douteux,
> Où les enfants des rois sont divisés entre eux.

Les partisans de la maison de Bourgogne, et ceux du roi d'Angleterre disputaient encore à Charles VII le titre de roi.

> Il l'est, il le mérite,

dit Adélaïde. Coucy répond :

> Il ne l'est pas pour moi.
> Je voudrais, il est vrai, lui porter mon hommage,

Tous mes vœux sont pour lui; mais l'amitié m'engage.
Mon bras * est à Vendôme, et ne peut aujourd'hui
Ni servir, ni traiter, ni changer qu'avec lui.

Plus haut il avait dit :

Il est né violent non moins que magnanime,
Tendre, mais emporté, mais capable d'un crime.
Du sang qui le forma je connais les ardeurs :
Toutes les passions sont en lui des fureurs.
Mais il a des vertus qui rachètent ses vices;
Et qui saurait, Madame, où placer ses services,
S'il ne nous fallait suivre et ne chérir jamais
Que des cœurs sans faiblesse et des princes parfaits?

Il ne parle pas avec moins de noblesse de ses premières prétentions sur Adélaïde, et du sacrifice qu'il en fait à Vendôme. Adélaïde a dû la vie à ce prince, qui la défendit dans Cambrai contre un gros de révoltés :

Vendôme vint, parut, et son heureux secours
Punit leur insolence et sauva vos beaux jours.
Quel Français, quel mortel eût pu moins entreprendre,
Et qui n'aurait brigué l'honneur de vous défendre?
La guerre en d'autres lieux égarait ma valeur;
Vendôme vous sauva, Vendôme eut ce bonheur;
La gloire en est à lui, qu'il en ait le salaire.
Il a par trop de droits mérité de vous plaire :
Il est prince, il est jeune, il est votre vengeur;
Ses bienfaits et son nom, tout parle en sa faveur.
La justice et l'amour vous pressent de vous rendre :

---

* La figure qui prend la partie pour le tout est ici mal placée. Un *bras* ne peut ni *changer* ni *traiter*; il eût fallu mettre

Mon bras est à Vendôme, et je dois aujourd'hui
Ne servir, ne traiter, ne changer qu'avec lui.

Je n'ai rien fait pour vous, je n'ai rien à prétendre.
Je me tais... Mais sachez que, pour vous mériter,
A tout autre qu'à lui j'irais vous disputer.
Je céderais à peine aux enfants des rois même;
Mais Vendôme est mon chef, il vous adore, il m'aime.
Coucy, ni vertueux ni superbe à demi,
Aurait bravé le prince, et cède à son ami.

Ce langage fier et généreux est celui d'un vrai chevalier, et la conduite de Coucy se soutient jusqu'au bout. Adélaïde, dont le penchant pour Nemours, frère de Vendôme, se laisse apercevoir déjà dans cette scène, veut engager Coucy à détourner le duc des desseins qu'il a sur elle; mais il s'y refuse avec raison. Les vues qu'il a eues lui-même sur Adélaïde le rendraient suspect au prince dont il connaît l'humeur ombrageuse.

Vous, à vos intérêts rendez-vous moins contraire;
Pesez sans passion l'honneur qu'il veut vous faire;
Moi, libre entre vous deux, souffrez que, dès ce jour,
Oubliant à jamais le langage d'amour,
Tout entier à la guerre, et maître de mon âme,
J'abandonne à leur sort et vos vœux et sa flamme :
Je crains de l'affliger, je crains de vous trahir,
Et ce n'est qu'aux combats que je dois le servir.
Laissez-moi d'un soldat garder le caractère,
Madame, et puisque enfin la France vous est chère,
Rendez-lui ce héros qui serait son appui.
Je vous laisse y penser; et je cours près de lui.

Dans la scène suivante, Adélaïde confie à Taïse la passion mutuelle qui l'attache à Nemours, et dont le secret est encore ignoré. Sa situation est cruelle et périlleuse. La guerre l'a séparée de son amant qui suit le parti du roi; et depuis que Vendôme est devenu son libérateur dans Cambrai, et lui a donné un asyle dans les murs de Lille où il commande, il regarde son pouvoir et ses bienfaits comme des titres qui autorisent son amour, et lui assurent la main d'Adélaïde. Elle résiste à ses instances avec tous les ménagements que les circonstances exigent, et la nièce de Du Guesclin ne peut pas être l'épouse d'un rebelle. Mais depuis long-temps elle n'a point de nouvelles de Nemours; et même le bruit de sa mort a couru. Elle en parle à Vendôme, et le bruit de cette mort lui sert de prétexte pour éloigner l'hymen sur lequel il vient encore la presser. Mais il n'ajoute aucune foi à ce faux bruit, et la raison qu'il en donne amène un détail de mœurs aussi bien placé que bien rendu.

Si mon frère était mort, doutez-vous que son roi,
Pour m'apprendre sa perte eût dépêché vers moi ?
Ceux que le ciel forma d'une race si pure,
Au milieu de la guerre écoutant la nature,
Et protecteurs des lois que l'honneur doit dicter,
Même en se combattant savent se respecter.

Ce n'est pas là un lieu commun de morale; ce sont des idées qui tiennent au sujet et au dialogue. Vendôme, en rassurant Adélaïde sur la vie de Nemours, sans savoir l'intérêt particulier qu'elle y prend, lui donne en même temps de nouvelles alarmes, en lui apprenant ce qu'il a ouï dire, que Nemours est dans l'armée des assiégeants. Coucy vient l'avertir que la ville est attaquée. Vendôme sort pour aller combattre, et termine ainsi le premier acte, où ce qu'il y a de plus important dans les faits, dans les caractères, dans les divers intérêts qui forment l'intrigue, est expliqué, préparé et fondé suivant toutes les règles de l'art.

Vendôme, qui rentre vainqueur au second acte, nous apprend qu'il a fait prisonnier le chef qui commandait l'attaque. Il ne le connaît pas encore parce que la visière de son casque était baissée. Il faut bien supposer que dans la chaleur du combat il a pu remettre à ses soldats le prisonnier qu'il venait de faire, sans s'occuper du soin de le reconnaître, et cette supposition est assez difficile dans les circonstances données. Un chef est un homme assez important pour que Vendôme ait voulu savoir sur-le-champ quel captif il avait en son pouvoir. Cette curiosité paraît encore plus naturelle après le bruit qui s'est répandu que son frère est dans l'armée ; et Nemours étant blessé lorsque Vendôme l'a fait prisonnier, un des premiers soins devait être de lever la visière de son casque. L'auteur a donc un peu forcé la vraisemblance pour rendre plus vive la scène où Nemours est amené devant son frère. La nature agit seule sur le cœur de Vendôme ; il se livre aux transports d'une joie et d'une tendresse fraternelle ; et c'est une adresse du poète d'avoir donné assez de vivacité à cette scène pour écarter, du moins au théâtre, les observations qui se présentent à l'esprit du spectateur dès qu'il a le temps de réfléchir. Vendôme a dit au premier en parlant de Nemours :

Qu'au parti de son roi son intérêt le range;

Qu'il le défende ailleurs, et qu'ailleurs il le venge;
Qu'il triomphe pour lui, je le veux, j'y consens.
Mais se mêler ici parmi les assiégeants!
Me chercher, m'attaquer, moi, son ami, son frère!
. . . .
Se pourrait-il qu'un frère élevé dans mon sein,
Pour mieux servir son roi, levât sur moi sa main?

Rien de plus juste et de plus naturel que la surprise et la douleur que témoigne ici Vendôme d'une démarche aussi extraordinaire que celle de Nemours. Il devait donc lui en demander d'abord les motifs, s'informer si le roi avait pu ordonner à un frère d'aller combattre son frère (ce qui en soi-même n'est nullement probable), et si Nemours n'en a pas reçu l'ordre, quelle étrange fureur a pu lui inspirer un dessein si contraire à la nature? Telles sont les questions qu'il semble que Vendôme doit indispensablement faire à Nemours; mais elles seraient embarrassantes. Nemours, à qui le poète a donné un caractère aussi ardent, une franchise aussi prompte qu'à Vendôme lui-même; Nemours, qui, malgré toutes les tendresses que lui prodigue son frère, a peine à se contenir au nom d'Adélaïde, et qui est tout prêt à se trahir lorsque Vendôme lui parle avec transport de son amour et de l'hymen qu'il prépare; ce Nemours, qui va jusqu'à lui dire dans ce premier moment:

..... A ma douleur ne veux-tu qu'insulter?
Me connais-tu? sais-tu ce que j'osais tenter?
Dans ces funestes lieux sais-tu ce qui m'amène?

Nemours aurait trop de peine à dissimuler. L'auteur n'aurait guère pu mettre d'accord ses réponses avec son caractère, et se serait vu presque forcé à précipiter un éclaircissement qui lui aurait laissé trop peu de matière pour les actes suivants, et qui, dans son plan, prescrit par la simplicité du sujet, devait lui fournir la plus belle scène de son troisième acte. En conséquence il s'est hâté d'éloigner toutes les questions, tous les reproches que la situation dictait : il fait dire tout de suite à Vendôme :

> Ne te détourne point, ne crains point mon reproche.
> Mon cœur te fut connu : peux-tu t'en défier?
> Le bonheur de te voir me fait tout oublier.

Il ne lui parle que d'Adélaïde, des sacrifices qu'il est prêt à lui faire pour obtenir sa main.

> Oui, mes ressentiments, mes droits, mes alliés,
> Gloire, amis, ennemis, je mets tout à ses pieds.

Il s'empresse de faire venir Adélaïde, dont la présence émeut Nemours au point que sa blessure se rouvre; son sang coule, et cet incident est d'autant plus dans la nature, que la violence qu'il se fait, et la vue de sa maîtresse dans une pareille situation, dans un moment où un rival veut la traîner à l'autel, doit lui causer l'agitation la plus terrible. On l'emmène, et Vendôme le suit pour lui donner tous les secours dont il a besoin. C'est ainsi que l'auteur trouve le moyen de reculer jusqu'au troisième acte l'explication qui forme le nœud de la pièce. Mais si la rapidité de ces mouvements qui se succèdent en dérobe au spectateur le peu de justesse, la faute n'en est pas moins réelle aux yeux de la critique qui exige du talent en proportion de ce qu'il peut, qui veut que la marche dramatique soit exactement conforme à la nature, que la vérité des moyens soit d'accord avec les effets, et qui, en rendant justice à l'adresse du poète, aimerait mieux qu'il se fût mis en état de n'en pas avoir besoin. Il n'y a point de ces sortes de fautes dans *Zaïre*, il n'y en a point dans *Mérope*, il n'y en a point dans les pièces de Racine; mais nous en retrouverons des exemples dans plusieurs des belles tragédies de Voltaire. Il fondait son excuse sur ce principe, admissible tout au plus pour la représentation, qu'au théâtre *il fallait plutôt frapper fort que frapper juste*. Il en est de cet axiome comme de tous ceux de cette espèce, dont le génie apprécie la valeur et connaît les bornes, et dont personne n'abuse plus que ceux qui ont le moins de droit de le réclamer. Il est devenu le refrain de la médiocrité qui ne *frappe ni fort ni juste*, et qui croit excuser ou même consacrer toutes les extravagances possibles par ce mot d'un tragique célèbre, qui ne l'appliquait lui-même qu'à des fautes qui n'avaient rien de révoltant et qui amenaient de grandes beautés. Voltaire, d'ailleurs, a recommandé partout l'exacte observation de la nature et de la vraisemblance; et plusieurs de ses chefs-d'œuvre, tels que ceux que je viens de citer, ceux de Racine, tels qu'*Andromaque* et *Iphigénie*, prouvent que la perfection à laquelle le génie doit prétendre, c'est de *frapper fort et juste* à la fois.

Ce n'était pas assez d'avoir éloigné Nemours jusqu'au troisième acte, il fallait encore que l'auteur

pût suppléer au peu de matière que lui fournissait
sa fable, et il en vient à bout par des ressources
qui n'appartiennent qu'au grand talent, seul capable de manier les deux ressorts qui soutiennent
les sujets simples, c'est-à-dire les passions et les caractères. La jalousie de Vendôme, les vertus de
Coucy et le contraste de ces deux personnages sont
à peu près toute la substance de ce second acte, et
y répandent une chaleur dont le poëte avait d'autant plus de besoin, que nous allons apercevoir
encore de nouvelles fautes. Vendôme, rassuré sur
l'état de Nemours, vient bientôt retrouver Adélaïde, et poursuit le dessein qu'il annonçait, d'épouser ce qu'il aime dans le même jour où il a retrouvé son frère. Les refus d'Adélaïde, qui a revu
son amant, doivent être dès-lors plus décidés et plus
fermes : elle déclare nettement qu'elle n'aura jamais pour maître et pour époux un allié des Anglais.
Pour peu qu'on se souvienne de ce qu'a dit Vendôme il n'y a qu'un moment, il est clair que d'un
seul mot il peut ôter tout prétexte au refus d'Adélaïde. Il a dit, lorsqu'il donnait l'ordre de la faire
venir :

Allez, et dites-lui que deux malheureux frères,
Jetés par le destin dans des partis contraires,
Pour marcher désormais sous le même étendard,
De ses yeux souverains n'attendent qu'un regard.
Ne blâme point l'amour où ton frère est en proie ;
Pour me justifier il suffit qu'on la voie.

NEMOURS.

O Ciel... elle vous aime !

VENDÔME.

Elle le doit du moins :
Il n'était qu'un obstacle au succès de mes soins ;
Il n'en est plus ; je veux que rien ne nous sépare.

Ce dialogue certainement ne veut dire autre chose, si ce n'est que, pour épouser Adélaïde, il est prêt à rentrer dans le devoir et à se soumettre au roi. Sans cela, comment dirait-il que les *deux frères vont marcher sous le même étendard*? Il est bien sûr que Nemours ne marchera jamais que sous celui de Charles VII. Que pourrait être cet *obstacle* unique dont il parle, si ce n'est sa rebellion? Et si cet *obstacle* ne subsiste plus, n'est-ce pas parce qu'il est résolu de mettre bas les armes? Il n'a donc maintenant, pour réduire Adélaïde au silence, qu'à répéter ce qu'il a dit avant qu'elle arrivât, qu'il est tout prêt à se réconcilier avec le roi de France. Mais alors Adélaïde serait forcée de s'expliquer plus clairement sur la résolution où elle est de n'être jamais à lui, quoi qu'il puisse faire, et l'auteur a besoin de renvoyer cette déclaration au troisième acte, où elle se fera en présence de Nemours, et amènera la révélation d'une rivalité qui est le nœud de la pièce. C'est cette nécessité de laisser les choses dans le même état pendant deux actes, qui empêche ici Vendôme de faire la seule réponse que lui dictaient sa situation, son amour et la résolution où il semblait être. Au lieu de cette réponse naturelle et nécessaire, il s'emporte en reproches et en menaces ; et cette faute, du même genre que celle que j'ai déjà observée dans la scène avec Nemours, est amenée par les mêmes causes. Mais le poète la couvre aussi par les mêmes moyens, par la véhémence des mouvements qu'il prête à Vendôme, et qui entraînent le spectateur au point de faire oublier que le personnage ne dit pas ce qu'il doit dire :

> Je deviendrai tyran, mais moins que vous, cruelle.
> Mes yeux lisent trop bien dans votre âme rebelle ;
> Tous vos prétextes faux m'apprennent vos raisons ;
> Je vois mon déshonneur, je vois vos trahisons.
> Quelque soit l'insolent que ce cœur me préfère,
> Redoutez mon amour, tremblez de ma colère.
> C'est lui seul désormais que mon bras va chercher ;
> De son cœur tout sanglant j'irai vous arracher ;
> Et si dans les horreurs du destin qui m'accable,
> De quelque joie encore ma fureur est capable,
> Je la mettrai, perfide, à vous désespérer.

Ce n'est pas ici cet Orosmane si aimable, qui disait à Zaïre :

> Ta grace est dans mon cœur : prononce, elle t'attend.

Mais aussi Vendôme n'est point aimé ; l'intérêt se porte sur les amours secrets d'Adélaïde et de Nemours ; et il fallait que le caractère et les discours de Vendôme nous fissent craindre pour son frère, s'il découvre en lui un rival, et préparassent l'ordre de sa mort : l'auteur a rempli son objet. Ce n'est pas tout : il faut voir comment cette scène si vive en amène une autre bien supérieure, d'une conception plus neuve et plus forte, celle où Vendôme conçoit de la jalousie contre Coucy. La modération tranquille d'Adélaïde fait revenir le prince à lui-même ; il s'excuse de ses violences, et se plaint qu'Adélaïde paraisse s'entendre avec Coucy pour le détacher de l'alliance des Anglais, lorsqu'elle n'aurait besoin que d'un mot pour le déterminer à tout ce qu'elle voudrait. Elle avoue qu'elle s'est ouverte à Coucy sur ses dispositions et ses intérêts : c'en est assez pour éveiller la jalousie dans un cœur soupçonneux et dans un amant maltraité :

> Le seul Coucy sans doute a votre confiance.
> Mon outrage est connu ; je sais vos sentiments.

Elle confirme encore ses soupçons en lui disant :

> D'un guerrier généreux j'ai recherché l'appui :
> Imitez sa grande âme, et pensez comme lui.

On a trouvé cette jalousie trop légèrement fondée ; mais l'auteur en jette les germes dès le premier acte, lorsqu'Adélaïde a dit à Vendôme avec embarras :

> Ainsi, seigneur, Coucy ne vous a point parlé ?

lorsqu'il a répondu :

> Non, Madame : d'où vient que votre cœur troublé
> Répond en frémissant à ma tendresse extrême ?
> Vous parlez de Coucy quand Vendôme vous aime.

C'est toujours Coucy qu'elle semble placer entre elle et le prince : en faut-il davantage pour frapper vivement un esprit inquiet, ardent, ombrageux, et une âme déjà blessée des douleurs de l'amour malheureux ? Cette jalousie n'a donc rien de répréhensible dans les motifs, et la manière dont elle éclate est admirable.

COUCY.

Prince, me voilà prêt : disposez de mon bras.
Mais d'où naît à mes yeux cet étrange embarras ?
Quand vous avez vaincu, quand vous sauvez un frère,
Heureux de tous côtés, qui peut donc vous déplaire ?

VENDÔME.

Je suis désespéré, je suis haï, jaloux.

COUCY.

Eh bien ! de vos soupçons quel est l'objet ? qui ?

VENDÔME.

Vous.
Vous, dis-je, et du refus qui vient de me confondre,
C'est vous, ingrat ami, qui devez me répondre.
Je sais qu'Adélaïde ici vous a parlé :
En vous nommant à moi la perfide a tremblé.
Vous affectez sur elle un odieux silence,
Interprète muet de votre intelligence :
Elle cherche à me fuir, et vous à me quitter.
Je crains tout, je crois tout.

Parmi beaucoup de scènes de jalousie, je n'en connais pas une qui ait la tournure de celle-ci. Ordinairement la jalousie cherche d'abord des détours; elle se cache quelque temps, parce qu'elle a honte d'elle-même, et ne se montre que lorsqu'elle ne peut plus se contenir : ici elle se déclare du premier mot. C'est le trait particulier d'un caractère qui est tout en premiers mouvements, et c'est celui de Vendôme dans toute la pièce. Il ne peut en rien ni se déguiser ni se contraindre, et, par la même raison, chez lui le retour est aussi prompt que l'erreur. Tel devait être celui qui, dans un premier accès de rage, voudra répandre le sang de son frère, et s'en repentira quand il le croira versé, comme il va tout à l'heure se repentir d'avoir soupçonné son ami. J'avoue que cette alternative de mouvements opposés est le fond du caractère de Ladislas; mais on doit avouer aussi que celui qui a tracé le personnage de Vendôme a trouvé le secret des grands écrivains, d'être original en imitant. Si l'idée principale est empruntée, il y joint une foule d'accessoires qui ne sont qu'à lui, des traits de passion ou de caractère vraiment sublimes : tel est entre autres ce vers d'une explosion si rapide et si brusque :

Je suis désespéré, je suis haï, jaloux.

Et cet hémistiche d'une précision si énergique :

Je crains tout, je crois tout.

Coucy n'a pas de peine à détruire les soupçons injustes de Vendôme; il lui suffit de rendre compte de tout ce qu'il a fait : tout ce qu'il dit est d'une franchise si noble, respire tellement la candeur de l'amitié, qu'il acquiert de nouveaux droits sur celle de son prince. Si l'on peut dire à la rigueur que ce n'est ici qu'une espèce d'épisode commencé et terminé dans une scène, et dont le premier principe a été un défaut de vraisemblance morale dans le dialogue de la scène précédente, on peut répondre que ce défaut n'est pas de l'espèce la plus grave, puisqu'il ne nuit point à l'effet théâtral, et n'est aperçu que par la réflexion; que cette scène épisodique dans l'action est prise au moins dans les caractères, et met deux personnages dans le plus beau jour ; non-seulement elle fait briller la belle âme de Coucy, mais encore elle répand de l'intérêt sur Vendôme. On aime à le voir, tout violent qu'il est, sensible à la vertu et à l'amitié :

Ah ! généreux ami qu'il faut que je révère,
Oui, le destin dans toi me donne un second frère ;
Je n'en étais pas digne, il le faut avouer.
Mon cœur...

Coucy l'interrompt par ce mot touchant :

Aimez-moi, prince, au lieu de me louer ;
Et si vous me devez quelque reconnaissance,
Faites votre bonheur, il est ma récompense.

Il se sert de tous les avantages qu'il a sur lui pour le presser plus que jamais de faire sa paix avec le roi, tandis qu'il peut la faire honorablement ; il parle en bon citoyen, en bon politique. Vendôme, en homme amoureux, demande s'il doit se flatter qu'en se rangeant au parti du roi, il touchera le cœur d'Adélaïde. Coucy, au-dessus de ces faiblesses, les lui reproche avec la sévérité de la raison, mais aussi avec la chaleur affectueuse de l'amitié ; et le duc, tout entier à son amour, s'écrie :

Le sort en est jeté, je ferai tout pour elle.

Ce contraste est soutenu et dramatique. Parmi les derniers vers de Coucy qui terminent cet acte, il y en a un qui est devenu une sorte de proverbe, et qui est du nombre de ces idées simples et communes relevées par la place où elles sont :

Peut-être il eût fallu que ce grand changement

VOLTAIRE.

Ne fût dû qu'au héros, et non pas à l'amant;
Mais *si* d'un *si* grand cœur une femme dispose,
L'effet en est trop beau pour en blâmer la cause.

Ce vers est toujours très applaudi, parce que, s'il paraît avoir été très facile à faire, il semble aussi que c'était ce qu'il y avait de mieux à dire.

Les deux premières scènes du troisième acte sont un peu languissantes, on y sent encore le besoin de gagner du temps; c'est la jalousie de Nemours qui remplace un moment celle de Vendôme, et qui est bien moins tragique, parce qu'elle ne produit rien du tout, ni péril, ni terreur, ni pitié, pas même un développement de caractère ou de passion. Ce sont des plaintes communes de la part de Nemours, qui croit Adélaïde infidèle, et le spectateur sait trop que, dès qu'elle paraîtra, elle sera justifiée; ce qui ne manque pas d'arriver aussitôt. L'auteur aurait dû d'autant plus éviter cet incident d'une inutile jalousie, que celle de Vendôme remplit la pièce, et qu'il résulte de ces deux scènes une teinte d'uniformité dans les caractères et les moyens. A peine Adélaïde et Nemours se sont-ils expliqués, que Vendôme paraît; il est déterminé à reconnaître Charles VII, à rompre avec les Anglais, et veut mener Adélaïde à l'autel. Ici la situation devient plus forte; et la résistance d'Adélaïde, les fureurs de Vendôme, qui commence à soupçonner son frère, l'embarras cruel de Nemours, qui finit par se déclarer ouvertement son rival, et le péril des deux amants, forment une scène très théâtrale, écrite avec cette éloquence passionnée qui est le triomphe du talent de Voltaire. C'est toujours dans ces moments qu'il est le plus grand; et quand il a commis des fautes, c'est là qu'il les fait oublier. La terreur tragique est sur le théâtre quand Vendôme, à côté de son rival, et brûlant de le connaître pour l'immoler à sa vengeance, presse Adélaïde de le nommer.

> Je sais trop qu'on a vu, lâchement abusés,
> Pour des mortels obscurs des princes méprisés.
> Et mes yeux perceront dans la foule inconnue,
> Jusqu'à ce vil objet qui se cache à ma vue.

Ce mouvement est aussi naturel dans Vendôme qu'il est adroit dans le poète; il a pour objet de révolter la fierté de Nemours. Il ne peut souffrir en effet de voir son amante outragée à ce point dans son choix.

> Pourquoi d'un choix indigne osez-vous l'accuser?

Ces mots sont un trait de lumière pour Vendôme; il croyait jusqu'ici qu'Adélaïde était inconnue à Nemours; il venait de dire:

> Allez, je le croirais l'auteur de mon injure,
> Si... mais il n'a point vu vos funestes appas;
> Mon frère trop heureux ne vous connaissait pas.

Ici il s'écrie en jetant un regard terrible sur tous les deux :

> Est-il vrai que de vous elle était ignorée?
> . . . .
> Tremblez.

Nemours ne peut plus se contenir; et cette manière d'arracher un secret dangereux, en cherchant dans le cœur humain les mouvements dont il n'est pas maître, ne saurait être trop admirée ; ce sont les grands moyens de la tragédie. On reconnaît l'audace et le transport de l'amour quand Nemours prend la main d'Adélaïde en présence de Vendôme :

A la face des cieux je lui donne ma foi ;
Je te fais de nos vœux le témoin malgré toi.
Frappe, et qu'après ce coup ta cruauté jalouse
Traîne aux pieds des autels ta sœur et mon épouse.
Frappe, dis-je : oses-tu ?

Vendôme le fait arrêter par ses soldats. Adélaïde jette un cri d'effroi : elle veut fléchir ce prince.

NEMOURS.

Vous le prier ! plaignez-le plus que moi.
Plaignez-le, il vous offense, il a trahi son roi.
Va, je suis dans ces lieux plus puissant que toi-même ;
Je suis vengé de toi, l'on te hait et l'on m'aime.

Telle est la confiance et la fierté qu'inspire dans les plus grands dangers la certitude d'être aimé.

Dans ce moment, Coucy qui était prêt à partir pour aller porter au roi l'hommage et la soumission de Vendôme, est obligé de revenir sur ses pas pour avertir le duc que, sur le bruit répandu que Nemours est dans Lille, son nom a fait naître un soulèvement dans le peuple, mis la désertion parmi les soldats, et que le désordre est d'autant plus grand qu'on sait que l'armée du roi s'avance. Le duc sort pour contenir les mutins, et laisse Nemours sous la garde de Coucy. Ce digne chevalier sait accorder avec la fidélité qu'il doit à Vendôme les égards et l'estime qu'il a pour Nemours ; il le reçoit prisonnier sur sa parole. C'est la seule circonstance qui rende cette scène nécessaire, parce que la parole donnée par Nemours ne lui permettra pas d'accompagner Adélaïde lorsque, dans l'acte suivant, il formera le projet d'assurer sa fuite. Mais il eût fallu que cette scène ne contînt pas autre chose que cette circonstance essentielle, qui demandait sept ou huit vers. Tout le reste est inutile, et paraît d'autant plus long, qu'une conversation tranquille de Nemours et de Coucy est nécessairement froide après tout ce qui vient de se passer, et fait languir la fin du troisième acte.

Au commencement du quatrième, Nemours, qui ne songe qu'à soustraire Adélaïde au pouvoir de Vendôme, la remet entre les mains d'un officier qu'il a séduit, de Dangeste, qui doit avec quelques soldats la conduire hors des murs, où elle trouvera une escorte qui la mènera jusqu'à l'armée royale. Ce moyen est ici d'autant plus plausible, que dans les guerres civiles il est plus commun que les deux partis entretiennent des intelligences, et que Nemours peut aisément trouver, même dans le parti ennemi, un officier disposé à le servir. Cet incident sert encore à irriter de plus en plus Vendôme, qui découvre le complot, et ne laisse plus à la malheureuse Adélaïde d'autre alternative que de l'épouser ou de voir périr Nemours. Elle ne peut ni se résoudre à renoncer à son amant, ni concevoir que Vendôme soit assez barbare pour attenter aux jours de son frère.

NEMOURS.

Ne vous laissez pas vaincre en ces affreux combats ;
Osez m'aimer assez pour vouloir mon trépas.

C'est ce que doit dire Nemours. Vendôme ordonne qu'on l'entraîne à la tour ; il a prononcé le mot terrible : *Qu'il périsse* : il est tout entier à la rage. Coucy paraît : Adélaïde éperdue s'adresse à lui :

Ah ! je n'attends plus rien que de votre justice,
Coucy : contre un cruel osez me secourir.

VENDÔME.

Garde-toi de l'entendre, ou tu vas me trahir.
. . . . Qu'on l'ôte de ma vue ;
Ami, délivre-moi d'un objet qui me tue.

Le poète, qui sent la nécessité d'accroître sans cesse la fureur de Vendôme pour accroître le péril, met alors dans la bouche d'Adélaïde désespérée les plus outrageantes imprécations. Elle sort ; et le duc, entièrement hors de lui, accepte tous les maux qu'elle lui présage, pourvu qu'il se venge. C'est la vengeance, c'est le sang d'un rival qu'il demande, et il le demande à Coucy. Il y a ici un dialogue d'une énergie rare, et qui était nécessaire pour faire supporter l'horreur de voir un frère ordonner la mort de son frère. Rien n'eût été plus facile, s'il se fût agi d'un personnage odieux ; mais il fallait indispensablement faire plaindre Vendôme dans l'instant même où il veut commettre une action atroce ; il le fallait, parce que le plus grand effet de la pièce est attaché au caractère passionné de Vendôme, parce qu'il finira par le repentir, et qu'il méritera même notre admiration, en sacrifiant son amour et cédant ce qu'il aime à son rival. Cette combinaison, donnée par la seule connaissance de l'art, peut appartenir à tout le monde, mais serait inutilement saisie par un talent médiocre ; elle est du nombre de celles qui dépendent entièrement de l'exécution, et l'exécution dépend du talent. On va reconnaître ici celui que Voltaire avait pour manier les passions violentes :

Eh bien ! souffriras-tu ma honte et mon outrage?
Le temps presse : veux-tu qu'un rival odieux
Enlève la perfide et l'épouse à mes yeux ?
Tu crains de me répondre? Attends-tu que le traître
Ait soulevé mon peuple et me livre à son maître?

Coucy avoue qu'il n'est que trop vrai que l'approche de l'armée royale a porté le trouble et l'esprit de sédition dans la ville, et fait chanceler le parti de Vendôme.

Vous vouliez ce matin, par un heureux traité,
Appaiser avec gloire un monarque irrité.
Ne vous rebutez pas : ordonnez, et j'espère
Signer en votre nom cette paix salutaire.
Mais s'il vous faut combattre et courir au trépas,
Vous savez qu'un ami ne vous survivra pas.

Mais toute idée de conciliation et de paix est loin du cœur de Vendôme, depuis qu'il ne voit plus dans Nemours que l'amant d'Adélaïde et un ennemi.

Ami, dans le tombeau laisse-moi seul descendre;
Vis pour servir ma cause et pour venger ma cendre.
Mon destin s'accomplit et je cours l'achever.
Qui ne veut que la mort est sûr de la trouver;
Mais je la veux terrible, et, lorsque je succombe,
Je veux voir mon rival entraîné dans ma tombe.

COUCY.

Comment! de quelle horreur vos sens sont possédés!

VENDÔME.

Il est dans cette tour où vous seul commandez,
Et vous m'avez promis que contre un téméraire....

COUCY.

De qui me parlez-vous, seigneur? de votre frère?

VENDÔME.

Non, je parle d'un traître et d'un lâche ennemi,
D'un rival qui m'abhorre et qui m'a tout ravi.
L'Anglais attend de moi la tête du parjure.

COUCY.

Vous leur avez promis de trahir la nature?

VENDÔME.

Dès long-temps du perfide ils ont proscrit le sang.

COUCY.

Et pour leur obéir, vous lui percez le flanc?

VENDÔME.

Non, je n'obéis point à leur haine étrangère;
J'obéis à ma rage, et veux la satisfaire.
Que m'importe l'état et mes vains alliés?

COUCY.

Ainsi donc à l'amour vous le sacrifiez;
Et vous me chargez, moi, du soin de son supplice!

Combien d'auteurs en cet endroit n'auraient fait

autre chose que redoubler les éclats d'une fureur atroce, irritée par l'obstacle, et que le contraste des sentiments de Coucy aurait rendue plus odieuse? Voltaire a vu bien plus loin; trois vers lui suffisent pour attirer la pitié sur Vendôme; il n'insiste pas un moment près de Coucy, et s'arrête à la première apparence de refus.

Je n'attends pas de vous cette prompte justice....
Je suis bien malheureux, bien digne de pitié,
Trahi dans mon amour, trahi dans l'amitié.

C'est ici un des traits les plus profonds de la connaissance de l'art et du cœur humain. Si jamais le poète dramatique a été le magicien d'Horace, qui tourne les cœurs à son gré, c'est quand il nous fait plaindre véritablement Vendôme à l'instant même où il ordonne le plus grand des crimes. Mais comment trois vers produisent-ils cet effet extraordinaire ? C'est à force de vérité ; c'est en ouvrant à nos yeux le cœur de l'homme, de manière à nous y montrer la passion telle qu'elle est, c'est-à-dire comme une horrible maladie de l'âme, contre laquelle, dans certains moments, il n'y a point de remède. Dans quel état est donc cet homme qui regarde comme le dernier terme du malheur, comme la plus cruelle trahison, qu'on lui refuse d'égorger son frère, que dis-je ? qu'on balance à y consentir ! Il ne menace ni ne s'emporte ; il gémit. N'est-ce pas là avoir porté la passion au point où elle ressemble à une véritable aliénation ? N'est-ce pas un malade en délire qui se plaint qu'on lui refuse du poison ? et alors comment ne le plaindrions-nous pas ? Mais pour saisir ce point de vérité dans la situation de Vendôme, il fallait au poète les yeux du génie : pour sonder ainsi jusqu'au fond les plaies mortelles de notre âme quand elle est livrée aux passions, il fallait la main la plus sûre et la plus habile ; et c'est une des preuves que Voltaire, supérieur à tous les tragiques par la véhémence et le pathétique, ne le cède à aucun par la profondeur.

> Allez, Vendôme encor, *dans le sort qui le presse*,
> Trouvera des amis qui tiendront leur promesse.
> D'autres me serviront, et n'allégueront pas
> Cette triste vertu, l'excuse des ingrats.

Certainement Coucy n'a jamais promis à Vendôme de tuer son frère ; mais que répondre à un homme dont la raison est entièrement perdue, qui se croit horriblement outragé dès qu'on paraît lui refuser un crime ; et qui va sur-le-champ l'ordonner à un autre ? Ce serait vouloir raisonner avec un frénétique. Un homme ordinaire n'aurait pas manqué une si belle occasion d'imiter la fameuse scène de Burrhus ; il eut pu même faire parler en beaux vers la vertu de Coucy, et la faire applaudir. Mais dans de pareilles scènes ce n'est pas à l'applaudissement qu'il faut songer ; il faut tendre à un effet plus sûr et plus durable. Coucy n'objecte pas un seul mot ; il a l'air de se rendre aux désirs de son maître :

> Je ne souffrirai pas que d'un autre que moi,
> Dans de pareils moments, vous éprouviez la foi.
> . . . .

Et vous reconnaîtrez au succès de mon zèle
Si Coucy vous aimait et s'il vous fut fidèle !

Ces paroles peuvent être équivoques pour le spectateur ; mais observez qu'elles ne le sont pas pour Vendôme, qui, dans l'état où il est, ne peut pas imaginer qu'on puisse l'aimer et lui être fidèle autrement qu'en tuant son frère. Il s'écrie :

Je revois mon ami. . . . .
Qu'à l'instant de sa mort, à mon impatience
Le canon des remparts annonce ma vengeance.

Non-seulement cet ordre de Vendôme est fait pour produire un grand effet de terreur au cinquième acte, quand on entendra le coup de canon ; mais cet ordre est conforme au caractère et à la situation : c'est sans contredit la manière la plus prompte d'être instruit de la mort de Nemours à l'instant où il expirera, et Vendôme ne peut pas l'apprendre trop tôt : c'est le calcul de la vengeance.

Coucy, occupé de son projet prend toutes les précautions de la prudence. Il craint pour Nemours la haine des Anglais, qui sont dans la ville avec les troupes du prince ; il veut avoir le commandement absolu.

Du sort de ce grand jour laissez-moi la conduite :
Ce que je fais pour vous peut-être le mérite.
Les Anglais avec moi pourraient mal s'accorder ;
Jusqu'au dernier moment je veux seul commander.

L'auteur soutient et achève la beauté de cette scène originale par la réponse de Vendôme, mêlée d'une rage sombre et sanguinaire qui entretient la terreur, et d'un excès de désespoir qui excuse cette rage, et qui excite une sorte de compassion involontaire.

> Pourvu qu'Adélaïde, au désespoir réduite,
> Pleure en larmes de sang l'amant qui l'a séduite;
> Pourvu que de l'horreur de ses gémissements
> Mon courroux se repaisse à mes derniers moments,
> Tout le reste est égal, et je te l'abandonne.
> Prépare le combat, agis, dispose, ordonne.
> Ce n'est plus la victoire où ma fureur prétend;
> Je ne cherche pas même un trépas éclatant.
> Aux cœurs désespérés qu'importe un peu de gloire?
> Périsse ainsi que moi ma funeste mémoire!
> Périsse avec mon nom le souvenir fatal
> D'une indigne maîtresse et d'un lâche rival!

Ce vers dans la bouche d'un guerrier tel que Vendôme,

> Je ne cherche pas même un trépas éclatant,

est bien cet entier abandon de soi-même qui est le vrai désespoir. Ces traits neufs et admirables, très fréquents dans Voltaire, confirment ce que pensent la plupart des gens de lettres, que, dans la partie des passions, il a su atteindre le dernier degré d'énergie.

Vendôme rentre au cinquième acte, suivi d'un officier et de quelques soldats; il vient d'appaiser encore une nouvelle émeute. Il a fait exécuter Dangeste, et, commençant à se méfier du sang-froid de Coucy, il a donné l'ordre de faire périr Nemours, à un soldat qui a déjà pris le chemin de la tour où le prince est renfermé.

Je vais donc à la fin jouir de ma vengeance.
Sur l'incertain Coucy mon cœur a trop compté :
Il a vu ma fureur avec tranquillité.
On ne soulage point des douleurs qu'on méprise.

Ces vers simples, mais d'un grand sens et d'un sentiment profond, sont, dans la tragédie, bien au-dessus de ce que nos critiques du jour appellent *de la couleur*, sans savoir ce qu'ils veulent dire, ou plutôt c'est la véritable couleur tragique. Il éloigne ses soldats, et les avertit de se préparer à de nouveaux périls :

Imitez votre maître, et s'il vous faut périr,
Vous recevrez de moi l'exemple de mourir.

Il reste seul : ici commence ce monologue, mis, par tous les connaisseurs, au nombre des plus grands morceaux de l'éloquence dramatique :

Le sang, l'indigne sang qu'a demandé ma rage, etc.

Il appelle, il demande à grands cris que l'on coure porter l'ordre de sauver Nemours, et le canon se fait entendre : Vendôme tombe comme s'il en était frappé. Ce moment est terrible : c'est un de ceux qui avertissent les hommes qu'il n'y a point de supplices comparables aux remords d'un grand crime. Le poète ajoute encore à l'horreur de cette situation en amenant Adélaïde, qui, ne voyant plus d'autre moyen pour sauver Nemours, se résout enfin de donner sa main pour prix des jours de son amant. Elle est déterminée, comme Andromaque, à mourir après cet effort :

Mais vous voulez ma foi ; ma foi doit vous suffire.
. . . .

VENDÔME.

Vous demandez sa vie !...

ADÉLAÏDE.

Ah! qu'est-ce que j'entends?
Vous qui m'aviez promis...

VENDÔME.

Madame, il n'est plus temps.
. . . .
Oui, j'ai tué mon frère, et l'ai tué pour vous.

Et il veut se percer de son épée ; Coucy l'arrête, et le laisse quelques temps en proie aux tourments du repentir inutile. Il écoute tranquillement ses reproches et ceux d'Adélaïde, et, bien convaincu qu'enfin Vendôme est éclairé sur son crime, que la nature a repris tout son empire, et qu'après une leçon si forte il peut confier Nemours à son frère :

Je peux donc m'expliquer, je peux donc vous apprendre
Que de vous-même enfin Coucy sait vous défendre.
Connaissez-moi, Madame, et calmez vos douleurs.
Vous, gardez vos remords ; et vous, séchez vos pleurs.
. . . .
Venez, paraissez, prince ; embrassez votre frère.

Cette péripétie est une des plus belles qu'il y ait au théâtre ; elle est parfaite de tout point. La plupart de ces révolutions subites dépendent ordinairement d'un concours d'incidents qu'on ne peut pas toujours rendre très vraisemblables, et qui souvent sont un peu forcés. Dans celle-ci nulle complication d'évènements, nul embarras dans les moyens ; elle fait succéder la joie la plus vive et le bonheur le plus complet à la situation la plus affreuse et ne tient qu'à un seul ressort, au caractère de Coucy.

Vendôme, après le premier transport d'allégresse, est accablé de sa juste confusion.

Le fardeau de mon crime est trop pesant pour moi ;
Mes yeux, couverts d'un voile et baissés devant toi,
Craignent de rencontrer, et les regards d'un frère,
Et la beauté fatale à tous les deux trop chère.

NEMOURS.

Tous deux auprès du roi nous voulions te servir.
Quel est donc ton dessein? parle.

VENDÔME.

     De me punir.

Et il ne peut se punir mieux qu'en cédant l'objet d'un amour porté à cet excès :

Je l'adore encor plus, et mon amour la cède.
Je m'arrache le cœur, je la mets dans tes bras ;
Aimez-vous, mais au moins ne me haïssez pas.

Après ce sacrifice, tout le reste lui est facile. Les léopards anglais vont être brisés et remplacés par les lis de la France : il va tomber aux pieds de son roi :

Bon Français, meilleur frère, ami, sujet fidèle,
Es-tu content, Coucy ?

Ce mot, qui réunit à un sentiment sublime la familiarité hardie d'une expression presque triviale, ce mot qui place dans l'âme de Coucy la récompense des sacrifices que vient de faire Vendôme, est encore un des traits originaux du génie de Voltaire. Il rappelle deux particularités également remarquables, et qui ne seront pas oubliées. A la première représentation d'*Adélaïde*, en 1734, il fut accueilli par une froide plaisanterie qui courut dans le parterre *; et plus de quarante ans après, applaudi avec transport dans la bouche de l'acteur le plus digne de le prononcer ; ce mot fut le dernier qu'il fit entendre sur le théâtre, où il venait de jouer le rôle de Vendôme avec une telle supériorité, qu'il semblait que son talent eût voulu faire le dernier effort au moment où il allait nous laisser tant de regrets.

Dans le petit nombre des cinquièmes actes où l'effet d'une tragédie est porté à son comble (ce que beaucoup de sujets ne permettent pas), on comptera toujours celui d'*Adélaïde*. Cet avantage rare, deux caractères tels que ceux de Vendôme et de Coucy, les beautés supérieures du troisième et du quatrième actes, peuvent, à la représentation, placer cette tragédie parmi celles de l'auteur qui sont au premier rang. Mais à la lecture, plus décisive pour l'estime, parce que le jugement est plus réfléchi, elle pourra n'être mise qu'au second, non-seulement à cause des défauts que nous avons remarqués dans le dialogue et dans la conduite, mais sur-tout à cause des fautes de toute espèce dont la versification est remplie. Ce n'est pas que le style ne soit assez soutenu dans les mor-

---

* Coussi, coussi.

ceaux passionnés, et ne réponde à la force des sentiments et des idées; mais ce n'est qu'une partie de l'ouvrage, et partout ailleurs la diction est négligée : les termes impropres, les chevilles, les vers durs ou faibles, ou prosaïques, les répétitions de mots, se présentent à tout moment. On y trouve aussi des figures fausses, des traits de déclamation; enfin cette pièce, parmi celles que Voltaire a faites dans la force de l'âge, et où cette force est empreinte, est la seule dont la versification soit souvent peu digne de lui. On en va voir la preuve dans les observations qui suivent, et où je n'ai pourtant pas tout remarqué, à beaucoup près. Je sais que ces sortes d'observations ne manquent jamais de donner lieu à ce misérable sophisme que les mauvais auteurs opposent au bon goût, quand il porte la lumière sur les vices de leurs écrits : on peut donc (disent-ils), avec une multitude de fautes, et de fautes essentielles, être un grand poète? La réponse est facile : oui, si vous les rachetez par une foule de beautés, et si de plus ce mélange est rare dans vos ouvrages. Or, toutes les bonnes pièces de Voltaire, depuis *OEdipe* jusqu'à *l'Orphelin*, sont écrites bien différemment qu'*Adélaïde*, et vous avez vu, Messieurs, de combien de beautés cette même pièce est remplie.

On sait qu'elle n'eut point de succès dans la nouveauté; elle fut même très mal reçue, ce qui n'empêche pas que, pour le talent tragique, elle ne fût digne de l'auteur de *Zaïre*, quoique inférieure à *Zaïre* pour l'ensemble et l'intérêt, et encore plus pour le style. Mais Voltaire venait de donner *le Temple du Goût*, où il jugeait, et quelquefois même assez légèrement les vivants et les morts ; et il est dans la nature des choses, que l'artiste qui se sert de son talent pour juger les autres soit jugé lui-même avec plus de sévérité que personne, et que cette sévérité puisse aller quelquefois jusqu'à l'injustice. La critique n'est sans danger que pour ceux qui l'exercent sans conséquence, et il s'en fallait que Voltaire fût dans ce cas. *Le Temple du Goût* causa un soulèvement général, et *Adélaïde* s'en ressentit. Il n'est pourtant pas vrai qu'elle fût précisément la même que celle qui eut un si grand succès en 1764. L'auteur l'a dit ; mais sa mémoire le trompait. Il oubliait qu'il l'avait beaucoup retravaillée avant qu'il eût pris le parti d'arranger le même sujet sous le titre du *Duc de Foix*. Nous en avons la preuve dans les variantes recueillies après sa mort ; elles contiennent beaucoup de scènes absolument changées depuis ou supprimées, des actes presque entiers tout différents de la pièce qu'on représente ; et l'on ne peut nier que celle-ci ne soit fort supérieure à la première pour la conduite et pour l'exécution. Mais, telle qu'elle était en 1734, il y régnait un assez grand tragique pour qu'elle méritât un autre sort, et cette disgrace est au nombre des injustices de l'esprit de parti. Il est très vrai encore que la pièce était *affaiblie*, comme l'a dit l'auteur dans les trois premiers actes du *Duc de Foix* ;

mais les deux derniers, au nom près, sont absolument les mêmes que dans l'*Adélaïde* qui est au théâtre, hors quelques détails de la première scène du quatrième acte ; et ces deux derniers actes du *Duc de Foix*, bien mieux faits que ceux de l'ancienne *Adélaïde*, prouvent qu'il était revenu sur ce sujet, et avait fait de grands changements à son ouvrage.

Le Duc de Foix, joué en 1752, lorsque Voltaire était à Berlin, fut assez bien accueilli ; mais son succès fut médiocre, et c'est ce qui, douze ans après, détermina Lekain à remettre *Adélaïde*, dont il avait une copie faite d'après les corrections antérieures au *Duc de Foix*. L'auteur s'y opposa long-temps, et finit par céder aux instances de l'acteur à qui la scène française, qui lui est redevable de tant de gloire, a encore l'obligation d'un ouvrage très théâtral.

Les curieux d'anecdotes dramatiques se souviennent d'une épigramme qui courut dans le temps du *Duc de Foix*, et qui fait voir qu'on n'en avait pas grande idée :

> Adélaïde du Guesclin
> Renaît sous le nom d'Amélie.
> L'auteur croit que par son génie
> Et les graces de la Gaussin,
> Elle paraîtra rajeunie.
> C'est une vieille recrépie
> Sous les parures de Berlin,
> Qui vient mourir dans sa patrie.

Cette Amélie a repris depuis le nom d'*Adélaïde*, sous

lequel elle a été mise à sa place, et qui sûrement ne mourra pas.

*Observations sur le style d'*Adélaïde.

1 Digne sang de Guesclin, vous qu'on voit aujourd'hui
Le *charme* des Français dont il était l'appui.

Le charme ne se dit pas des personnes comme des choses. On dit d'une personne, *l'amour, les délices, la gloire d'une nation* : on ne dit guère quel en est *le charme*. Si l'auteur eût mis :

Vous, l'amour des Français dont il était l'appui.

le vers eût été ce qu'il devait être.

2 Écoutez-moi : voyez d'un œil mieux *éclairci*..

On n'*éclaircit* un œil qu'au physique : on l'*éclaire* au moral.

3 Non que pour ce héros mon âme prévenue
Prétende à ses défauts fermer toujours ma vue.

Non que mon âme prétende fermer ma vue est une mauvaise phrase; c'est un remplissage de mots déplacés. L'auteur voulait dire : *Non que mon amitié trop prévenue pour lui ferme ma vue,* etc.

4 Mon bras est à Vendôme, et ne peut aujourd'hui
Ni *servir*, ni *traiter*, ni *changer* qu'avec lui.

Un *bras* ne *traite* ni ne *change*; il *sert*, mais avec un régime : *mon bras a servi ma patrie, a servi mon roi*, etc. On ne pourrait dire : *Mon bras a servi avec vous.*

⁵ Modérer de son cœur les transports *turbulents*.

Mauvaise épithète.

⁶ Que la France *en aurait une douleur* mortelle.

Vers prosaïque.

⁷ Nos feux toujours *brûlants dans l'ombre* du silence.....

C'est un mauvais choix de figures, que des feux *brûlants dans l'ombre* ; il y a là de la recherche où il en faut le moins.

⁸ Le trouble et les horreurs *où mon destin me guide*.

Un *destin* qui *guide aux troubles et aux horreurs*.... Ce n'est là ni du bon français, ni de la bonne poésie.

⁹ La discorde sanglante afflige *ici* la terre.

Ici est une cheville ; et *la discorde* qui *afflige la terre* est une de ces expressions vagues beaucoup trop fréquentes dans cette pièce.

¹⁰ Cette gloire, sans vous *obscure et languissante*,
   Des flambeaux de l'hymen deviendra plus brillante.

On ne sait ce que c'est que cette *gloire obscure et languissante*, et il n'y a nul rapport entre l'éclat *des flambeaux de l'hymen* et celui de *la gloire* ; c'est un abus de figures que l'auteur lui-même a souvent blâmé dans les autres, et avec raison.

¹¹ Souffrez que mes lauriers, attachés par vos mains,
   Écartent le tonnerre et bravent les destins.

Style ampoulé dans une scène d'amour et dans la situation de Vendôme.

VOLTAIRE.

12 Mais on croit trop ici l'*aveugle* renommée.

Je ne crois pas qu'on puisse jamais donner l'épithète d'*aveugle* à celle qu'on représente avec tant d'yeux. La *renommée* est trompeuse, incertaine, infidèle, etc., mais non pas *aveugle*.

13 La mort que je désire est moins barbare qu'elle.

Vers d'opéra.

14 Soit que ce triste amour dont je suis captivé,
Sur mes sens égarés répandant sa tendresse,
Jusqu'au sein des combats m'ait prêté sa faiblesse,
Qu'il ait voulu marquer toutes mes actions
Par la molle douceur de ses impressions, etc.

Style lâche et traînant, style d'élégie, et non pas de tragédie.

15 Ces troubles *intestins* de la maison royale....

Cet adjectif n'est du style noble qu'au féminin; le masculin ressemble trop au substantif *intestins*, et c'est une raison pour l'éviter.

16 . . . . Entreprise funeste,
Qui de ma triste vie *arrachera le reste*.

Style incorrect et négligé.

17 *M'as-tu pu* méconnaître. . . . .

Hémistiche dur; il y en a beaucoup d'autres : il serait inutile de les relever tous.

18 J'ai fait valoir les feux dont vous êtes *touché*.

Expression très impropre, parce qu'elle forme une espèce de contre-sens. On est *touché des feux* qu'on inspire, on ne l'est pas des feux qu'on ressent.

19 S'ils n'y sont soutenus de *l'olive de paix* ;

L'*olive de la paix* est poétique ; l'*olive de paix* est plat et dur. Voilà ce que produit un mot de plus ou de moins.

20 . . . . Crois-tu qu'Adélaïde,
Dans son cœur amolli, partagerait mes feux, etc.

Il faut *partageât* pour la grammaire, et l'élégance demandait un autre hémistiche que *dans son cœur amolli*.

21 On connaît peu l'amour : *on craint trop son amorce :*
C'est sur nos lâchetés qu'il a fondé sa force.
C'est nous qui sous son nom troublons notre repos.

On doit avouer que tous ces vers ne valent rien : le dernier est dur et de peu de sens. Dans les deux autres, les expressions et les idées sont discordantes : *l'amorce* et *la force* ne vont pas ensemble. C'est la sagesse qui évite une *amorce* ; c'est le courage qui combat *la force*, et il ne faut pas présenter un même objet sous deux figures si disparates.

22 O mort ! mon seul recours, *douce mort* qui me fuis.

Douce mort est dur à l'oreille et ne vaut pas mieux pour le sens. *La mort* de Nemours ne peut être *douce* dans la situation où il est, puisqu'il se croit trahi par sa maîtresse.

23 . . . . Ah ! pardonne à mon cœur *interdit*.

Le *cœur* de Nemours est agité, tourmenté, déchiré, etc. ; il n'est pas *interdit*. *Interdit* est un de ces mots insignifiants et parasites que l'auteur se permettait trop souvent pour la rime et pour la mesure. Ce qui fait le plus de peine, c'est de le trouver dans les endroits les plus précieux pour les connaisseurs. On a vu dans *Zaïre* :

> Pardonne à mon courroux, à mes sens *interdits*,
> Ces dédains affectés et si bien démentis.

Plus le second vers est d'une vérité pénétrante, plus on est fâché de cet hémistiche vague du précédent. et d'autant plus que c'est la seule tache dans une scène enchanteresse. N'oublions jamais que c'est sur-tout dans les morceaux de passion qu'une expression fausse ou dénuée de sens est le plus impardonnable, parce que la passion ne dit jamais rien de pareil : elle peut s'exprimer sans correction, jamais sans vérité. Une faute de cette nature fait donc souvenir du poète dans le temps même où le personnage le fait le plus oublier. Elle altère un moment une illusion délicieuse et les plaisirs du cœur, juge qu'il faut toujours satisfaire au théâtre encore plus que le goût.

[24] . . . . Me faut-il employer
   Les moments de vous voir à me justifier ?
. . . .
   Et mon cœur se plaisait, trompé par mon amour,
   Puisqu'il est votre frère, à lui devoir le jour...
. . . .
   Au recours inutile et honteux des serments.

Vers mal tournés, constructions forcées, défaut de césure, etc.

[25] Changé par ses regards et *vertueux par elle*.

Il fait ce que je veux, et c'est pour m'accabler.
. . . .
Et ma main sur sa cendre à votre main donnée...
. . . .
Ciel! à ce piége affreux ma foi serait livrée!
. . . . J'ai trop dévoré
L'inexprimable horreur où toi seul m'as livré.
. . . .
Le plus pressant danger est celui qui m'appelle;
Je vois qu'il peut avoir une fin bien cruelle, etc.

Tous ces vers sont d'une diction incorrecte, ou faible, ou négligée.

26 . . . . . . Chaque instant est un péril *fatal.*

Fatal est visiblement de trop; *chaque instant est un péril, un danger,* dit tout et ne comporte rien davantage. Il était facile de substituer :

Chaque instant peut devenir fatal.

27 *Sa vigilance* adroite *a séduit* les soldats.

L'auteur ne dit pas ce qu'il veut dire. *La vigilance* ne *séduit* point.

28 Aussi bien que *mon cœur, mes pas vous sont* soumis.

Rapprochement petit et frivole du *cœur* et des *pas.*

29 'Eh bien! puisque la honte, *avec le repentir,*
Par qui la vertu parle *à qui* peut la trahir,
D'un si juste remords ont pénétré votre âme, etc.

Puisque la honte avec le repentir vous ont pénétré de remords, par qui la vertu parle à qui, etc., même incorrection, même négligence.

30 Vous me payez trop bien de ma douleur *soufferte*.

Soufferte est encore une cheville.

31 . . . . *J'ai le prix* de mes soins.

Expression prosaïque, ainsi que plusieurs autres qu'il serait trop long de remarquer.

Section VI. — *La Mort de César.*

Sur les trois genres que la tragédie peut traiter, l'histoire, la fable et les sujets d'imagination, on peut remarquer en général que ces deux derniers sont les plus propres à fournir un grand fonds d'intérêt : ceux de la fable, parce que le merveilleux de la religion autorise celui des évènements, et amène des situations et même des caractères hors de l'ordre commun; ceux d'invention, parce que le poète, maître des évènements et des caractères, peut les disposer à son gré pour les effets du théâtre. Ainsi la fable a donné à Racine la situation extraordinaire d'Agamemnon forcé d'immoler sa fille pour obéir à un oracle; la grandeur surnaturelle d'Achille; la passion de Phèdre, qui serait si honteuse et si révoltante si la vengeance d'une divinité n'en excusait pas l'excès; la fureur forcenée d'Oreste, qui assassine un roi dans un temple, et qu'on détesterait au lieu de le plaindre, sans la fatalité attachée à son nom et à sa race, et dont l'ascendant l'entraîne aux forfaits. C'est-là ce qu'il y a de plus tragique dans Racine, qui de tous nos poètes est celui qui a tiré le plus de richesse de la mythologie grecque et de l'étude des anciens. Ni lui ni Corneille n'ont traité aucun sujet d'invention, quoique Corneille en ait mis beaucoup dans plusieurs des pièces qu'il a tirées de l'histoire, comme dans *Horace*, dans *Rodogune*, dans *Héraclius*, dans *Polyeucte*; et si d'un côté la force de son génie créateur éclate dans ce qu'il y a d'heureusement inventé, de l'autre, ce qu'il a été obligé de sacrifier de vraisemblance pour parvenir à l'effet théâtral prouve l'extrême difficulté d'arranger un fait historique d'une manière propre à la scène, et l'avantage qu'avaient sur nous en cette partie les Grecs, dont l'histoire, toujours mêlée à la religion, était toute merveilleuse. Quant aux sujets qui sont purement d'imagination, long-temps ils n'avaient été maniés que par des écrivains très médiocres, qui n'en faisaient que de mauvais romans dialogués en mauvais vers; et les succès aussi passagers que brillants qu'avaient surpris Thomas Corneille et quelques autres, dans ce genre très propre à faire aux spectateurs une illusion momentanée, n'avaient abouti qu'à le décréditer dans l'opinion des gens de lettres, qui se croyaient d'autant plus fondés à le réprouver que les deux plus grands maîtres de la scène n'en avaient pas fait usage. En conséquence, Brumoy, qui ne manquait pas de connaissances, ni même de jugement, mais qui n'avait pas sur l'art dramatique des vues fort étendues, ne balança pas à condamner les pièces d'invention. En fait de critique, ceux qui savent le plus discutent et comparent; ceux qui en savent moins se hâtent de prononcer et d'exclure. Brumoy, sur ce qu'on avait fait, décidait ce qu'on pouvait faire : Voltaire lui répondit en faisant ce qu'on n'avait pas fait. Précédé par deux grands hommes qui avaient puisé si heureusement, l'un dans la fable et l'autre dans l'histoire, il s'empara des sujets d'invention avec toute la puissance de son génie, et fit voir de quel effet ils étaient susceptibles quand on savait les lier à de grandes époques historiques, et donner à des personnages imaginaires la vérité des grandes passions. C'est sur ce plan qu'il bâtit l'édifice de la plupart de ses drames les plus intéressants, de *Zaïre*, d'*Alzire*, de *Mahomet*, de *Tancrède*, etc.

Alzire, joué en 1736, succéda, dans l'ordre des pièces représentées, à la tragédie d'*Adélaïde*. Mais en 1735, dans l'intervalle de ces deux pièces, Voltaire imprima *la Mort de César*, qu'il ne paraissait pas destiner au théâtre. Cet ouvrage était encore un des fruits de l'étude qu'il avait faite du théâtre anglais dans son séjour à Londres, et du goût qu'il y avait pris pour les beautés fortes et les idées républicaines. C'est à ce voyage que nous étions déjà redevables de cet admirable rôle du consul Brutus; et vers le même temps où il peignait dans ce Romain le patriotisme immolant ses deux enfants à la liberté, il projetait de peindre l'autre Brutus qui lui sacrifie son père. Frappé de plusieurs traits sublimes qui étincellent dans le drame informe de Shakspeare, il essaya d'abord de traduire quelques morceaux de *Jules César*; mais bientôt, rebuté d'un travail contredit à tout moment par la raison et le bon goût, il aima mieux refaire la pièce suivant ses principes; et ne prenant de celle du poète anglais, qui va jusqu'à la bataille de Philippes, que la conspiration de Brutus et de Cassius, qui ne forme qu'une seule action, il resserra dans trois actes ce sujet qu'il voulait traiter avec toute la sévérité de l'histoire. Non-seulement il n'était pas capable d'y mettre une intrigue d'amour, comme avait fait Fontenelle, de moitié avec mademoiselle Barbier, dans une prétendue tragédie, jouée sans aucun succès en 1709, et dans laquelle Brutus et César étaient amoureux et jaloux; mais il osa même exclure les rôles de femmes de ce tableau d'un des plus grands évènements de l'histoire, auquel en effet elles n'eurent aucune part. Si cette nouveauté, sans exemple chez les modernes, et dont il n'y en avait qu'un seul chez les anciens, était une hardiesse du génie, c'était un danger au théâtre; aussi ne songea-t-il pas d'abord à l'y exposer. Il se contenta, dans la préface de l'édition de 1738, de disposer la nation française, par des réflexions judicieuses, à restreindre dans de justes bornes ce goût exclusif dont l'abus avait été porté jusqu'à faire entrer l'amour dans tous les sujets. Si les pièces où cette passion est bien placée et bien traitée sont celles qui ont le plus de charmes, on ne peut nier sans injustice que celles qui ont pour objet principal les grands évènements et les grands personnages de l'histoire ne soutiennent mieux la dignité de la tragédie, et ne lui conservent un de ses plus beaux attributs, celui d'élever l'âme et de mettre de la noblesse jusque dans le choix de ses émotions et de ses plaisirs : je dis de ses émotions, car, dans tous les genres, la première loi, c'est d'émouvoir; et si, d'un côté, l'inconvénient de l'amour est d'avoir affadi la tragédie dans une foule de pièces; de l'autre, l'inconvénient d'un genre plus sévère est d'être tombé dans la froideur, et la grandeur froide n'est plus dramatique. Ce dernier défaut est plus difficile à éviter que le premier; car la médiocrité s'est soutenue souvent par l'intérêt de l'amour, au lieu que le talent supérieur peut seul se tirer des grands sujets, et soutenir l'intérêt de la tragédie sans en abaisser le héros. Corneille lui-même, s'il y a réussi dans ses chefs-d'œuvre, y a échoué dans le plus grand nombre de ses pièces. Mais aussi l'admiration est proportionnée à la difficulté et à la noblesse du genre; c'est celui dont les connaisseurs font un cas particulier. Ils y affectionnent un mérite que leur estime sépare en quelque sorte de celui du théâtre, puisque sans ce mérite on peut y réussir; celui de nous entretenir de grandes choses et d'en parler dignement, d'entrer dans le secret des grands cœurs, de s'élever aux plus hautes idées de la morale et de la politique, de saisir les traits des caractères profonds et vigoureux, enfin de nous retracer les révolutions mémorables. Dans tous les temps ce talent a dû être cher aux meilleurs esprits, qui n'attendent pas pour l'apprécier les suffrages de la multitude. Ils admiraient *Britannicus* lors même qu'il était peu suivi; et long-temps avant qu'un acteur unique eût montré sur la scène toute la profondeur du rôle de Néron, et ramené le public à ce sublime ouvrage, ils voyaient dans celui qui avait su peindre la cour de Néron, Burrhus, Agrippine et Narcisse, qui avait fait le rôle d'Acomat et conçu le plan d'*Athalie*, l'homme fait pour tous les genres, et qui sûrement aurait porté la tragédie encore plus haut, s'il y avait consacré plus de quinze années de sa vie, et n'eût pas sitôt quitté la carrière qu'il pouvait encore agrandir. Ce sont eux qui ont toujours admiré le rôle de Brutus, quoique la pièce qui porte son nom ait toujours eu moins d'éclat au théâtre que les autres du même auteur; *Rome sauvée*, quoiqu'elle y ait eu encore bien moins de succès; *la Mort de César*, quoique pendant plus de quarante ans elle n'y ait presque jamais paru. Ce ne fut qu'après *Mérope*, la première tragédie sans amour qui eût réussi depuis *Athalie*, que Voltaire crut pouvoir risquer *la Mort de César*. Mais cette tentative ne fut pas heureuse; la pièce, abandonnée aussitôt, fut retirée après sept représentations, et livrée aux froides plaisanteries de l'abbé Desfontaines et des autres ennemis de l'auteur. En 1763, lorsqu'une comédie-vaudeville assez jolie, *l'Anglais à Bordeaux*, attirait la foule aux fêtes de la paix, Lekain, qui ne manquait pas les occasions d'être utile aux bons ouvrages, eut le crédit de faire remettre *la Mort de César*, et la fit aller pendant six représentations à la faveur de la petite pièce; mais quoiqu'il jouât le rôle de Brutus, il ne put parvenir à ce que cette tragédie suivît *l'Anglais à Bordeaux* dans le cours de son succès : il fallut la retirer. On ne s'habituait pas encore à croire qu'une pièce, non-seulement sans amour,

mais sans rôle de femme, pût s'établir sur la scène
française : elle n'a obtenu cet honneur que vingt
ans après, lorsque d'autres pièces eurent accoutumé
le public à cette espèce de nouveauté, et contribué
successivement à détruire un préjugé qui ne pouvait que diminuer les richesses du théâtre et rétré-
cir la sphère du talent. Trois personnages principaux, César, Brutus et Cassius, sagement dessinés
et coloriés avec le pinceau le plus mâle et le plus
fier; une action simple et grande; une marche claire
et attachante depuis la première scène jusqu'au moment où César est tué; une intrigue serrée par un
seul nœud, le secret de la naissance de Brutus, secret dont la découverte produit le combat de la
nature et de la patrie; les mouvements qui naissent
de cette lutte intérieure, et qui n'ébranlent une
âme à la fois romaine et stoïque qu'autant qu'il le
faut pour accorder à la nature ce que le devoir ne
peut jamais lui ôter, et pour en tirer la pitié tragique, sans laquelle l'admiration n'est pas assez théâtrale ; une foule de scènes du premier ordre, celle
de la conspiration, celle où Brutus apprend aux
conjurés qu'il est fils de César, et s'en remet à eux
pour prononcer sur ce qu'il doit faire; les deux scènes entre César et Brutus, où la progression est
observée, quoique l'objet en soit à peu près le
même; le récit de Cimber; enfin le style qui, pro-
portionné au sujet et aux personnages, est presque
toujours sublime, ou par la pensée, ou par l'expression : voilà ce qui a placé cet ouvrage parmi
ceux qui doivent faire le plus d'honneur à Voltaire,

soit comme auteur dramatique, soit comme versificateur.

L'exposition se fait entre César et Antoine, cet Antoine qui joua depuis dans la république un des premiers rôles, mais qui pour lors, nécessairement subalterne près d'un homme tel que César, ne pouvait être un peu relevé que par l'attachement sincère et l'admiration vraie qu'il a pour un héros, son général et son ami. L'auteur ne pouvait pas lui donner d'autre relief; il le représente à peu près tel qu'il est dans l'histoire au moment où se passe l'action, plein de cet enthousiasme que César avait inspiré à ses amis et à ses soldats. Antoine annonce à César avec allégresse que le peuple romain va le proclamer roi :

> Antoine, tu le sais, ne connaît point l'envie.
> J'ai chéri plus que toi la gloire de ta vie;
> J'ai préparé la chaîne où tu mets les Romains,
> Content d'être sous toi le second des humains,
> Plus fier de t'attacher ce nouveau diadème,
> Plus grand de te servir que de régner moi-même.

Il y a des rôles où le poète doit déployer toute sa force : il y en a où il ne doit mettre que de l'art; et cet art consiste à leur donner seulement le degré de dignité que doivent avoir toutes les têtes qui figurent dans un tableau tragique. Comme les unes sont faites pour attirer toute l'attention, les autres ne sont là que pour concourir à l'effet général. Il faut qu'elles n'aient rien de trop bas; mais il faut qu'elles soient dans l'ombre, et cette proportion si nécessaire n'est guère connue que des maîtres : le plus souvent les autres gâtent tout en voulant tout agrandir. Si l'auteur de *la Mort de César*, se souvenant trop de ce qu'Antoine fut depuis, eût voulu lui donner un rôle plus important, il eût commis une faute essentielle. Rien ne devait être grand près de César, que ceux qui sont assez Romains pour l'assassiner. L'auteur a su tirer d'Antoine d'autres avantages; il le représente bien plus ennemi de la liberté que César lui-même, et il en résulte plusieurs effets également heureux. D'abord il n'était pas possible d'anéantir entièrement, dans une aussi grande âme que celle de César, ce respect si légitime pour le sentiment le plus naturel et le plus noble des hommes nés dans une république. Son ambition, sans doute, doit l'emporter sur tout : c'est la passion dominante qui constitue le caractère, mais cette passion doit être celle d'un grand homme; et si l'on pardonne à l'âme altière de César, au souvenir de ses victoires, à la conscience de sa supériorité, l'injuste orgueil de vouloir asservir ses égaux, on ne lui pardonnerait pas de condamner dans des républicains le juste orgueil de vouloir être libres. C'est à un vil tyran, c'est à Tibère qu'il ne faut que des esclaves; César voulait commander à des Romains, parce qu'il n'y avait rien dans le monde à qui César ne se crût digne de commander. Antoine devait être bien loin de cette magnanimité, et ce contraste se fait sentir dans l'exposition et dans tout le cours de la pièce. Lorsque Antoine apprend, dès la première scène,

où le sujet doit s'exposer, que Brutus est fils de
César, il s'écrie :

> Ah! faut-il que du sort la tyrannique loi,
> César, te donne un fils si peu semblable à toi!

Mais que répond César?

> Il a d'autres vertus : son superbe courage
> Flatte en secret le mien, même alors qu'il l'outrage.
> Il m'irrite, il me plaît, son cœur indépendant
> Sur mes sens étonnés prend un fier ascendant.
> Sa fermeté m'impose, et je l'excuse même
> De condamner en moi l'autorité suprême;
> Soit qu'étant homme et père, un charme séducteur,
> L'excusant à mes yeux, me trompe en sa faveur;
> Soit qu'étant né Romain, la voix de ma patrie
> Me parle malgré moi contre ma tyrannie;
> Et que la liberté que je viens d'opprimer,
> Plus forte encor que moi, me condamne à l'aimer.
> Te dirai-je encor plus? Si Brutus me doit l'être,
> S'il est fils de César, il doit haïr un maître.
> J'ai pensé comme lui dès mes plus jeunes ans.
> J'ai détesté Sylla, j'ai haï les tyrans.
> J'eusse été citoyen, si l'orgueilleux Pompée
> N'eût voulu m'opprimer sous sa gloire usurpée.
> Né fier, ambitieux, mais né pour les vertus,
> Si je n'étais César, j'aurais été Brutus.

Que de choses dans ces vers! et toutes sont résumées dans le dernier, l'un des plus beaux qu'on ait jamais faits. Comme ce morceau fait aimer César! Et Voltaire recommandait souvent, comme ce qu'il y a de plus tragique, de faire aimer dans la pièce ceux qu'on devait tuer à la fin. Mais en même temps, quelle idée nous prenons de la liberté dans ces deux vers sublimes!

Soit que la liberté que je viens d'opprimer,
Plus forte encor que moi, me condamne à l'aimer.

Certainement César est le seul tyran qui ait jamais tenu ce langage; mais il fallait aussi que César fût le plus aimable des tyrans, et personne ne pouvait mieux que lui-même nous faire sentir ce qu'était pour des Romains cette liberté à qui Brutus immolera son père.

Qu'on ne s'imagine pas ici, ce qu'on a cru quelquefois, que l'admiration prête au génie des idées et des combinaisons qu'il n'a pas eues. La manière dont j'examine les écrits de Voltaire prouve assez que je n'ai point pour lui un enthousiasme aveugle, et l'on ne saurait être trop convaincu que dans tout ouvrage bien fait, et particulièrement dans un ouvrage de théâtre, il y a une filiation d'idées, non-seulement dans la disposition des matériaux, mais dans tous les détails du style, à laquelle tient l'impression continue qu'il produit, et qui fait passer en nous, sans que nous nous en apercevions, tous les sentiments que l'auteur a besoin d'y faire naître. Il ne faut pas croire qu'il la trouve sans y penser, ni que nous puissions nous en rendre compte sans y réfléchir; mais il est tout simple qu'elle frappe davantage ceux qui ont étudié l'art, et qui sont, par cette raison, les admirateurs les plus passionnés d'un mérite qu'ils sont plus à portée de connaître, puisqu'ils l'ont observé de plus près.

Une autre conséquence de cette opposition de caractère entre César et son ami, c'est qu'étant tout à l'avantage du premier, elle fait ressortir les vertus qui ennoblissent sa tyrannie, et rend plus intéressante la mort qui en est la punition. Enfin l'asservissement d'Antoine, et l'empressement de se donner un roi, montrent à quel point l'esprit de Rome était changé depuis que Marius et Sylla eurent fait voir que les Romains pouvaient souffrir un maître; et cette dégradation est une excuse de plus pour César.

Tels sont les avantages que l'auteur a tirés du rôle d'Antoine : c'est ainsi qu'en le subordonnant aux autres rôles de la pièce, il l'a rendu très-utile au dessein et à l'ensemble. Quelques citations feront sentir combien ce contraste était propre à faire valoir César. Après la scène du premier acte, où les principaux sénateurs ont marqué devant César lui-même à quel point ils étaient révoltés qu'il osât aspirer à la royauté, Antoine l'excite à la vengeance; il lui fait les plus vifs reproches de sa modération :

> La bonté convient mal à ton autorité;
> De ta grandeur naissante elle détruit l'ouvrage.
> Quoi! Rome est sous tes lois, et Cassius t'outrage!
> Quoi! Cimber, quoi! Cinna, ces obscurs sénateurs,
> Aux yeux du roi du monde affectent ces hauteurs!
> Ils bravent ta puissance, et ces vaincus respirent!
>
> CÉSAR.
>
> Ils sont nés mes égaux, mes armes les vainquirent;
> Et trop au-dessus d'eux, je leur puis pardonner

De frémir sous le joug que je veux leur donner.

ANTOINE.

Marius de leur sang eût été moins avare ;
Sylla les eût punis.

CÉSAR.

Sylla fut un barbare ;
Il n'a su qu'opprimer : le meurtre et la fureur
Faisaient sa politique ainsi que sa grandeur.
Il a gouverné Rome au milieu des supplices ;
Il en était l'effroi, j'en serai les délices.
. . . .

ANTOINE.

Il faudrait être craint ; c'est ainsi que l'on règne.

CÉSAR.

Va, ce n'est qu'aux combats que je veux qu'on me craigne.

ANTOINE.

Le peuple abusera de ta facilité.

CÉSAR.

Le peuple a jusqu'ici consacré ma bonté.
Vois ce temple que Rome élève à la clémence.

ANTOINE.

Crains qu'elle n'en élève un autre à la vengeance.
Crains des cœurs ulcérés, nourris de désespoir,
Idolâtres de Rome, et cruels par devoir.
Cassius alarmé prévoit qu'en ce jour même
Ma main doit sur ton front mettre le diadème ;
Déjà même à tes yeux on ose en mumurer.
Des plus impétueux tu devrais t'assurer ;
A prévenir leurs coups daigne au moins te contraindre.

CÉSAR.

Je les aurais punis, si je les pouvais craindre.

Ne me conseille point de me faire haïr.
Je sais combattre, vaincre, et ne sais point punir.

Ce caractère de César était donné par l'histoire ; mais qu'il est beau de lui avoir prêté ce langage ! D'ailleurs César, dans l'histoire, n'a pas moins de fierté que de douceur et de bonté ; plus d'une fois, dans ses paroles comme dans ses actions, il laissa voir le sentiment de sa supériorité ; et sur-tout il ne pouvait supporter la résistance à ses volontés ; et c'est ce mélange qu'il fallait conserver, comme le fait Voltaire. Mais un homme moins habile dans son art, ou qui ne se serait pas senti la même force, aurait craint de rendre Brutus trop odieux en rendant César si aimable, et aurait cru fort adroit de ne montrer en lui que l'orgueil de l'ambition et l'insolence de la tyrannie. Shakspeare n'y a pas manqué ; il en fait un capitan de comédie *. Il n'appartenait qu'à un grand tragique de concevoir qu'il y aurait peu d'intérêt dans les sacrifices et les efforts faits pour la liberté, si l'on ne faisait voir dans César autre chose que son oppresseur. Il est très simple et très ordinaire qu'on veuille se défaire

---

* Le défaut est véritable et a été remarqué même par des admirateurs de Shakspear, notamment par Schlegel, dans son *Cours de Littérature dramatique*, et par M. *Guizot*, dans sa notice sur le *Jules César*. Mais les termes dans lesquels La Harpe exprime sa critique sont bien durs, et il rend bien peu de justice au génie du poète anglais, suivant en cela, comme en bien d'autres choses, l'exemple de Voltaire, qui a pris plaisir à défigurer par ses parodies une pièce à laquelle il avait plus d'une obligation, et qui, tout éloignée qu'elle est de nos usages dramatiques et de notre goût, n'est pas à beaucoup près, comme le disait tout-à-l'heure La Harpe, un *drame informe*.   H. Patin.

d'un tyran; mais le sublime du sujet, le sublime de l'amour de la patrie dans des âmes républicaines, c'est d'y sacrifier un héros, non-seulement le premier des hommes, mais le plus fait pour en être aimé; en un mot, un tyran dans qui l'on ne peut rien haïr que la tyrannie; et pour peindre César avec tout ce qu'il a de séduction, il fallait être sûr de pouvoir peindre Brutus avec tout ce qu'il a d'énergie. L'écrivain qui se sent cette double force, peut seul ne pas craindre de balancer l'une par l'autre; et c'est là le grand mérite de cet ouvrage. Conserver à César son caractère, n'était pas difficile; mais soutenir celui de Brutus, était l'effort du talent. Le résultat de la pièce devait être celui-ci : quelle divinité pour des républicains que la liberté, puisque l'honneur d'un homme tel que Brutus est d'immoler à la patrie un homme tel que César, et dans le jour même où il apprend qu'il est son fils !

L'âpre fermeté de ce fier Romain, la sombre indignation qui l'oppresse, s'annoncent dès les premiers mots qu'il profère dans l'assemblée des sénateurs, quand César, après y avoir distribué les provinces, et déclaré son dessein de porter la guerre chez les Parthes, fait entendre clairement qu'il lui faut le titre de roi. Cimber et Cassius lui rappellent la promesse qu'il avait faite de rétablir la liberté; ils s'expriment avec une hardiesse convenable à deux hommes qui, dans l'acte suivant, seront les premiers à entrer dans la conspiration de Brutus; mais quand c'est à lui à opiner, la prépondérance de son caractère se manifeste d'abord : il n'adresse pas même la parole à César.

> Oui, que César soit grand, mais que Rome soit libre.
> Dieux! maîtresse de l'Inde *, esclave aux bords du Tibre,
> Qu'importe que son nom commande à l'univers,
> Et qu'on l'appelle reine alors qu'elle est aux fers?
> Qu'importe à ma patrie, aux Romains que tu braves,
> D'apprendre que César a de nouveaux esclaves?
> Les Persans ne sont pas nos plus fiers ennemis;
> Il en est de plus grands : je n'ai point d'autre avis.

A l'amertume de ce langage, à la dureté brusque des mouvements de cette âme qui en retient plus qu'elle n'en laisse échapper, il n'y a personne qui ne dise : Voilà celui qui poignardera César. César, après s'être emporté en reproches et en menaces, congédie les sénateurs, et veut retenir le seul Brutus; il lui parle avec une douceur et une affection qui prépare au secret qu'il doit bientôt lui révéler.

BRUTUS.

> Tout mon sang est à toi si tu tiens ta promesse;
> Si tu n'es qu'un tyran, j'abhorre ta tendresse.
> Et je ne peux rester avec Antoine et toi,
> Puisqu'il n'est plus Romain et qu'il demande un roi.

Au second acte il repousse avec mépris les instances d'Antoine, qui le presse de consentir au moins à écouter César. Il lui est impossible de voir ni d'entendre un tyran. Tous ses amis se ras-

---

* L'*Inde* ne peut passer ici qu'à la faveur d'une espèce d'emphase poétique ; car jamais les Romains n'approchèrent de l'Inde avant Trajan : peut-être eût-il mieux valu dire: *Maîtresse de l'Asie*.

semblent autour de lui pendant que César est au Capitole. On apprend, dans un très beau récit, qu'Antoine lui a mis le diadème sur la tête, mais que la douleur et le courroux de tout le peuple ont éclaté si vivement, que César a foulé le diadème à ses pieds. Cependant il a sur-le-champ convoqué le sénat pour le jour même, et il y compte assez de voix qui lui sont vendues pour obtenir enfin la couronne. Cassius ne voit d'autre parti à prendre que celui de mourir comme Caton, plutôt que de vivre en esclave. Il exhorte ses amis à prendre la même résolution.

BRUTUS.

Dans une heure à César il faut percer le sein.

A ce mot, qui montre tout Brutus, qui rappelle de quel sang il est né, l'enthousiasme de la liberté s'empare de tous les cœurs. Cassius s'écrie :

Ton nom seul est l'arrêt de la mort des tyrans.

BRUTUS.

Dans une heure au sénat le tyran doit se rendre.
Là je le punirai, là je veux le surprendre,
Là je veux que ce fer, enfoncé dans son sein,
Venge Caton, Pompée, et le peuple romain.
C'est hasarder beaucoup : ses ardents satellites
Partout du Capitole occupent les limites.
Ce peuple mou, volage, et facile à fléchir,
Ne sait s'il doit encor l'aimer ou le haïr.
Notre mort, mes amis, paraît inévitable,
Mais qu'une telle mort est noble et désirable!
Qu'il est beau de périr dans des desseins si grands!
De voir couler son sang dans le sang des tyrans!

Qu'avec plaisir alors on voit sa dernière heure !
Mourons, braves amis, pourvu que César meure,
Et que la liberté, qu'oppriment ses forfaits,
Renaisse de sa cendre et revive à jamais.

Voilà le ton et le style d'un homme qui tient à la main le poignard de la vengeance et de la liberté. Ces vers sont pleins d'une chaleur dévorante, pleins de la soif du sang. Il leur fait jurer à tous sur ce poignard que César tombera sous leurs coups.

BRUTUS.

Oui, j'unis pour jamais mon sang avec le vôtre.
Tous dès ce moment même adoptés l'un par l'autre,
Le salut de l'état nous a rendus parents.
Scellons notre union du sang de nos tyrans.
Nous le jurons par vous, héros dont les images
A ce pressant devoir excitent nos courages.
Nous promettons, Pompée, à tes sacrés genoux,
De faire tout pour Rome, et jamais rien pour nous,
D'être unis pour l'état qui dans nous se rassemble,
De vivre, de combattre et de mourir ensemble.

On peut comparer cette scène imposante et terrible à celle de la conspiration contre Auguste dans *Cinna* : l'une est en récit, l'autre en action. Cinna conspire pour obtenir la main d'Émilie : tous les intérêts de Brutus sont renfermés dans ce seul vers où il jure avec ses amis,

De faire tout pour Rome, et jamais rien pour nous;

et il est ici ce qu'il fut dans l'histoire. Les deux pièces n'ont d'ailleurs aucun rapport ; mais en admirant la beauté unique du cinquième acte de

Cinna, on peut avouer, ce me semble, que la conspiration est ici plus romaine et plus tragique, et que Brutus est bien un autre personnage que l'amant d'Émilie. Plus on y réfléchit, plus on s'aperçoit que le premier mérite, aux yeux de la raison, dans ces grands sujets donnés par l'histoire, c'est d'en conserver la vérité et la grandeur, et c'est pour cela que les connaisseurs sévères feront toujours plus de cas du caractère des deux Horaces que de l'intrigue de *Cinna*.

A peine Brutus a-t-il juré la mort du tyran, que César paraît : les conjurés s'éloignent. Brutus veut les suivre; mais, retenu par les licteurs, il est forcé d'écouter César : et la scène où il apprend qu'il est son fils suit immédiatement celle où il a juré d'être son assassin. Cette disposition est très bien entendue, non-seulement parce que l'intrigue se noue plus fortement en amenant une situation nouvelle, mais parce que Brutus aurait pu paraître trop odieux, s'il eût formé le projet de la conspiration étant déjà instruit de sa naissance. Il y a ici de quoi le faire frémir, de quoi l'épouvanter; mais les engagements qu'il vient de prendre sont assez sacrés pour former un contre-poids suffisant. L'auteur est fidèle à ce principe dramatique, de n'amener une nouvelle force qu'après avoir établi celle qui peut la balancer; de cette sorte, Brutus, est beaucoup moins atroce, et n'est pas moins Romain. Il a besoin de l'être pour résister à la bonté touchante de César avant d'avoir à résister à la nature. César, qui voudrait amollir cette âme inflexible, dit à Brutus :

Je souffre ton audace et consens à t'entendre.
De mon rang avec toi je me plais à descendre;
Que me reproches-tu?

BRUTUS.

Le monde ravagé,
Le sang des nations, ton pays saccagé,
Ton pouvoir, tes vertus qui font tes injustices,
Qui de tes attentats sont en toi les complices,
Ta funeste bonté qui fait aimer tes fers,
Et qui n'est qu'un appât pour tromper l'univers.

CÉSAR.

Ah! c'est ce qu'il fallait reprocher à Pompée :
Par sa feinte vertu la tienne fut trompée.
Ce citoyen superbe à Rome plus fatal,
N'a pas même voulu César pour son égal.
Crois-tu, s'il m'eût vaincu, que cette âme hautaine
Eût laissé respirer la liberté romaine?
Sous un joug despotique il t'aurait accablé.
Qu'eût fait Brutus alors?

BRUTUS.

Brutus l'eût immolé.

CÉSAR.

Voilà donc ce qu'enfin ton grand cœur me destine!
Tu ne t'en défends point; tu vis pour ma ruine,
Brutus!

BRUTUS.

Si tu le crois, préviens donc ma fureur.
Qui peut te retenir?

CÉSAR (*lui présentant la lettre de Servilie*).

La nature et mon cœur.

On ne pouvait pas mieux amener la confidence qu'il va lui faire. On peut imaginer dans quel état affreux se trouve Brutus après avoir lu le billet de Servilie; il ne peut pendant quelque temps proférer que des mots entrecoupés. César le presse, il fait parler la nature; il l'interroge et la sollicite dans le cœur de son fils, et n'en peut arracher enfin que ces mots :

Fais-moi mourir sur l'heure, ou cesse de régner.

Alors cette âme si haute s'indigne de s'être abaissée en vain, et la nature cruellement blessée jette dans son cœur un cri douloureux et terrible. Il menace, il tonne :

Va, César n'est pas fait pour te prier en vain;
J'apprendrai de Brutus à cesser d'être humain.
Je ne te connais plus : libre dans ma puissance,
Je n'écouterai plus une injuste clémence.
Tranquille, à mon courroux je vais m'abandonner;
Mon cœur trop indulgent est las de pardonner.
J'imiterai Sylla, mais dans ses violences;
Vous tremblerez, ingrats, au bruit de mes vengeances.
Va, cruel, va trouver tes indignes amis :
Tous m'ont osé déplaire, ils seront tous punis.
On sait ce que je puis, on verra ce que j'ose;
Je deviendrai barbare, et toi seul en es cause.

Cette violente explosion termine le second acte. Les conjurés ouvrent le troisième; ils se livrent à l'espoir qui les occupe, de voir dans quelques moments Rome libre et vengée; ils s'étonnent de ne point voir paraître Brutus. Il se présente avec un front morne, et dans tout l'accablement d'une âme qui porte un grand fardeau. Quel moment! quel dialogue! et quel style! Voltaire n'a jamais été plus grand que dans cette scène et dans la suivante.

CASSIUS.

Brutus, quelle infortune accable ta vertu?
Le tyran sait-il tout? Rome est-elle trahie?

BRUTUS.

Non, César ne sait point qu'on va trancher sa vie.
Il se confie à vous.

DÉCIME.

Qui peut donc te troubler?

BRUTUS.

Un malheur, un secret qui vous fera trembler.

CASSIUS.

De nous ou du tyran, c'est la mort qui s'apprête.
Nous pouvons tous périr; mais trembler, nous!

BRUTUS.

Arrête.
Je vais t'épouvanter par ce secret affreux.
Je dois sa mort à Rome, à vous, à nos neveux,
Au bonheur des mortels: et j'avais choisi l'heure,
Le lieu, le bras, l'instant où Rome veut qu'il meure.
L'honneur du premier coup à mes mains est remis;
Tout est prêt..... apprenez que Brutus est son fils,

Tous restent consternés à ce mot. Il leur demande quel est celui d'entre eux qui osera lui prescrire ce qu'il doit faire. Tous gardent le silence:

Tu frémis, Cassius, et, prompt à t'étonner.....

CASSIUS.

Je frémis du conseil que je vais te donner.

BRUTUS.

Parle.

CASSIUS.

Si tu n'étais qu'un citoyen vulgaire,
Je te dirais : Va, sers, sois tyran sous ton père ;
Écrase cet état que tu dois soutenir ;
Rome aura désormais deux traîtres à punir.
Mais je parle à Brutus, à ce puissant génie,
A ce héros armé contre la tyrannie,
Dont le cœur inflexible au bien déterminé,
Épura tout le sang que César t'a donné.
Écoute : tu connais avec quelle furie
Jadis Catilina menaça sa patrie ?

BRUTUS.

Oui.

CASSIUS.

Si, le même jour que ce grand criminel
Dut à la liberté porter le coup mortel,
Si, lorsque le sénat eut condamné ce traître,
Catilina pour fils t'eût voulu reconnaître,
Entre ce monstre et nous forcé de décider,
Parle, qu'aurais-tu fait ?

BRUTUS.

Peux-tu le demander ?
Penses-tu qu'un instant ma vertu démentie
Eût mis dans la balance un homme et la patrie ?

CASSIUS.

Brutus par ce seul mot ton devoir est dicté ;
C'est l'arrêt du sénat, Rome est en sûreté.
Mais, dis, sens-tu ce trouble et ce secret murmure
Qu'un préjugé vulgaire* impute à la nature ?

---

* Observez que cette expression, qui semblerait faire un *préjugé vulgaire* des sentiments de père et de fils, ne tombe ici que sur ce qu'on appelle *la force du sang*, entre un père et un fils qui ne se connaissent point,

Un seul mot de César a-t-il éteint dans toi
L'amour de ton pays, ton devoir et ta foi?
En disant ce secret, ou faux, ou véritable,
Et t'avouant pour fils, en est-il moins coupable?
En es-tu moins Brutus? en es-tu moins Romain?
Nous dois-tu moins ta vie, et ton cœur, et ta main?
Toi, son fils! Rome enfin n'est-elle plus ta mère?
Chacun des conjurés n'est-il donc plus ton frère?
Né dans nos murs sacrés, nourri par Scipion,
Élève de Pompée, adopté par Caton,
Ami de Cassius, que veux-tu davantage?
Ces titres sont sacrés, tout autre les outrage.
Qu'importe qu'un tyran, esclave de l'amour,
Ait séduit Servilie et t'ait donné le jour!
Laisse là les erreurs et l'hymen de ta mère.
Caton forma tes mœurs, Caton seul est ton père;
Tu lui dois ta vertu; ton âme est tout à lui.
Brise l'indigne nœud que l'on t'offre aujourd'hui;
Qu'à nos serments communs ta fermeté réponde;
Et tu n'as de parents que les vengeurs du monde.

Ce sont là des beautés austères; mais qu'elles sont mâles et vigoureuses! qu'elles impriment d'admiration! que la tragédie est une grande chose quand elle a ce caractère! car, on ne saurait trop le remarquer, c'est là l'espèce d'admiration qui est vraiment dramatique; ce ne sont point seulement de grandes pensées qui étonnent l'esprit : ici, suivant l'heureuse expression de Vauvenargues, *les grandes pensées, viennent du cœur*, et ne sont autre chose que de grands sentiments; et la chaleur du pathé-

---

force qui peut être révoquée en doute, et qui ne fait rien aux sentiments de la nature, considérés comme devoir moral.

tique se mêle à la force du raisonnement. Quand Bouchardon disait que les hommes, dans Homère, *lui paraissaient avoir dix pieds de haut*, il parlait de cette grandeur idéale qui convient à l'épopée, qui plaît à l'imagination, qui tient du merveilleux, et par conséquent appartient à tous les arts où ce merveilleux fait partie de l'imitation embellie; c'est la grandeur d'Achille dans *Iphigénie*. Mais il y en a une d'une autre espèce, celle qui va au plus haut degré où les hommes puissent aller, mais qui s'y arrête, qui n'est point démentie par la réflexion, et laisse tout entier le plaisir que nous goûtons à voir dans autrui et à retrouver en nous tout ce dont la nature humaine est capable; et c'est celle-là qui règne ici sans aucune exagération. Qu'on lise les deux fameuses lettres qui nous restent de Brutus, ces deux monuments précieux de patriotisme républicain : la liberté y parle comme Voltaire la fait parler dans *la Mort de César*; Brutus s'y explique comme dans le discours qu'il adresse aux conjurés :

> Je ne vous cèle rien : ce cœur s'est ébranlé;
> De mes stoïques yeux des larmes ont coulé.
> Après l'affreux serment que vous m'avez vu faire,
> Prêt à servir l'état, mais à tuer mon père;
> Pleurant d'être son fils, honteux de ses bienfaits;
> Admirant ses vertus, condamnant ses forfaits;
> Voyant en lui mon père, un coupable, un grand homme;
> Entraîné par César, et retenu par Rome;
> D'horreur et de pitié mes esprits déchirés,
> Ont souhaité la mort que vous lui préparez.
> Je vous dirai bien plus, sachez que je l'estime;

Son grand cœur me séduit au sein même du crime;
Et si sur les Romains quelqu'un pouvait régner,
Il est le seul tyran que l'on dût épargner.
Ne vous alarmez point; ce nom que je déteste,
Ce nom seul de tyran l'emporte sur le reste.
Le sénat, Rome et vous, vous avez tous ma foi.
Le bien du monde entier me parle contre un roi.
J'embrasse avec horreur une vertu cruelle;
J'en frissonne à vos yeux, mais je vous suis fidèle.
César me va parler; que ne puis-je aujourd'hui
L'attendrir, le changer, sauver l'état et lui!
Veuillent les immortels, s'expliquant par ma bouche,
Prêter à mon organe un pouvoir qui le touche!
Mais si je n'obtiens rien de cet ambitieux,
Levez le bras, frappez, je détourne les yeux.
Je ne trahirai point mon pays pour mon père.
Que l'on approuve, ou non, ma fermeté sévère,
Qu'à l'univers surpris cette grande action
Soit un objet d'horreur ou d'admiration;
Mon esprit, peu jaloux de vivre en la mémoire,
Ne considère point le reproche ou la gloire.
Toujours indépendant, et toujours citoyen,
Mon devoir me suffit, tout le reste n'est rien.
Allez, ne songez plus qu'à sortir d'esclavage.

Il a demandé une entrevue à César : tout prêt à lui donner la mort, il voudrait l'en sauver. Quel intérêt ne doit pas inspirer l'entretien de ces deux hommes dans une telle situation, quel spectacle plus attachant que ce combat de la tyrannie avec tout ce qu'elle peut avoir d'excuses, contre la vertu républicaine avec tout ce qu'elle a de rigidité! Mais ce n'est pas tout : le poëte s'est souvenu que la vertu, même en remplissant les devoirs les plus rigoureux, ne devait pas être séparée de cette sensibilité qui la rend intéressante.

Qui n'est que juste, est dur : qui n'est que sage, est triste,

a dit Voltaire dans ses *poésies morales* ; et ce vers est de toute vérité, au théâtre comme dans le monde. Si Brutus n'était que stoïcien et patriote, il attristerait le spectateur, et ne l'intéresserait pas. Pour le plaindre des devoirs cruels qu'il s'est imposés, il faut que l'on voie tout ce qu'ils lui coûtent ; il faut à la fois que sa fermeté ne soit pas féroce, et que ses combats soient sans faiblesse : sa fermeté en sera plus admirable, ses combats en seront plus douloureux. Brutus a déjà fait voir, en parlant aux conjurés, qu'il domptait la nature et ne l'étouffait pas : il va parler à César, non-seulement comme Romain, mais comme son fils ; il rendra justice à ses vertus ; il donnera aux sentiments de la nature tout ce qu'il leur doit ; il s'attendrira jusqu'à pleurer César, et la patrie l'emportera.

César, voyant que Brutus a désiré de lui parler, se flatte d'abord de le trouver plus traitable.

Eh bien ! que veux-tu ? parle. As-tu le cœur d'un homme ?
Es-tu fils de César ?

BRUTUS.

Oui, si tu l'es de Rome.

Ce vers contient toute la substance de cette scène.

CÉSAR.

Je plains tes préjugés, je les excuse même.
Mais peux-tu me haïr ?

BRUTUS.

Non, César, et je t'aime.
Mon cœur par tes exploits fut pour toi prévenu
Avant que pour ton sang tu m'eusses reconnu.
Je me suis plaint aux dieux de voir qu'un si grand homme
Fût à la fois la gloire et le fléau de Rome.
Je déteste César avec le nom de roi;
Mais César citoyen serait un dieu pour moi.
. . . .
Veux-tu vivre en effet le premier de la terre,
Jouir d'un droit plus saint que celui de la guerre,
Être encor plus que roi, plus même que César?

CÉSAR.

Eh bien?

BRUTUS.

Tu vois la terre enchaînée à ton char:
Romps nos fers, sois Romain, renonce au diadème.

CÉSAR.

Ah! que proposes-tu?

BRUTUS.

Ce qu'a fait Sylla même.
Long-temps dans notre sang Sylla s'était noyé;
Il rendit Rome libre, et tout fut oublié.
Cet assassin illustre, entouré de victimes,
En descendant du trône effaça tous ses crimes.
Tu n'eus point ses fureurs, ose avoir ses vertus.
Ton cœur sut pardonner, César, fais encor plus.
Que servent désormais les graces que tu donnes?
C'est à Rome, à l'état qu'il faut que tu pardonnes;
Alors plus qu'à ton rang nos cœurs te sont soumis;
Alors tu sais régner, alors je suis ton fils.
Quoi! je te parle en vain?

Brutus ne fait ici que développer ce qu'il a dit

en un seul vers dans sa première scène avec César,

Fais-moi mourir sur l'heure, ou cesse de régner.

et ce qui n'a été reçu qu'avec un transport d'indignation. Mais il le répète encore avec un intérêt, et si vrai, et si affectueux pour la gloire de César, que celui-ci l'écoute sans colère : tout ce qui est présenté sous le rapport de la gloire ne peut blesser un grand cœur. Sa réponse est appuyée sur une politique très plausible pour tout autre que Brutus, qui, dans le cas même où Rome ne serait plus digne de la liberté, n'en serait pas moins l'ennemi de quiconque entreprendrait de la détruire. Brutus, après avoir puni l'oppresseur, voudrait emporter au tombeau le titre de dernier des Romains.

CÉSAR.

Rome demande un maître;
Un jour à tes dépens tu l'apprendras peut-être.
Tu vois nos citoyens plus puissants que des rois;
Nos mœurs changent, Brutus; il faut changer nos lois.
La liberté n'est plus que le droit de se nuire;
Rome, qui détruit tout, semble enfin se détruire.
Ce colosse effrayant dont le monde est foulé,
En pressant l'univers, est lui-même ébranlé;
Il penche vers sa chute, et contre la tempête
Il demande mon bras pour soutenir sa tête.
Enfin, depuis Sylla, nos antiques vertus,
Les lois, Rome, l'État, sont des noms superflus.
Dans nos temps corrompus, pleins de guerres civiles.
Tu parles comme au temps des Dèces, des Émiles.
Caton t'a trop séduit, mon cher fils; je prévoi
Que ta triste vertu perdra l'État et toi.

Fais céder, si tu peux, ta raison détrompée,
Au vainqueur de Caton, au vainqueur de Pompée,
A ton père qui t'aime, et qui plaint ton erreur.
Sois mon fils en effet, Brutus, rends-moi ton cœur ;
Prends d'autres sentiments, ma bonté t'en conjure ;
Ne force pas ton âme à vaincre la nature.

Brutus, désespéré de l'obstination de César, va jusqu'à se jeter à ses pieds. Celui qui serait incapable de la moindre prière pour sa propre vie supplie à genoux pour celle de César ; il est déterminé à tuer le tyran, mais il veut sauver César et tombe à ses genoux. Il va plus loin ; il l'avertit du danger qu'il court, enfin il fait tout ce qu'il est possible de faire, excepté de révéler la conspiration ou d'y renoncer.

Sais-tu bien qu'il y va de ta vie !
Sais-tu que le sénat n'a point de vrai Romain
Qui n'aspire en secret à te percer le sein ?
Que le salut de Rome, et que le tien te touche ;
Ton génie alarmé te parle par ma bouche ;
Il me pousse, il me presse, il me jette à tes pieds.
César, au nom des dieux dans ton cœur oubliés,
Au nom de tes vertus, de Rome et de toi-même,
Dirai-je au nom d'un fils qui frémit et qui t'aime,
Qui te préfère au monde, et Rome seule à toi,
Ne me rebute pas.

Ainsi le poète a su tirer des émotions attendrissantes de ce rôle stoïque et romain ; il nous fait pleurer en faisant pleurer Brutus. Ce qui distingue ces étonnantes scènes, c'est qu'il n'y a que le talent supérieur qui puisse les concevoir et les traiter. La médiocrité peut se tirer tout au plus d'un seul sentiment à la fois; mais le mélange de la grandeur et du pathétique ne peut se trouver que sous la main la plus habile et la plus sûre. Quelques nuances de plus ou de moins, Brutus serait ou trop faible ou trop dur. Cette scène et la précédente peuvent être mises à côté de ce qu'il y a de plus parfait.

César est tué en entrant au Capitole; et Cassius, le poignard à la main, vient annoncer la liberté. Le poète s'est sagement gardé de faire reparaître Brutus se vantant du meurtre de son père : ce spectacle n'aurait pas été supporté. Mais je crois aussi que c'est là que la pièce devait finir avec l'action. L'auteur, qui ne la destinait pas au théâtre, a cédé à la tentation de montrer Antoine dans la tribune, haranguant les Romains près du corps sanglant de César, exposé sous leurs yeux. Sa harangue est très éloquente; on l'admire à la lecture; mais au théâtre, où l'on n'admet rien de superflu, elle fait languir la fin de ce chef-d'œuvre; et je crois que, sans offenser le respect dû à la mémoire d'un grand poète, on pourrait la retrancher à la représentation, comme il l'eût probablement retranchée lui-même s'il eût vu sa pièce en possession de la scène. Non-seulement cette harangue est un hors-d'œuvre, mais cette scène est d'une nature à ne pouvoir pas être exécutée de manière à produire de l'effet. Il s'agit de ramener le peuple romain de l'enthousiasme de la liberté à l'indignation contre les meurtriers d'un grand homme; et pour rendre sensible cette révolution, que l'éloquence ne peut opérer que par degrés, il faudrait pouvoir animer une multitude, ce qu'on n'a pu faire encore sur notre théâtre, et ce qui peut-être n'est pas praticable*.

Je n'ai point aperçu d'autres défauts dans la conduite de cette tragédie. A l'égard des détails, les beautés sans nombre ne sont pas sans quelques fautes de dialogue ou de convenance, mais fort rares et assez légères. Dans la seconde scène de César avec Brutus, il lui dit :

L'empire, mes bontés, rien ne fléchit ton cœur!
De quel œil vois-tu donc le sceptre?

BRUTUS.

Avec horreur.

Je pense qu'ici le dialogue est coupé mal à propos. Il ne faut pas faire une question dont la réponse est trop prévue : et César peut-il ignorer *de quel œil Brutus voit le sceptre?* La même faute revient un moment après. Brutus vient de dire :

Je déteste César avec le nom de roi,

---

* Est-il bien vrai que cette belle scène dont Shakspeare a donné le modèle à Voltaire, soit dans la tragédie de ce dernier, un hors-d'œuvre qui refroidit le dénoûment? La pièce peut-elle être finie, avant que l'on sache dans quelle situation la mort de César laisse ses amis et ses ennemis? Et n'est-ce pas là un principe de composition dramatique, que La Harpe a cent fois invoqué? Mais porté comme il l'était à ne voir dans la tragédie qu'une sorte de problème dont la solution fait tout l'intérêt, et qu'il faut abandonner dès que cette solution est trouvée, il condamne sans pitié les plus heureux développements; la suppression qu'il indique ici est tout-à-fait conforme à sa théorie générale, et même à sa pratique; elle est bien du même homme qui a retranché du chef-d'œuvre de Sophocle le morceau ravissant des adieux de Philoctète à son île, et cela parce qu'une fois que ce héros est décidé à partir, le spectateur n'a plus rien à entendre, et que la pièce est finie. Il est heureux que les grands poètes dramatiques, qui ont fait la gloire du théâtre d'Athènes et du nôtre, n'aient pas porté si loin les rigueurs de la poétique.　　　　　　　　　　　　　　　　H. PATIN.

Mais César citoyen serait un dieu pour moi.
Je lui sacrifirais ma fortune et ma vie.

CÉSAR.

Que peux-tu donc haïr en moi ?

BRUTUS.

La tyrannie.

César peut-il demander ce que Brutus hait en lui ?
Il vient de le dire.

Il déteste César avec le nom de roi.

Il valait mieux, ce me semble, que Brutus continuât en changeant ainsi le vers :

Et je ne hais en toi rien que la tyrannie.

Je ne me rappelle point d'avoir vu dans Corneille ni dans Racine, de ces sortes de fautes que nous retrouvons encore dans Voltaire. En général, ils dialoguent avec une justesse plus parfaite ; mais Voltaire compense ce défaut par d'autres avantages.

Je ne pense pas non plus que Racine, qui n'a jamais manqué en rien aux convenances, eût fait dire à César dans l'assemblée du sénat :

Vous qui m'appartenez par le droit de l'épée...
. . . .
Si vous n'avez su vaincre, apprenez à servir.

Il est plus que probable que jamais César n'a tenu un pareil langage, il est d'une dureté trop choquante. On était encore trop près de la liberté, et le sénat était un corps trop considérable pour qu'on osât lui parler avec ce ton d'un despotisme absolu. On peut faire sentir son pouvoir, aspirer même à la royauté, sans annoncer expressément la servitude : l'histoire romaine de ce temps-là ne rapporte rien de semblable. Tibère lui-même, qui dans sa conduite porta la tyrannie à l'excès, fut toujours très réservé dans ses paroles. Les paroles souvent offensent plus les hommes que les actions : ce qu'ils supportent le plus impatiemment, c'est le mépris; et si jamais César eût dit au sénat romain, *apprenez à servir*, on peut douter qu'il en fût sorti. Cependant ces expressions, quoique très-déplacées, ne blessent point à la représentation, parce que l'idée qu'on a de la grandeur de César fait tout passer; mais pour peu que l'on réfléchisse et que l'on connaisse l'histoire, on ne peut pas les approuver.

Dans la diction, l'on peut observer quelques vers négligés, mais en très petit nombre, et quelques autres qui ne peuvent être répréhensibles que par leur beauté.

L'aigle des légions que je retiens encore
Demande à s'envoler vers les mers du Bosphore.

Ces vers harmonieux et brillants pourraient être placés dans la harangue de César au sénat, quand il y annonce son expédition contre les Parthes. Un discours d'apparat permet cette hardiesse de figures oratoires et poétiques ; mais je doute qu'elles soient convenables dans les premiers vers d'une conversation tranquille entre César et Antoine. J'aurais le même scrupule sur ces quatre vers:

Ce colosse effrayant dont le monde est foulé,

En pressant l'univers, est lui-même ébranlé ;
Il penche vers sa chute, et contre la tempête
Il demande mon bras pour soutenir sa tête.

La métaphore est riche, juste et parfaitement suivie. Je ne la blâmerais pas dans le sénat : mais n'est-elle pas trop poétique dans une scène aussi vive que celle que vous venez d'entendre entre César et Brutus ?

Voilà, Messieurs, à quoi se réduisent, pour la conduite et le dialogue, les reproches les plus graves qu'une critique sévère puisse hasarder contre cet ouvrage ; et parmi ces reproches, il faut compter une harangue d'Antoine, qui est un modèle d'éloquence, et des vers qui sont de la plus belle poésie.

N. B. En 1792, lorsque l'esprit révolutionnaire souillait et mutilait nos anciennes productions dramatiques, on imagina d'ajouter à *la Mort de César* une dernière scène qui fut jouée et imprimée, dans laquelle Brutus et Cassius parlaient au peuple romain le langage des *Jacobins* français, et vomissaient contre les dieux et les prêtres des invectives *philosophiques*, c'est-à-dire des impiétés sacrilèges devant le peuple le plus religieux de la terre, qui, à coup sûr, aurait mis en pièces quiconque aurait osé se déclarer ainsi l'ennemi des dieux et de la religion. Les curieux conserveront sans doute pour la postérité ce rare monument d'absurdité et d'impudence. Le style d'ailleurs était digne du sujet, et tel que devait être celui d'un homme absolument étranger à la poésie, qui substituait ses vers à ceux de Voltaire, et dans une de ses pièces les mieux écrites.

Observations sur le style de LA MORT DE CÉSAR.

¹ Mais je ne comprends point *ta bonté qui m'outrage*.

Le lecteur ne comprend pas non plus cette *bonté qui outrage* Antoine. César n'a rien dit qui puisse donner un sens à cette expression. Il a prié Antoine de servir de père à ses fils, de partager l'empire avec eux. Qu'y a-t-il là d'*outrageant ?*

² ..... Puisse ce fils *éprouver* pour son père
L'*amitié* qu'en mourant te conservait sa mère !

On *éprouve l'amitié* de quelqu'un, on ne l'*éprouve* point pour quelqu'un. D'ailleurs l'amitié n'est pas ici le mot propre : c'est *amour* ou *tendresse*.

³ Il est temps d'*ajouter*, par le droit de la guerre,
Ce qui manque aux Romains des trois parts de la terre.

Ajouter suppose un régime indirect qui manque ici : *ajouter* à quoi ? On supplée aisément *à notre empire ;* mais l'ellipse n'a ici aucun but, aucun effet, et dans un discours d'apparat, tel qu'est ici celui de César, il n'y a nulle raison pour ne pas s'exprimer en phrases régulières.

⁴ Et voir dans l'Orient le trône de Cyrus
Satisfaire, en tombant, aux mânes de Crassus.

On sait que cette belle expression est empruntée d'une assez mauvaise pièce de l'abbé Du Jarry, couronnée à l'Académie au commencement du siècle, et où se trouvent ces deux vers :

> Tandis que les sapins, les chênes élevés,
> Satisfont, en tombant, aux vents qu'ils ont bravés.

La figure est très convenablement transportée ici au trône des Parthes, qui doit *satisfaire, en tombant, aux mânes de Crassus;* et l'on peut pardonner à un grand poète de s'emparer ainsi de quelques beautés de détail perdues dans des ouvrages oubliés. Mais il ne fallait pas recourir deux fois au même emprunt, et mettre aussi dans *Adélaïde*, bien moins heureusement qu'ici :

> Lorsque du fier Anglais la valeur menaçante,
> Cédant à nos efforts trop long-temps *captivés*,
> Satisfit, en tombant, aux lis *qu'ils ont bravés.*

Ici l'imitation est forcée. *Cédant à nos efforts* affaiblit par avance *satisfit, en tombant* : la valeur ne *tombe pas*, et une *valeur qui satisfait aux lis* est une idée recherchée ; enfin *qu'ils ont bravés* est une faute de construction : il faut *qu'ils avaient bravés*.

⁵ Mais qu'il ignore au moins quel sang *il persécute.*

Terme impropre : résister à la tyrannie n'est pas une *persécution.*

⁶ Ingrat à tes bontés, ingrat à ton amour.

Vers dur.

⁷ Sylla fut honoré du nom de dictateur,
Marius fut consul, et Pompée empereur.

Ces idées ne sont pas assez justes ni assez exactement exprimées. Le consulat dans Marius, et le titre d'empereur dans Pompée, ne furent en aucune manière affectés à une puissance nouvelle. Marius, consul pour la septième fois, régna par la force, et Pompée s'appelait empereur (*imperator*), comme tous les généraux romains qui recevaient ce titre de leurs soldats après une victoire. La dictature perpétuelle fut décernée à Sylla, et cette perpétuité était un caractère particulier qui devait ici être exprimé. César devait dire, ce me semble, que jusque-là ceux que leur valeur, leurs services et les dangers de la république avaient élevés à un pouvoir suprême, en avaient joui sous des titres connus, et, finissant par Pompée, il aurait ajouté:

J'ai vaincu ce dernier, et c'est assez vous dire, etc.

On ne peut être trop attentif à l'observation des mœurs dans les sujets tirés d'histoires aussi connues que celles des Grecs et des Romains, et cette attention est exigée sur-tout des maîtres de l'art.

8 A prévenir leurs coups daigne au moins te *contraindre*.

Je ne sais si le mot *contraindre* peut être employé dans cette acception. On *contraint* des sentiments violents pour en écouter de plus doux; mais peut-on dire que l'on *se contraint* soi-même à écouter la rigueur? Ce qui m'en fait douter, c'est que l'on ne *contraint* proprement que ce qui a de la force et du ressort. Au reste, ce scrupule est peut-être trop sévère : c'est au lecteur à juger.

9 Et toi, vengeur des lois ! toi, *mon sang*, toi, Brutus !

On ne dit point *mon sang*, nominativement, en parlant de ses aïeux ; on ne le dit qu'en parlant de sa postérité.

10 *Trame-t-on contre Rome*, etc.

Hémistiche dur.

11 *La nature t'étonne et ne t'attendrit pas.*

Vers dur.

12 *Si tu l'es, je te fais une unique prière.*

Vers dur.

13 *Lui ; ce fier ennemi du tyran qu'il abhorre.*

Pléonasme choquant : il est trop sûr qu'on est *ennemi* de ce qu'on *abhorre*.

Section VII. — *Alzire*.

Le talent de Voltaire prenait de jour en jour un essor plus élevé et plus hardi ; il voulait conduire Melpomène dans des routes qu'elle n'eût pas encore fréquentées, et ce fut lui qui le premier parmi nous lui ouvrit le Nouveau-Monde *. L'Amérique offrait à la cupidité les sources de l'or : elles furent pour lui celles de la gloire. Le Potose devint le théâtre des conquêtes du génie ; mais bien différentes de celles de l'ambition ; qui n'y avait porté que le ravage, les siennes en furent une espèce d'expiation ; elles furent un hommage solennel aux droits

---

* Il ne faut compter pour rien un *Montézume*, de Ferrier, joué en 1702, sans aucun succès, et qui ne fut pas imprimé.

de l'humanité, que les premières avaient si cruellement outragée.

Le même esprit qui avait dicté *la Henriade* parut revivre dans *Alzire*, et bientôt après dans *Mahomet*. Cet esprit, qui consistait alors uniquement dans des maximes de tolérance civile, dans des leçons d'humanité et dans le désir de rendre utiles aux hommes les plaisirs de l'imagination, introduit dans la tragédie comme il l'avait été dans l'épopée, mais avec plus de force et plus d'effet, marqua les productions de Voltaire d'un caractère particulier, qui aurait mis le comble à sa gloire s'il l'eût toujours renfermé dans sa juste mesure, et s'il ne fût pas tombé dans la même faute qu'il reprochait aux autres, en abusant de la philosophie comme on avait abusé de la religion. Il s'en fallait de beaucoup qu'on pût lui reprocher encore d'avoir voulu mettre l'esprit philosophique en opposition avec celui du christianisme. L'objet principal de la tragédie d'*Alzire* est, au contraire, de faire voir que l'un est le complément et la perfection de l'autre, et a de plus l'avantage inestimable de donner à la vérité, dans un autre ordre de choses, un fondement et une sanction qu'elle ne peut avoir ici-bas. Le dénouement de la pièce est le triomphe de la religion; le caractère d'Alvarez en est le modèle.

Voltaire était alors à Cirey : il y cultivait à la fois, depuis quelques années, les lettres et les sciences, auprès d'une femme célèbre, capable de les rassembler dans la sphère de ses travaux et de ses méditations. Il étudiait avec elle la physique, les mathématiques et l'histoire : c'était pour elle qu'il expliquait à la France les découvertes de Newton, presque généralement inconnues parmi nous, et souvent combattues par le très petit nombre d'hommes en état de les entendre. On eût cru que ces études abstraites et sévères que la raison ne peut embrasser qu'avec les efforts d'une attention profonde et suivie, dussent ralentir et même arrêter cette imagination poétique dont le vol ne se soutient que par des élans continuels; mais *Alzire, Mahomet* et *Mérope*, ces trois chefs-d'œuvre tragiques composés presque en même temps, firent voir que l'activité de cette tête ardente dévorait les objets trop rapidement pour avoir le temps d'en être refroidie. Il semble même, en lisant *Alzire* et les beaux vers mis à la tête des *Éléments de Newton*, que dans ces spéculations, qui pour tant d'autres, n'eussent été que des calculs arides, il n'ait vu que ce qu'elles avaient de sublime; que sa pensée se soit fortifiée et agrandie avec celle qui avait trouvé le système du monde, et que le poète n'ait suivi le philosophe dans les régions de l'infini que pour planer de plus haut sur notre globe, pour saisir la chaîne éternelle qui unit les vérités morales aux vérités physiques, et pour être sublime dans les unes comme Newton l'avait été dans les autres.

Le sujet d'*Alzire*, avec tous les avantages de la nouveauté, ne laissait pas d'offrir plus d'un écueil; et le premier mérite de l'auteur est d'en avoir vaincu toutes les difficultés dans la conception de son plan, dont toutes les idées principales sont justes et grandes, quoique la conduite de la pièce, dans les différents incidents dont elle est composée, ne soit pas toujours soumise, à beaucoup près, à l'exacte vraisemblance. D'abord, s'il se fût borné à ne montrer que ce qu'il trouvait dans l'histoire, d'un côté des oppresseurs, et de l'autre des opprimés ; s'il eût mis d'un côté tout l'intérêt, et de l'autre tout l'odieux, cette disposition, qui se présentait d'elle-même comme une suite naturelle de l'indignation qu'excite en nous le récit des cruautés commises par les conquérants du Nouveau-Monde, aurait eu de grands inconvénients au théâtre. Les Espagnols devant nécessairement triompher, la pièce ne pouvait alors finir que par cette espèce de dénouement, qui est la moins heureuse de toutes, celle qui ne fait qu'attrister le spectateur. Je m'explique. Les dénouements malheureux sont, depuis Aristote jusqu'à nous, regardés comme les plus tragiques. Mais à mesure qu'on a observé l'art de plus près, on a reconnu que la tristesse que ces dénouements laissent dans notre âme n'est pas par elle-même, et lorsqu'elle est seule, ce que l'art dramatique a de plus parfait. Le malheur suffit pour la produire, et en venir à bout n'est pas une chose difficile. Ce qui l'est, c'est de nous affecter d'une douleur qui pourtant ne nous déplaise pas, et c'est sur-tout dans cette intention que l'art doit la modifier : c'est en cela particulièrement que l'imitation embellie diffère de la nature. Partout le spectacle du malheur nous affecte douloureusement, et il n'est que trop aisé de nous donner cette impression au théâtre en y étalant toutes les misères humaines, comme ont fait depuis trente ans ceux qui ont voulu substituer à la tragédie ce qu'on appelle le *drame*. Mais le grand législateur Boileau avait parfaitement compris que ce n'était pas là l'effet véritablement dramatique, lorsqu'il a dit dans son *Art poétique* :

> Si d'un beau mouvement *l'agréable* fureur
> Souvent ne nous remplit d'une *douce* terreur,
> Ou n'excite en notre âme une pitié *charmante*, etc.

Ces trois épithètes ne sont pas accumulées sans dessein : elles indiquent assez clairement que la *terreur* et la *pitié* doivent avoir leur *douceur* et leur *charme*, et que, quand nous nous rassemblons au théâtre, les impressions mêmes qui nous font le plus de mal doivent pourtant nous faire plaisir, parce que, sans cela, il n'y aurait aucune différence entre la réalité et l'illusion. Comment donc le poète parvient-il à unir deux choses qui semblent opposées ? C'est par des impressions mixtes, c'est par un choix bien entendu de l'espèce de maux et de douleurs où se mêle toujours quelque sentiment qui en adoucit l'amertume. On a dit que les dénouements malheureux laissaient dans l'âme un aiguillon de douleur qu'elle aime à emporter au sortir d'une tragédie. Oui, mais c'est sur-tout quand le poète a su verser du baume dans la plaie : alors l'effet de la tragédie est le plus grand et le plus heureux qu'il est possible. Ainsi, pour citer des exemples, la mort de Zaïre afflige le spectateur, mais il a entendu Orosmane dire : *J'étais aimé !* Il l'a vu sortir de l'état d'angoisse épouvantable où il était pendant deux actes, il le voit se reposer pour ainsi dire dans la mort ; et comme cette mort d'Orosmane n'est pas sans quelque douceur, l'affliction qu'elle nous cause n'est pas aussi sans consolation. Voltaire a si bien senti qu'il n'y avait rien de plus éminemment tragique que cette espèce de dénouement, qu'il a trouvé le moyen d'y revenir dans *Tancrède*. Il est affreux pour *Aménaïde*, que son amant périsse au moment où il est détrompé ; mais que serait-ce s'il ne l'eût pas été, et s'il fût mort en la croyant infidèle ? Cela seul eût pu faire tomber la pièce. Mais il meurt, comme Orosmane, avec la certitude d'être aimé ; il rend justice à la fidélité de sa maîtresse ; sa main mourante se joint à la main d'Aménaïde. Tous deux nous inspirent de la pitié ; mais cette pitié remplit notre âme et ne la blesse pas. Ce sont les coups de la fortune que nous déplorons, et rien ne choque en nous ce sentiment de la justice, le seul qu'au théâtre il ne faille jamais blesser. Quand la catastrophe est entièrement contraire à ce sentiment si puissant et si universel, c'est alors que la tristesse que nous éprouvons flétrit l'âme et lui déplaît. Tel est le dénouement d'*Atrée*, où le plus abominable scélérat finit la pièce par ce vers :

Et je jouis enfin du fruit de mes forfaits.

Si l'infortune suffisait pour rendre un dénouement tragique et théâtral, celle de Thyeste est sans doute assez horrible; elle nous attriste, mais ce n'est pas de cette *pitié charmante* dont parle Boileau, de celle dont nous aimons à nous pénétrer. Tel est encore, quoique avec beaucoup plus d'art et plus d'excuses, le dénouement de *Mahomet*. Le plus grand défaut de cet ouvrage profond et sublime sera toujours d'étaler trois victimes innocentes, qui meurent aux pieds d'un monstre impuni *.

J'ai cru devoir expliquer avec quelque étendue cette théorie des dénouements tragiques, l'une des parties de l'art les plus importantes. Si je faisais un ouvrage élémentaire, elles y seraient toutes traitées par ordre et chacune à sa place; mais ce plan a été rempli plus d'une fois de différentes manières, et en dernier lieu avec beaucoup de succès par un excellent académicien, M. de Marmontel, dans ses *Éléments de Littérature*. Travaillant sur un autre plan, je ne puis qu'y faire rentrer, à mesure que l'occasion s'en présente, les idées générales que j'ai pu recueillir d'une assez longue étude de l'art dramatique; et si j'ai moins de connaissances et de talents que ceux qui m'ont précédé, peut-être la nature de cet ouvrage peut-elle compenser mon infériorité par un avantage particulier, celui de donner plus d'évidence aux principes en les faisant sortir à tout moment de l'analyse des modèles; ce qui peut en rendre l'application plus sensible, et répandre sur l'instruction plus d'intérêt et de variété.

Pour être plus libre dans la disposition de son su-

---

* Voyez ce qui a été dit à ce sujet, t. II, p. 186, de notre *Répertoire*.
H. P.

jet, l'auteur d'*Alzire* l'a renfermé dans un fait particulier, absolument d'invention, et qu'il s'est contenté de lier à l'époque fameuse de la conquête du Pérou. Il n'a pas même voulu prendre ses personnages parmi les chefs de cette expédition ; il a craint que le nom des Pizarre, des d'Almagre et de leurs compagnons, aussi célèbres par leurs crimes que par leurs victoires, ne démentît trop formellement l'action de générosité qui termine la pièce, et assure le bonheur des deux personnages sur qui l'intérêt est porté. Il a mieux aimé s'écarter de l'histoire ; et, quoiqu'il place l'évènement qui fait le sujet de sa tragédie trois ans après la prise de Cusco et la fondation de Lima, temps où les Pizarre gouvernaient encore le Pérou, il donne pour gouverneurs à cette partie du Nouveau-Monde, un Alvarez et un Gusman, dont les historiens ne font aucune mention. C'est une irrégularité qu'il eût pu éviter en substituant à ces deux personnages purement fictifs quelques-uns des vice-rois qui, dans l'espace de quelques années, remplacèrent, à peu de distance l'un de l'autre, les premiers conquérants du Pérou. Peut-être cette époque est-elle trop mémorable dans les annales du monde pour qu'il fût permis de faire jouer le premier rôle, dans une si grande révolution, à deux acteurs inconnus à l'histoire. Je sais que ce défaut n'est d'aucune conséquence au théâtre ; que le commun des spectateurs veut bien en croire le poète quand il fait dire à Gusman :

J'ai conquis avec vous ce sauvage hémisphère ;
Dans ces climats brûlants j'ai vaincu sous mon père...

quand il fait dire à Zamore :

> Souviens-toi du jour épouvantable
> Où ce fier Espagnol, terrible, invulnérable,
> Renversa, détruisit jusqu'en leurs fondements
> Ces murs que du Soleil ont bâtis les enfants.
> Gusman était son nom.

Mais cela fait toujours quelque peine aux hommes instruits, qui sont tentés de dire à l'auteur : Non, celui qui détruisit Cusco, la ville du soleil, ne s'appelait point Gusman : il s'appelait Pizarre. Ils regrettent que l'auteur n'ait pas pris le soin assez facile d'accomoder sa fable à des faits si connus. Il pouvait supposer qu'Alvarez et Gusman avaient servi en Amérique avec assez de distinction pour mériter que la cour de Madrid leur donnât la place des Pizarre : alors, en avançant de quelques années la mort de ces derniers, ce qui n'est pas assez important pour être interdit au poète, il pouvait tout aussi aisément supposer qu'Alzire et Zamore ont été, trois ans auparavant, témoins de la prise de Cusco et de la chute de l'empire des Incas. On ne dit pas même assez précisément dans la pièce ce qu'était Zamore; il y est appelé cacique, et les Espagnols donnaient en effet ce nom mexicain à quelques petits princes de ce vaste continent de l'Amérique méridionale, subordonnés aux Incas. Mais ceux-ci en étaient les seuls souverains, et, par conséquent, le cacique Zamore ne doit pas parler comme s'il eût été renversé du trône des Incas; il ne doit pas dire :

> Et six cents Espagnols ont détruit sous leurs coups

Mon pays et mon trône, et vos temples et vous.
Vous n'avez plus d'autels, et je n'ai plus d'empire.

On le croirait de la famille impériale, d'autant plus qu'il n'est mention dans la pièce d'aucun autre souverain que lui. En total, je crois qu'il eût été mieux de se rapprocher davantage de l'histoire dans toutes les choses où elle ne gênait pas la fable dramatique.

C'est l'histoire qui paraît avoir fourni au poète l'intéressant caractère d'Alvarez : Alvarez n'est en effet que ce vénérable Las-Casas, défenseur aussi courageux des Américains qu'inexorable accusateur de ses compatriotes, que ses éloquentes réclamations poursuivront au tribunal de la dernière postérité. L'auteur a très sagement placé ce protecteur de l'humanité parmi ces mêmes Espagnols qui en étaient les oppresseurs, non seulement pour produire un beau contraste avec Gusman, mais pour relever aux yeux du spectateur la nation conquérante, qui eût été trop avilie et trop odieuse si l'on n'eût montré que ses cruautés. Il suffit d'un seul homme de cette espèce pour soutenir l'honneur de tout un peuple : non que dans l'ordre moral un semblable exemple ne soit un reproche de plus pour ceux qui sont si loin de le suivre ; mais, dans la perspective théâtrale, cette vertu d'un commandant espagnol jette tant d'éclat qu'il s'en répand quelque chose sur tous ses concitoyens. De plus, elle justifie la conversion et la soumission de Montèze, de cet autre cacique dont Zamore devait être le gendre. On ne lui pardonnerait pas d'avoir fait embrasser à sa fille la religion de ses tyrans, de donner Alzire à

leur chef, à Gusman, si ce Gusman n'était pas le
fils d'Alvarez, si Montèze ne lui disait pas :

. . . Tous les préjugés s'effacent à ta voix.
Tes mœurs nous ont appris à révérer tes lois.
C'est par toi que le Ciel à nous s'est fait connaître ;
Notre esprit éclairé te doit son nouvel être.
Sous le fer castillan ce monde est abattu ;
Il cède à la puissance, et nous à la vertu.
De tes concitoyens la rage impitoyable
Aurait rendu comme eux leur dieu *même haïssable :*
Nous détestions ce dieu qu'annonça leur fureur ;
Nous l'aimons dans toi seul, il s'est peint dans ton cœur,
Voilà ce qui te donne et Montèze et ma fille ;
Instruits par tes vertus, nous sommes ta famille.

Ailleurs il dit à Zamore lui-même :

     Tous ces conquérants,
Ainsi que tu le crois, ne sont point des tyrans.
Il en est que le Ciel guida dans cet empire,
Moins pour nous conquérir, qu'afin de nous instruire ;
Qui nous ont apporté de nouvelles vertus,
Des secrets immortels et des arts inconnus,
La science de l'homme, un grand exemple à suivre,
Enfin l'art d'être heureux, de penser et de vivre.

 Ce rôle de Montèze a été taxé de trop de faiblesse :
il est ce qu'il doit être : c'est un de ces personnages
employés dans le drame, comme moyen, et non pas
comme ornement. Il ne devait se rapprocher en rien
de Zamore, dans qui seul devait se rassembler toute
l'énergie de la nation opprimée. Plus la puissance espagnole, qui a tout abattu, éclate autour de lui, plus
il croît en hauteur à nos yeux quand il est seul à lui

faire tête. D'ailleurs Montèze, comme on l'a vu, n'a cédé qu'à des motifs nobles, ne s'est rendu qu'à la persuasion; il vient de nous faire entendre que, parmi les Espagnols, il est des hommes dignes de la religion qu'ils professent; et il importait d'en donner cette idée, d'attacher à la foi des chrétiens un personnage dont tous les sentiments sont louables, puisque la supériorité des vertus religieuses doit l'emporter à la fin de la pièce sur les vertus naturelles de Zamore. Ainsi, la bonté compatissante d'Alvarez, la soumission volontaire de Montèze, l'hommage qu'il rend aux vrais chrétiens, tout concourt à ce but essentiel, de nous préparer au dénouement, de manière que la pièce après nous avoir intéressés principalement pour Alzire et Zamore, après nous avoir inspiré pour eux cette admiration qu'on accorde si volontiers au courage de l'opprimé, ne fasse pas ensuite, dans les idées qui nous ont occupés, une trop grande révolution, ne contrarie pas trop les impressions que nous avons reçues; et vous reconnaissez encore ici, Messieurs, cette balance dramatique que je cherche toujours à vous montrer dans les tragédies de nos maîtres, parce que l'entente des contrepoids qu'ils ont su y placer est un des grands secrets de l'art, sans lequel on ne peut pas approcher d'eux.

Le caractère de Gusman est nuancé dans les mêmes vues. Il a toute la fierté castillane, toute la dureté des principes dont le despotisme croit devoir s'appuyer, tout le dédain naturel à sa nation pour la race américaine; on lui reproche même des cruautés; mais il n'en commet aucune dans le cours de la pièce : sa conduite envers son père est toujours celle d'un fils respectueux ; il est sensible à l'honneur ; enfin sa haine pour Zamore est excusée par une jalousie très légitime. Il en résulte que, s'il est nécessairement éclipsé par Zamore pendant quatre actes, cependant, quand il faudra l'admirer au cinquième, nous n'aurons pas à revenir de trop loin.

Alzire a toute la franchise de caractère et de mœurs que doivent avoir les nations qui, sans être sauvages (car les Péruviens, du moins ceux de l'empire des Incas, ne l'étaient point), sont infiniment plus près que nous de la nature. Aussi vraie que décidée dans tous ses sentiments, Alzire n'accorde rien à nos conventions sociales qu'elle connaît à peine : mariée à Gusman parce que son père l'a voulu, elle ne lui cache pas qu'elle aime Zamore, qui lui fut promis pour époux ; elle ne l'avoue pas pour se le reprocher ; elle en fait gloire : fondée sur les lois de la nature, elle croit son cœur libre ; elle croit qu'il appartient à Zamore, comme sa personne appartient à Gusman ; elle risque tout, brave tout pour sauver ce qu'elle aime : elle ose même demander à son époux la vie de l'ennemi qu'il doit haïr, et du rival qu'elle lui préfère, et la demande sans s'abaisser, sans rien feindre, sans rien promettre : l'amour de la vérité est si puissant sur elle, qu'elle aime mieux voir périr Zamore, que de le voir racheter sa vie par un mensonge hypocrite. Ce caractère est beau sans doute ; il honore la nature humaine ; et l'admiration qu'on a pour Alzire n'est point froide, parce que tous ses sentiments sont des passions, et que toutes ses vertus sont des dangers. Zamore est encore au-dessus par l'énergie et l'originalité. Alzire, comme nous le verrons tout à l'heure, a dans quelques endroits des ressemblances éloignées avec Zénobie et Pauline; Zamore ne ressemble à rien. Il a toute la force de la nature primitive, exaltée par le malheur et par les passions : les situations où le poète l'a placé avec Montèze, avec Alvarez, avec Alzire, avec Gusman, font tellement ressortir son caractère, qu'il réunit tous les genres de sublime, dans ses actions comme dans ses sentiments; et la nature des climats où est la scène donne encore à son langage, créé par le talent du poète, un sublime aussi nouveau que le sujet : c'est ce que va faire voir le résumé des situations, après celui des caractères.

La première est celle du second acte où Alvarez retrouve dans Zamore celui qui, deux ans auparavant, lui a sauvé la vie. Zamore et les siens ont été arrêtés dans Los-Reyes, aujourd'hui Lima. Alvarez a obtenu de son fils leur liberté; il vient la leur annoncer :

Soyez libres, vivez.

ZAMORE

Ciel! que viens-je d'entendre?
Quelle est cette vertu que je ne puis comprendre?
Quel vieillard ou quel dieu vient ici m'étonner!
Tu parais Espagnol, et tu sais pardonner!
Es-tu roi? Cette ville est-elle en ta puissance?

ALVAREZ.

Non, mais je puis au moins protéger l'innocence.

VOLTAIRE.

ZAMORE.

Quel est donc ton destin, vieillard trop généreux?

ALVAREZ.

Celui de secourir les mortels malheureux.

ZAMORE.

Eh! qui peut t'inspirer cette auguste clémence?

ALVAREZ.

Dieu, ma religion, et la reconnaissance.

ZAMORE.

Dieu? ta religion? Quoi! ces tyrans cruels,
Monstres désaltérés dans le sang des mortels,
Qui dépeuplent la terre, et dont la barbarie
En vaste solitude a changé ma patrie,
Dont l'infâme avarice est la suprême loi,
Mon père, ils n'ont donc pas le même dieu que toi?

Ce sont là des traits absolument neufs; il n'y a rien dans aucune pièce qui donne l'idée de ce dialogue. Il confond bien pleinement l'absurde injustice de ceux qui refusent à Voltaire cette espèce de naïveté qui peut quelquefois entrer dans le style noble et dans les grands sujets, et qui alors a d'autant plus de charme, qu'on s'attendait moins à la trouver. Ce vers :

Mon père, ils n'ont donc pas le même dieu que toi?

est à la fois naïf et sublime. Que l'on réfléchisse sur cet autre vers :

Tu parais Espagnol, et tu sais pardonner!

On verra qu'il était impossible de rendre avec plus de force l'idée que les Américains avaient et devaient avoir de la barbarie de leurs implacables destructeurs. Ainsi ce vers est à la fois un trait de naïveté touchante et de satire amère : peu de sujets peuvent fournir de semblables beautés.

Après qu'Alvarez a reconnu le guerrier à qui il doit la vie, il s'écrie :

Mon bienfaiteur, mon fils! parle, que dois-je faire?
Daigne habiter ces lieux, et je t'y sers de père.
La mort a respecté ces jours que je te doi,
Pour me donner le temps de m'acquitter vers toi.

ZAMORE.

Mon père, ah! si jamais ta nation cruelle
Avait de tes vertus montré quelque étincelle,
Crois-moi, cet univers aujourd'hui désolé,
Au-devant de leur joug sans peine aurait volé.

Ce que dit ici Zamore est parfaitement conforme à la vérité historique. Les Espagnols eux-mêmes conviennent qu'à leur arrivée dans le Pérou, les naturels du pays, les prenant pour les fils du Soleil, leur divinité, prodiguaient à ces nouveaux hôtes toutes sortes d'hommages et de soins, et avaient même ordre de leurs Incas de les traiter partout avec le plus grand respect. Que n'eût-on pas fait de ce peuple avec de telles dispositions, si le fanatisme, masquant la cupidité et la barbarie sous le nom de zèle, n'eût étouffé le pur sentiment de la pure religion, qui malheureusement ne se retrouva que dans un Las-Casas et dans quelques membres du conseil d'Espagne?

Zamore, resté seul, remercie le Ciel de la rencontre d'un homme tel qu'Alvarez :

> Des cieux enfin sur moi la bonté se déclare;
> Je trouve un homme juste en ce séjour barbare.
> Alvarez est un dieu qui, parmi ces pervers,
> Descend pour adoucir les mœurs de l'univers.
> Il a, dit-il, un fils; ce fils sera mon frère :
> Qu'il soit digne, s'il peut, d'un si vertueux père!

On voit dans ce monologue et dans la scène qui le précède, ce fond de bonté, de sensibilité et de justice qui caractérise Zamore. Son excellent naturel respire dans toutes les paroles que l'auteur lui prête. Ici le style est empreint de cette simplicité douce et naïve qui donne aux mœurs des personnages la couleur du sujet. On n'entend point sans en être pénétré, des vers comme celui-ci :

> Il a, dit-il, un fils; ce fils sera mon frère;

et quand on pense que ce fils n'est autre que Gusman, avec quelle curiosité et quel intérêt l'on attend le moment où ils seront en présence l'un de l'autre!

Mais si l'âme de Zamore est sensible à l'amitié, à la reconnaissance, à la vertu, elle ne l'est pas moins aux injures; il hait comme il aime. Le nom de *Gusman* est dans sa bouche le cri de la vengeance, comme le nom d'*Alzire* est le cri de l'amour. Nous l'avons vu s'attendrir avec Alvarez : avec Montèze qu'il retrouve dans la scène suivante, il va déployer toute la fureur de ses ressentiments, toute son indignation contre ses oppresseurs; il a soif de leur sang comme ils ont soif de l'or du Pérou : son horreur pour la tyrannie est mêlée de ce mépris amer que doit sentir un homme accoutumé à fouler l'or sous ses pieds, pour ceux qui viennent le chercher au-delà des mers. L'avantage des armes n'intimide point cette âme intrépide.

>Ah! Montèze, crois-moi, ces foudres, ces éclairs,
>Ce fer dont nos tyrans sont armés et couverts,
>Ces rapides coursiers qui sous eux font la guerre,
>Pouvaient à leur abord épouvanter la terre.
>Je les vois d'un œil fixe, et leur ose insulter;
>Pour les vaincre, il suffit de ne rien redouter.
>Leur nouveauté, qui seule a fait ce monde esclave,
>Subjugue qui la craint, et cède à qui la brave.
>L'or, ce poison brillant qui naît dans nos climats,
>Attire ici l'Europe, et ne nous défend pas.
>Le fer manque à nos mains, les cieux pour nous avares
>Ont fait ce don funeste à des mains plus barbares.
>Mais pour venger enfin nos peuples abattus,
>Le Ciel au lieu de fer nous donna des vertus.
>Je combats pour Alzire, et je vaincrai pour elle.

Comme le mariage de Gusman avec Alzire, qui croit que depuis trois ans Zamore n'est plus, est annoncé au premier acte, et que Zamore, qui paraît au deuxième, déclare qu'il a caché dans les bois voisins un corps d'armée ; comme il a dit :

>Je viens, après trois ans, d'assembler des amis
>Dans leur commune haine avec nous affermis;
>Ils sont dans nos forêts, et leur foule héroïque
>Vient périr sous ces murs, ou venger l'Amérique;

on devait naturellement s'attendre que le mariage serait suspendu par quelque incident ; que Zamore ou même Alzire y mettrait quelque obstacle. A ne juger de la pièce que par celles que l'on connaissait, où jamais l'héroïne n'épouse que celui qu'elle aime, on ne devait pas avoir une autre opinion ; et c'est ce qui rend très concevable l'étonnement extrême que témoigna le public à la première représentation de cette pièce, lorsqu'on entendit ces vers qui commencent le troisième acte :

Mânes de mon amant ! j'ai donc trahi ma foi !
C'en est fait, et Gusman règne à jamais sur moi.

La surprise fut même marquée par un long murmure, et j'ai ouï dire aux amis de l'auteur que ce moment fut très critique. On ne pouvait concevoir comment il pourrait soutenir son intrigue après en avoir tranché le principal nœud dès le troisième acte Ce mariage d'Alzire, au milieu de la pièce, avec un homme qu'elle abhorre, était une nouveauté inouïe. L'étonnement était donc très légitime, et même le murmure était flatteur : c'était une preuve qu'on ne pouvait imaginer ni prévoir les ressources nouvelles que l'auteur allait tirer de la nature de son sujet. Aussi le retour fut brillant ; ce troisième acte, dont le commencement avait donné tant d'alarmes, fut comblé d'applaudissements, et c'est en effet le plus beau de la pièce. On fut transporté de la scène entre les deux amants, scène si neuve et si supérieurement exécutée. Il n'y avait que la plus grande force de passion et d'éloquence tragique qui pût soutenir Alzire devant Zamore dans une semblable situation. Plus on s'était intéressé pour ce héros de l'Amérique qui montre un si grand caractère et tant d'amour, plus il était difficile de faire entendre Alzire avouant qu'elle vient d'épouser l'ennemi, l'oppresseur, le bourreau de son amant. Pauline, dans *Polyeucte*, est mariée à un autre que celui qu'elle aime, mais elle l'est avant la pièce : elle l'est de son plein gré; elle est attachée, comme elle doit l'être, à son époux et à son devoir. Alzire moins soumise aux lois sociales qu'à celles de la nature; Alzire, du moment qu'elle a trouvé celui qui a reçu ses premiers vœux, ne se croit coupable qu'envers lui; elle déteste l'hymen où elle a été contrainte par l'autorité paternelle et l'intérêt de la patrie; elle ne peut supporter l'idée d'être à Gusman, et ne demande qu'à mourir de la main de Zamore : elle tombe aux pieds de son amant :

..... Mon père, Alvarez, ont trompé ma jeunesse;
Ils ont à cet hymen entraîné ma faiblesse :
Ta criminelle amante, aux autels des chrétiens,
Vient, presque sous tes yeux, de former ces liens.
J'ai tout quitté, mes dieux, mon amant, ma patrie :
Au nom de tous les trois arrache-moi la vie.
Voilà mon cœur; il vole au-devant de tes coups.

ZAMORE.

Alzire, est-il bien vrai? Gusman est ton époux.

ALZIRE.

Je pourrais t'alléguer, pour affaiblir mon crime,
De mon père sur moi le pouvoir légitime,
L'erreur où nous étions, mes regrets, mes combats,

Les pleurs que j'ai trois ans donnés à ton trépas ;
Que, des chrétiens vainqueurs, esclave infortunée,
La douleur de ta perte à leur dieu m'a donnée,
Que je t'aimai toujours, que mon cœur éperdu
A détesté tes dieux qui t'ont mal défendu.
Mais je ne cherche point, je ne veux point d'excuse ;
Il n'en est point pour moi lorsque l'amour m'accuse.
Tu vis, il me suffit : je t'ai manqué de foi ;
Tranche mes jours affreux, qui ne sont plus pour toi.
Quoi ! tu ne me vois pas d'un œil impitoyable ?

La réponse de Zamore fit retentir la salle d'acclamations :

Non, si je suis aimé, non ; tu n'es point coupable.
Puis-je encor me flatter de régner sur ton cœur ?

Elles redoublèrent à cette réplique d'Alzire :

Quand Montèze, Alvarez, peut-être un dieu vengeur,
Nos chrétiens, ma faiblesse, au temple m'ont conduite,
Sûre de ton trépas, à cet hymen réduite,
Enchaînée à Gusman par des nœuds éternels,
J'adorais ta mémoire aux pieds de nos autels.
Nos peuples, nos tyrans, tous ont su que je t'aime ;
Je l'ai dit à la terre, au ciel, à Gusman même ;
Et dans l'affreux moment, Zamore, où je te vois,
Je te le dis encor pour la dernière fois.

Cette scène est animée de tout le feu de la tragédie ; et combien la situation va en croissant, à l'arrivée de Gusman, qu'Alvarez amène dans ce moment même à son libérateur, de ce Gusman que tant de motifs légitimes rendaient déjà si odieux à Zamore, et dans qui Zamore voit encore de plus un rival et un ravisseur ! Que de mouvements à la fois sur le théâtre, entre Alzire, Alvarez, Zamore, Gusman, Montèze! Que de passions et de dangers! quelle progression rapide d'étonnement, de pitié, de terreur! Que ne doit-on pas attendre de cet instant terrible où le fier Américain qu'Alvarez présente à son fils comme un bienfaiteur, comme l'ange tutélaire qui a veillé sur ses jours, ne répond que par un cri d'horreur?

Qu'entends-je? lui! Gusman! lui, ton fils! ce barbare!
. . . . Quoi! le ciel a permis
Que ce vertueux père eût cet indigne fils!

GUSMAN.

Esclave, d'où te vient cette aveugle furie?
Sais-tu bien qui je suis?

ZAMORE.

Horreur de ma patrie!
Parmi les malheureux que ton pouvoir a faits.
Connais-tu bien Zamore, et vois-tu tes forfaits?

GUSMAN.

Toi!

ALVAREZ.

Zamore!

ZAMORE.

Oui, lui-même, à qui ta barbarie
Voulut ôter l'honneur, et crut ôter la vie;
Lui que tu fis languir dans des tourments honteux,
Lui dont l'aspect ici te fait baisser les yeux.
Ravisseur de nos biens, tyran de notre empire,
Tu viens de m'arracher le seul bien où j'aspire.
Achève; et de ce fer, trésor de tes climats,

Préviens mon bras vengeur, et préviens ton trépas.
La main, la même main qui t'a rendu ton père,
Dans ton sang odieux pourrait venger la terre,
Et j'aurais les mortels et les dieux pour amis
En révérant le père et punissant le fils.

Le sublime de ce morceau tient sur-tout à ce sentiment de justice si profondément gravé dans tous les cœurs. On aimera toujours à voir la puissance injuste humiliée, confondue par celui qui n'a d'autre force que celle de la vérité. Rien ne fait plus d'honneur à la nature humaine que ce pouvoir des idées morales qui met l'opprimé au-dessus de l'oppresseur; et si l'on fait attention que le tyran le plus impitoyable n'est pas le maître de repousser loin de lui le mépris que lui montre sa victime, parce que le mépris de l'un est d'accord avec la conscience de l'autre, on concevra, pour peu qu'on ait quelque notion de bonne philosophie, qu'il y a nécessairement dans l'homme quelque chose au-dessus de l'ordre présent, et que la morale n'est en nous qu'une émanation de la vérité éternelle, l'un des attributs de l'Être suprême.

J'ai toujours vu applaudir ce vers :

Lui dont l'aspect ici te fait baisser les yeux.

L'acteur qui joue le rôle de Gusman doit alors, s'il a de l'intelligence, les relever avec le mouvement de l'orgueil offensé; mais il a dû en effet les baisser auparavant, non-seulement parce que le vers l'indique, mais parce que la conscience le commande. Il a commis une action vile en faisant tourmenter un prisonnier pour lui ravir son or : on le lui reproche devant Alvarez : il doit rougir, à moins que son âme ne soit avilie sans retour : elle ne l'est pas et ne doit pas l'être. Il doit être confus d'une bassesse, puisqu'il finira par un acte de vertu. Ainsi cette marque d'une confusion involontaire n'est pas seulement un hommage à l'équité, c'est même un rapport de convenance avec le caractère et les actions : elle abaisse Gusman devant Zamore ; mais en même temps elle le relève en quelque sorte à nos yeux, puisqu'il connaît la honte qu'une âme absolument perverse ne connaît pas.

Mais au moment où le coupable la ressent comme malgré lui, il est naturel qu'il haïsse encore davantage celui qui la lui fait éprouver ; et je dois observer ici combien les beautés de détail dépendent de la conception des moyens. Si le poëte n'avait pas tout disposé de manière que Gusman ne puisse pas envoyer sur-le-champ au supplice un Américain qui ose l'outrager avec tant de hauteur, tout l'effet de ce beau morceau était perdu : on se serait récrié sur-le-champ : Comment l'inexorable Espagnol laisse-t-il tant d'audace impunie ? Mais Alvarez doit la vie à Zamore ; il l'a présenté à Gusman comme un second fils ; Alvarez est présent ; il n'a quitté que de ce jour l'autorité suprême : que de raisons pour en imposer à la colère de Gusman ! Cependant il ne fallait pas non plus que celui-ci fût avili ; et quoiqu'il ne puisse rien répondre aux reproches qui l'accablent, il doit soutenir sa dignité. C'est là qu'il faut beaucoup d'art pour maintenir une juste proportion dans l'infériorité d'un personnage devant un autre. Alvarez dit à Gusman :

Vous sentez-vous coupable, et pouvez-vous répondre ?

GUSMAN.

Répondre à ce rebelle, et daigner m'avilir
Jusqu'à le réfuter quand je dois le punir !
Son juste châtiment, que lui-même il prononce,
Sans mon respect pour vous eût été ma réponse.

Cette réplique est à la fois noble et adroite ; elle fait sentir sur-le-champ pourquoi Zamore est encore impuni. Ce sont de ces choses qui ne sont pas faites pour être applaudies, mais sans lesquelles ne pourraient pas subsister celles qui le sont.

Enfin, dans cette situation difficile et orageuse, il faut qu'Alzire prenne un parti. Gusman ne lui dissimule pas combien sa fierté et sa jalousie sont blessées : ce que le poète lui fait répondre remplit tout ce qu'on peut désirer :

C'est ce Dieu des chrétiens que devant vous j'atteste :
Ses autels sont témoins de mon hymen funeste :
C'est aux pieds de ce Dieu qu'un horrible serment
Me donne au meurtrier qui m'ôta mon amant.
Je connais mal peut-être une loi si nouvelle ;
Mais j'en crois ma vertu qui parle aussi haut qu'elle.
Zamore, tu m'es cher, je t'aime, je le dois ;
Mais, après mes serments, je ne puis être à toi.
Toi, Gusman, dont je suis l'épouse et la victime,
Je ne suis point à toi, cruel, après ton crime.
Qui des deux osera se venger aujourd'hui ?
Qui percera ce cœur que l'on arrache à lui ?
Toujours infortunée, et toujours criminelle,

Perfide envers Zamore, à Gusman infidèle,
Qui me délivrera par un trépas heureux,
De la nécessité de vous trahir tous deux ?
Gusman, du sang des miens ta main déjà rougie
Frémira moins qu'une autre à m'arracher la vie.
De l'hymen, de l'amour, il faut venger les droits.
Punis une coupable, et sois juste une fois.

C'est ici que l'on aperçoit combien l'auteur a su renouer fortement l'intrigue dont le nœud semblait coupé dès la première scène de cet acte. Alzire élève la réclamation la plus formelle contre l'hymen qui la tient enchaînée; Zamore est entre les mains d'un rival outragé; la vengeance de Gusman est arrêtée par son père; tout est dans la plus grande crise, et tout reste en suspens. On annonce l'approche de l'armée américaine; Gusman fait mettre Zamore dans les fers, et va marcher aux ennemis. Alvarez l'arrête en ce moment :

Dans ton courroux sévère,
Songe au moins, mon cher fils, qu'il a sauvé ton père.

GUSMAN.

Seigneur, je songe à vaincre, et je l'appris de vous.
J'y vole.

Il répond en guerrier, ne promet rien et laisse tout craindre. Alzire se jette aux pieds d'Alvarez, le seul appui qui lui reste. Le vieillard, en la plaignant, en s'engageant à la protéger, lui rappelle ce qu'elle doit à Gusman; et l'acte finit par ce vers, si singulièrement heureux :

Hélas! que n'êtes-vous le père de Zamore!

Ce troisième acte est, à mon gré, ce que Voltaire a fait de plus beau ; c'est un chef-d'œuvre de tout point. Il y a des situations qui font couler plus de larmes ; *Zaïre* est plus touchante ; *Mahomet* est plus profond ; les deux derniers actes de *Zaïre* et le quatrième de *Mahomet* sont plus déchirants ; *Mérope* est plus parfaite dans son ensemble qu'*Alzire* ne l'est dans le sien ; mais il me paraît qu'*Alzire* est sa production la plus originale, celle qui est de l'ordre le plus élevé ; et ce qui, sous ce point de vue, la met au-dessus de toutes les autres, c'est que, grace au choix du sujet et à la manière dont l'auteur l'a embrassé, les mœurs, les caractères, les passions, les discours des personnages sortent de la sphère commune, et mêlent aux émotions qu'elle fait naître une admiration continuelle *.

* Cette préférence de La Harpe pour *Alzire* est partagée par Schlegel, qui parle de cet ouvrage avec une admiration que lui inspirent rarement les productions de notre théâtre : « Après avoir opposé les mœurs chrétiennes aux mœurs ottomanes, Voltaire se plut, dit-il, à réunir dans un même tableau des Espagnols avec des Péruviens, et le contraste entre l'ancien et le nouveau monde fournit à la poésie l'occasion de déployer ses plus brillantes couleurs. Zamore offre à nos regards le sauvage encore libre, et Montèze le sauvage dompté ; Gusman nous représente l'orgueil insolent du vainqueur, et Alvarez la douce charité du chrétien. Alzire, exposée au choc de tous ces intérêts opposés, se sent partagée entre ses anciens souvenirs, sa patrie, sur-tout le premier choix de son cœur, et les nouveaux devoirs auxquels on l'a soumise. Le combat qui s'élève en elle est touchant au plus haut degré. La dernière scène où Gusman, blessé à mort, est apporté sur le théâtre, donne une émotion douce et profonde, la différence de l'esprit des religions des deux mondes y est exprimée dans des vers d'une grande beauté. Ces paroles admirables, qui suffirent pour convertir Zamore, sont les mots adressés par le duc de Guise à un protestant qui avait voulu l'assassiner, mais le poète qui en a fait une application si heureuse n'a guère moins de

C'est cette singularité du sujet qui fait disparaître dans les résultats ce que les moyens ont quelquefois de ressemblance avec d'autres tragédies. Zénobie, ainsi qu'Alzire, avoue à son mari qu'elle en aime un autre; mais qu'on lise les deux pièces, on verra que les caractères n'ayant rien de commun, cet aveu produisant des effets tout différents, la situation d'Alzire ne doit rien d'essentiel à cette conformité de moyen, et ne perd rien de sa supériorité. On en peut dire autant de cet autre rapport qu'on a voulu trouver entre Pauline qui vient prier Sévère, son amant, de sauver les jours de son mari, et Alzire, qui demande à son mari la grace de son amant. Au fond, cette espèce de rapport inverse disparaît lorsque l'on considère combien Gusman ressemble peu à Sévère, Alzire à Pauline, et combien il y a de distance entre leur position respective : elle est telle, que l'une ne peut pas dire un mot de ce que dit l'autre. Avouons-le : à quoi peut ressembler l'inaltérable candeur qui est le caractère particulier d'Alzire, lorsque, tremblante pour la vie de Zamore, ses instances près de Gusman à qui elle la demande, se réduisent à lui dire :

Tu t'assures ma foi, mon respect, mon retour,
Tous mes vœux, s'il en est qui tiennent lieu d'amour.
Pardonne...je m'égare... éprouve mon courage :
Peut-être une Espagnole eût promis davantage.

mérite que s'il en avait eu la première idée. Enfin malgré quelques invraisemblances dans le plan, qui ont été souvent relevées, *Alzire* me paraît de toutes les productions dramatiques de Voltaire, celle dont la sève est la plus abondante et le jet le plus heureux.» H. P.

> Elle eût pu prodiguer les charmes de ses pleurs ;
> Je n'ai point leurs attraits, et je n'ai point leurs mœurs.

Cette restriction, « s'il en est qui tiennent lieu « d'amour, » est admirable.

Cette même Alzire, quand elle a gagné à prix d'argent un soldat espagnol qui doit favoriser l'évasion de Zamore, et lui donner ses habits et ses armes, ne se croit pourtant pas en droit de suivre l'amant qu'elle se croit permis de sauver. C'est en vain qu'il lui représente que ce n'est pas aux dieux de ses pères qu'elle a fait la promesse d'être à Gusman ; elle lui répond :

> J'ai promis, il suffit : il n'importe à quel dieu.

Cette droiture, qui nous la fait chérir et respecter, se soutient dans une épreuve encore plus cruelle. Lorsque Alvarez a obtenu du conseil la vie d'Alzire et de Zamore, mais à condition qu'il se ferait chrétien comme elle, quel parti prend Alzire, à qui seul il s'en remet de ce qu'il doit faire ? Il est vrai que lui-même semble aller au-devant de sa décision, et cela devait être :

> Il s'agit de tes jours : il s'agit de mes dieux :
> Toi qui m'oses aimer, ose juger entre eux ;
> Je m'en remets à toi ; mon cœur se flatte encore
> Que tu ne voudras point la honte de Zamore.

Que lui répond-elle ?

> Écoute. Tu sais trop qu'un père infortuné
> Disposa de ce cœur que je t'avais donné.
> Je reconnus son Dieu : tu peux de ma jeunesse
> Accuser, si tu veux, l'erreur ou la faiblesse ;

> Mais des lois des chrétiens mon esprit enchanté
> Vit chez eux, ou du moins crut voir la vérité :
> Et ma bouche, abjurant les dieux de ma patrie,
> Par mon âme en secret ne fut point démentie.
> Mais renoncer aux dieux que l'on croit dans son cœur,
> C'est le crime d'un lâche, et non pas une erreur;
> C'est trahir à la fois, sous un masque hypocrite,
> Et le dieu qu'on préfère, et le dieu que l'on quitte;
> C'est mentir au ciel même, à l'univers, à soi.
> Mourons, mais en mourant sois digne encor de moi;
> Et si Dieu ne te donne une clarté nouvelle,
> Ta probité te parle, il faut n'écouter qu'elle.

Avouons-le encore une fois : ce caractère et celui de Zamore n'avaient point de modèle.

Il n'y en a pas davantage de la conduite de cet Américain, qui, après avoir poignardé Gusman,

> Tombe aux pieds d'Alvarez, et tranquille et soumis,
> Lui présentant ce fer teint du sang de son fils :
> J'ai fait ce que j'ai dû, j'ai vengé mon injure;
> Fais ton devoir, dit-il, et venge la nature.
> Alors il se prosterne, attendant le trépas.

Cette exacte répartition des droits naturels, à la fois généreuse et terrible, est parfaitement conforme aux mœurs des sauvages, dont Zamore devait se rapprocher infiniment plus que des nôtres. Tout le monde sait que rien n'est plus commun que d'entendre dire à un sauvage : J'ai tué ton père, ou ton fils, ou ton frère : tu dois me tuer; et il attend la mort sans faire la moindre plainte ni la moindre prière, et croyant acquitter une dette. C'en est une chez ces peuples que la vengeance de ses proches.

pour laquelle il n'y a point de composition. Leurs
vertus ne s'élèvent pas jusqu'à la clémence, et c'est
là-dessus que Voltaire a fondé un de ses plus beaux
dénouements. L'empire que prend sur nous la religion au moment où la mort ouvre devant nous l'avenir,
lui a permis de déroger à la loi générale, qui ordonne
qu'un caractère soit le même à la fin de la pièce qu'il
était au commencement*. C'est ce qu'indiquent assez
les vers qu'il met dans la bouche de Gusman :

Je meurs; le voile tombe; un nouveau jour m'éclaire;
Je ne me suis connu qu'au bout de ma carrière.
J'ai fait, jusqu'au moment qui me plonge au cercueil,
Gémir l'humanité du poids de mon orgueil.
Le ciel venge la terre; il est juste, et ma vie
Ne peut payer le sang dont ma main s'est rougie.
Le bonheur m'aveugla, la mort m'a détrompé.
Je pardonne à la main par qui Dieu m'a frappé.
J'étais maître en ces lieux; seul j'y commande encore,

---

* Ce principe, établi par Aristote et par Horace, est vrai en général; il souffre cependant quelques exceptions, comme le prouve celle qu'y fait ici La Harpe et beaucoup d'autres non moins frappantes qu'on pourrait citer. L'inconséquence dans les sentiments et dans la conduite est conforme à la nature, aussi bien que la constance du caractère, et doit au même titre être reproduite dans les compositions de l'art. C'était la pratique des Grecs qu'il faut toujours rappeler quand il s'agit de vérité. L'*Antigone* de Sophocle, après avoir fait avec héroïsme le sacrifice de sa vie, tombe dans l'abattement et le désespoir quand le moment fatal approche; l'*Iphigénie* d'Euripide, après avoir montré la timidité et la faiblesse d'une jeune fille, se résigne noblement à un sort inévitable. Telle est la nature humaine, qui n'est pas toute d'une pièce comme la représentent souvent des poètes sans génie, mais qui, avec ces traits inaltérables dont se forment les caractères, présente encore cette physionomie changeante, que doit saisir le peintre qui veut reproduire une fidèle image de l'homme, de cet *être ondoyant et divers*, comme l'appelait Montaigne.

H. PATIN.

> Seul je puis faire grace, et la fais à Zamore.
> Vis, superbe ennemi, sois libre, et te souvien
> Quel fut et le devoir, et la mort d'un chrétien.
> Montèze, Américains, qui fûtes mes victimes,
> Songez que ma clémence a surpassé mes crimes.
> Instruisez l'Amérique; apprenez à ses rois
> Que les chrétiens sont nés pour leur donner des lois.
>   (*A Zamore.*)
> Des dieux que nous servons connais la différence :
> Les tiens t'ont commandé le meurtre et la vengeance;
> Et le mien, quand ton bras vient de m'assassiner,
> M'ordonne de te plaindre et de te pardonner.

Les paroles mémorables du duc de Guise à ce protestant qui voulut l'assassiner au siége de Rouen ne pouvaient être ni plus heureusement placées, ni mises en plus beaux vers.

Ce grand mérite de la versification ne brille dans aucune pièce de Voltaire plus que dans *Alzire*. Il y en a qui ont beaucoup moins de négligences et d'incorrections; il n'y en a point dont le style ait plus de beautés neuves et frappantes, un plus grand nombre de ces vers remarquables par le sentiment ou par l'expression.

> Ne cache point tes pleurs, cesse de t'en défendre,
> C'est de l'humanité la marque la plus tendre,
> Malheur aux cœurs ingrats et nés pour les forfaits,
> Que les douleurs d'autrui n'ont attendris jamais!
> . . . .
> Et le vrai Dieu, mon fils, est un dieu qui pardonne.
> . . . .
> L'Américain, farouche en sa simplicité,

VOLTAIRE. 345

Nous égale en courage, et nous passe en bonté.
. . . .
Allez; la grandeur d'âme est ici le partage
Du peuple infortuné qu'ils ont nommé sauvage.
. . . .
Grand Dieu! conduis Zamore au milieu des déserts.
Ne serais-tu le Dieu que d'un autre univers?
Les seuls Européens sont-ils nés pour te plaire!
Es-tu tyran d'un monde, et de l'autre le père?
Les vainqueurs, les vaincus, tous ces faibles humains,
Sont tous également l'ouvrage de tes mains.

Il y a eu des critiques assez ineptes pour reprocher ici à l'auteur de faire parler Alzire en philosophe; ils ne se sont pas aperçus qu'un des avantages du sujet, c'est que ces idées primitives de la morale universelle, qui pourraient être ailleurs des lieux communs philosophiques, sont ici un langage naturel à un peuple qui ne pouvait pas réclamer d'autre défense contre des tyrans civilisés qui contredisaient si horriblement leur propre religion, et déshonoraient la supériorité de leurs armes. Ils n'ont pas vu que par conséquent la morale est ici en action et en situation, et que c'est un mérite de plus dans le poète, d'avoir su la placer dans un cadre dramatique qui lui donne plus de pouvoir et plus d'effet. Bien loin qu'une vaine affectation d'esprit refroidisse ces vers, le cœur les a retenus; ils sont touchants par leur vérité, en même temps qu'ils charment l'oreille par leur harmonie.

Le contraste des mœurs de l'Amérique avec celles

de l'Europe devait fournir aussi des couleurs nouvelles, et le pinceau de Voltaire leur a donné le plus grand éclat. Quoi de plus brillant que ces vers,

> Que peuvent tes amis, et leurs armes fragiles,
> Des habitants des eaux dépouilles inutiles,
> Ces marbres impuissants en sabres façonnés,
> Ces soldats presque nus et mal disciplinés,
> Contre ces fiers géants, ces tyrans de la terre,
> De fer étincelants, armés de leur tonnerre,
> Qui s'élancent sur nous, aussi prompts que les vents,
> Sur des monstres guerriers pour eux obéissants?

Loin d'affaiblir l'admiration pour tant de beautés, en remarquant les fautes qui s'y mêlent, la critique que je me crois obligé d'en faire ne peut que confirmer mes éloges. Cet ouvrage, où le génie de l'auteur est monté si haut, pèche souvent contre la vraisemblance. Heureusement ce n'est pas contre la vraisemblance morale, contre celle des sentiments et des caractères; c'est contre la disposition des faits et des événements; et cette espèce d'invraisemblance, quoique véritablement répréhensible, est bien moins grave et bien moins dangereuse, parce qu'elle n'est guère aperçue que par la réflexion.

1° Comment et pourquoi Zamore vient-il à Los-Reyes? C'est la première chose qu'il doit nous apprendre en y arrivant: il n'en dit pas un mot.

> Nous avons rassemblé des mortels intrépides,
> Éternels ennemis de nos maîtres avides;
> Nous les avons laissés dans ces forêts errants,
> Pour observer ces murs bâtis par nos tyrans.
> J'arrive, on nous saisit.

Ce n'est pas assez de dire, *j'arrive* : si le spectateur, content de voir Zamore, n'en demande pas davantage, le lecteur, un peu plus difficile, lui dira : Pourquoi arrivez-vous ? Vous dites dans une des scènes suivantes :

Je cherche ici Gusman, j'y vole pour Alzire.

Mais comment venez-vous au hasard, au milieu de vos ennemis, dans une ville fortifiée, avec une suite de quelques amis ? Comment venez-vous de manière à *être saisi* en arrivant, sans pouvoir rendre aucune défense ? Quel était votre dessein ? Espériez-vous de vous cacher sous quelque déguisement ? Aviez-vous quelque intelligence dans la ville ? Y avait-il quelque entreprise formée, ou pour vous venger de Gusman, ou pour tirer Alzire de ses mains ? Vous ne dites rien qui puisse même le faire supposer. Comment donc avez-vous quitté votre armée pour vous jeter en aveugle parmi vos plus cruels ennemis ? Ce n'est pas même l'amour qui peut être le prétexte de tant d'imprudence : vous ignorez où est Alzire : vous le demandez vingt fois pendant tout le second acte : votre conduite n'est concevable en aucune manière.

Je ne connais point de réponse à ces objections : la faute est évidente, et ce n'est pas une faute légère.

2° Il n'y a que deux ans que Zamore a sauvé la vie à Alvarez, lorsque ce généreux commandant, seul et sans secours, allait périr sous les coups des Américains. Alvarez s'est nommé ; et Zamore, touché de la réputation de ses vertus, qui étaient la sauvegarde des opprimés, s'est jeté à ses pieds, lui a tenu un discours très pathétique; et deux ans après il voit paraître ce vieillard vénérable, et ne se rappelle pas des traits qu'il a dû considérer avec tant d'attention et d'intérêt. Je veux qu'Alvarez ne reconnaisse pas son libérateur, que l'on croit mort; mais comment Zamore ne reconnaît-il pas Alvarez? Il est difficile de le supposer. La reconnaissance graduée rend la scène bien plus dramatique, j'en conviens; mais c'est aux dépens de la vraisemblance.

3° Elle est encore plus manifestement violée au quatrième acte, et de plusieurs manières. Gusman est vainqueur; Zamore est en prison. La nuit vient, et le soldat qui a trouvé le moyen de le délivrer l'amène devant Alzire au même lieu où elle vient de parler à Gusman. Ici les invraisemblances sont accumulées : d'abord, comment le soldat qui a consenti à s'exposer au danger le plus éminent, augmente-t-il si gratuitement ce danger en amenant Zamore de la prison dans le palais même de Gusman, au lieu de précipiter son évasion? Comment Alzire elle-même expose-t-elle son amant à un péril si manifeste? Certainement elle ne doit avoir rien de plus pressé que de le savoir en sûreté; elle n'a pas d'autre dessein, et ce n'est pas là le cas de tout risquer pour une entrevue d'un moment. Ce n'est pas tout : Gusman vient de quitter Alzire. Où est-il dans cet instant? Que fait-il? On ne doit pas l'ignorer. Comment, après tout ce qui s'est passé, laisse-t-il à sa femme la liberté d'être seule dans la nuit et d'entretenir son amant? Cette conduite est bien étrange, et un vers de la pièce la rend encore plus inexplicable. Dans le récit que fait la suivante d'Alzire de ce qui vient de se passer entre Zamore et le soldat, se trouve ce vers :

Au palais de Gusman je le vois qui s'avance.

Et où est donc le lieu de la scène, si ce n'est pas dans ce même palais de Gusman et d'Alvarez, dans le palais du gouverneur? Supposons encore qu'on ait mis *palais* au lieu d'*appartement*, qui était le mot propre; mais alors comment Alzire, au milieu de la nuit, n'est-elle pas dans l'appartement de son époux?

4° Enfin, la plus forte peut-être de toutes ces invraisemblances, c'est la supposition que le conseil espagnol a pu consentir à laisser la vie à l'assassin d'un vice-roi du Pérou, à condition qu'il se ferait chrétien. Le zèle des Espagnols pour leur religion n'était pas de cette nature, et n'allait pas jusque-là. Je ne connais pas de nation où l'on rachetât à ce prix un pareil attentat; et si l'on se souvient combien les Espagnols faisaient peu de cas de la vie des Américains, cette supposition paraîtra encore plus inconcevable; et la seule excuse qu'elle puisse avoir, c'est qu'elle amène une très belle scène.

Comment, dira-t-on, l'auteur a-t-il pu se permettre tant de fautes de cette importance? Le succès constant a répondu pour lui : c'est qu'au théâtre les situations sont si fortes et si attachantes, que l'on ne songe guère à examiner comment elles sont amenées. Les acteurs pensent et parlent si bien dès qu'ils sont sur la scène, que l'on oublie tout le reste; et le cœur est si ému, que la raison n'a pas le temps de faire une objection. C'est ce que Gresset a très bien exprimé dans ces vers sur la tragédie d'*Alzire*.

Aux règles, m'a-t-on dit, la pièce est peu fidèle.
Si mon esprit contre elle a des objections,
      Mon cœur a des larmes pour elle :
Le cœur décide mieux que les réflexions.

*Observations sur le style d'*Alzire.

[1] . . . . Ces honneurs souverains
Que la vieillesse *arrache* à mes débiles mains.

Cette expression ne me semble pas heureusement figurée : l'effet de la vieillesse est de faire tomber plutôt que d'*arracher*.

[2] J'ai consumé *mon âge* au sein de l'Amérique.

J'ai consumé mes jours ou *ma vie* me paraîtrait meilleur et plus juste que *j'ai consumé mon âge*. Je ne crois pas même qu'on puisse employer ainsi ce mot d'*âge*, à moins qu'on ne le caractérise; par exemple, *j'ai consumé mon jeune âge*. *Age* signifie proprement une époque déterminée de la vie humaine : le sens particulier de ce mot se marque ordinairement par ceux qui l'accompagnent, par les circonstances personnelles, etc. Quand il n'a pas d'épithète, il se prend souvent pour la vieillesse : *appesanti par l'âge*, *éclairé par l'âge*. *Désho-*

norer mon âge, dans la bouche d'un vieillard, est synonyme de *déshonorer ma vieillesse*, et *le feu de l'âge*, *la fraîcheur de l'âge*, désignent la jeunesse.

³ Et mes yeux sans regret quitteront la lumière,
 S'ils vous *ont vu* régir, etc.

Cette construction n'est pas régulière en elle-même : on ne peut dire : *Je serai content si je vous ai vu*; il faut *quand je vous aurai vu*, parce que le futur du premier nombre de la phrase, *je serai content, si*, suppose un second futur, et nullement un prétérit. Cependant je ne sais si la précision poétique ne permet ou n'excuse pas au moins la construction dont Voltaire s'est servi, attendu que l'esprit suppose aisément un prétérit qui existera quand le premier futur sera devenu présent. L'esprit se reporte au temps où Alvarez pourra dire : *Je meurs content, mes yeux vous ont vu*, etc. Observez que les latins disent : *Si j'aurai vu, si videro*, et les Italiens, *si je verrai, si vedrò*. C'est un avantage qui nous manque : nous sommes obligés de recourir au *quand*, dans ces deux cas, et c'est un inconvénient, parce que la particule *quand* n'a pas essentiellement un sens conditionnel, comme *si*.

⁴ Mais *à mon nom, mon fils*, etc.

Petite négligence que cette répétition si proche : il eût été mieux de dire :

Mon fils, à mon seul nom, etc.

et même la phrase avait plus d'expression en retranchant le *mais*. Les remarques deviennent ici un peu minutieuses, parce que la scène, ainsi que toute la pièce, est supérieurement écrite.

⁵ J'y consens; mais songez *qu'il faut qu'ils soient* chrétiens.

Par la même raison je remarquerai encore ces pronoms trop rapprochés, et un peu de dureté dans le vers qui suit ;

Qu'il commande à sa *fille et force enfin* son choix.

⁶ Pour le vrai Dieu Montèze a quitté ses faux dieux, etc.

A compter de ce vers, on en trouve huit de suite qui sont isolés et sans liaison. C'est un défaut sans doute, et les satiriques en ont fait grand bruit : des critiques auraient ajouté que ce défaut est rare dans l'auteur. Un style où il serait fréquent, où un grand nombre de vers tomberaient un à un, serait insupportable, quelque beau qu'il fût d'ailleurs :

L'ennui naquit un jour de l'uniformité.

⁷ Aurait rendu comme eux leur dieu même *haïssable*.

C'est une faute de mesure. L'*h* est aspirée dans *haïssable*, comme dans *haïr*, *haine*, etc. L'auteur s'est cru permis de déroger à la loi; mais il n'y a point de force à violer la règle uniquement pour la violer; il y en a au contraire à l'observer, à moins que la violation ne vaille mieux que la règle, ce qui est très rare.

⁸ Rend du monde aujourd'hui les bornes éclairées.

Rendre éclairées les bornes du monde est une phrase inélégante, en prose comme en vers: d'abord c'est mettre inutilement deux mots au lieu d'un, puisque *éclairer les bornes* disait tout; de plus, c'est mal parler que de dire *rendre éclairé*, *rendre connu*, etc. comme l'auteur l'a dit ailleurs. Ces participes sont mal placés avec le verbe *rendre*: je crois en avoir déjà rendu raison.

9 Protège de mes ans *la fin dure* et funeste.

La *fin dure* est une expression dure.

10 Qui percera ce cœur que l'on arrache *à lui?*

En prose, il faudrait absolument *que l'on arrache à lui-même* : la poésie peut en dispenser.

11 Ah! n'ensanglantez point le *prix* de la victoire.

On ne sait ce que veut dire ici *le prix de la victoire*. *Ensanglanter la victoire* disait tout; *le prix* est une cheville.

12 Quoi! du calice amer d'un malheur *si durable*,
  Faut-il boire à longs traits *la lie insupportable?*

Boire le calice jusqu'à la lie est une expression familière et énergique : il s'en faut de beaucoup que l'auteur l'ait embellie en voulant l'ennoblir. *Le malheur durable* ne va point avec *l'amertume du calice*, et *la lie insupportable* est très mauvais. Il n'y a pas deux autres vers semblables dans toute la pièce ; mais c'est ici un de ces endroits où Voltaire a vraiment mérité le reproche de philosopher mal à propos, et ce monologue d'Alzire en est un des exemples les plus marqués. Il commence très bien :

Quoi! ce Dieu que je sers me laisse sans secours!

> Il défend à mes mains d'attenter sur mes jours !
> Ah ! j'ai quitté des dieux dont la bonté facile
> Me permettait la mort, la mort mon seul asyle.

Cela est beau ; car cela rentre dans la situation et dans le personnage d'Alzire. Mais elle ajoute :

> Et quel crime est-ce donc devant ce Dieu jaloux,
> De hâter un moment qu'il nous réserve à tous?
> Quoi ! du calice amer d'un malheur si durable,
> Faut-il boire à longs traits la lie insupportable ?
> Ce corps vil et mortel est-il donc si sacré,
> Que l'esprit qui le meut ne le quitte à son gré ?

Cela est mauvais de tout point, en philosophie comme en poésie, et souverainement déplacé dans la situation d'Alzire. Un Socrate, un Caton peut raisonner sur sa mort prochaine ; mais une amante au désespoir, près de voir son amant conduit au supplice, et débitant des arguments métaphysiques sur le suicide, c'est un contre-sens dramatique, qui n'admet aucune excuse. L'auteur est d'ordinaire beaucoup plus adroit à faire entrer la morale dans son dialogue : ici la faute est si choquante, que l'on a toujours retranché ces quatre vers au théâtre ; mais ce n'est pas assez ; il faudrait aussi retrancher les suivants : *ce peuple de vainqueurs*, etc. le tour en est plus vif ; mais ce sont encore des sophismes sur le suicide, et Alzire sophiste est intolérable.

13 Tu veux donc *jusqu'au bout consommer* ta fureur ?

Consommer ta fureur me paraît répréhensible : ces deux mots sont trop discordants pour passer à la faveur de l'ellipse (l'ouvrage de ta fureur). De plus, *consommer jusqu'au bout* est un pléonasme : en tout, le vers est mauvais ; mais il y en a tant de beaux dans cet immortel ouvrage !

SECTION VIII. — *Zulime et Mahomet.*

Comme il arrive aux auteurs les plus médiocres de rencontrer des sujets heureux, il arrive aux plus grands maîtres d'en choisir de bien ingrats ; et c'est ainsi que le génie et la médiocrité peuvent se rapprocher quelquefois, malgré l'intervalle immense qui les sépare. On est alors presque également fâché de la méprise de l'un et de la bonne fortune de l'autre. On regrette d'un côté qu'un beau sujet soit tombé dans des mains trop faibles pour en tirer tout ce qu'il pouvait fournir ; et de l'autre, qu'un beau talent se soit inutilement consumé en efforts qui pouvaient être bien mieux employés. C'est sur-tout au théâtre que cette erreur est plus fréquente et plus sensible : parce que tout y dépend, plus qu'ailleurs, de la première conception. L'on sait combien de fois Corneille se trompa dans le choix des sujets. Racine, plus heureux depuis qu'*Andromaque* eut fixé pour lui le moment de sa force, ne se méprit qu'une fois ; et encore n'est-il pas sûr qu'on doive lui reprocher *Esther*, qu'il composa pour Saint-Cyr, et non pour le théâtre, et que la postérité a consacrée comme un chef-d'œuvre de poésie. On peut s'étonner que Voltaire dans une carrière de quarante-deux ans, depuis *OEdipe* jusqu'à *Tancrède*, ne se soit réellement mépris que deux fois, dans *Mariamne*, et dans *Zulime* :

car il ne faut pas compter *Artémire*, qui est la même chose que *Mariamne*, ni *Éryphile*, puisqu'il ne s'était égaré que dans l'exécution, et qu'ensuite, en voyant mieux son sujet, il en a fait *Sémiramis*. Je ne parle pas non plus des pièces qui ont suivi *Tancrède*. Quand les ans ont épuisé la force productive, quand la nature fatiguée annonce au talent son déclin, il ne faut plus le juger; il faut excuser ce qu'il veut faire, et se souvenir de ce qu'il a fait.

Mais si *Mariamne* n'est pas une bonne tragédie, c'est du moins un ouvrage bien écrit : on y reconnaît la plume de Voltaire; elle est presque entièrement méconnaissable dans *Zulime*. Sujet, intrigue, caractères, conduite, versification, tout est également faible ou vicieux; c'est la seule éclipse totale qu'ait éprouvée cet astre dans tout l'éclat de son midi. Jamais Voltaire n'avait été plus brillant que dans *Alzire*, et l'on a peine à concevoir qu'il soit tombé de si haut jusqu'à *Zulime*. La pièce toute d'invention, et roulant tout entière sur l'amour, peut faire penser qu'après *Zaïre* et *Alzire*, il croyait arriver au même succès en suivant à peu près la même route; mais on va voir combien il s'en faut qu'il y ait marché du même pas. Je m'arrêterai fort peu sur cette tragédie : un exposé très court en rendra tous les défauts palpables, et il y a trop peu de beautés pour compenser l'espèce de chagrin qu'on éprouve à chercher un grand homme dans un grand ouvrage où on ne le trouve plus.

D'abord il s'est privé de l'avantage essentiel qu'il s'était procuré dans *Zaïre* et *Alzire*, de lier sa fable à l'histoire, et de placer le spectateur à une époque qui lui rappelle des souvenirs. C'est un point très important dans la tragédie; et c'est à quoi doivent penser avant tout, ceux qui traitent des sujets d'imagination. *Bénassar*, *Zulime*, *Atide*, *Ramire*, non-seulement nous sont inconnus, mais ne tiennent à rien que nous connaissions; et la scène est dans une petite ville ignorée sur les côtes d'Afrique. On peut supposer que l'action se passe au dixième siècle, puisque Ramire prétend avoir des droits à la principauté de Valence, et qu'il parle de la délivrer des Maures, qui vers ce temps en étaient encore les maîtres. Au reste, il n'est rien autre chose ici qu'un esclave de Bénassar, scherif de Trémizène. Il l'a très bien servi contre les Turcomans, qui se sont emparés de ses petits états; mais tandis que Bénassar fuyait d'un côté avec quelques troupes, Zulime sa fille a fui de l'autre avec Ramire, qu'elle aime et qu'elle veut épouser. Une Atide, esclave chrétienne, est à la fois l'amie et la confidente de Zulime et en secret l'épouse de Ramire. Tous trois sont retirés dans la forteresse d'Arzénie, avec une partie des soldats de Bénassar que Zulime s'est attachée. Le vieux schérif, indigné de la fuite de sa fille, arrive sous les murs d'Arzénie; et quoique Zulime y commande, la garnison n'ose en refuser l'entrée à Bénassar, qui vient accabler sa fille de reproches, et n'en obtient rien. Alors il s'adresse à Ramire lui-même, et lui redemande sa fille, en lui promettant de tout pardonner à ce prix. Ramire ne demande pas mieux que de lui rendre Zulime qu'il n'aime point, et qui déjà irritée des refus de cet esclave et commençant à soupçonner Atide, les a menacés tous deux de sa vengeance. Ramire en revanche demande à Bénassar d'assurer sa fuite avec Atide, et le vieillard le lui promet. Mais dans le même temps Atide, qui a trouvé le moyen de calmer sa rivale, et qui ne sait rien de ce qui se passe entre Ramire et Bénassar, persuade à Zulime de s'embarquer précipitamment pour se dérober tous au pouvoir de son père. Celui-ci, qui se croit trompé par Ramire, fait alors entrer ses troupes, poursuit Atide et Zulime sur leurs vaisseaux, et, malgré la résistance de Ramire qui les défend avec une valeur désespérée, il est vainqueur et les fait tous prisonniers. Voilà les évènements qui remplissent les quatre premiers actes : il n'est pas possible de prendre le moindre intérêt à cette espèce d'*imbroglio* tragique, ni même d'en démêler les ressorts. Ce qu'il y a de plus clair, c'est la ressemblance de situation entre Roxane, Atalide et Bajazet d'un côté, et de l'autre, Zulime, Atide et Ramire. L'auteur en convient dans sa préface, et il ajoute: *Pour comble de malheur, je n'avais point d'Acomat.* C'était sans doute une grande beauté de moins ; mais le *comble du malheur*, c'est que tous ses personnages sont dans une situation misérablement passive. On sait dès le premier acte, que Ramire est l'époux d'Atide : ainsi nulle espérance pour Zulime, dont les sacrifices et les fautes en pure perte ne peuvent ni rien produire ni rien promettre de satisfaisant. Il restait à porter de l'intérêt sur Atide et Ramire ; mais la situation où le poète les a mis n'en comporte aucun, ni pour leur personne, que rien ne relève à nos yeux, ni pour leur danger, puisqu'il n'y en a jamais de réel. L'un et l'autre intérêt se trouvent au contraire réunis dans *Bajazet* : Atalide et son amant sont continuellement sous le glaive de Roxane, et le caractère terrible que le poète lui a donné nous fait trembler pour eux. De plus Bajazet, l'héritier d'un grand empire, l'ami d'Acomat et l'instrument d'une grande révolution, a du moins de quoi nous attacher à sa destinée; comme Atalide prête à se sacrifier elle-même à tous moments aux intérêts et à la sûreté de celui qu'elle aime, a de quoi nous attacher à son amour. Mais qu'est-ce à nos yeux que l'esclave Ramire, qui a consenti, l'on ne sait comment, à fuir avec Zulime, étant déjà l'époux d'Atide ? Que peut faire, que peut dire, que peut sacrifier cette Atide qui est déjà mariée ? Tantôt elle dit à son époux de fuir avec Zulime; mais on sent trop que cela n'est pas même proposable, puisqu'il serait le dernier des hommes, s'il abandonnait sa femme; tantôt elle parle de se tuer, pour lui laisser la liberté d'en épouser une autre ; mais ces sortes de menaces ne sont qu'une manière de parler, quand il n'y a nulle raison de les effectuer ; et où est le danger d'Atide et de Ramire ? Il suffit d'entendre Zulime pour être entièrement rassuré sur leur vie : c'est le plus entier abandon de l'amour, de l'amitié, de la confiance. Elle éclate un moment contre l'ingratitude de Ramire, mais elle ne dit pas un mot qui la fasse croire véritablement capable d'une vengeance cruelle et sanglante; c'est même l'opposé de son caractère. Il s'ensuit que le héros de la pièce, Ramire, n'a autre chose à y faire qu'à s'occuper des moyens de se débarrasser d'une femme qui l'importune, et de s'enfuir avec la sienne. En bonne foi est-ce là un canevas tragique? Est-il possible que Voltaire ait cru voir là une tragédie? Dira-t-on que le danger peut venir de Bénassar? Mais le père est encore moins effrayant que la fille; c'est le meilleur des hommes; il se jette aux pieds du ravisseur de Zulime, et l'assure qu'il sera trop heureux de la reprendre de ses mains. Ramire l'assure de son côté qu'il l'a toujours respectée : Zulime, dit-il,

. . . . Est un objet sacré
Que mes profanes yeux n'ont point déshonoré.

Il faut le croire; mais c'est dire avec une élégance très décente une chose bien étrange dans une tragédie. Remarquons, en passant, les convenances du genre : dans ce qu'on appelle le comique larmoyant, un père, un vieillard redemandant sa fille à un séducteur, pourrait nous attendrir; dans un personnage tragique, dans un souverain, cette démarche a quelque chose d'avilissant; elle ressemble trop à l'humiliation et à la faiblesse.

Enfin, comment comprendre et expliquer le peu d'action qu'il y a dans cette pièce? Comment Bénassar croit-il qu'il ne dépend que de Ramire de lui rendre sa fille? Ramire est-il le maître de disposer d'elle? l'est-il de la forteresse? l'est-il des troupes de Zulime? Elle répète dix fois qu'elle seule commande dans la place, qu'elle seule dispose des portes, des soldats; que *la porte de la mer ne s'ouvre qu'à sa voix*. Comment donc Ramire se charge-t-il de la remettre entre les mains de son père? Comment Zulime, de son côté, précipite-t-elle son départ avec Atide, tandis que Ramire est avec Bénassar, tandis qu'elle n'a nulle certitude que Ramire soit prêt à la suivre, Ramire qui est tout pour elle. En vérité, rien de plus extraordinaire que ces quatre personnages courant pendant toute la pièce les uns après les autres; Bénassar après sa fille, Zulime après son amant, Ramire après sa femme, sans qu'on puisse deviner comment ni pourquoi, et ce qu'il y a de pis, sans qu'aucun d'eux soit dans le plus petit danger. C'est sans contredit une des plus mauvaises intrigues qu'on ait jamais imaginées.

Après l'issue du combat qu'on apprend à la fin du quatrième acte, les ressentiments de Bénassar victorieux pourraient mettre au moins Ramire en péril, si le vieillard ne reconnaissait lui-même que Ramire a respecté ses jours au milieu de la mêlée, et lui a conservé une vie qu'il avait déjà défendue contre les Turcomans. Ainsi Bénassar, sauvé deux fois par Ramire, ne peut pas ordonner sa mort. Il prend un parti tout opposé, et conforme à la bonté de caractère qu'il a fait voir dans toute la pièce. Il lui offre la main de Zulime; alors Ramire est obligé d'avouer qu'il est l'époux d'Atide; celle-ci tire un poignard et veut s'en percer, pour rendre à Ramire la liberté de reconnaître l'amour et les bienfaits de Zulime. Ramire, comme on s'y attend bien, l'en empêche; mais Zulime, à son tour, tire aussi son poignard et se frappe, et Ramire ne l'en empêche pas. Ce dénouement n'a pas plus d'effet que le reste, parce que la mort d'un personnage qui n'a pas excité un grand intérêt, ne saurait toucher le spectateur.

En général, la versification de cette pièce est extrêmement faible, souvent lâche, incorrecte et négligée. Il semble que les situations, les caractères, les mœurs manquant à l'auteur, il ait laissé sans aucun soin courir son style sur un sujet qui ne pouvait pas l'échauffer. Il y a dans le rôle de Zulime quelques traits de passion, quelques beaux vers, mais en très petit nombre. A l'égard des fautes, elles s'offrent de tous côtés; c'est une raison pour n'en relever aucune, et je me hâte de quitter cette production si peu digne de Voltaire, et qu'on est bien étonné de trouver entre *Alzire* et *Mahomet*.

Mahomet est fait pour instruire tous les hommes, pour leur inspirer cette bienveillance mutuelle qui doit les rapprocher encore quand leur croyance les divise. Il apprend à détester le fanatisme, qui, une fois reçu dans une âme pure, mais égarée par un esprit crédule et une imagination ardente, donne à l'homme pour le crime toute l'énergie qu'il aurait eue pour la vertu; comme le poison cause des convulsions plus violentes aux tempéraments robustes, comme le délire frénétique de la fièvre est plus terrible dans un corps vigoureux.

C'est moins sous ce point de vue d'utilité générale que l'auteur semblait préférer cette tragédie à toutes celles qu'il avait faites, qu'à cause du dessein qu'il y cachait et qu'on aperçut, de rendre le christianisme odieux. Je ferai voir ailleurs combien il s'était abusé dans ce projet; mais je n'examine ici que la pièce. Elle a d'assez grands défauts; mais les beautés de tous genres y prédominent tellement, elle est d'une telle force de conception morale et dramatique, que tous les connaisseurs s'accordent à la placer dans le premier rang des productions qui ont illustré la scène française. C'est une chose remarquable, que deux de nos plus étonnants chefs-d'œuvre dans la tragédie et dans la comédie, *Tartufe* et *Mahomet*, avaient pour objet de démasquer l'hypocrisie, de faire voir tout le mal qu'elle peut faire, et d'en inspirer l'horreur. Molière l'a montrée telle qu'elle est dans la société; Voltaire l'a présentée jointe à la puissance et à la politique, les armes à la main, et les faisant passer dans celle du fanatisme. Un des plus beaux morceaux du *Tartufe* est celui où Molière fait l'éloge de la piété chrétienne, de la vraie dévotion, et la distingue de celle qui n'en a que le masque. Cela n'empêcha pas que la pièce ne fût d'abord défendue, comme le fut de nos jours celle de *Mahomet*, parce que le zèle craignit les fausses interprétations. Mais avec de fausses interprétations on pourrait dénaturer tout, et l'autorité ne peut guère y avoir égard sans avoir l'air de les adopter elle-même; ce qui est contraire à son but et la compromet dans l'opinion. La vraie morale de la tragédie de *Mahomet*, c'est que tout homme qui commande un crime au nom de Dieu est à coup sûr un scélérat imposteur, puisque Dieu ne peut jamais commander un crime. Cette morale, qui ne saurait être dangereuse en elle-même, n'est raisonnablement susceptible d'aucune application à la religion révélée, puisqu'il n'y a jamais eu que les fausses religions qui aient commandé des crimes. Je crois bien que ce fut sur-tout le nom de l'auteur qui fit accuser ses intentions ; mais ce sont les choses qu'il faut juger, et non pas les intentions ; tant pis pour lui s'il en avait de mauvaises dans *Mahomet*, lui qui dans *Alzire* venait de rendre un si éclatant hommage à la morale chrétienne. N'est-ce pas Voltaire qui avait fait dire à Zamore, quand Gusman lui pardonne :

Quoi donc ! les vrais chrétiens auraient tant de vertu !
Ah ! la loi qui t'oblige à cet effort suprême,
Je commence à le croire, est la loi d'un Dieu même.

Certes, c'était une étrange et honteuse inconséquence de calomnier un moment après cette même loi qu'il appelle *la loi d'un Dieu*, et par la bouche d'un personnage qui, dans la situation où il parle, ne peut certainement qu'exprimer un sentiment qui doit alors être celui de la conscience de l'auteur et de tous les spectateurs. Je sais trop que depuis cette même inconséquence s'est clairement manifestée dans d'autres ouvrages du même auteur, et que s'il la désavoua dans la préface de *Mahomet*, il s'en vanta depuis dans la société. Mais si l'auteur est tombé dans cette contradiction palpable, et dans une foule d'autres du même genre, c'est un avantage de plus pour la vérité, d'avoir pour adversaires des hommes qui non-seulement n'ont jamais pu être d'accord entre eux sur quoi que ce soit, mais encore n'ont jamais pu s'accorder avec eux-mêmes.

Mahomet, représenté trois fois en 1741, d'abord ne produisit guère qu'un effet d'étonnement, et même, en quelque sorte, de consternation, sans doute à cause de la sombre et triste atrocité de la catastrophe. Il parut n'être entendu et senti qu'à la reprise de 1751, et son succès a toujours augmenté depuis que le grand acteur qui devinait Voltaire eut révélé toute la profondeur du rôle de Mahomet.

Les mêmes critiques qui ont reproché à l'auteur de *la Henriade* d'avoir fait de Jacques Clément ce qu'il était en effet, un homme crédule et trompé, un fanatique de très bonne foi, ont encore insisté bien plus sur ce reproche quand il a peint dans le jeune Séide la vertu la plus pure conduite par un fol enthousiasme de religion jusqu'au plus exécrable des forfaits. Ils ont dit que Voltaire *s'était brisé deux fois au même écueil*; que c'était dans des âmes perverses, dans des scélérats, qu'il fallait peindre et rendre odieux l'abus de la religion. Oui, sans doute, dans l'hypocrite qui dicte le crime, mais non pas dans l'homme simple qui le commet. Il n'est pas bien étonnant en effet qu'un scélérat abuse de ce qu'il y a de plus sacré; mais ce qui frappe de terreur, c'est qu'un jeune homme plein d'innocence, de candeur et d'honnêteté, soit capable d'un assassinat, parce qu'élevé par un habile imposteur, il a été infecté, dès ses premières années, des poisons du fanatisme. Quand on entend ces vers de Séide :

> A tout ce qu'ils m'ont dit je n'ai rien à répondre :
> Un mot de Mahomet suffit pour me confondre.
> Mais quand il m'accablait de cette sainte horreur,
> La persuasion n'a point rempli mon cœur.

et ceux-ci :

> . . . . Mon esprit confus ne conçoit point encore
> Comment ce Dieu si bon, ce père des humains,
> Pour un meurtre effroyable a réservé mes mains.
> . . . .
> Mais avec quel courroux, avec quelle tendresse
> Mahomet de mes sens accuse la faiblesse !
> Avec quelle grandeur et quelle autorité
> Sa voix vient d'endurcir ma sensibilité !

Quel tableau plus effrayant et plus instructif que ce combat de la conscience contre la superstition? Quel avertissement pour tous les hommes, et surtout pour ceux qui les gouvernent, d'être toujours en garde contre quiconque voudrait nous persuader que la religion peut jamais être autre chose que la sanction de cette morale universelle que Dieu a mise dans tous les cœurs ! Quand Séide dit ailleurs :

> Si le Ciel a parlé, j'obéirai sans doute,

tous les spectateurs lui crient du fond de leur âme : Non, le Ciel n'a point *parlé* à Mahomet, puisque Mahomet t'ordonne un crime; mais il parle à ton cœur, puisque ton cœur te le défend. Quiconque ose parler aux hommes au nom de Dieu, et leur parle autrement que leur conscience, est un imposteur, et non pas un prophète. De quelque caractère qu'il soit revêtu, parût-il même faire des miracles, ne le crois pas : il ment à Dieu et aux hommes, puisqu'il ose démentir les principes de justice qui sont en nous, et que nous ne tenons pas de nous, mais de celui qui nous a créés, qui a créé notre intelligence, et l'a éclairée de lumières dont la source est dans son essence éternelle. Il est possible que des prestiges adroits abusent nos sens et notre ignorance; il ne l'est pas que les ordres du Très-Haut soient en contradiction avec la morale qu'il a gravée dans notre âme; il ne l'est pas qu'il désavoue par l'organe d'un mortel ce qu'il a écrit dans nos cœurs en caractères immortels; il ne l'est pas, en un mot, que le cri de la conscience ne soit pas la voix de Dieu.

Après avoir reconnu la justesse de ses vues dans le rôle de Séide, il faut suivre l'auteur dans les autres personnages de la pièce, et d'abord dans le principal, celui du prophète des Musulmans. Des critiques, apparemment fort zélés pour la mémoire de ce fameux imposteur, se sont plaints avec amertume, et même avec indignation, qu'on lui fît commettre dans la tragédie des crimes dont l'histoire ne l'accuse point. C'est pousser loin le scrupule : n'était-il pas ambitieux et hypocrite? Avec ce double caractère, de quel crime n'est-on pas capable? L'essentiel était qu'il n'en commît aucun qui ne fût nécessaire, que ses forfaits fussent médités par la politique et amenés par les conjonctures, qu'il obéît à ses intérêts, et jamais à ses passions. Les passions conviennent à cette espèce de coupables sur qui doivent se porter la pitié des spectateurs et l'intérêt de la pièce : ici l'un et l'autre se réunissent sur Zopire et sur ses enfants. Les crimes de Mahomet devaient donc seulement être ennoblis par la grandeur de ses desseins et l'énergie de son caractère. Il fallait tempérer par l'admiration ce que l'horreur aurait eu de trop révoltant ; c'était là ce que prescrivait l'entente du théâtre, et c'est ce que le poète a supérieurement exécuté.

On lit avec tant de distraction, et l'on juge avec tant de légèreté, qu'on lui a cent fois reproché, soit dans la conversation, soit même par écrit, de supposer gratuitement que Mahomet avait élevé Séide, comme Atrée a élevé Plisthène, pour le réserver au parricide. A quoi bon, a-t-on dit, cette atrocité sans motif ? Mais il n'y en a pas un mot dans la pièce. Cette atrocité convient au caractère d'Atrée ; il hait, il est dominé par la haine ; il ne respire que la vengeance ; mais Voltaire savait trop bien que jamais un homme qui aurait d'autres passions que son intérêt, ne serait l'auteur et le chef d'une révolution opérée par la fourbe et par la force. La conduite de Mahomet est entièrement dirigée par les circonstances où il se trouve. Comment, en effet, et pourquoi aurait-il conçu de si loin ce projet si peu vraisemblable de faire périr le père par le fils ? Quand il parvient, moitié par la terreur, moitié par la séduction, à être reçu dans la Mecque, il ne songe pas même encore à rien attenter contre Zopire. Il se flatte de le gagner, et il en a les moyens; les deux enfants de Zopire sont entre ses mains, et c'est un puissant motif pour leur père, à qui Mahomet propose de l'associer à son élévation, de lui rendre son fils et d'épouser sa fille. De telles offres sont séduisantes : Zopire s'y refuse, il se montre l'implacable ennemi de Mahomet; il est à craindre; il est le schérif de la Mecque et le chef du sénat. La trêve a été conclue malgré lui, mais il travaille à la rompre : il est près d'en venir à bout; il faut donc le perdre. La force ouverte ne peut donc être ici mise en usage : Mahomet n'a près de lui qu'une suite peu nombreuse; et de plus, il ne veut pas se rendre odieux par un assassinat. Il lui faut un de ces crimes dont le principe soit caché aux hommes, et que la superstition et la crédulité puissent attribuer à la vengeance céleste. C'est précisément la situation des chefs de la Ligue, qui avaient besoin, contre Henri III, d'un assassin qui pût passer pour un martyr. Voici comment l'auteur développe ce mystère d'iniquité entre Mahomet et Omar :

Zopire périra.

OMAR.

Cette tête funeste,
En tombant à tes pieds, fera fléchir le reste.
Mais ne perds point de temps.

MAHOMET.

Mais malgré mon courroux,
Je dois cacher la main qui va *lancer* les coups,
Et détourner de moi les soupçons du vulgaire.

OMAR.

Il est trop méprisable.

MAHOMET.

Il faut pourtant lui plaire ;
Et j'ai besoin d'un bras qui, par ma voix conduit,
Soit seul chargé du meurtre, et m'en laisse le fruit.

OMAR.

Pour un tel attentat je réponds de Séide.

MAHOMET.

De lui?

OMAR.

C'est l'instrument d'un pareil homicide.
Otage de Zopire, il peut seul aujourd'hui
L'aborder en secret, et te venger de lui.
Tes autres favoris, zélés avec prudence,
Pour s'exposer à tout ont trop d'expérience.
Ils sont tous dans cet âge où la maturité
Fait tomber le bandeau de la crédulité.
Il faut un cœur plus simple, aveugle avec courage,
Un esprit amoureux de son propre esclavage.
La jeunesse est le temps de ces illusions.
Séide est tout en proie aux superstitions ;
C'est un lion docile à la voix qui le guide.

Tels sont les conseils d'Omar, que les circonstances ne rendent que trop plausibles pour Mahomet. Il est certain que nul ne peut plus facilement que Séide exécuter ce meurtre, et n'est plus propre à remplir toutes les vues de son abominable maître : celui-ci hésite d'abord et se détermine bientôt. On peut juger maintenant entre Voltaire et ses critiques ; on peut décider s'il est vrai que Mahomet commande un parricide inutile.

Non, Voltaire n'a point ici poussé l'horreur trop loin : il l'a même sagement restreinte. Il a cru devoir adoucir le tableau du fanatisme ; s'il l'eût montré tel que l'histoire nous l'a plus d'une fois présenté, on ne l'aurait pas supporté sur la scène. Séide du moins ne sait pas que Zopire est son père ; et quand il l'apprend, il déteste son crime, et ne supporte la vie que dans l'espoir de se venger du monstre qui l'a trompé. Mais dans l'histoire des guerres civiles, excitées sous le prétexte de la religion, il n'est pas sans exemple que des fils se soient armés contre leurs pères, et des pères contre leurs fils.

Une des scènes où Voltaire a le mieux développé le caractère de Mahomet, ses vastes desseins et sa profonde politique, c'est la conversation entre lui et Zopire ; et plus elle est admirée des connaisseurs, plus elle a fait déraisonner les critiques. Ils ont avancé que Mahomet ne pouvait, sans une imprudence inexcusable, s'ouvrir ainsi tout entier devant son ennemi ; mais ils se sont bien gardés de dire un mot des motifs péremptoires qui le justifient pleinement, et je les ai déjà indiqués. Oui, sans doute, si la conduite de Mahomet n'était pas conforme à toutes les probabilités morales et politiques, le magnifique tableau qu'il expose aux yeux de Zopire ne serait qu'une jactance indiscrète, et ces détails sublimes ne seraient qu'une faute brillante. Mais je l'ai fait remarquer plus d'une fois, ce ne sont pas là de ces fautes que commet un grand maître, et Racine et Voltaire n'y sont jamais tombés. Ce dernier a souvent plié les incidents à ses combinaisons dramatiques, mais jamais la vérité des caractères; ces sortes de méprises sont trop graves et trop dangereuses. Mahomet manifeste toute l'étendue de ses projets et de ses espérances à Zopire, d'abord parce qu'il a de quoi lui en imposer, et ensuite parce qu'après l'avoir ébloui, il a de quoi le subjuguer par le plus puissant de tous les liens, par celui de la nature. Il est le maître de la destinée de deux enfants que Zopire croit avoir perdus; il lui montre l'alternative de les recouvrer ou de les perdre pour jamais. Zopire préfère à tout ses principes et sa patrie; mais Mahomet devait-il s'y attendre? Tous deux font ce qu'ils doivent faire; et cette scène mérite les plus grands éloges sous ce double rapport; l'ambition y étale tout ce qu'elle a de plus grand, et toute cette grandeur échoue contre le devoir et la vertu. C'est à la fin de cette entrevue que l'avantage balancé jusque-là, comme il devait l'être pour l'effet théâtrale, entre Mahomet et Zopire, demeure tout entier à ce dernier, comme il le fallait pour l'effet moral, et que l'homme droit et incorruptible, le citoyen intègre et courageux, l'emporte sur le politique oppresseur et le conquérant coupable. Enfin, ce qui achève d'enlever l'admiration, c'est le dialogue toujours adapté aux caractères et à la progression de la scène; nombreux et plein quand chacun des deux déploie diversement son âme et ses principes, serré et pressant quand il faut en venir au dernier résultat. Le langage de l'un est imposant, menaçant, superbe; c'est le crime, joint au génie, qui cherche à se rehausser par de grands intérêts :

le langage de l'autre est simple, ferme et animé;
c'est la vérité qui repousse les prestiges, c'est l'indignation d'une âme vertueuse.

ZOPIRE.

Quel droit as-tu reçu d'enseigner, de prédire,
De porter l'encensoir, et d'affecter l'empire?

MAHOMET.

Le droit qu'un esprit vaste et ferme en ses desseins
A sur l'esprit grossier des vulgaires humains.

C'est la meilleure réponse de l'ambition; mais observons qu'elle ne saurait se passer de succès, et que la vertu n'en a pas besoin. Chacun de ces monstres, que nous avons vus monter trop tard sur l'échafaud où avaient péri leurs victimes et que d'ailleurs je ne prétends comparer à Mahomet qu'en qualité de scélérats, devait alors se dire au fond du cœur: Ma folle ambition m'a bien trompé. Mais un Malesherbes, sur le même échafaud, pouvait encore se dire, en regardant le ciel: J'ai pris le meilleur parti, j'ai fait mon devoir.

ZOPIRE.

Va vanter l'imposture à Médine où tu règnes,
Où tes maîtres séduits marchent sous tes enseignes,
Où tu vois tes égaux à tes pieds abattus.

MAHOMET.

Des égaux! dès long-temps Mahomet n'en a plus:
Je fais trembler la Mecque, et je règne à Médine.
Crois-moi, reçois la paix, si tu crains ta ruine.

ZOPIRE.

La paix est dans ta bouche et ton cœur en est loin.
Penses-tu me tromper?

MAHOMET.

Je n'en ai pas besoin.
C'est le faible qui trompe, et le puissant commande.
Demain j'ordonnerai ce que je te demande;
Demain je puis te voir à mon joug asservi :
Aujourd'hui Mahomet veut être ton ami.

ZOPIRE.

Nous, amis! nous? cruel! ah! quel nouveau prestige!
Connais-tu quelque dieu qui fasse un tel prodige?

MAHOMET.

J'en connais un puissant, et toujours écouté,
Qui te parle avec moi.

ZOPIRE.

Qui?

MAHOMET.

La nécessité,
Ton intérêt.

ZOPIRE.

Avant qu'un tel nœud nous rassemble,
Les enfers et les cieux seront unis ensemble.
L'intérêt est ton dieu, le mien est l'équité :
Entre ces ennemis il n'est point de traité.
Quel serait le ciment, réponds-moi, si tu l'oses,
De l'horrible amitié qu'ici tu me proposes?
Réponds : est-ce ton fils que mon bras te ravit?
Est-ce le sang des miens que ta main répandit?

MAHOMET.

Oui, ce sont tes fils même; oui, connais un mystère,

Dont seul dans l'univers je suis dépositaire.
Tu pleures tes enfants : ils respirent tous deux.

Avec quel art cette transition naturelle, fondue dans un dialogue contrasté, amène la proposition qui est le principal objet de la scène !

ZOPIRE.

Ils vivraient ! qu'as-tu dit ? O ciel ! ô jour heureux !
Ils vivraient ! C'est de toi qu'il faut que je l'apprenne !

MAHOMET.

Élevés dans mon camp, tous deux sont dans ma chaîne.

ZOPIRE.

Mes enfants dans tes fers ! ils pourraient te servir !

MAHOMET.

Mes bienfaisantes mains ont daigné les nourrir.

ZOPIRE.

Quoi ! tu n'as point sur eux étendu ta colère !

MAHOMET.

Je ne les punis point des fautes de leur père.

ZOPIRE.

Achève, éclaircis-moi, parle quel est leur sort ?

MAHOMET.

Je tiens entre mes mains et leur vie et leur mort.
Tu n'as qu'à dire un mot, et je t'en fais l'arbitre.

ZOPIRE.

Moi, je puis les sauver ! A quel prix ? à quel titre ?
Faut-il donner mon sang ? faut-il porter leurs fers ?

MAHOMET.

Non, mais il faut m'aider à tromper l'univers.
Il faut rendre la Mecque, abandonner ton temple,

De la crédulité donner à tous l'exemple,
Annoncer l'Alcoran aux peuples effrayés,
Me servir en prophète, et tomber à mes pieds.
Je te rendrai ton fils, et je serai ton gendre.

ZOPIRE.

Mahomet, je suis père, et je porte un cœur tendre.
Après quinze ans d'ennuis, retrouver mes enfants,
Les revoir et mourir dans leurs embrassements,
C'est le premier des biens pour mon âme attendrie.
Mais s'il faut à ton culte asservir ma patrie,
Ou de ma propre main les immoler tous deux,
Connais-moi, Mahomet : mon choix n'est pas douteux.
Adieu.

Cette scène, d'un genre et d'un ton si neuf; ce dialogue, semé de traits sublimes, est du nombre de ces beautés originales dont le génie de Voltaire aurait étonné celui de Racine. Elle était d'autant plus difficile à faire, qu'elle offrait à peu près la même situation et le même contraste qu'une très belle scène du premier acte entre Zopire et Omar. Il fallait donc que le poète eût assez de ressources pour ne pas se ressembler, et assez de force pour se surpasser. Il fallait que la grandeur de Mahomet ne fût pas celle d'Omar, et qu'elle fût très supérieure : c'est à ces sortes d'épreuves que l'on reconnaît le grand talent. Omar aussi est imposant; mais il y a entre Mahomet et lui la différence qui doit se trouver entre le disciple et le maître : on l'aperçoit dès qu'on les a entendus tous les deux. L'un a de la jactance et du faste; il étale de brillants lieux communs; il prodigue les maximes de morale : on voit que sa grandeur est empruntée, qu'il est fier d'être le ministre de Mahomet, et qu'il répète la leçon qu'il a apprise :

     Je veux te pardonner.
Le prophète d'un dieu, par pitié pour ton âge,
Pour tes malheurs passés, sur-tout pour ton courage,
Te présente une main qui pourrait t'écraser,
Et j'apporte la paix qu'il daigne proposer.

Et quand Zopire lui rappelle la basse origine de Mahomet, il répond :

A tes viles grandeurs ton âme accoutumée
Juge ainsi du mérite, et pèse les humains
Au poids que la fortune avait mis dans tes mains.
Ne sais-tu pas encore, homme faible et superbe,
Que l'insecte insensible, enseveli sous l'herbe,
Et l'aigle impérieux qui plane au haut du ciel,
Rentrent dans le néant aux yeux de l'Éternel ?
Les mortels sont égaux ; ce n'est point la naissance,
C'est la seule vertu qui fait leur différence.
Il est de ces esprits favorisés des cieux
Qui sont tout par eux-même, et rien par leurs aïeux.
Tel est l'homme, en un mot, que j'ai choisi pour maître ;
Lui seul dans l'univers a mérité de l'être.
Tout mortel à sa loi doit un jour obéir,
Et j'ai donné l'exemple aux siècles à venir.

Ce langage a de la pompe et de l'éclat ; mais Mahomet, dès les premiers mots, est bien au-dessus :

Si j'avais à répondre à d'autre qu'à Zopire,
Je ne ferais parler que le dieu qui m'inspire.
Le glaive et l'Alcoran, dans mes sanglantes mains,
Imposeraient silence au reste des humains.

Ma voix ferait sur eux les effets du tonnerre,
Et je verrais leurs fronts attachés à la terre.
Mais je te parle en homme et sans rien déguiser;
Je me sens assez grand pour ne pas t'abuser.
Vois quel est Mahomet; nous sommes seuls, écoute.
Je suis ambitieux; tout homme l'est sans doute;
Mais jamais roi, pontife, ou chef, ou citoyen,
Ne conçut un projet aussi grand que le mien.

Ne craignant point de se faire voir tel qu'il est, et se justifiant autant qu'il est possible par la hauteur de ses pensées, il montre au premier coup d'œil l'homme extraordinaire; et quand il a détaillé son plan, l'imagination subjuguée ne peut lui refuser un tribut d'admiration. Mais lorsque ensuite on voit les moyens affreux dont il a besoin pour remplir les projets de son ambition, il n'y a personne qui, en écoutant sa conscience, ne préférât les vertus et les malheurs de Zopire aux crimes heureux de Mahomet. Ainsi l'auteur remplit à la fois l'objet de la scène et celui de la morale. La perspective théâtrale est pour Mahomet; le sentiment de la justice est pour Zopire.

Rousseau, dans sa *Lettre sur les spectacles*, a fait un très bel éloge de cette fameuse scène, et je suis sûr qu'on me saura gré de le rapporter.

« Cette scène est conduite avec tant d'art que
« Mahomet, sans se démentir, sans rien perdre de
« la supériorité qui lui est propre, est pourtant
« *éclipsé** par le simple bon sens et l'intrépide vertu

---

* *Éclipsé* est trop fort : il est *vaincu*.

« de Zopire. Il fallait un auteur qui sentît bien sa
« force pour oser mettre vis-à-vis l'un de l'autre
« deux pareils interlocuteurs. Je n'ai jamais ouï
« faire de cette scène en particulier tout l'éloge
« dont elle me paraît digne ; mais je n'en connais
« pas une au théâtre Français où la main d'un grand-
« maître soit plus sensiblement empreinte, ou le sacré
« caractère de la vertu l'emporte plus sensiblement
« sur l'élévation du génie. »

Plus ce jugement est motivé et réfléchi, plus il est singulier que Rousseau, dans le même endroit, se soit évidemment mépris sur un autre rôle de cette même tragédie qui paraît avoir attiré son attention. Il s'accuse *d'avoir trouvé plus de chaleur et d'élévation* dans la scène d'Omar avec Zopire que dans celle de Zopire avec Mahomet ; *il prenait cela pour un défaut ;* mais *en y pensant mieux, il a bien changé d'opinion. Omar*, dit-il, *est emporté par son fanatisme ; mais Mahomet n'est pas fanatique ; c'est un fourbe.* Ici Rousseau se trompe en tout. Omar n'est pas plus *fanatique* que Mahomet ; il est tout aussi *fourbe* que lui ; il est dans la confidence intime de tous les artifices, de toute l'hypocrisie de son maître, et son rôle entier en est la preuve. Sans perdre du temps à citer ce qui est connu, je n'ai besoin que de vous rappeler, Messieurs, les vers d'Omar que j'ai rapportés ci-dessus, où il conseille à Mahomet de choisir Séide pour se défaire de Zopire. Il y a plus : avec un peu de réflexion, Rousseau aurait compris que Mahomet ne pouvait pas avoir un *fanatique* pour confident. Comment pourrait-il développer la noire profondeur de sa politique, si ce n'est avec un homme qui est dans son secret, qui est son complice, et non pas sa dupe? il parle en prophète à Séide, à Palmire, à tous les chefs de son parti; mais c'est à Omar qu'il dit, en finissant la pièce :

Mon empire est détruit si l'homme est reconnu.

Cette méprise et celles que j'ai relevées ailleurs sur *le Misanthrope*, et beaucoup d'autres de la même espèce, prouvent que Rousseau sortait de la sphère de ses connaissances quand il parlait de l'art dramatique, dont il n'avait aucune idée.

Quant à la manière dont il explique sa première opinion, et les motifs qui l'en ont fait revenir, il y a du vrai et du faux. Omar *a plus de chaleur* en parlant à Zopire : oui, parce qu'il s'exprime en enthousiaste; mais cet enthousiasme est factice, et c'est ce que Rousseau n'a pas aperçu. Mahomet a cette même *chaleur*, et la porte encore plus loin quand il joue l'inspiré pour commander un meurtre à Séide de la part de Dieu. Ce morceau est un de ceux qu'on applaudit le plus au théâtre, et on ne l'admire pas moins à la lecture. Jamais la fourbe et l'hypocrisie n'ont été plus adroites ni plus éloquentes. Le poète a senti qu'il faut à un prédicateur de fanatisme tout le feu de l'imagination pour enflammer celle des autres, qu'il faut affecter le langage d'une tête exaltée pour tourner une tête faible.

Je ne crois pas qu'Omar ait *plus d'élévation* que Mahomet; il est, comme je l'ai dit, plus magnifiquement sentencieux, parce qu'il veut éblouir; et Rousseau, lui-même reconnaît que Mahomet doit être *moins brillant, par cela même qu'il est plus grand et qu'il sait mieux discerner les hommes.* Cette différence est bien démêlée; mais *si Mahomet est plus grand*, comment Omar *aurait-il plus d'élévation?* Rousseau se contredit, parce qu'il veut expliquer des effets dont il n'a pas vu la cause. Dans le fait, l'*élévation* du style, comme celle des idées, est au plus haut degré dans le plan de révolution que Mahomet expose à Zopire, et ces deux vers seuls :

Il faut un nouveau culte, il faut de nouveaux fers,
Il faut un nouveau dieu pour l'aveugle univers.

sont bien d'une autre hauteur que toute la vieille morale d'Omar sur l'égalité primitive de tous les hommes aux yeux de l'Éternel, morale d'ailleurs aussi mal appliquée chez lui en théorie qu'elle l'a été chez nous en pratique; ce qui est bien autrement insensé. Je ne vois qu'un reproche à faire à l'auteur sur le rôle de Mahomet; c'est de l'avoir fait amoureux. Cet amour a beaucoup d'inconvénients, et aucun avantage. D'abord il ne produit rien dans la pièce; il n'influe pas même sur le choix que Mahomet fait de Séide; de plus grands intérêts que celui d'une rivalité d'amour déterminent et doivent déterminer un homme tel que lui à se servir de ce jeune prosélyte pour un crime secret, et à le perdre ensuite. On peut croire que le seul motif de l'auteur était de faire de cet amour une sorte de punition pour Mahomet, qui n'en éprouve point d'autre. Il dit au troisième acte, après la scène avec Palmire :

> Quoi ! sa naïveté, confondant ma fureur,
> Enfonce innocemment le poignard dans mon cœur !

Il dit au cinquième, quand Palmire s'est tuée :

> Je me vois arracher le seul prix de mon crime.....
> Vainqueur et tout-puissant, c'est moi qui suis puni.

C'est une espèce de satisfaction que le poëte veut donner au spectateur; mais elle est trop illusoire *. Il y a des caractères pour qui l'amour ne peut être ni un bonheur ni un malheur bien réel, et Mahomet est de ce nombre, du moins tel qu'il s'est montré dans la pièce. On ne saurait supposer que l'amour tienne une grande place dans une âme occupée de tant d'intérêts si différents, et noircie de tant de projets atroces. Il nous dit au second acte :

> Tu sais assez quel sentiment vainqueur
> Parmi mes passions, règne au fond de mon cœur.
> Chargé du soin du monde, environné d'alarmes,
> Je porte l'encensoir, et le sceptre, et les armes.
> Ma vie est un combat, et ma frugalité
> Asservit la nature à mon austérité.
> J'ai banni loin de moi cette liqueur traîtresse
> Qui nourrit des humains la brutale mollesse.
> Dans des sables brûlants, sur des rochers déserts,
> Je supporte avec toi l'inclémence des airs.
> L'amour seul me console; il est ma récompense,
> L'objet de mes travaux, l'idole que j'encense,

---

* Voyez sur ce sujet ce qu'en dit ailleurs La Harpe, t. II, p. 186 de notre *Répertoire*. H. P.

Le dieu de Mahomet; et cette passion
Est égale aux fureurs de mon ambition.

Il a beau le dire je n'en crois pas un mot. Quoi ! *l'amour est l'objet de ses travaux !* C'est pour *l'amour* qu'il veut *changer la face du monde!* Quelle idée ! César aimait, je crois, les femmes autant qu'un autre, et certainement jamais elles n'ont été *l'objet de ses travaux*. On ne voit pas même qu'elles lui aient jamais fait commettre une faute ; et la plus belle, la plus séduisante de toutes les femmes de son temps, Cléopâtre, qui n'était déjà plus jeune lorsque Antoine fit tant d'extravagances pour elle, Cléopâtre, dans tout l'éclat de sa jeunesse et de sa beauté, ne put retenir César auprès d'elle. Cette passion dont parle ici Mahomet ne peut être autre chose que l'amour asiatique, l'amour tel qu'il est dans un harem ; et celui-là, qui peut corrompre et efféminer le vulgaire des despotes, ne saurait mener bien loin un politique, un conquérant, un législateur. Un vers qui suit ceux que je viens de citer les dément tous, et révèle le caractère de Mahomet :

Je préfère en secret Palmire à mes épouses.

Assurément cette *préférence* ne peut pas le tourmenter beaucoup : tout ce qu'on en peut conclure, c'est que Palmire était peut-être plus jeune et plus jolie. Ainsi quand il la perd, ce n'est tout au plus qu'une odalisque de moins, et l'on sait qu'un prophète conquérant ne manque pas de jeunes favorites.

D'ailleurs, on n'aime point que Mahomet, après

cette entrée pompeuse annoncée avec tant d'éclat, commence par nous entretenir de son goût pour une jeune fille innocente : ce n'est pas là ce qu'on attend de lui. Ce goût peut être fort naturel, et pourrait, dans une autre espèce d'ouvrage, avoir beaucoup de vérité ; mais ce n'est pas de la vérité tragique. Au reste, si cet amour n'est bien placé ni comme moyen ni comme effet, le poète l'a traité avec assez d'art pour le faire supporter. Mahomet n'en parle pas même à Palmire ; et, lorsque au quatrième acte il lui fait entendre qu'elle peut aspirer au rang de son épouse, il ne s'explique point en amant, mais en maître qui veut bien honorer son esclave. Ce langage était le seul convenable ; tout autre aurait trop abaissé Mahomet ; et c'est ainsi que le goût sert à couvrir dans l'exécution ce qui est défectueux dans le plan. Mais ce qui est bien plus louable, ce qui est d'un art profond, c'est que Mahomet, dans l'instant même où il paraît le plus blessé de l'aveu que lui fait Palmire de son amour pour Séide, non-seulement étouffe et cache son dépit, mais prend sur-le-champ son parti en homme qui sait profiter de tout, et se sert de cet amour de Palmire pour encourager Séide au meurtre qu'il va lui commander. On reconnaît là Mahomet tout entier.

L'inceste était pour nous le prix du parricide !

dit Palmire au quatrième acte, lorsqu'elle est détrompée. Ce vers contient toute l'intrigue de la pièce, et le nœud de cette intrigue abominable était digne d'être formé dans l'âme de Mahomet.

Qu'on juge, sur cet exposé fidèle, de la prétendue ressemblance de Mahomet avec Atrée qui égorge Plisthène, dont il fait boire le sang à Thyeste. Quelle distance d'une atrocité froide et gratuite, empruntée de la fable, à la combinaison d'un plan comme celui de Mahomet, que Voltaire ne doit qu'à lui!

Le comble de l'art, c'est de combiner le dernier degré d'horreur que la tragédie puisse comporter avec l'intérêt qu'elle doit produire, de soulager le cœur après l'avoir déchiré, de faire succéder les larmes de l'attendrissement à l'épouvante et à la douleur; et Voltaire est parvenu, dans le quatrième acte de *Mahomet*, à ce degré au-delà duquel il n'y a rien. Comment retracer ici ce tableau qui ne peut être supporté que dans l'optique de la scène? Il est horrible à la réflexion; il ne montre qu'un malheureux vieillard, un père égorgé par son fils, et venant expirer dans les bras de ses deux enfants, dont l'un a porté les coups, et dont l'autre les a conduits. Notre imagination ne nous présenterait que le sang de Zopire, et nous ne pouvons pas voir ici les larmes amères de Séide et de Palmire dans les remords et le désespoir, et les larmes plus douces, les larmes paternelles de Zopire retrouvant ses deux enfants, et jouissant de leur repentir jusque dans le sein de la mort. Le théâtre peut seul mêler toutes ces impressions différentes, et les tempérer l'une par l'autre. Qu'il nous suffise de reconnaître, pour la gloire du poète, que l'énergie du style est égale à la force de la situation: c'est le plus grand éloge possible. Chaque vers a été fait pour la scène; les combats de Séide avant le crime, l'innocente cruauté de Palmire qui l'y encourage malgré elle, comme il le commet malgré lui; le récit affreux qu'il en fait, son délire effrayant, les détails du meurtre, tout est d'une beauté qui fait frémir. On admire avec effroi cet art vraiment infernal que Mahomet emploie à régler toutes les circonstances d'un assassinat comme celles d'un acte religieux.

> De ce grand sacrifice ainsi l'ordre est réglé :
> Il le faut de ma main traîner sur la poussière.
> De trois coups dans le sein lui ravir la lumière,
> Renverser dans son sang cet autel dispersé.

Le monstre ne s'en est pas rapporté à l'aveugle fureur du meurtrier; il a voulu mesurer les coups comme ceux d'un sacrificateur; il a voulu qu'il eût toujours le ciel présent à la pensée en commettant un crime digne de l'enfer : c'est le sublime de la scélératesse hypocrite.

Le cœur est brisé quand Séide rentre sur la scène les mains sanglantes, l'œil égaré, les genoux tremblants, demandant où est Palmire qui est devant lui et qui lui parle ; elle s'écrie :

Qu'as-tu fait?

SÉIDE.
Moi! je viens d'obéir.

C'était le mot nécessaire, le mot unique, celui que Séide doit prononcer, parce que c'est le seul qui l'excuse à ses propres yeux et aux yeux du spectateur. L'infortuné n'a porté qu'un seul coup :

> J'ai voulu redoubler! ce vieillard vénérable
> A jeté dans mes bras un cri si lamentable !...

Ce cri, qui va jusqu'au fond de notre cœur, qui nous poursuit comme il poursuit Séide, est un des plus douloureux que la tragédie ait fait entendre sur la scène; et voici un regard de Zopire qui ne l'est pas moins :

> Ah! si tu l'avais vu, le poignard dans le sein,
> S'attendrir à l'aspect de son lâche assassin!
> Je fuyais : croirais-tu que sa voix affaiblie,
> Pour m'appeler encor, a ranimé sa vie?
> Il retirait ce fer de ses flancs malheureux;
> Hélas! il m'observait d'un regard douloureux.
> Cher Séide! a-t-il dit, infortuné Séide!

Quels vers! quelle peinture! Non, jamais l'imagination dramatique ne peut aller plus loin; et cette horreur ne passe point le but, parce que la pitié s'y mêle, parce que les pleurs coulent avec le sang, parce qu'il est impossible de ne pas plaindre Séide en détestant son forfait, enfin parce que le pathétique est au comble à ce vers :

> Frappez vos assassins...... J'embrasse mes enfants.

Il n'existe au théâtre qu'une situation qu'on puisse comparer à celle-là, celle du cinquième acte de *Rodogune*. La combinaison en est encore plus forte, il est vrai, mais aussi les ressorts en sont forcés; la terreur est égale, mais le pathétique est bien moindre, et la raison en est simple. Dans *Rodogune*, c'est le crime qui est puni : ici c'est la nature et la vertu qui sont immolées, sans qu'on puisse avoir moins de compassion pour l'assassin que pour les victimes. Le fanatisme seul pouvait donner ce résultat; et c'en est assez pour apprécier la conception de cet ouvrage, qui est également forte pour l'objet moral et pour l'effet dramatique.

Il est vrai que, si l'ensemble appartient à Voltaire, cet acte est imité en partie d'un drame anglais qui certainement lui en a donné l'idée, comme *Othello* lui avait donné celle de *Zaïre* comme le spectre d'Hamlet lui donna celle de *Sémiramis*. La situation de Zopire embrassant son fils dans son meurtrier, et lui pardonnant sa mort, est celle de l'oncle du jeune Barnewelt, dans la pièce de Lillo, intitulée *le Marchand de Londres*. On doit même convenir que la scène anglaise, dans la proportion du genre, n'est guère inférieure, pour l'exécution, à celle du poète français. Mais il faut avouer que Voltaire, en revendiquant ces sortes de crimes pour la tragédie, qui seule peut les relever, les a remis à leur véritable place.

Après le prodigieux effet de ce quatrième acte, on doit s'attendre que l'auteur ne peut que baisser dans le cinquième. Ce dernier laissait peu de matière; tous les grands nœuds de l'intrigue sont coupés. Le crime est consommé, Mahomet démasqué : on ne peut plus attendre que la punition du scélérat, et le choix du sujet la rendait impossible ; l'histoire de Mahomet était trop connue pour qu'il fût permis de la démentir. Ce n'est pas ici l'heureuse progression que nous avons remarquée dans le cinquième acte d'*Alzire*, dans celui d'*Adélaïde*, et sur-tout dans celui de *Zaïre*. Bien des sujets ne comportent pas cette progression, qui en elle-même est une perfection plutôt qu'une loi. Mais d'ailleurs le dénouement est défectueux ici par d'autres endroits, et sur-tout par le moyen qu'a imaginé l'auteur pour assurer l'impunité et le triomphe de Mahomet. Il est d'abord dans le plus pressant danger; il n'a autour de lui qu'un petit nombre de ses chefs; Omar vient lui dire que tout est découvert, que le peuple est soulevé et furieux,

> On déteste ton dieu, tes prophètes, ta loi.
> Ceux mêmes qui devaient dans la Mecque alarmée
> Faire ouvrir cette nuit la porte à ton armée,
> De la fureur commune *avec zèle* enivrés,
> Viennent lever sur toi leurs bras désespérés.
> On n'entend que les cris de mort et de vengeance.

Quelle ressource peut-il donc lui rester? Le poète a cru en trouver une dans le poison qu'Omar a fait prendre à Séide, et qui agit à l'instant où il accourt à la tête de tout ce peuple pour frapper Mahomet. Mais outre qu'il est bien difficile de se prêter à cette précision instantanée qui montre trop le besoin qu'a l'auteur de retenir le bras de Séide, cette supposition même suffit-elle pour rendre vraisemblable la révolution qui sauve Mahomet? Tout ce peuple qu'on a peint transporté de rage, qui sent sa force et qui n'est plus dupe de l'imposteur, doit-il être frappé d'immobilité parce que Séide ressent les atteintes d'un mal subit? Après ce qu'on sait du meurtre de Zopire, est-il si difficile de deviner le poison? Doit-on écouter Mahomet si tranquillement, sur-tout quand Palmire crie que son frère est empoisonné? Voltaire a voulu jusqu'au bout soutenir l'ascendant du faux prophète, et cette intention était bonne; mais je crois qu'il devait et qu'il pouvait trouver de meilleurs moyens.

Les remords de Mahomet lui ont fourni de très beaux vers :
>Il est donc des remords !

est un hémistiche sublime. Mais Mahomet en a-t-il véritablement? Les siens sont-ils autre chose que le regret de voir mourir Palmire et sa proie lui échapper? Un coupable qui reviendrait d'un long endurcissement, et qui prononcerait du fond du cœur, *il est donc des remords!* en retrouvant à la fois un Dieu et sa conscience, pourrait faire sur nous beaucoup d'impression. Les remords de Mahomet en font peu, parce qu'on n'y croit pas, parce que les hypocrites n'en ont point, parce que, de tous les méchants, ce sont ceux qui savent le mieux ce qu'ils font quand ils font du mal; enfin, parce qu'après ce retour passager sur lui-même, il revient aussitôt à son caractère. Cependant on est bien aise de voir un scélérat de cette trempe reconnaître en secret le Dieu dont il se joue devant les hommes, de le voir au moins tourmenté un moment de cette idée et de sa conscience; et s'il n'en résulte pas d'effet dramatique, on en remporte au moins une satisfaction morale qui contribue à faire supporter ce dénouement.

L'invraisemblance de ce cinquième acte est la plus forte qu'il y ait dans la pièce, mais ce n'est pas à beaucoup près la seule; on en a observé plusieurs autres qu'on ne peut guère justifier. Puisque Séide est en otage auprès de Zopire, et par conséquent en son pouvoir, du moins jusqu'au moment où la trève finira, pourquoi Zopire lui laisse-t-il la dangereuse liberté de voir sans cesse Mahomet? Pourquoi, dans la scène du troisième acte, après lui avoir dit :

Otage infortuné que le sort m'a remis,

le presse-t-il de se dérober au danger qu'il peut courir quand la trève sera rompue? Pourquoi lui dit-il :

Souffre que ma maison soit ton asyle unique.
. . . .
Remets-toi dans mes mains.

Mais Séide n'y est-il pas? ne doit-il pas y être? Il est beau qu'il veuille sauver Séide dans le temps même que Séide médite de l'assassiner, et cela produit une scène touchante et une situation théâtrale; mais il fallait la mieux fonder. Ne pouvait-on pas supposer que, Mahomet une fois reçu dans la Mecque, les otages donnés de part et d'autre, tandis qu'on traitait avec Omar, étaient redevenus libres? Alors, pour rapprocher Séide de Zopire, il eût suffi de l'inclination naturelle que le vieillard ressent pour lui. Mais puisque Séide n'est près de lui qu'en qualité d'otage, pourquoi Mahomet lui dit-il au second acte :

Vous, suivez mes guerriers...

pourquoi Omar lui dit-il au troisième, en présence même de Zopire :

Traître, que faites-vous? Mahomet vous attend...

et l'emmène-t-il avec lui malgré le vieillard qui voudrait le retenir? Zopire ne doit-il pas s'y opposer, et réclamer les droits qu'il a sur son otage? Il en a encore bien plus sur Palmire, qui est sa prisonnière. Pourquoi permet-il qu'elle voie Mahomet, pour lequel il a tant d'horreur? En général, Voltaire néglige trop souvent d'établir les raisons que doivent avoir les personnages pour être ensemble : c'est une des premières règles de l'art, une de celles qui constituent la vraisemblance. Racine ne l'a jamais violée, et Corneille très rarement.

On a demandé aussi pourquoi Mahomet, qui est jaloux de Séide, ne dit pas à Palmire qu'elle est sa sœur. On peut répondre qu'il a des raisons pour garder ce secret qui peut lui être utile; mais il devrait les dire : le poëte doit prévenir toutes les questions. Il s'en présente une ici à laquelle on ne voit point de réponse. Au troisième acte, Palmire dit à Mahomet, quand il la réprimande sur le penchant qu'elle a pour Séide :

Eh quoi! n'avez-vous pas daigné, dans ce lieu même,
Vous rendre à nos souhaits et consentir qu'il m'aime?

Quand donc Mahomet y a-t-il *consenti?* Il n'y paraissait pas disposé au second acte, et depuis ce moment il n'a point vu Palmire.

A l'égard du style, il est ici ce qu'il est toujours dans les grands écrivains; il prend le caractère du sujet. Il était brillant et riche dans *Alzire*, plein de charme et de sensibilité dans *Zaïre* : il est nerveux et d'expression et de pensée dans *Mahomet*; mais on y rencontre encore de temps en temps l'incorrection, la négligence, les termes impropres et le mauvais emploi des figures.

J'observerai en finissant, que Voltaire, qui avait peint dans la tragédie d'*Alzire* le plus sublime effort de l'esprit religieux, quand il n'est que la perfection de la morale naturelle, a peint dans la tragédie de *Mahomet* le plus exécrable abus de ce même esprit, quand il est dénaturé au point d'être l'opposé de cette même morale. Ces deux idées sont également philosophiques : c'est enseigner ce qu'il faut faire et ce qu'il faut éviter : si l'auteur n'avait pas eu d'autre dessein, il ne mériterait que des éloges *.

* Il est curieux et même instructif de rapprocher du jugement de La Harpe sur le *Mahomet* de Voltaire, celui qu'en a porté Schlegel. Le critique allemand, peu favorable à cette tragédie, résume en quelques mots les principales objections qu'on a faites contre elle ; plusieurs sont peu fondées et ont été réfutées d'avance par La Harpe, mais il en est aussi qui sont sans réplique, et contre lesquelles échoue complétement son ingénieuse et complaisante apologie.

Après l'éloge que Schlegel a fait d'*Alzire*, dans un passage que nous avons rapporté plus haut, p. 338, il continue ainsi :

«Dans *Mahomet* au contraire, ce n'est pas sans le faire payer cher au poëte, que les desseins cachés de l'incrédule se sont dévoilés. Le titre de la pièce a beau indiquer que Voltaire n'en a voulu qu'au fanatisme, il est évident qu'il s'est proposé de montrer les dangers de la foi à une révélation quelconque, but qui lui a paru justifier l'emploi des moyens les plus odieux. Il est résulté de là un ouvrage d'un grand effet, mais d'un effet effroyable, et contre lequel les sens, l'humanité, la philosophie et la religion se révoltent également. Le *Mahomet* qu'a imaginé Voltaire, choisit pour victimes un frère et une sœur de l'âge le plus tendre, qui l'adorent comme un envoyé du ciel ; il les excite à massacrer leur père au nom de l'intérêt d'un amour illicite qu'il a constamment favorisé ; c'est là ce qu'exprime Palmire lorsqu'elle dit :

L'inceste était pour nous le prix du parricide.

Il récompense le dévouement du frère en l'empoisonnant, et réserve la sœur

Une petite anecdote relative à cet ouvrage peut faire connaître jusqu'où va l'aveuglement des préventions personnelles. Le chansonnier Collé, qui ne pouvait pas souffrir Voltaire, fit courir le couplet suivant, lors de la reprise de *Mahomet* :

> Ce Mahomet que l'on fête,
> Avec force écrit,
> Mais qui n'a ni pied ni tête,
> Corneille en eût dit :
> C'est l'ouvrage d'une bête
> De beaucoup d'esprit.

Collé était bien le maître de dire une sottise ; mais je ne sais pourquoi il lui plaît de la prêter à Corneille, qui probablement ne l'aurait pas acceptée.

Observations sur le style de Mahomet.

[1] Les flambeaux de la haine entre nous allumés
Jamais *des mains du temps ne seront consumés.*
— Ne les éteignez point, mais cachez-en la flamme.

pour la sacrifier à sa barbare volupté. Ce comble d'atrocité, ce plaisir réfléchi dans ces noirceurs raffinées, est peut-être hors de l'humanité ; mais si le cours des siècles pouvait amener une combinaison aussi monstrueuse, elle sortirait des bornes prescrites à l'imitation théâtrale : et même, en laissant de côté la moralité, quelle manière de défigurer, que dis-je, d'anéantir l'histoire ! Il a dépouillé de son charme une époque merveilleuse : il ne s'est pas douté du coloris oriental. Mahomet était un faux prophète : mais s'il n'avait pas été un enthousiaste, sa doctrine n'eût point changé la face de la moitié de l'univers : Quoi de plus mal conçu que d'en faire un froid imposteur ? Une seule des maximes sublimes du *Koran* suffirait pour réfuter une maxime aussi fausse et aussi absurde. » (*Cours de Littérature dramatique.*)

Voyez encore dans le *Cours analytique de Littérature*, par M. Lemercier, t. I, p. 393 et suiv. une critique du *Mahomet*, plus réservée et plus impartiale que celle de Schlegel, mais qui s'en rapproche en plusieurs points.

H. Patin.

VOLTAIRE. 395

Ce style et ce dialogue sont également vicieux : *Des mains ne consument point*; et il y a de l'affectation et du mauvais goût à prolonger cette figure des *flambeaux* ; enfin, *cacher la flamme de ces flambeaux* au lieu de *l'éteindre*, est une idée à la fois petite et recherchée.

2 De vos justes désirs si je remplis les vœux...

Les vœux de vos désirs est un pléonasme choquant.

3 Le virent *s'élever dans sa course infinie*.

On ne s'*élève* point *dans une course*, et l'on ne sait ce que c'est qu'une *course infinie*.

4 Éloquent, intrépide, admirable *en tout lieu*.

En tout lieu est une cheville.

5 Me vendre ici ma honte, et marchander la paix
  Par ces trésors honteux, etc.

Me vendre ma honte est une fort belle expression, *marchander la paix par des trésors* est une fort mauvaise phrase.

6 Il veut joindre le nom de *pacificateur*.

Voltaire a employé deux fois ce mot, ici et dans *Brutus*, avec une sorte de prétention, et l'on ne sait pourquoi : ce mot, composé de cinq syllabes fort sèches, n'est rien moins qu'agréable en vers.

7 Palmire, unique objet qui *m'a coûté* des pleurs.

Qui m'ait coûté serait beaucoup plus correct, et l'on ne voit pas pourquoi l'auteur a préféré l'indicatif, qui est une faute de grammaire.

8 Mes cris mal entendus sur cette *infâme* rive...

Épithète insignifiante : pourquoi les rives de Saïbare seraient-elles *infâmes ?*

9 De Zopire éperdu la cabale impuissante
Vomit en vain les feux de sa rage expirante.

On dit bien *le feu de la colère;* c'est un trope que tout le monde entend. Mais *vomir les feux de sa rage* présente-t-il une image claire et distincte ? Je ne le crois pas, et je trouve dans ces expressions plus d'emphase que de justesse et d'effet.

10 Ce grand corps déchiré, dont les membres *épars*
Languissent *dispersés* sans honneur et sans vie.

Épars et *dispersés* : c'est dire deux fois la même chose.

11 Ne me reproche point de tromper ma patrie ;
Je détruis sa faiblesse et son idolâtrie.

On détruit bien l'idolâtrie, mais on ne *détruit* pas *la faiblesse :* c'est un terme impropre.

12 Porte ailleurs tes leçons, *l'école* des tyrans.

Des *leçons* ne sont point une *école.* L'un de ces deux mots peut s'employer à la place de l'autre par forme de métonymie ; mais l'un ne peut pas se dire de l'autre, parce que c'est dire figurément deux fois la même chose.

13 Cher Séide, en un mot, dans cette *horreur publique.*

Voilà une de ces occasions où ce mot d'*horreur,* tant prodigué par Voltaire, n'est plus seulement un terme vague, mais devient un terme impropre.

L'horreur publique ne signifie en français que l'horreur générale pour quelque chose ou pour quelqu'un : on voit combien ce sens est loin de celui de l'auteur.

14 De ma pitié pour toi tu t'étonnes peut-être.

Vers dur : il y en a quelques autres.

15 *Avec un joug* de fer, un affreux préjugé
Tient ton cœur innocent *dans le piège* engagé.

Incohérence de figures : on ne *tient* point *dans le piège avec un joug.*

16 Tu détournes de moi ton *regard égaré.*

Consonnance trop dure.

17 Vous me voyez, Palmire, en proie à cet orage,
Nageant dans le reflux des contrariétés,
Qui pousse et qui retient mes faibles volontés.

Ces figures sont beaucoup trop recherchées, et trop évidemment du poète pour être du personnage. On ne conçoit pas que l'auteur ait mêlé cette bigarrure poétique à la vérité des mouvements qui animent tout ce morceau si pathétique. On retranche ordinairement ces vers au théâtre, et l'on fait bien. Il n'y a point d'acteur, pour peu qu'il ait d'âme, qui ne se sentît refroidi en les prononçant. Ces sortes de fautes font plus de mal que toutes celles de grammaire et de diction ; elles détruisent l'illusion théâtrale. Comment un si grand maître, un homme si sensible, a-t-il pu les commettre ? C'est qu'il avait encore plus d'imagination que de sensibilité et de goût, et l'imagination doit se taire quand le cœur parle. Il n'y a qu'un homme, un seul homme qui ne soit jamais tombé dans des fautes de cette espèce : c'est Racine. O Racine !

¹⁸ Détournez d'elle, ô Dieu ! cette mort qui me *suit*.
Non, peuple, ce n'est point un dieu qui le *poursuit*.

Il n'est pas permis de faire rimer le simple avec son composé.

SECTION IX. — *Mérope*.

Il y a plus de deux mille ans que le sujet de *Mérope* est regardé comme un des plus beaux qu'il soit possible de traiter. Il a réussi chez toutes les nations qui ont eu un théâtre et qui ont connu l'art de la tragédie, chez les Grecs, en Italie et parmi nous; et il n'y en avait point de plus fameux chez les anciens, au jugement de Plutarque et d'Aristote. Celui-ci paraît le regarder comme le chef-d'œuvre d'Euripide; il cite la reconnaissance d'Égisthe et de Mérope au moment où elle est prête à immoler son propre fils en croyant le venger, comme la plus théâtrale de toutes les situations connues. Nous avons perdu cette tragédie avec tant d'autres d'Euripide; mais ce que nous savons du prodigieux succès qu'elle eut dans la Grèce peut faire penser que c'est principalement sur cet ouvrage qu'Aristote appuyait son opinion lorsqu'il nommait Euripide *le plus tragique* de tous les poètes*.

Pourquoi ce sujet si heureux, que la *Poétique* d'Aristote indiquait à tout le monde, s'est-il établi

---

* On paraît convenir aujourd'hui que par cette expression Aristote entendait le plus pathétique. V. t. XIII, p. 108 de notre *Répertoire*.   H. P.

si tard sur la scène française, où, depuis Corneille jusqu'à nos jours, on l'avait essayé tant de fois? Entrepris successivement, d'abord par *les cinq auteurs* que Richelieu faisait travailler sous ses ordres, ensuite par ce même Gilbert qui voulut faire une *Rodogune* après Corneille, puis par La Chapelle, sous le titre de *Téléfonte*, enfin par La Grange sous celui d'*Amasis*, il a fallu, pour être rempli, qu'il arrivât jusqu'à Voltaire. C'est que tous ces grands sujets de l'antiquité, qui semblent si favorables par l'intérêt qu'ils présentent, sont en même temps les plus difficiles par leur extrême simplicité. *Phèdre* et *Iphigénie* n'ont pu réussir qu'entre les mains de Racine, *OEdipe* et *Mérope* que dans celles de Voltaire : mais il y a entre ces deux dernières pièces la même distance qu'entre la jeunesse et la maturité. Il faut parmi nous, pour soutenir ces sujets si simples pendant la durée de cinq actes, trouver dans son talent toutes les ressources que les Grecs trouvaient dans leur système théâtral. Il ne faut donc pas s'étonner que Voltaire, à dix-huit ans, n'ait pu tirer d'*OEdipe* que trois actes qui appartinssent au sujet ; et il faut l'admirer d'avoir su, à quarante, être le seul de nos poètes qui ait traité le sujet de *Mérope* avec toute la simplicité des anciens, et fourni cette longue carrière de cinq actes avec tout ce qu'on exige des modernes.

Jamais, il est vrai, l'on n'eut plus de secours : on sait toutes les obligations qu'il eut à l'auteur de la *Mérope* italienne, le célèbre Maffei; et l'on voit, par la lettre qu'il lui adressa en lui dédiant son ouvrage, qu'il n'a pas prétendu les dissimuler. Mais comme on se plaisait, malgré cet aveu, à les exagérer encore selon la disposition naturelle au pubic après le grand succès d'un bel ouvrage, il supposa une lettre d'un inconnu, nommé *La Lindelle*, où l'amertume de la censure formait comme une espèce d'antidote contre les louanges prodiguées à la *Mérope* italienne dans la dédicace de Voltaire. Le procédé n'était pas très loyal, mais les critiques étaient justes; et l'on doit convenir que s'il a dû beaucoup à Maffei, il doit encore plus à son génie. Voltaire a été imitateur dans *Mérope* et *Oreste*, comme Racine dans *Phèdre* et *Iphigénie*, c'est-à-dire en surpassant infiniment son modèle.

Ce n'est pas que je prétende diminuer en rien le mérite du poète italien; je regarde sa *Mérope* comme l'ouvrage dramatique qui fait le plus d'honneur à l'Italie, après les bonnes pièces de Métastase. Mais l'examen détaillé de ses beautés et de ses défauts, qui appartient à la littérature étrangère, m'éloignerait trop ici de mon objet principal, et je me contenterai d'indiquer les emprunts les plus remarquables que Voltaire lui ait faits, et les endroits beaucoup plus nombreux où la profonde connaissance du théâtre a mené le poète français bien plus loin que celui de Vérone.

Tous deux ont eu assez de goût pour exclure tout épisode et toute intrigue d'amour, et pour soutenir l'intérêt du sujet sans y mêler rien d'étranger. C'est dans tous les deux un grand mérite; et si, d'un côté, l'exemple et les succès ont pu instruire Voltaire et déterminer sa marche, de l'autre, on peut croire que celui qui s'était tant reproché le Philoctète de son *Œdipe*, qui n'avait point mis d'amour dans la *Mort de César*, et qui n'en mit point dans *Oreste*, aurait eu assez de jugement pour ne le point faire entrer dans *Mérope*. Ce qui est certain, c'est que Maffei, en se passant d'épisode, laisse de temps en temps languir son action, et que dans Voltaire l'intérêt ne se ralentit pas un moment; il croît de scène en scène, depuis le premier vers que prononce Mérope, jusqu'au dénouement. Ce mérite si rare se trouve aussi dans *Zaïre;* mais combien la matière était plus abondante! Ici le sort d'Égysthe et les craintes maternelles de Mérope occupent sans cesse le spectateur, depuis le commencement jusqu'à la fin, sans la plus légère distraction, sans qu'il s'y mêle aucune autre impression quelconque. Les juges de l'art, qui connaissent l'extrême difficulté d'attacher un intérêt progressif à cette exacte unité, de varier et de graduer les situations sans jamais en changer l'objet, ont toujours placé ce genre de perfection au premier rang; et comme celle du style s'y joint dans la *Mérope* de Voltaire, ils s'accordent à regarder cet ouvrage comme le plus fini qui soit sorti de ses mains.

Son exposition est aussi animée et aussi attachante que celle de Maffei est froide : celle-ci n'est qu'une longue conversation entre Mérope et Polyphonte, où il n'est question que de l'amour prétendu qu'il affecte de montrer pour elle, quoiqu'en effet, comme il le dit après, il ne veuille l'épouser que par politique. Ces fausses démonstrations d'amour, qui ne servent pas même à tromper Mérope, ont fort mauvaise grace dans la bouche d'un tyran sur le retour de l'âge, qui est connu de Mérope pour le meurtrier de son premier époux et de deux de ses enfants. Elle rejette ses offres avec indignation; cependant elle lui demande assez naïvement pourquoi il ne lui a pas parlé d'amour lorsqu'elle était dans la fleur de la jeunesse; et il répond que les soins et les travaux de la guerre l'en ont empêché, mais qu'il l'a toujours aimée, et qu'*il veut enfin satisfaire les désirs d'un amour retenu jusquelà dans le silence*; et l'on sent assez combien toutes les bienséances sont ici ridiculement blessées. Polyphonte s'exprime bien différemment dans Voltaire, qui, avant de l'amener sur la scène, a eu soin de nous faire connaître Mérope, de nous intéresser à sa situation, à ses dangers, à sa tendresse pour le seul fils qui lui reste. Il s'est conformé à ce principe reçu, qu'on ne saurait trop tôt s'emparer du spectateur, et le faire entrer dans tous les intérêts qui vont l'occuper. La confidente de Mérope nous en instruit très naturellement, en mettant sous les yeux de cette reine tous les motifs de consolation qui doivent soulager ses douleurs. Les troubles civils qui ont si long-temps désolé Messène sont enfin appaisés : on va donner la couronne.

Sans doute elle est à vous, si la vertu la donne.
Vous seule avez sur nous d'irrévocables droits,
Vous, veuve de Cresphonte et fille de nos rois :

Vous que tant de constance et quinze ans de misère
Font encor plus auguste et nous rendent plus chère,
Vous, pour qui tous les cœurs en secret réunis...

MÉROPE.

Quoi! Narbas ne vient point! Reverrai-je mon fils?

A peine ai-je entendu vingt vers, et déjà l'on m'a fait savoir, sans avoir l'air de me l'apprendre, l'état de Messène, les circonstances où Mérope se trouve placée, tous les titres qui la rendent intéressante et respectable; à peine elle-même a-t-elle dit un mot, et ce mot, qui ne répond à rien de tout ce qu'on lui a dit de plus important, de plus fait pour attirer son attention; ce mot, qui ne répond qu'à son cœur et à ses pensées, m'a déjà montré l'âme d'une mère qui ne respire que pour son fils, qui le demande, qui l'attend. Que de choses le poète a déjà faites en si peu de temps! C'est à ces traits que l'on reconnaît d'abord un maître de l'art. Je n'en exige pas autant de Maffei: l'art n'avait pas été aussi cultivé, aussi approfondi dans son pays que dans le nôtre; mais combien il était rare, même parmi nous, qu'on l'eût porté aussi loin depuis Racine! Il est partout le même dans cette première scène: l'auteur a conçu que, fondant toute sa pièce sur le seul sentiment maternel, il fallait commencer par nous y attacher fortement. Il connaissait le pouvoir de ces premières impressions dont j'ai souvent rappelé l'importance, et qu'il faut établir puissamment dans l'âme des spectateurs, au moment où elle s'ouvre pour recevoir toutes celles qu'on voudrait lui donner. Aussi Mérope n'est-elle jamais que mère, et ne pouvait l'être trop ; elle ne parle que de son fils, ne voit que son fils, ne veut que son fils :

>Me rendrez-vous mon fils, dieux témoins de mes larmes?
>Égysthe est-il vivant? Avez-vous conservé
>Cet enfant malheureux, le seul que j'ai sauvé?
>Écartez loin de lui la main de l'homicide.
>C'est votre fils, hélas! c'est le pur sang d'Alcide.
>Abandonnerez-vous ce reste précieux
>Du plus juste des rois et du plus grand des dieux,
>L'image de l'époux dont j'adore la cendre?

On lui parle de Polyphonte, de la nécessité de prévenir ses desseins ambitieux, et de songer à remonter sur le trône : toujours même réponse et même langage :

>L'empire est à mon fils : périsse la marâtre,
>Périsse le cœur dur, de soi-même idolâtre,
>Qui peut goûter en paix, dans le suprême rang,
>Le barbare plaisir d'hériter de son sang!
>Si je n'ai plus de fils, que m'importe un empire?
>Que m'importe ce ciel, ce jour que je respire, etc.

Et au commencement de l'acte suivant, lorsqu'il s'agit encore de partager ce trône avec Polyphonte, lorsque les amis de Mérope lui représentent que tel est le vœu de Messène, qu'il faut se résoudre à ce parti nécessaire, elle s'écrie :

>Que parlez-vous toujours et d'hymen et d'empire?
>Parlez-moi de mon fils, dites-moi s'il respire, etc.

C'est avec cette connaissance de la nature que le

poète dramatique dispose à son gré de tous les cœurs ; c'est en se persuadant bien que tout grand sentiment, toute grande passion dit toujours la même chose, quoique de cent manières différentes. Ce n'est pas là répéter, c'est redoubler, et l'on ne saurait trop le redire aux auteurs tragiques : quand une fois vous avez trouvé le chemin du cœur, avancez toujours sur la même route ; point de distraction, point de détour, le spectateur n'en veut pas ; ce qu'il demande, c'est que vous ne le laissiez pas respirer. La plaie est faite, creusez-la profondément, et tournez toujours le poignard du même côté*. C'est sur-tout à ce principe que tiennent les grands effets, et personne ne l'a mieux connu et mieux pratiqué que Voltaire ; c'est par-là sur-tout

* Ce sont les propres mots que Voltaire m'a répétés et développés bien des fois dans ses conversations, lorsque j'allai le voir après le mauvais succès de *Timoléon* et de *Gustave*. Les premiers actes de cette dernière pièce surtout lui avaient fait beaucoup de plaisir, et il me fit comprendre combien je m'étais mépris en substituant au péril de mon héros, celui d'un ami dont personne ne se souciait, et combien un intérêt indirect, un héroïsme d'amitié qui m'avait séduit, était froid en comparaison du grand intérêt que j'avais inspiré pour Gustave pendant trois actes qui furent très vivement sentis. Il jugea précisément comme le public. « Votre pièce, me dit-il, de« vait tomber dès que vous retiriez d'un péril éminent, au commencement « du quatrième acte, le personnage qu'on aimait, et pour qui l'on ne pouvait « plus rien craindre. Gardez-vous à jamais d'une pareille faute, et souvenez-« vous que le grand effet de votre premier ouvrage tient sur-tout à ce que « l'intérêt est toujours concentré sur votre principal personnage, et va tou-« jours croissant jusqu'à la fin. Moquez-vous de ceux qui ne parlent aujour-« d'hui que de situations multipliées et de coups de théâtre. L'unité, mon « enfant, l'unité, c'est là le grand chemin, c'est celui qui va au but. » *Je* m'en suis toujours souvenu, et l'ai pratiqué autant que je l'ai pu dans *Mélanie*, dans *Virginie*, dans *Jeanne de Naples*, dans *Coriolan*, dans *Philoctète*, où l'intérêt, toujours *un*, a suppléé ce qui peut d'ailleurs leur manquer.

que, malgré ses fautes, il est devenu le plus grand tragique du monde entier.

Mais si les sujets les plus simples sont les plus favorables à cette continuité d'émotion, ce sont aussi ceux qui exigent le plus impérieusement toute la vérité et toute la chaleur du style tragique, que rien alors ne peut suppléer. S'ils ne sont pas refroidis par les épisodes, ils peuvent l'être par la langueur du dialogue, le vide d'action et les scènes de remplissage; et ces défauts, qui ne se trouvent jamais dans la *Mérope* française, se rencontrent de temps en temps dans celle de Maffei. Il amène, il est vrai, dès le premier acte, Égysthe, que Voltaire ne fait paraître qu'au second; mais il s'en faut bien que ce soit avec le même art et le même effet. Le prolixe entretien de Mérope et de Polyphonte est interrompu par un confident, nommé Adraste, qui vient lui apprendre qu'on a arrêté, près de Messène, un jeune homme qui a commis un meurtre. Polyphonte ordonne qu'on le lui amène, et ne donne aucune raison de cet ordre : c'est déjà une faute, et tout doit être lié et motivé dans le drame. Cet accident, commun en lui-même, n'a aucun rapport à ce qui se passe entre Polyphonte et Mérope; il n'y aucune raison pour faire venir le meurtrier en présence même de cette reine, ou s'il y en a, il faut nous en instruire. Une autre faute plus grave, c'est que Mérope, qui a entendu avec indifférence le récit d'Adraste, et qui ne prend pas la moindre part à cet incident, reste sur la scène sans y avoir rien à faire, et assiste à cet interrogatoire sans aucun intérêt particulier, jusqu'à ce que le tyran lui-même l'avertisse qu'elle doit se retirer, qu'elle ne peut demeurer plus long-temps sans blesser les bienséances de son rang. Assurément Mérope aurait dû s'en apercevoir plus tôt, et, pour surcroît de fautes, l'acte se termine par une scène aussi inutile qu'indécente, entre Égysthe et Adraste, qui roule tout entière sur une bague précieuse que portait le jeune homme. Adraste lui reproche de l'avoir volée. Égysthe proteste qu'elle est à lui, et finit par en faire présent à l'officier, qui lui dit en style de recors : *Ta libéralité est grande ; tu me donnes ce qui est déjà à moi.* Il se peut que ce soit là de la *vérité*, et en effet Adraste a pu plaisanter sur ce ton avec son prisonnier. Nous verrons ailleurs ce qu'il faut penser de cette espèce de *vérité* qui est celle du théâtre anglais et espagnol, et qui commence à n'être plus celle du théâtre italien, mais que depuis vingt ans de nouveaux législateurs, qui n'étaient pas des Aristote, ni des Horace, ni des Boileau, auraient voulu introduire sur le nôtre. Ce qui est certain, c'est qu'il n'y a point de pièce qu'une pareille scène ne puisse gâter et refroidir. Il faut voir maintenant dans Voltaire une *vérité* un peu différente.

Il n'a pas cru avoir besoin d'Égysthe dès le premier acte, d'abord afin d'économiser le progrès d'une action si simple, ensuite parce qu'il lui a suffi de Mérope pour nous occuper d'Égysthe, comme s'il était sous nos yeux. Il se présente ici une observation assez singulière, et qui n'en est pas moins vraie;

c'est que dans ce premier acte de Maffei, où Égysthe paraît enchaîné devant Mérope et Polyphonte, où il est traité en coupable et près d'être condamné comme meurtrier, on est infiniment moins ému en sa faveur, moins alarmé pour lui que dans le premier acte de Voltaire, où il ne paraît même pas. Pourquoi? C'est qu'il est de fait que le spectateur ne peut recevoir d'impressions que celles dont on l'occupe, et que dans Maffei on ne lui a pas dit un mot d'Égysthe. Mérope, qui ne paraît qu'avec Polyphonte, ne parle point de son fils, et ne montre pour lui ni tendresse ni crainte. Polyphonte ne menace point sa vie : l'aventure de ce meurtrier ne donne aucun soupçon à l'un ni aucune inquiétude à l'autre, et semble jusqu'ici étrangère à tous les deux : il n'en peut donc résulter qu'un mouvement de curiosité, que le désir de savoir ce qui arrivera de ce jeune homme, que peut-être nous soupçonnons être le fils de la reine, quoique nul des personnages ne nous avertisse d'y penser : c'est quelque chose, il est vrai; mais combien Voltaire a fait davantage! Au lieu d'amener sitôt Égysthe pour produire si peu d'effet, il a mis savamment en œuvre cette partie de l'art qui consiste à faire désirer vivement et attendre avec impatience un personnage principal; et quelle foule de circonstances il a réunies dans ce dessein! avec quelle adresse il les a graduées! C'est un fils qu'il s'agit de rendre à sa mère : il en a fait l'unique objet de toutes ses affections, de toutes ses espérances, de toutes ses pensées. C'est un descendant d'Alcide, c'est le sang des dieux, le dernier rejeton d'une famille royale détruite, arraché dès l'enfance aux bras maternels, obligé de se cacher pour éviter le même sort que son père, et se dérober à ceux qui se disputent son héritage; il a été confié depuis quinze ans aux soins d'un des serviteurs de sa mère, et depuis ce temps elle n'a eu qu'une fois de ses nouvelles et de celles de Narbas, le sauveur et le guide de cet enfant.

> Égysthe, écrivait-il, mérite un meilleur sort;
> Il est digne de vous et des dieux dont il sort.
> En butte à tous les maux, sa vertu les surmonte :
> Espérez tout de lui, mais craignez Polyphonte.

Ce Polyphonte est ambitieux et puissant; il a un parti dans Messène, et assez considérable pour aspirer au trône et à la main de Mérope. Bientôt, et dans ce premier acte, il se fait connaître pour le plus dangereux scélérat; c'est lui qui a fait périr Cresphonte et les deux frères d'Égysthe; il poursuit partout ce dernier, échappé seul à ses coups; des assassins à gages sont dispersés de tous côtés pour chercher Égysthe et Narbas, et se défaire de tous les deux. On lui dit :

> Vos ordres sont suivis, déjà vos satellites
> D'Élide et de Messène occupent les limites :
> Si Narbas reparaît, si jamais à leurs yeux
> Narbas ramène Égysthe, ils périssent tous deux.

En même temps que nous voyons la jeunesse de ce prince environnée de tant de périls, la pitié naturelle que nous inspirent son âge, son sort et ce qu'on nous a dit de ses vertus naissantes, s'accroît incessamment par cette effusion de la tendresse maternelle qui passe du cœur de Mérope dans le nôtre. Qui ne serait pas touché de voir une mère dans la situation de Mérope, aimant son fils à ce point, n'ayant d'autre espoir et d'autre bien au monde, et tremblant de le perdre à tout moment, ou de l'avoir déjà perdu! Mais, pour nous pénétrer de ses sentiments, il faut les exprimer comme elle. J'ai déjà cité quelques endroits de ce premier acte : il est rempli de traits semblables; le nom d'Égysthe, le nom de fils est sans cesse dans la bouche de Mérope. Vient-elle de retracer le tableau de cette nuit affreuse, où des brigands assassinèrent son époux et ses deux fils :

> Égysthe échappa seul : un dieu prit sa défense.
> Veille sur lui, grand Dieu qui sauvas son enfance!
> Qu'il vienne; que Narbas le ramène à mes yeux,
> Du fond de ses déserts, au rang de ses aïeux!
> J'ai supporté quinze ans mes fers et son absence;
> Qu'il régne au lieu de moi : voilà ma récompense.

C'est une reine dépossédée, à qui l'on veut rendre le trône, et qui parle ainsi. Voilà comme on est mère! Lui dit-on que le peuple penche vers Polyphonte,

> Et le sort jusque-là pourrait nous avilir!
> Mon fils dans ses états reviendrait pour servir!
> Il verrait son sujet au rang de ses ancêtres!
> Le sang de Jupiter aurait ici des maîtres!

Elle ne dit pas un mot de ses propres droits : elle ne songe qu'à son fils.

Polyphonte lui propose-t-il de partager le trône en l'épousant :

> Moi! j'irais de mon fils, du seul bien qui me reste,
> Déchirer avec vous l'héritage funeste!
> Je mettrais en vos mains sa mère et son État,
> Et le bandeau des rois sur le front d'un soldat!

Polyphonte lui vante-t-il ses prétendus services, affecte-t-il devant elle un zèle trompeur et fastueux, ose-t-il pousser son orgueilleuse hypocrisie jusqu'à lui dire,

> En un mot, c'est à moi de défendre la mère,
> Et de servir au fils, et d'exemple et de père,

elle répond :

> N'affectez point ici des soins si généreux,
> Et cessez d'insulter à mon fils malheureux.
> Si vous osez marcher sur les traces d'Alcide,
> Rendez donc l'héritage au fils d'un Héraclide.
> Ce dieu, dont vous seriez l'injuste successeur,
> Vengeur de tant d'états, n'en fut point ravisseur.
> Imitez sa justice ainsi que sa vaillance;
> Défendez votre roi, secourez l'innocence.
> Découvrez, rendez-moi ce fils que j'ai perdu,
> Et méritez sa mère à force de vertu.
> Dans nos murs relevés rappelez votre maître :
> Alors jusques à vous je descendrai peut-être.
> Je pourrais m'abaisser; mais je ne puis jamais
> Devenir la complice et le prix des forfaits.

Remarquez qu'elle n'est pas encore instruite de ces forfaits; que ce n'est point ici, comme dans Maffei, l'assassin du père et de ses deux enfants qui vient tranquillement parler à sa veuve d'amour et de mariage. Au contraire, c'est un guerrier renommé, qui passe pour le vengeur de Cresphonte et de sa patrie, qui a véritablement chassé les brigands de Pylose et d'Amphryse : ses services sont illustres et ses forfaits sont ignorés. Il ne blesse donc aucune bienséance en faisant à Mérope les propositions qu'il lui fait, et sans en blesser aucune elle pourrait les accepter; ses refus sont un sacrifice qu'elle fait aux intérêts et aux droits de son fils. Tout sert à établir ce grand caractère de maternité qui doit fonder l'intérêt : il est déjà très grand dans le premier acte, et l'on n'a point vu Égysthe; mais qu'il paraisse maintenant, et, grace au talent du poète, grace à tout ce qu'il nous a fait entendre, tous les cœurs voleront au devant de lui, nous aurons tous pour lui le cœur de Mérope. Il va paraître en effet; mais de quelle manière? et comment est-il annoncé dès les premiers vers du second acte?

MÉROPE.

Quoi! l'univers se tait sur le destin d'Égysthe?
Je n'entends que trop bien ce silence si triste.
Aux frontières d'Élide enfin n'a-t-on rien su?

EURYCLÈS.

On n'a rien découvert; et tout ce qu'on a vu,
C'est un jeune étranger de qui la main sanglante
D'un meurtre encor récent paraissait dégouttante.
Enchaîné par mon ordre, on l'amène au palais.

MÉROPE.

Un meurtre! un inconnu! qu'a-t-il fait, Euryclès?
Quel sang a-t-il versé? Vous me glacez de crainte.

Il y a loin de ce transport, de ce cri d'un cœur maternel, à la Mérope de Maffei, si tranquille spectatrice dans la scène où Égysthe est si gratuitement conduit devant Polyphonte. Ce seul mouvement, si naturel et si vrai, est d'un effet cent fois plus grand que toute la scène du poète italien. D'ailleurs, était-ce devant Polyphonte qu'il fallait d'abord faire paraître Égysthe, et uniquement comme un aventurier coupable d'un meurtre? Ici quelle différence! c'est devant Mérope, devant sa mère, qui tremble déjà de rencontrer dans cet inconnu le meurtrier de son fils. Il ne suffit pas d'amener une situation, il faut qu'elle affecte les personnages de quelque manière que ce soit, si vous voulez qu'elle m'affecte moi-même; et s'ils n'éprouvent point d'émotion, comment pourrai-je en ressentir? On représente à Mérope que ses craintes ne sont point fondées :

.... De ce meurtrier la commune aventure
N'a rien dont vos esprits doivent être agités.
De crimes, de brigands ces bords sont infestés.
C'est le fruit malheureux de nos guerres civiles;
La justice est sans force; et nos champs et nos villes
Redemandent aux dieux, trop long-temps négligés,
Le sang des citoyens l'un par l'autre égorgés.
Écartez des terreurs dont le poids vous *afflige*.

MÉROPE.

Quel est cet inconnu? Répondez-moi, vous dis-je.

EURYCLÈS.

C'est un de ces mortels du sort abandonnés,
Nourris dans la bassesse, aux travaux condamnés,
Un malheureux sans nom, si l'on croit l'apparence.

MÉROPE.

N'importe; quel qu'il soit, qu'il vienne en ma présence;
Le témoin le plus vil et les moindres clartés
Nous montrent quelquefois de grandes vérités.
Peut-être j'en crois trop le trouble qui me presse,
Mais ayez-en pitié, respectez ma faiblesse.
Mon cœur a tout à craindre et rien à négliger.
Qu'il vienne, je le vœux; je veux l'interroger.

Voilà une scène motivée, préparée; c'est ainsi que les alarmes d'une mère justifient ce qu'il peut y avoir d'extraordinaire à faire paraître un meurtrier devant une reine. On ne lui en aurait pas même parlé si ses inquiétudes continuelles, les recherches qu'elle fait faire partout, ses informations, ses questions n'eussent autorisé ses serviteurs à lui donner avis de tout ce qui se passe. Rien de tout cela n'est dans Maffei; et ce qui prouve que ces préparations et cet arrangement de circonstances sont nécessaires, non-seulement à la vraisemblance, mais à l'intérêt, c'est qu'il est évident que les frayeurs, les pressentiments, les ordres de Mérope nous avertissent de l'importance que nous devons mettre à un incident qui par lui-même semble lui être étranger. Nous craignons parce qu'elle craint; nous sommes émus parce qu'elle est émue; nous attendons Égisthe parce qu'elle l'attend. Tel est l'art dramatique : nous ne sommes qu'au commencement du second acte, et combien de beautés que la connaissance de cet art a déjà fournies à Voltaire, et dont Maffei ne s'est pas douté!

Il est peut-être fort excusable de ne les avoir pas

imaginées, et j'en ai dit la raison. Mais que penser de ceux qui, lors même qu'ils en voyaient l'effet sur notre théâtre, ont pu les méconnaître au point de les travestir en fautes grossières, et de se moquer de l'auteur quand toute la France l'applaudissait en pleurant? Que dire d'un abbé Desfontaines qui régentait la littérature, et qui imprimait dans ses feuilles une critique de *Mérope*, où l'on s'exprime ainsi : « D'où vient cette curiosité, cet empresse-
« ment de la reine pour voir un jeune homme arrêté
« comme coupable d'un meurtre? Pour trouver cette
« curiosité digne d'une reine, il faut supposer qu'elle
« avait résolu de s'informer de tous ceux qui *désor-*
« *mais tueraient quelqu'un dans la Grèce; ce qui*
« *est ridicule*...... Tout était plein de meurtre et de
« carnage *en ce temps-là*, dans le pays de Messène :
« Euryclès le dit à Mérope. D'où viennent donc ces
« alarmes et ce trouble de la reine à la nouvelle de
« l'assassin arrêté? Voilà une *supposition qui n'a*
« *rien de vraisemblable*...... Mérope a *sur cela* une
« invincible opiniâtreté dont elle ne peut rendre
« raison : on a beau lui représenter que sa curiosité
« est *indécente* et vaine, elle ne répond autre chose,
« si non : Je le veux, je le veux ; c'est *qu'il lui est*
« *impossible de rien alléguer de raisonnable qui*
« *puisse justifier son bizarre* empressement. » Autant de mots, autant d'inepties. Il est très faux qu'Euryclès trouve la curiosité de Mérope *indécente* : ce qui serait *indécent*, c'est qu'Euryclès fît seulement soupçonner une pareille idée; et ce qui l'est véritablement, c'est que le critique menteur ose la lui

prêter. Ce que dit Euryclès ne tend qu'à rassurer une mère toujours prompte à s'alarmer, et, en même temps qu'il s'efforce de dissiper ses craintes, il les trouve très naturelles :

Triste effet de l'amour dont votre âme est *atteinte!*
Le moindre évènement vous porte un coup mortel :
Tout sert à déchirer ce cœur trop maternel;
Tout fait parler en vous la voix de la nature.

Ce langage est *très raisonnable* et aurait dû éclairer le censeur sur sa bévue; mais ne suffisait-il pas du simple bon sens pour l'avertir que les frayeurs de Mérope sont absolument dans la nature, et heureusement encore dans la nature théâtrale; que tout ce que dit la reine, tout ce qu'elle fait, tout ce qu'elle craint, est conforme à sa situation et à la sollicitude maternelle? Depuis quand donc faut-il que le danger d'un fils soit évident pour que les alarmes d'une mère soient *vraisemblables?* Sans doute il faut que l'on cherche à rassurer Mérope; mais il faut sur-tout que rien ne la rassure : cette vérité, fondée sur le sens intime, est tellement à la portée de tout le monde, qu'on peut douter que le censeur soit de bonne foi; mais s'il pensait ce qu'il a écrit, Voltaire pouvait lui répondre par ces deux vers de sa tragédie :

Tu peux, si tu le veux, m'accuser d'imposture;
Ce n'est pas aux *méchants* à sentir la nature.

Jamais elle ne fut plus touchante que dans cette scène immortelle. Quel spectacle! quel moment que celui où le jeune Égysthe paraît dans l'éloignement, levant au ciel ses mains chargées de chaînes, attachant sur Mérope ses regards attendris!

Est-ce là cette reine auguste et malheureuse,
Celle de qui la gloire et l'infortune affreuse,
Retentit jusqu'à moi dans le fond des déserts?

ISMÉNIE.

Rassurez-vous : c'est elle.

ÉGYSTHE.

O dieu de l'univers!
Dieu qui forma ses traits, veille sur ton image.
La vertu sur le trône est ton plus digne ouvrage.

C'est ici qu'éclatent plus que partout ailleurs les prodigieuses supériorités de Voltaire sur Maffei. Le fond de cette scène est dans l'italien : que l'on en compare l'exécution : là ce n'est qu'un personnage vulgaire; rien n'annonce dans ses paroles ni dans ses sentiments une âme au-dessus de sa fortune. Cependant l'éducation qu'il a dû recevoir de Narbas faisait un devoir à l'auteur de montrer en lui cette noblesse naturelle, cette élévation mêlée de douceur et de modestie, qui rappelât à la fois sa naissance, ses malheurs, les leçons qu'il a reçues et les espérances qu'on en doit concevoir. Bien loin d'y avoir pensé, il ne lui fait même rien dire qui nous instruise des motifs qui l'ont amené près de Messène. C'est une faute essentielle; et Maffei pèche ici, non-seulement par l'omission de ce que le sujet lui présentait, mais par la violation des règles. On n'apprend que dans l'acte suivant, mais trop tard, et par une froide conversation entre deux subalternes, que le fils de Mérope a quitté sa retraite et son gouverneur par le désir de voyager et de visiter *les principales villes de la Grèce*. C'est tout autre chose dans Voltaire : vous avez vu, Messieurs, comme il vous a intéressés à l'arrivée d'Égysthe; cet intérêt redouble aux premières paroles qu'il lui fait prononcer. Elles annoncent déjà un personnage au-dessus du commun : cette affection qu'il montre pour Mérope, cette sensibilité pour les disgraces et les vertus de cette reine, lorsqu'il pourrait n'être occupé que de ses propres dangers, l'élèvent à nos yeux et nous le rendent cher. Cette invocation aux dieux, cette sentence qui, dans la situation où il est, n'est qu'un sentiment,

La vertu sur le trône est ton plus digne ouvrage,

ne sont point un étalage de morale vaine et déplacée. Égysthe montrera dans toute la pièce un caractère religieux : c'est celui qu'il doit avoir ; il a été élevé par un sage vieillard dans un désert et dans la pauvreté. Mérope est touchée du maintien et des paroles d'Égysthe :

C'est là ce meurtrier! Se peut-il qu'un mortel,
Sous des dehors si doux, ait un cœur si cruel!

Dans l'italien elle dit à sa confidente : vois comme sa *figure est noble! Mira gentile aspetto!* Cette exclamation a de la vérité; le poète français y joint une idée et un contraste qui rendent cette *vérité* tragique.

Approche, malheureux, et dissipe tes craintes.
Réponds-moi : de quel sang tes mains sont-elles teintes ?

C'est elle en effet, et non pas Polyphonte, qui devait interroger Égysthe : la différence est si sensible, qu'il suffit de l'indiquer ; et la distance est encore plus grande dans les détails :

ÉGYSTHE.

O reine ! pardonnez... Le trouble, le respect,
Glacent ma triste voix, tremblante à votre aspect.

Il dit à Euryclès,

Mon âme en sa présence, étonnée, attendrie...

Cette timidité, si convenable à son âge et à sa situation, sert encore à nous intéresser pour lui et à faire présumer son innocence. Dans Maffei, il se contente de raconter ce qui lui est arrivé, et comment il a été obligé de se défendre : ce qu'il dit ne caractérise pas plus un innocent qu'un coupable. Ici, avant de s'être justifié, il l'est déjà pour nous : tant de respect pour les dieux et pour Mérope, tant de retenue, de bonté, de modestie, n'est pas d'un criminel.

MÉROPE.

Parle : de qui ton bras a-t-il tranché la vie ?

ÉGYSTHE.

D'un jeune audacieux que les arrêts du sort
Et ses propres fureurs ont conduit à la mort.

MÉROPE.

D'un jeune homme ! mon sang s'est glacé dans mes veines :
Ah ! t'était-il connu ?

ÉGYSTHE.

　　　　　Non, les champs de Messènes,
Ses murs, leurs citoyens, tout est nouveau pour moi.

MÉROPE.

Quoi! ce jeune inconnu s'est armé contre toi?
Tu n'aurais employé qu'une juste défense?

ÉGYSTHE.

J'en atteste le ciel : il sait mon innocence.
Aux bords de la Pamise en un temple sacré,
Où l'un de vos aïeux, Hercule, est adoré,
J'osais prier pour vous ce dieu vengeur des crimes.
Je ne pouvais offrir ni présents ni victimes;
Né dans la pauvreté, j'offrais de simples vœux,
Un cœur pur et soumis, présent des malheureux.
Il semblait que le dieu, touché de mon hommage,
Au-dessus de moi-même élevât mon courage.
Deux inconnus armés m'ont abordé soudain,
L'un dans la fleur des ans, l'autre vers son déclin.
Quel est donc, m'ont-ils dit, le dessein qui te guide!
Et quels vœux formes-tu pour la race d'Alcide?
L'un et l'autre à ces mots ont levé le poignard :
Le ciel m'a secouru dans ce triste hasard.
Cette main du plus jeune a puni la furie;
Percé de coups, Madame, il est tombé sans vie :
L'autre a fui lâchement tel qu'un vil assassin;
Et moi, je l'avoûrai, de mon sort incertain,
Ignorant de quel sang j'avais rougi la terre,
Craignant d'être puni d'un meurtre involontaire,
J'ai traîné dans les flots ce corps ensanglanté.
Je fuyais; vos soldats m'ont bientôt arrêté :
Ils ont nommé Mérope, et j'ai rendu les armes.

Lisez le récit de Maffei, tout y est indifférent; dans

celui-ci tout a un effet marqué, sans que rien avertisse d'un dessein. Là, c'est un brigand qui attaque Égysthe sur le grand chemin, et veut lui prendre ses habits ; Égysthe le terrasse et le tue, ensuite il le jette dans la Pamise ; et le poète, qui néglige tant les accessoires théâtrals, recherche ceux de la poésie si mal à propos, qu'il s'amuse à faire une description épique du bruit que fait le corps du brigand jeté dans l'eau. Ici quel choix de circonstances ! Égysthe invoquait Hercule dans un temple ; il l'invoquait pour Mérope : trop pauvre pour offrir un sacrifice, il offrait

.... De simples vœux,
Un cœur pur et soumis, présent des malheureux.

Quel intérêt dans l'action et dans l'expression !

Il semblait que le dieu, touché de mon hommage,
Au-dessus de moi-même élevât mon courage.

C'est faire pressentir par avance la protection que promet Hercule à ce jeune descendant des dieux ; et de plus, cette protection rend plus vraisemblable la victoire qu'il remporte à cet âge sur deux adversaires armés contre lui.

Quel est donc, m'ont-ils dit, le dessein qui te guide ?
Et quels vœux formes-tu pour la race d'Alcide ?

Il n'en faut pas davantage pour nous faire comprendre que les deux assaillants sont du nombre des satellites de Polyphonte. Dans Maffei, on ne sait pas quel est l'homme qu'Égysthe a tué : c'est une faute ; tout doit être expliqué dans la tragédie, et tout doit tenir au plan.

Ils ont nommé Mérope, et j'ai rendu les armes.

On ne pouvait mieux terminer ce récit, qui est un chef-d'œuvre d'art et de style. Ce sentiment, fait pour attendrir Mérope, va s'expliquer dans la suite de la scène : il sert dès ce moment à mettre de l'intérêt et de la noblesse jusque dans la manière dont Égysthe a été arrêté. Le poète n'a rien négligé : il est juste de lui tenir compte de tout.

Mérope est émue de ce récit d'Égysthe; elle pleure :

EURYCLÈS.

Eh! madame, d'où vient que vous versez des larmes?

MÉROPE.

Te le dirai-je? hélas! tandis qu'il m'a parlé,
Sa voix m'attendrissait, tout mon cœur s'est troublé.
Cresphonte, ô ciel!... j'ai cru... que j'en rougis de honte!
Oui, j'ai cru démêler quelques traits de Cresphonte.
Jeux cruels du hasard, en qui me montrez-vous
Une si fausse image et des rapports si doux?
Affreux ressouvenir! quel vain songe m'abuse!

Ce trait heureux est indiqué par Maffei : « O Is-
« mène (dit Mérope à sa confidente)! en ouvrant
« la bouche, il a fait un mouvement de lèvres qui
« m'a rappelé mon époux, il me l'a retracé comme
« si je le voyais. » Mais c'est une observation isolée, qui ne tient à rien, qui ne dit rien au cœur de Mérope, qui n'excite aucun trouble en elle, ni par conséquent en nous. Ce jeune étranger lui est encore indifférent, ici il a déjà causé des alarmes; elle cherche quelques lumières, et la suite de cet entretien va faire naître en elle des alternatives

d'espérance et de crainte. Qu'il est beau d'imiter ainsi! Ce n'est pas faire quelque chose de rien; mais c'est faire beaucoup de peu de chose.

EURYCLÈS.

Rejetez donc, madame, un soupçon qui l'accuse;
Il n'a rien d'un barbare et rien d'un imposteur.

MÉROPE.

Les dieux ont sur son front imprimé la candeur.
Demeurez: en quel lieu le ciel vous fit-il naître?

ÉGYSTHE.

En Élide.

MÉROPE.

Qu'entends-je! en Élide! ah, peut-être...
L'Élide... répondez... Narbas vous est connu?
Le nom d'Égysthe au moins jusqu'à vous est venu?
Quel était votre état, votre rang, votre père?

ÉGYSHE.

Mon père est un vieillard accablé de misère;
Polyclète est son nom; mais Égysthe, Narbas,
Ceux dont vous me parlez, je ne les connais pas.

Ces vers sont parfaits; il n'y a que la rime et la mesure qui les distinguent de la prose; et pour peu qu'il y eût ici quelque chose de plus, tout serait perdu. Sachons gré à l'auteur de cette simplicité précieuse, sans laquelle il n'y avait plus de vérité.

MÉROPE.

O dieux! vous vous jouez d'une triste mortelle!
J'avais de quelque espoir une faible étincelle;
J'entrevoyais le jour, et mes yeux affligés
Dans la profonde nuit sont déjà replongés.
Et quel rang vos parents tiennent-ils dans la Grèce?

A cette question, je crois voir d'ici tous nos déclamateurs se guinder sur leur *sublime*, monter sur un amas de grands mots, de là nous prêcher l'égalité primitive, et mettre même la cabane au-dessus du trône : à coup sûr ils n'auraient pas trouvé d'autre moyen d'agrandir Égysthe aux yeux de Mérope. Mais Voltaire, qui savait qu'il ne faut point combattre l'orgueil des grandeurs par l'orgueil de la pauvreté, sous peine de rendre l'un tout aussi peu intéressant que l'autre; que, pour avoir la dignité de son état, il faut en avoir la modestie, et que la seule fierté que l'on aime est celle qui tient à la noblesse des sentiments, et non pas au faste des prétentions; Voltaire a mis dans la réponse du jeune homme le seul caractère qui pût l'élever au-dessus de sa condition, cette dignité modeste que personne n'est tenté d'humilier, et que tout le monde se croit obligé de respecter :

Si la vertu suffit pour faire la noblesse;
Ceux dont je tiens le jour, Polyclète, Sirris,
Ne sont point des mortels dignes de vos mépris.
Leur sort les avilit; mais leur sage constance
Fait respecter en eux l'honorable indigence.
Sous ses rustiques toits mon père vertueux
Fait le bien, suit les lois, et ne craint que les dieux.

Je ne louerai point ces vers divins; celui-ci m'en dispense :

MÉROPE.
Chaque mot qu'il me dit est plein de nouveaux charmes.

Le spectateur le sent si bien, comme elle, qu'on ne songe pas même à ce témoignage flatteur que se rend ici à lui-même le poète qui a fait parler Égysthe. Personne ne songe à y voir la moindre apparence d'amour-propre : c'est qu'en effet il n'y en a pas, et qu'il est évident que l'illusion dramatique agit sur lui comme sur nous; mais ce qui suit surpasse tout :

> Pourquoi donc le quitter? pourquoi causer ses larmes?
> Sans doute il est affreux d'être privé d'un fils.

Je ne me lasserai point d'observer que, dans toute cette scène, Égysthe est sans cesse présent à l'esprit de Mérope, tandis que Maffei n'a guère fait autre chose que de le mettre sous ses yeux. C'est la réunion de l'un et de l'autre qui est vraiment du génie ; et ce qui en résulte de plus beau, c'est peut-être ce retour que fait ici Mérope sur elle-même, et qui amène, d'une manière à la fois si naturelle et si touchante, la question qui va mettre Égysthe dans le cas de nous dire ce que nous devons savoir, pourquoi il se trouve dans Messène. Maffei ne nous en dit rien ; et cet exemple, parmi cent autres, pouvait lui apprendre que l'observation des règles essentielles est pour le vrai talent une source de beautés.

> Un vain désir de gloire a séduit mes esprits.
> On me parlait souvent des troubles de Messène,
> Des malheurs dont le ciel avait frappé la reine,
> Sur-tout de ses vertus, dignes d'un autre prix.
> Je me sentais ému par ces tristes récits.
> De l'Élide, en secret, dédaignant la mollesse,
> J'ai voulu dans la guerre exercer ma jeunesse,
> Servir sous vos drapeaux, et vous offrir mon bras :
> Voilà le seul dessein qui conduisit mes pas.

Ce faux instinct de gloire égara mon courage ;
A mes parents flétris sous les rides de l'âge
J'ai de mes jeunes ans dérobé les secours :
C'est ma première faute ; elle a troublé mes jours.
Le ciel m'en a puni : le ciel inexorable
M'a conduit dans le piège et m'a rendu coupable.

Que de motifs d'intérêt se réunissent ici sur Égysthe, et tous conformes à la vraisemblance des faits et des mœurs ! ce zèle pour Mérope, cet empressement à la servir, qui est à la fois le premier élan de la gloire dans un jeune héros, et le premier instinct de la nature dans un fils, mais sur-tout cette piété filiale qui le force à se reprocher comme une faute ce qu'à son âge il était si excusable de prendre facilement pour un noble désir de gloire : tout doit nous charmer dans ce jeune homme ; mais en même-temps tout est vraisemblable. Ses sentiments pour Mérope sont ceux que Narbas a dû lui inspirer ; ils appartiennent à son éducation autant qu'à sa naissance ; et ce tendre respect pour la vieillesse et la pauvreté de ses parents est une de ces vertus qui se cachent le plus souvent dans l'obscurité des dernières conditions, comme si la nature, par une sorte de compensation bien équitable, eût voulu rendre ses affections plus puissantes et ses consolations plus douces pour ceux que la fortune et la société ont chargés des plus grands fardeaux.

N'oubliez pas, Messieurs, qu'excepté la ressemblance d'Égysthe et de Cresphonte, il n'y a pas jusqu'ici dans Maffei la plus légère trace de tout ce que vous avez admiré dans Voltaire. Je ne saurais

trop le redire pour confondre l'indécente absurdité de ceux qui ont tant de fois appelé l'auteur de *Mérope* le *copiste* de Maffei. Je n'omettrai aucun des endroits où il a profité de la pièce italienne; mais je me crois obligé de faire voir quelle foule de beautés il a tirées de son propre fonds, et à quel intervalle il a laissé derrière lui l'ouvrage qui a précédé le sien. Il lui doit, par exemple, les vers qui terminent cette scène : le sentiment en est vrai et touchant; mais il me semble que l'expression en est embellie dans Voltaire, et il est incontestable que l'avantage de la situation les rend chez lui plus intéressants. Dans Maffei, Mérope, par un simple mouvement de pitié, exhorte Polyphonte à user d'indulgence envers ce jeune étranger, et à ne pas le livrer à la rigueur des lois. Polyphonte y consent, et le laisse entre les mains d'un de ses officiers, Adraste, qui le lui a amené. Mérope alors engage Adraste à traiter son prisonnier avec douceur :
« Adraste, prenez quelque compassion de cet infor« tuné; quoique esclave et pauvre, il est homme
« enfin, et il commence de bonne heure à sentir les
« misères de la vie. » Et à part : « Hélas! ce fils que
« je cache à toute la terre est élevé dans le même
« état, et n'est pas moins misérable. N'en doute point
« Ismène, si mes regards pouvaient pénétrer jus« qu'aux lieux éloignés qu'il habite, je le verrais sem« blable à celui-ci, et couvert des mêmes vêtements. »

Voltaire a senti le mérite de ce morceau, et l'a placé après celui que je viens de citer, où Égysthe a dit que le Ciel l'a *rendu coupable* :

MÉROPE.

Il ne l'est point; j'en crois son ingénuité :
Le mensonge n'a point cette simplicité.
Tendons à sa jeunesse une main bienfaisante :
C'est un infortuné que le ciel me présente,
Il suffit qu'il soit homme, et qu'il soit malheureux :
Mon fils peut éprouver un sort plus rigoureux.
Il me rappelle Égysthe, Égysthe est de son âge;
Peut-être, comme lui, de rivage en rivage,
Inconnu, fugitif, et partout rebuté,
Il souffre le mépris qui suit la pauvreté.
L'opprobre avilit l'âme, et flétrit le courage, etc.

Je ne crois pas que le théâtre Français ait rien de plus parfait que cette scène. Les différentes émotions qui agitent Mérope, les questions et les réponses d'Égysthe; d'un côté, tous les mouvements de l'amour maternel; de l'autre, tout le charme de la candeur et de l'innocence : tout cela, c'est la nature même, c'est la vérité des anciens, avec cette délicatesse de nuances, cette réunion de toutes les convenances dramatiques, qui est la science des modernes. L'élégance du style a cette mesure exacte, nécessaire pour embellir la nature sans affaiblir en rien sa pureté. Il n'y a pas un sentiment qui ne soit aimable, pas un vers qui soit hors de la situation ni au-dessus des personnages, et pas un que sa simplicité rende trop faible. C'est le mérite particulier de la scène d'Athalie avec Joas, si justement admirée, et la seule qu'on puisse rapprocher de celle de Mérope avec Égysthe. Il y a dans celle de Racine plus de création et de hardiesse; il osait le premier faire parler un enfant sur le théâtre : celle de Voltaire a nécessairement plus d'intérêt; elle émeut bien davantage, en raison de la différence qui se trouve entre une méchante femme qui cherche son ennemi, et une mère sensible qui cherche son fils. Racine a mis dans sa diction et dans son dialogue tout le charme attaché à l'enfance : c'était beaucoup de l'ennoblir et de le rendre digne de la tragédie. Voltaire avait moins à faire; mais aussi a-t-il porté l'effet plus loin, et le charme du langage est tel dans Égysthe, que je n'en connais point qui le surpasse.

Après avoir scruté les beautés intimes de cette scène, j'insisterai moins sur les autres situations, dont l'effet est plus généralement connu, et j'avouerai d'abord qu'aucune n'appartient à Voltaire; mais il les a toutes plus ou moins perfectionnées. Il s'est servi d'un autre moyen que Maffei pour faire croire à Mérope que l'inconnu est le meurtrier d'Égysthe. Dans l'italien, c'est une bague qu'elle avait donnée à Polydore, qui est le Narbas de la pièce française; cette bague est même spécifiée avec un détail minutieux dont Maffei avait trouvé l'exemple chez les Grecs, et que ne souffre pas la délicatesse de notre langue. On y parle d'un *renard* dont cette bague porte l'empreinte : Voltaire ne blâme point ce moyen; mais il observe avec raison que, depuis *l'anneau royal* dont Boileau s'était moqué, il avait cru dangereux d'employer le même moyen; et il aurait pu ajouter qu'il était devenu un peu trivial par l'usage fréquent qu'on en avait fait dans les romans et dans les comédies. Il y a substitué l'armure de Cresphonte que portait Égysthe, et que Mérope reconnaît. On a beaucoup incidenté sur cette cuirasse sanglante qui fait le nœud de l'intrigue : on a soutenu qu'il n'était pas vraisemblable qu'Égysthe l'eût jetée. Il semble pourtant assez naturel qu'un jeune homme qui, en arrivant dans un pays étranger, y commet un homicide, quoique dans le cas d'une défense légitime, puisse en craindre les suites, et dans son premier trouble se dépouille d'une cuirasse teinte de sang, qui peut le faire reconnaître pour un meurtrier : cette précaution craintive s'accorde même avec celle de jeter le cadavre dans la Pamise. Mérope, à l'aspect de cette cuirasse que l'on a trouvée, ne doute pas que le meurtrier n'ait tué celui qui la portait. On veut encore qu'elle en croie Égysthe, lorsqu'il assure que cette armure est à lui, qu'il l'a reçue de son père; mais, comme il répète encore que son père s'appelle Polyclète; comme Mérope ne peut pas deviner que Narbas a changé de nom pour mieux se cacher; comme il n'y a d'ailleurs aucun autre indice qui puisse faire soupçonner que le meurtrier soit Égysthe lui-même, cette précaution si ordinaire aux coupables, de se défaire d'une dépouille qui peut déposer contre eux, forme une présomption assez forte pour faire penser que le meurtrier veut se sauver par un mensonge. Cette présomption peut confirmer l'erreur de Mérope, autorisée encore par celle de ses plus fidèles serviteurs, qui croient tous qu'Égysthe a été tué. Sur tous ces points, le poète me paraît à l'abri de toute critique raisonnable.

Je ne vois que des éloges à lui donner dans la manière dont il amène la reconnaissance, et qui est bien différente de celle de Maffei. Chez celui-ci la confidente de Mérope engage le jeune inconnu à rester dans le vestibule où se passe l'action, pour y attendre la reine; il s'y endort, et Mérope y vient avec une hache à la main; elle est prête à le frapper, lorsque Polydore arrive et lui apprend que c'est son fils. Égysthe se réveille au bruit; et voyant près de lui Mérope armée d'une hache, il s'enfuit avec effroi. Ce sommeil ne réussirait parmi nous qu'à l'opéra, et cette fuite produirait partout un mauvais effet. C'est une faute qui naît d'une autre faute : c'est la seconde fois que Mérope veut tuer Égysthe. Au troisième acte, elle l'a déjà fait attacher à une colonne, et a pris un javelot pour l'en percer; il n'a été sauvé que par l'arrivée de Polyphonte, qu'il a conjuré de le défendre, et qui l'a pris sous sa protection. Ces circonstances peu dignes de la scène tragique, et la même situation répétée, réussiraient fort mal sur notre théâtre. Ici Mérope veut immoler l'assassin de son fils sur le tombeau de Cresphonte; et ces sortes de vengeances qui avaient un caractère religieux, et qui étaient consacrées chez les anciens, réfutent d'elles-mêmes les critiques, qui n'ont prouvé que leur ignorance, en se récriant contre Mérope, qui veut, disent-ils, *faire l'office du bourreau*. Dans la scène entre Narbas et Mérope, scène aussi pleine de mouvement et de chaleur que celle de Maffei en est dénuée, il y a un vers que ceux qui lisent tout ont trouvé dans l'*Électre* de Longepierre.

J'allais venger mon fils. — Vous alliez l'immoler.

Dans la pièce de Longepierre, Électre dit :

J'allais venger mon frère.

Et sa sœur lui répond :

Vous alliez l'immoler.

Ce dialogue est beau ; mais il est tellement dicté par la situation, qu'on peut croire, ce me semble, que Voltaire, pour faire ce vers, n'a eu besoin de personne ; et la situation, comme on sait, appartenait au sujet depuis deux mille ans : elle est citée par Aristote et Plutarque.

Maffei, depuis le moment où Mérope est instruite, au quatrième acte, que celui qu'elle voulait faire périr est Égysthe, ne le ramène à ses yeux qu'à la fin du cinquième, lorsqu'il a tué Polyphonte. Voltaire, ayant une mère et un fils à mettre en scène, s'est bien gardé de les tenir si long-temps éloignés l'un de l'autre ; il a redoublé et multiplié les émotions de la nature, et a su la montrer toujours, ou dans les alarmes, ou dans les dangers. A peine Égysthe est-il sauvé du péril de tomber sous les coups de sa mère, qu'elle se voit au moment de perdre par les coups de Polyphonte le fils qu'elle vient de retrouver. Cette situation, il est vrai, qui n'est pas dans Maffei, est empruntée d'ailleurs, non pas d'*Amasis*, comme on le dit très mal à propos dans les feuilles de l'abbé Desfontaines, mais du *Gustave* de Piron. Dans cette pièce, Christierne, soupçonnant déjà qu'un inconnu qui s'est vanté d'avoir tué Gustave était Gustave lui-même, le fait paraître devant

Léonore, mère de ce héros, et donne devant elle l'ordre de sa mort. Léonore saisit le bras du soldat, et crie : *Arrête.*

Ah! c'est ton fils,

dit Christierne. Léonore demande la grace de ce fils, et le tyran ne l'accorde que sous la condition qu'elle consentira sur-le-champ à l'hymen qu'il lui propose. C'est la même marche dans *Mérope;* mais il est plus aisé d'employer des situations qui réveillent en nous les sentiments de la nature que de lui donner toute la vérité, toute l'éloquence de son langage. L'un est à la portée des romanciers les plus médiocres, l'autre n'appartient qu'aux grands écrivains. Aussi, tandis que des censeurs passionnés et des auteurs jaloux ne voulaient voir dans l'auteur de *Mérope* qu'un *copiste* et un *plagiaire*, Maffei, plus juste, quoique plus intéressé dans cette cause, admirait avec tous les bons juges d'Italie, d'accord avec ceux de France, cette scène dont l'exécution est tout à Voltaire. Polyphonte est loin de penser qu'Égysthe soit ce qu'il est; mais sa politique soupçonneuse le détermine à le faire périr; et de plus, Mérope, lorsqu'elle était encore dans l'erreur, a mis à ce prix la main que Polyphonte veut obtenir: on amène Égysthe en sa présence.

Votre intérêt m'anime.
Vengez-vous, baignez-vous au sang du criminel,
Et sur son corps sanglant je vous mène à l'autel.

MÉROPE.

Ah dieux!

ÉGYSTHE, *à Polyphonte.*

Tu vends mon sang à l'hymen de la reine.
Ma vie est peu de chose, et je mourrai sans peine.
Mais je suis malheureux, innocent, étranger :
Si le Ciel t'a fait roi, c'est pour me protéger.
J'ai tué justement un injuste adversaire.
Mérope veut ma mort ; je l'excuse, elle est mère.
Je bénirai ses coups prêts à tomber sur moi,
Et je n'accuse ici qu'un tyran tel que toi.

POLYPHONTE.

Malheureux ! oses-tu, dans ta rage insolente...

MÉROPE.

Eh ! seigneur, excusez sa jeunesse imprudente.
Élevé loin des cours, et nourri dans les bois,
Il ne sait pas encore ce qu'on doit à des rois.

Ce mouvement, d'autant plus vrai qu'il est involontaire, et cette imprudence maternelle qui révèle ce qu'elle veut cacher, et qui expose le fils qu'elle veut défendre, est d'une vérité sublime : c'est la nature surprise dans son secret. C'est une beauté du premier ordre, et bien supérieure au mérite de la situation. Le poète prolonge avec un art que le génie seul peut soutenir ce trouble si pressant et cette crise si violente qui fait palpiter le spectateur.

POLYPHONTE.

Qu'entends-je ? quel discours ! quelle surprise extrême !
Vous, le justifier !

MÉROPE.

Qui ? moi, seigneur ?

POLYPHONTE.

                                Vous-même.
De cet égarement sortirez-vous enfin?
De votre fils, Madame, est-ce ici l'assassin?

MÉROPE.

Mon fils, de tant de rois le déplorable reste,
Mon fils enveloppé dans un piège funeste,
Sous les coups d'un barbare...

ISMÉNIE, *à part*.

                      O ciel! que faites-vous?

POLYPHONTE.

Quoi! vos regards sur lui se tournent sans courroux!
Vous tremblez à sa vue, et vos yeux s'attendrissent!
Vous voulez me cacher les pleurs qui les remplissent!

MÉROPE.

Je ne les cache point; ils paraissent assez:
La cause en est trop juste, et vous la connaissez.

POLYPHONTE.

Pour en tarir la source, il est temps qu'il expire.
Qu'on l'immole, soldats.

MÉROPE, *s'avançant*.

                      Cruel! qu'osez-vous dire?

ÉGYSTHE.

Quoi! de pitié pour moi tous vos sens sont saisis!

POLYPHONTE.

Qu'il meure.

MÉROPE.

      Il est...

POLYPHONTE.

Frappez.

MÉROPE, *se jetant entre Egysthe et les soldats.*

      Barbare ! il est mon fils.

    ÉGISTHE.

Moi ! votre fils ?

   MÉROPE, *en l'embrassant.*

  Tu l'es, et ce ciel que j'atteste,
Ce ciel qui t'a formé dans un sein si funeste,
Et qui trop tard, hélas ! a dessillé mes yeux,
Te remet dans mes bras pour nous perdre tous deux.

A qui donc appartient tout ce dialogue si vrai, si véhément, si pathétique, ce discours de Mérope aux pieds de Polyphonte :

Que vous faut-il de plus ? Mérope est à vos pieds ;
Mérope les embrasse et craint votre colère.
A cet effort affreux jugez si je suis mère, etc.

et tout le reste, qui est de la même force ? Au talent seul, et au talent le plus rare de tous. On ne prend à personne cette manière d'écrire la tragédie : on ne la trouve que dans son âme, dans son imagination, et c'est précisément pour cela que l'envie s'obstine à la méconnaître.

Ce talent si éminent se soutient au même degré dans toute la pièce ; il ne baisse ni ne se dément nulle part. Le dénouement même et le récit, qui sont sans contredit ce qu'il y a de plus beau dans Maffei, sont encore dans l'imitateur bien au-dessus de l'original ; et cette supériorité tient principalement à la poésie de style, qui est portée aussi loin qu'elle puisse aller. Je ne balance pas à mettre ce récit au-dessus de tous les morceaux du même genre qu'on ait jamais faits, au-dessus même de celui d'*Iphigénie en Aulide*. Qu'on lise, que l'on compare ; et qu'on juge si le feu de la narration, le choix des circonstances, cette vérité de détails et d'expressions qui met sous les yeux la chose même, peuvent aller plus loin que dans le récit d'Isménie. En vain les détracteurs de Voltaire, depuis Desfontaines jusqu'à ses derniers successeurs, ont ridiculement affecté de mépriser ce cinquième acte : il est aussi admirable que les précédents. Le critique que j'ai déjà cité, et que Desfontaines loue de manière à faire croire que c'est lui-même, a beau dire avec ce ton de dédain que la haine veut prendre quelquefois, et dont personne n'est la dupe : *Je ne perdrai point de temps à critiquer ce cinquième acte ; le spectateur en a été peu content, et je n'apprendrai rien au public en lui disant qu'il est mauvais : le récit épique de la mort de Polyphonte est ridicule et déplacé.* Mensonges et inepties. Le dernier acte a toujours été applaudi avec transport, comme tout le reste : il n'y a rien d'*épique* dans le récit, pas même de prétexte à cette *ridicule* critique ; la seule qui en eût un porte sur la scène entre Narbas et Euryclès. On a fait grand bruit de cette scène entre deux *subalternes* dans un cinquième acte ; on a prétendu qu'elle laissait le théâtre vide : cela est faux. Narbas n'est point un personnage *subalterne* ; et la scène, qui n'est que d'une vingtaine de vers, est faite avec tant d'art, qu'elle transporte pour ainsi dire sous nos yeux ce qui se passe derrière le théâtre, le fait pressentir, et commence en quelque sorte le récit qui la suit. Serait-ce donc une scène de cette espèce qui pourrait gâter un cinquième acte d'ailleurs si beau? Et quelle action plus théâtrale depuis le cinquième acte d'*Athalie*? quel plus grand spectacle que celui que présente Mérope lorsqu'elle arrive suivie de cette foule de peuple qui vient d'être témoin de la mort de Polyphonte?

> Guerriers, prêtres, amis, citoyens de Messène,
> Au nom des dieux vengeurs, peuples, écoutez-moi :
> Je vous le jure encore, Égysthe est votre roi ;
> Il a puni le crime, il a vengé son père.

Et montrant le corps sanglant de Polyphonte qu'on apporte dans le fond du théâtre :

> Celui que vous voyez traîné sur la poussière,
> C'est un monstre ennemi des dieux et des humains ;
> Dans le sein de Cresphonte il enfonça ses mains,
> Cresphonte, mon époux, mon appui, votre maître.
> Mes deux fils sont tombés sous les coups de ce traître.
> Il opprimait Messène, ils usurpait mon rang.
> Il m'offrait une main fumante de mon sang.

Et montrant Égysthe, qui arrive tenant encore à la main la hache dont il a frappé le tyran :

> Celui que vous voyez, vainqueur de Polyphonte,
> C'est le fils de vos rois, c'est le sang de Cresphonte,
> C'est le mien, c'est le seul qui reste à ma douleur.
> Quels témoins voulez-vous plus certains que mon cœur ?

Et montrant Narbas :

> Regardez ce vieillard, c'est lui dont la prudence

Aux mains de Polyphonte arracha son enfance;
Les dieux ont fait le reste.

NARBAS.

Oui, j'atteste ces dieux
Que c'est là votre roi qui combattait pour eux.

ÉGYSTHE.

Amis pouvez-vous bien méconnaître une mère;
Un fils qu'elle défend, un fils qui venge un père,
Un roi vengeur du crime?

MÉROPE.

Et si vous en doutez,
Reconnaissez mon fils aux coups qu'il a portés.

Ces derniers mots, qui ne seraient ailleurs que nobles, deviennent ici sublimes par la situation : ici la tragédie paraît dans tout l'appareil qu'elle peut naturellement joindre à un grand intérêt, dans sa simplicité majestueuse. Rien de forcé, rien de petit, rien d'équivoque : tout est vrai, tout est grand, tout est tragique.

Une des choses qui font le plus d'honneur à Voltaire, c'est le rôle d'Égysthe : il est d'une perfection peut-être plus étonnante que celui de Mérope. Avec le talent qu'il avait pour le pathétique, Mérope était dans ses mains un rôle pour ainsi dire tout fait. Égysthe demandait la connaissance de l'art la plus consommée; et Voltaire en a fait un modèle que les écrivains peuvent étudier, comme les artistes étudient la belle nature dans les monuments antiques. Ce rôle était très difficile : Égysthe est, pendant les premiers actes, dans une situation dépendante et subordonnée : il ne se connaît pas. Il fallait pourtant que le fils de Mérope, le petit-fils d'Hercule, se fît apercevoir dans l'élève de Narbas. C'est ce dont Maffei ne s'est pas douté : il a cru que tout devait être vulgaire dans ce jeune homme, et se ressentir de sa condition obscure et subalterne ; il a cru que c'était là *de la vérité* : il s'est trompé. *La vérité* des arts d'imitation, fondée sur des aperçus plus justes, sur des vues plus réfléchies, veut que le premier trait de la nature se retrouve toujours même sous les formes qui la déguisent. Donnez à un habile peintre à représenter le fils d'un roi, d'un héros, élevé parmi des bergers et confondu au milieu d'eux : en lui donnant le même habillement, il se gardera bien de lui donner la même figure, le même maintien, le même air de tête : il vous fera remarquer en lui quelque chose qui le distingue de tous les autres. Il en est de même du théâtre, où cette distinction doit être encore plus marquée : c'est là sur-tout que le personnage que l'on connaît ou que l'on devine doit répondre à notre imagination, qui lui a déjà donné une physionomie, et qui cherche à la reconnaître. Cette théorie est essentiellement celle des arts, puisqu'ils doivent embellir la nature ; et de plus, elle ne la contredit pas. Il est généralement vrai, d'une vérité physique et morale, que la naissance, les sentiments, l'éducation, nous montrent tous les jours, dans une personne malheureuse et bien née, quelque chose de supérieur à l'état où la fortune a pu la réduire. A plus forte raison aimons-nous à retrouver au théâtre cette supériorité naturelle, qui nous est toujours plus chère qu'aucune autre, parce qu'elle est tout entière à l'homme, et non pas à la fortune. Vous avez vu, Messieurs, par tout ce que j'ai rapporté du rôle d'Égysthe, qu'il est tracé sur ce plan, d'autant mieux rempli, que la mesure y est habilement gardée. L'auteur, en relevant toujours son jeune héros au-dessus de sa condition, ne l'a jamais agrandi jusqu'à l'enflure, ne lui a jamais donné ni orgueil ni arrogance. Quand il faut mourir, il ne brave point la mort, il s'y résigne. Il ne s'abaisse point, comme dans Maffei, à implorer en gémissant la protection de Polyphonte; il ne le remercie pas humblement de lui avoir sauvé la vie; il ne flatte pas *ce grand roi*, mais il lui dit avec une fermeté aussi noble que raisonnable :

..... Je suis malheureux, innocent, étranger :
Si le ciel t'a fait roi, c'est pour me protéger.

Quand il apprend qu'il est fils de Cresphonte, et que les larmes de Mérope prosternée aux pieds du tyran avertissent Égysthe de tout le danger de son nom, il ne paraît ni plus fier de ce titre, ni plus attaché à la vie : ce qu'il dit ne fait voir que l'accord naturel de ses sentiments avec les devoirs de son rang et le malheur de sa situation. Il exhorte Mérope à ne pas s'humilier devant l'oppresseur :

Je sais peu de mes droits quelle est la dignité ;
Mais le ciel m'a fait naître avec trop de fierté,

Avec un cœur trop haut pour qu'un tyran l'abaisse :
De mon premier état j'ai bravé la bassesse,
Et mes yeux du présent ne sont point éblouis.
Je me sens né des rois, je me sens votre fils.
Hercule ainsi que moi commença sa carrière :
Il sentit l'infortune en ouvrant la paupière ;
Et les dieux l'ont conduit à l'immortalité,
Pour avoir comme moi vaincu l'adversité.
S'il m'a transmis son sang, j'en aurai le courage.
Mourir digne de vous, voilà mon héritage.

Ce sublime simple rappelle celui dont les exemples sont fréquents dans Virgile, sur-tout dans la conversation d'Évandre avec Énée. *Mérope* est, de tous les ouvrages de Voltaire, celui où il s'est le plus pénétré de l'esprit des anciens. On croit les entendre dans ce discours qu'Égysthe tient à Narbas au cinquième acte :

Eh quoi ! tous les malheurs aux humains réservés ;
Faut-il, si jeune encore, les avoir éprouvés ?
Les ravages, l'exil, la mort, l'ignominie,
Dès ma première aurore ont assiégé ma vie.
De déserts en déserts errant, persécuté,
J'ai langui dans l'opprobre et dans l'obscurité :
Le ciel sait cependant si, parmi tant d'injures,
J'ai permis à ma voix d'éclater en murmures.
Malgré l'ambition qui dévorait mon cœur,
J'embrassai les vertus qu'exigeait mon malheur.
Je respectai, j'aimai jusqu'à votre misère ;
Je n'aurais point aux dieux demandé d'autre père.

Plus on lit cette tragédie, et plus on est étonné de la multitude de beautés qu'elle réunit, et de l'art qui les a rassemblées : il éclate sur-tout dans la manière dont le dénouement est amené. Maffei l'indique et le fait prévoir maladroitement : à peine Égysthe se connaît-il, que ce jeune homme, si timide auparavant, qui suppliait Polyphonte et fuyait devant Mérope, ne voit rien de si facile que de tuer le tyran au milieu de ses soldats. Il n'a pas même encore une épée, et il s'écrie : « Le tyran « périra au milieu de la garde qui l'entoure : je « veux lui plonger un fer dans le sein. » Le vieux Polydore lui représente que cette fureur aveugle ne peut que le conduire à sa perte, et aussitôt Égysthe lui témoigne la plus entière soumission à ses avis. Ce sont deux excès également défectueux : il ne fallait ni annoncer ce qu'Égysthe fera, ni soumettre sa conduite à qui que ce fût ; Voltaire a évité ces deux écueils. Égysthe semble méditer un grand dessein, mais il ne l'explique pas ; lui-même paraît attendre l'inspiration des dieux, celle du moment, celle de son courage ; et en effet, le succès de sa témérité, quoique les circonstances le rendent très vraisemblable, ne pouvait être ni combiné ni prévu : aussi ce dénouement remplit toutes les conditions : il est naturel, imprévu et intéressant. Égysthe s'écrie :

> Hercule, instruis mon bras à me venger du crime ;
> Éclaire mon esprit du sein des immortels !
> Polyphonte m'appelle au pied de tes autels,
> Et j'y cours.

Cette invocation à Hercule n'est point une simple

figure de style; elle tient au sujet et au caractère. Egysthe est l'élève du malheur et l'enfant des dieux: lorsqu'il aura triomphé du tyran par une heureuse audace, nous l'entendrons dire au milieu de sa gloire :

Elle n'est point à moi : cette gloire est aux dieux;
Ainsi que le bonheur, la vertu nous vient d'eux.

C'est le langage des héros d'Homère et de Virgile, qui, heureusement pour leur talent et pour nos plaisirs, n'étaient pas des *philosophes* de ce siècle. Narbas, Euryclès, veulent en vain le détourner de rien entreprendre qui puisse l'exposer :

NARBAS.

Ah! mon prince, êtes-vous las de vivre?

EURYCLÈS.

Dans ce péril du moins si nous pouvions vous suivre!
Mais laissez-nous le temps d'éveiller un parti
Qui, tout faible qu'il est, n'est point anéanti.
Souffrez...

Egysthe les interrompt, et prend ici toute la supériorité qui lui convient depuis qu'il est reconnu :

.... En d'autres temps, mon courage tranquille
Au frein de vos leçons serait souple et docile;
Je vous croirais tous deux; mais dans un tel malheur,
Il ne faut consulter que le ciel et son cœur.
Qui ne peut se résoudre, aux conseils s'abandonne;
Mais le sang des héros ne croit ici personne.

Dans Maffei, Polydore, à l'arrivée de Polyphonte, fait cacher derrière des colonnes ce même Egisthe qui tout à l'heure ne parlait que d'immoler le tyran. Je ne louerai point Voltaire d'avoir évité ce défaut de bienséance théâtrale; mais on ne peut trop le louer d'avoir exalté par degrés le courage d'Égysthe à mesure que le péril approche, et qu'il est pressé de choisir entre la soumission et la mort. Cette préparation savante et nécessaire de la catastrophe du cinquième acte lui a fourni des beautés supérieures. Mérope elle-même, qui bravait Polyphonte, et qui ne le craint que depuis qu'elle a retrouvé son fils, exhorte Égysthe à céder au sort et aux conjonctures.

Fils des rois et des dieux, mon fils il faut servir.

Il répond :

Voyez-vous en ces lieux le tombeau de mon père ?
Entendez-vous sa voix? êtes-vous reine et mère ?
Si vous l'êtes, venez.
        MÉROPE.
        Il semble que le ciel
T'élève en ce moment au-dessus d'un mortel.

Elle a raison, et le spectateur pense comme elle. Mais la confiance d'Égysthe n'est pas un fol oubli de tout danger; le dialogue suivant prouve qu'il est capable d'examiner avant d'entreprendre :

Auriez-vous des amis dans ce temple funeste ?
        MÉROPE.
J'en eus quand j'étais reine, et le peu qui m'en reste
Sous un joug étranger baisse un front abattu;
Le poids de mes malheurs accable leur vertu.

Polyphonte est haï : mais c'est lui qu'on couronne :
On m'aime, et l'on me fuit.

ÉGYSTHE.

Quoi ! tout vous abandonne !
Ce monstre est à l'autel ?

MÉROPE.

Il m'attend.

ÉGYSTHE.

Ses soldats
A cet autel horrible accompagnent ses pas ?

MÉROPE.

Non, la porte est livrée à leur troupe cruelle ;
Il est environné de la foule infidèle
Des mêmes courtisans que j'ai vus autrefois
S'empresser à ma suite et ramper sous mes lois.
Et moi, de tous les siens à l'autel entourée,
De ces lieux à toi seul je puis ouvrir l'entrée.

ÉGYSTHE.

Seul je vous y suivrai ; j'y trouverai des dieux
Qui punissent le meurtre, et qui sont mes aïeux.

Après cette scène, on peut s'attendre à tout, et l'on ne peut deviner rien.

Voltaire a emprunté de Maffei ce vers heureux qui termine la pièce :

Et vous, mon cher Narbas, soyez toujours mon père.

Il lui doit aussi cet endroit d'une vérité admirable, ces paroles de Mérope, lorsque Égysthe, prêt à périr sous ses coups, invoque sa malheureuse mère :

Barbare, il te reste une mère !
Je serais mère encor sans toi, sans ta fureur.
Tu m'as ravis mon fils.

J'ai fait mention de toutes les beautés dont Voltaire est redevable à Maffei. Elles sont en petit nombre, mais précieuses. J'eusse été beaucoup trop long si j'avais voulu détailler toutes celles qui appartiennent en propre au poète français; je me suis borné aux principales, mais je n'ai pas rapporté non plus celles qui appartiennent au plan et à la manière du poète italien; elles trouveront leur place ailleurs.

Quant au style, *Mérope* est sans contredit ce que Voltaire a écrit de plus parfait. Il a des pièces d'une versification plus forte et plus brillante, selon la nature des sujets; mais dans toutes il arrive quelquefois, ou que le poète se montre trop, ou que le versificateur s'oublie trop. Aucune, pas même *Zaïre*, n'est tout-à-fait exempte de ces deux défauts. Ici je n'en vois aucune trace : le poète ne prend jamais la place du personnage; et, à l'égard des vers, jamais il ne s'est plus approché de la pureté, de l'élégance et de l'harmonie de Racine. Il y a des scènes entières où, de même que dans Racine, la critique la plus rigide ne découvre que des beautés et n'aperçoit pas un défaut. Je ne crois pas que l'on trouvât dans *Mérope* douze vers faibles, et à peine y a-t-il deux ou trois expressions impropres.

Vous achetiez sa mort *avec* mon hyménée.

Cette tournure me semble un peu prosaïque et et même un peu louche.

Triste effet de l'amour dont votre âme est *atteinte*.

C'est à Mérope que l'on parle ainsi : je ne sais si le mot *atteinte* est bien juste : il le serait parfaitement s'il s'agissait d'un autre amour. On dit très bien qu'une femme est atteinte d'un amour violent, funeste, coupable, parce que la passion de l'amour emporte avec elle l'idée d'une blessure, et que cette figure est naturelle et vraie. Mais je ne crois pas que l'on puisse dire les *atteintes* de l'amour maternel, sentiment qui par lui-même est habituel et doux. Au reste, comme l'amour maternel est dans Mérope une cause de douleurs, l'expression peut encore se justifier; et mon observation est moins une censure qu'un doute que je propose, et qui prouve un examen bien scrupuleux.

Plusieurs causes peuvent avoir concouru à la perfection de cet ouvrage, où le talent de l'auteur paraît dans sa plus grande maturité. D'abord la simplicité du sujet, le premier, où, depuis *Athalie*, on se fût passé d'amour, commandait en même temps les plus grands efforts dans l'exécution, et la plus grande simplicité dans le style. Un écrivain tel que Voltaire ne pouvait pas se méprendre à cette analogie nécessaire; ensuite les alarmes qu'on lui donnait de toutes parts sur le succès d'une pièce sans amour lui firent garder la sienne pendant six ou sept ans; et *Mérope*, composée en 1736, ne fut jouée qu'en 1743. Il eut donc tout le loisir de la revoir; il sentit la nécessité d'imposer à la critique et à l'envie, et, dispensé d'invention, il put réunir toutes ses forces sur les détails. Enfin cet esprit flexible, occupé long-temps d'un sujet ancien, se rapprocha plus qu'ailleurs de la manière des tragiques grecs, sut profiter de leur naturel heureux qu'il avait goûté dans Maffei; et quand celui-ci outrait leurs défauts en imitant leur simplicité, Voltaire sut se garantir de ce mélange. De tant de secours joints à un si grand talent, il est résulté un des plus beaux modèles de l'art, une tragédie qui est du très petit nombre de celles où l'on ait été aussi près de la dernière perfection qu'il soit donné à l'esprit humain d'y arriver.

On demandera s'il est possible que, dans un ouvrage où il y a tant à louer, la critique ne voie rien à reprendre. Voltaire nous dit que ni Maffei ni lui *n'exposent des motifs bien nécessaires pour que Polyphonte veuille absolument épouser Mérope.* Cette observation, quoique faite par l'auteur, me semble extrêmement sévère : elle est fondée pour le Polyphonte de Maffei, qui se donne pour ce qu'il est, pour un franc scélérat, mais non pas pour celui de Voltaire, qui met sa politique à en imposer aux Messéniens, et à soutenir le rôle d'un honnête homme. Son mariage avec la veuve de Cresphonte, dont la mémoire est chère au peuple, ne contrarie point son ambition et entre dans ses vues.

Dans la critique dont j'ai parlé, et que Desfontaines, en l'insérant dans ses feuilles, trouve *polie et pleine d'égards*, il est dit en propres termes que *rien n'est plus sifflable que la folle construction de Mérope.* Sans m'arrêter à cette *politesse* et à ces *égards*, sans réfuter une foule d'objections frivoles qui ne méritent pas de réponse, j'observerai seulement que la seule qui soit spécieuse n'a aucun fondement. Elle porte sur la conduite de Polyphonte qui consent à laisser vivre Égysthe, pourvu qu'à l'autel même où sa mère va prendre un nouvel époux il vienne jurer obéissance à Polyphonte en présence des Messéniens. On veut trouver de la contradiction entre cette conduite et ce que dit Polyphonte au premier acte :

> Si ce fils tant pleuré dans Messène est produit,
> De quinze ans de travaux j'ai perdu tout le fruit.
> Crois-moi, ces préjugés de sang et de naissance
> Revivront dans les cœurs, y prendront sa défense.
> . . . .
> Égysthe est l'ennemi dont il faut triompher.

Non-seulement il n'y a point ici de contradiction, mais ils y a conséquence. Ces vers prouvent bien que Polyphonte doit chercher à faire périr Égysthe, de peur qu'il ne vienne à reparaître dans Messène; mais il ne prouvent nullement qu'il doive le faire, quand Égysthe vient d'y être reconnu. Au contraire, ce qu'il a dit des sentiments qu'on a pour Égysthe démontre que la violence serait extrêmement dangereuse, et que le meurtre de ce jeune prince pourrait rendre trop odieux un homme de néant, qui ne doit son élévation qu'à un parti long-temps balancé et aux suffrages d'un peuple séduit.

Quant à moi, les seules objections qui me paraissent raisonnables ne regardent que l'avant-scène, et c'est heureusement la partie dramatique où les législateurs eux-mêmes sont convenus que le poète avait le plus de liberté. Que Polyphonte ait pu massacrer le roi et ses deux fils dans le tumulte d'une attaque nocturne, sans être vu de personne que de

Narbas; que Narbas, en sauvant le seul Égysthe, n'ait pu instruire Mérope de la vérité, et que Polyphonte passe depuis quinze ans pour le vengeur de ceux qu'il a égorgés, ce sont des évènements d'un genre fort extraordinaire, et qui approchent du merveilleux; mais ils ne sont pas absolument impossibles; ils sont même justifiés autant qu'ils peuvent l'être; enfin ils précèdent l'action, et, comme je l'ai remarqué plus d'une fois, le spectateur, toujours indulgent dans cette partie, adopte volontiers tout ce que le poète a besoin de lui persuader.

On sait que, de toutes les pièces de Voltaire, *Mérope* est celle qui eut le succès le plus complet; il alla jusqu'à l'enthousiasme, et les larmes coulèrent depuis le premier acte jusqu'au dernier. Ce qui dut y contribuer beaucoup, c'est que la fortune qui lui avait donné une Gaussin pour *Zaïre* et *Alzire*, lui donna une Dumesnil pour *Mérope*. Il ne faut pourtant pas s'imaginer que ses ennemis aient respecté l'ouvrage ni le succès : l'un et l'autre redoubla leur fureur : elle s'exhala en libelles multipliés, dans l'un desquels on parodia contre lui deux de ses vers avec la plus grossière impudence :

Quand on a tout pillé, quand on n'a plus d'espoir,
Écrire est un opprobre, et se taire un devoir.

Mais le public était entièrement pour lui. *Mérope* fut aussi l'époque des récompenses et des honneurs qu'il reçut enfin du gouvernement; mais elle n'en fut pas la cause. S'il obtint des titres et des pensions, la charge de gentilhomme ordinaire du roi et celle d'historiographe de France, s'il fut chargé des ouvrages destinés aux fêtes de la cour pour le mariage du Dauphin, si le philosophe de Cirey devint le poète de Versailles, il dut tout à la protection d'une femme qui était alors toute-puissante. Ce crédit même fut nécessaire pour le faire entrer enfin à l'Académie, où ses talents l'auraient porté bien plus tôt, s'il n'en eût déjà beaucoup abusé : aussi cette victoire ne fut pas celle qui coûta le moins; mais ce fut aussi le terme de ses prospérités, et les choses étaient déjà bien changées, l'orsqu'en 1748 il donna *Sémiramis*[*].

Observations sur le style de MÉROPE.

[1] Nous devons l'un à l'autre un mutuel soutien.

La rigueur grammaticale exigerait *nous nous de-*

---

[*] Lessing, dans sa *Dramaturgie*, ouvrage de polémique littéraire principalement dirigé contre notre théâtre, à l'imitation servile duquel il voulait arracher sa nation, a fait de la *Mérope* de Voltaire, une critique ingénieuse, mais souvent subtile, et que Schlegel lui-même trouve trop sévère. Nous nous contentons d'y renvoyer ceux de nos lecteurs qui seraient curieux comparer avec l'enthousiasme peut-être un peu exagéré de La Harpe, la critique non moins passionnée de l'auteur allemand. Tous deux obéissent à une prévention qui altère leur jugement. L'un est en quête des défauts, et ne tient pas compte de ce qui les excuse et les compense; l'autre ne s'occupe qu'à les pallier et à les faire disparaître au milieu des beautés nombreuses qui s'offrent à lui de toutes parts. J'aimerais mieux sans doute une appréciation plus impartiale du bien et du mal : mais à tout prendre, lorsqu'il s'agit de juger des arts, une admiration, même indiscrète, me semble préférable à la froide recherche de ces fautes, où tombe même le génie, et dont il ne faut pas abuser contre lui. Cette disposition moqueuse, qui glace le critique et le rend insensible à l'effet du beau, n'est pas toujours étrangère à La Harpe, qui s'est montré aussi injuste envers ce qui n'était pas Racine et Voltaire, que Lessing envers notre théâtre. H. PATIN.

vons : je crois qu'en poésie on peut d'autant plus supprimer cette répétition de pronom, qu'elle n'est pas agréable à l'oreille, et que *l'un à l'autre* exprime suffisamment la réciprocité.

² Ce sang s'est *épuisé, versé* pour la patrie.

Ces deux participes l'un près de l'autre ne font pas un bon effet ; et le second paraît inutile après le premier, qui est plus fort et qui dit tout :

³ Écartez des terreurs dont le *poids vous afflige.*

Expressions inélégantes : un *poids* accable plus qu'il n'*afflige.*

⁴ Celle de qui la gloire et l'infortune *affreuse*
Retentit jusqu'à moi, etc.

Il fallait absolument le pluriel, *ont retenti vers moi.* Quand la conjonctive *et* se trouve entre deux substantifs, ils exigent le pluriel du verbe dont ils sont les nominatifs, à moins qu'il n'y ait entre eux une sorte de conformité d'idées, qui ressemble à l'identité ; et *la gloire et l'infortune* n'ont rien de commun. L'élégance exigeait de plus que l'*infortune* n'eût pas d'épithète, puisque *la gloire* n'en avait pas. La phrase en aurait eu bien plus de précision et de grace : *affreuse* a trop l'air d'être donné à la rime.

⁵ Il a su que d'Égysthe *on a tranché* les jours.

Après le premier prétérit il fallait, dans la règle, un plusqueparfait ; *il a su qu'on avait tranché.* Il était facile de mettre *il apprend que d'Égysthe,* etc. ; c'est une très petite irrégularité.

⁶ Est-ce de nos tyrans quelque ministre *affreux*.

Mauvaise épithète, qui ressemble à une cheville :

⁷ . . . . Ma juste défiance
A pris soin d'effacer dans *son sang dangereux*
De ce secret d'état les vestiges honteux.

Dans son sang dangereux est une phrase louche. On voit bien que le poète a voulu dire que la vie de ce complice de Polyphonte était dangereuse pour lui ; mais il ne le dit pas assez clairement, et l'épithète de *dangereux*, qui peut être appliquée à la vie, ne saurait l'être *au sang*.

⁸ L'horreur et la vengeance *empliront tous les cœurs*.

Remplir est du style noble ; *emplir* n'en est pas. Ces petites différences sont essentielles à la diction.

⁹ Qui ne peut *se résoudre*, aux conseils s'abandonne.

Se résoudre exige un régime ; et ce vers est inutile et froid, puisqu'il répète en maxime ce que les précédents et le suivant expriment en sentiment.

Section X. — *Sémiramis.*

Le mérite réel des ouvrages devient toujours à la longue la mesure de leur succès et de leur réputation, mais rarement dans leur naissance. Ce serait demander aux hommes plus qu'on n'en doit attendre, que d'exiger d'eux, dans le premier moment, qu'ils ne jugent pas l'auteur au moins autant que l'ouvrage, et souvent beaucoup plus l'un que l'autre. Cette vérité commune, et qu'on a pourtant contredite plus d'une fois, est prouvée par l'expérience et fondée sur la nature. Il est de fait, sur-tout au théâtre, que la médiocrité reconnue, qui ne fait ombrage à personne, ne peut pas avoir d'ennemis, et qu'elle a des juges d'autant plus indulgents, qu'ils ont moins à espérer de ce qu'elle peut faire. Parmi ceux qui ont quelque habitude des spectacles, pas un n'ignore que cent pièces qui ont été ou supportées ou applaudies, parce que les auteurs étaient indifférents au public et à la renommée, n'auraient pas été achevées, si par hasard il eût été possible qu'un homme supérieur eût produit quelque chose d'aussi mauvais. Mais toutes les fois qu'un bon écrivain a été au-dessous de lui-même, on ne lui a fait aucune grace, et il serait trop heureux que la sévérité n'eût jamais été plus loin : trop d'exemples attestent qu'elle a été poussée jusqu'à l'injustice, et ces considérations instructives doivent entrer dans l'histoire des travaux du génie. Il n'est pas inutile d'observer l'influence plus ou moins marquée que des circonstances personnelles ont eue de tout temps sur le sort des meilleurs ouvrages : elles étaient favorables à Voltaire lorsque *Mérope* parut. La liberté de penser, sans être alors aussi périlleuse à beaucoup près sous un gouvernement absolu, qu'elle l'est devenue depuis sous une *constitution libre*, ne laissait pas d'avoir ses dangers ; elle lui avait attiré des disgraces, des exils, des emprisonnements, qui même n'avaient pas toujours été des mesures de justice. Le talent maltraité en devient plus intéressant; et les punitions arbitraires, fussent-elles méritées, soulèvent l'opinion contre l'autorité. Le séjour souvent forcé qu'il avait fait long-temps à Cirey n'avait pas sans doute désarmé des ennemis particuliers qu'on ne désarme pas, mais lui avait rendu la faveur publique, qu'il est toujours plus aisé de se concilier dans l'éloignement. Enfin *Mérope* fut jouée au moment même où un ministre venait d'écarter Voltaire de l'Académie française, non-seulement contre le vœu général, mais contre le vœu particuculier du roi Louis XV, qui avait annoncé son élection. On eût dit que le public voulait l'en dédommager par tous les honneurs qu'il lui prodigua le jour de la première représentation de *Mérope* : ce fut la première fois qu'un auteur recueillit en personne tous les honneurs d'un succès au théâtre. Il parut dans la loge de la maréchale de Villars, qui n'était pas seulement une grande dame, mais une très belle femme. Le public, qui était alors une puissance respectable partout où il était assemblé, parce qu'alors les convenances sociales étaient respectées, lui cria : *Embrassez-le!* et il fut embrassé. Mais bientôt après, lorsqu'on le vit honoré à la cour des mêmes distinctions, des mêmes titres que le Grand Racine, lorsqu'il fut ou qu'on le crut heureux, cet intérêt public, qui n'avait plus d'objet, fit place par degrés aux secrètes insinuations de l'envie, et l'on fut plus disposé à écouter favorablement ceux qui épiaient son bonheur et ses triomphes pour les troubler. Son entrée à l'Académie fut le premier signal de leur déchaînement : un plat libelle fut répandu clandestinement à la porte du Louvre le jour que l'auteur de *Zaïre* et de *Mérope* y vint prendre place. Cette satire insipide eût été oubliée, comme mille autres, au bout de huit jours; mais la haine, qui n'est pas toujours maladroite, avait fait son calcul sur l'extrême sensibilité de Voltaire; il l'avait manifestée plus d'une fois, et sur-tout dans le procès criminel qu'il intenta contre l'abbé Desfontaines au sujet de la *Voltairomanie*, autre libelle encore plus infâme, et pour lequel il n'avait obtenu, après six mois de poursuites, que la satisfaction légère d'un désaveu. On s'attendait, non sans vraisemblance, qu'il n'éclaterait pas moins pour un nouvel outrage du même genre : l'on comptait bien moins sur le mal qu'on voulait lui faire que sur celui qu'il pouvait se faire lui-même, et l'on ne se trompait pas. S'il était possible que la raison tranquille se fît entendre à une tête vive et à une âme ardente, Voltaire aurait senti qu'un homme tel que lui, outragé au milieu de sa gloire, n'avait qu'un seul parti à prendre celui de laisser ce dédommagement tel quel à ses ennemis, et même à la malignité publique, qui n'est pas fâchée d'en jouir, mais qui en jouit toujours moins quand on y paraît moins sensible. Il aurait aperçu que le procès qu'il allait entreprendre était précisément tout ce que désiraient ceux dont il voulait se venger. Malheureusement il est rare que le grand talent, qui sent tous les avantages de sa supériorité, sente aussi bien tous ceux que ses adversaires doivent à leur bassesse, et qui dans une lutte semblable sont aisément au-dessus des siens. Tout se réduit à ce raisonnement qu'ils font tout bas, et quelquefois tout haut : Quoi que nous fassions, nous ne pouvons jamais nous compromettre ; nous ne sommes rien, et l'œil du public n'est pas ouvert sur nous : quoi qu'il fasse au contraire, dès qu'il entre en lice avec nous il se compromettra ; et qui sait jusqu'à quel point ? Ce fut là le résultat de ce malheureux procès dont les tribunaux retentirent, et dont les curieux conservent les pièces. Voltaire ne put convaincre les auteurs du libelle, ce qui est toujours très difficile ; et sa vengeance exercée contre un violon de l'Opéra, nommé Travenol, qu'il fit emprisonner comme distributeur du libelle, parut odieuse et vexatoire, et l'exposa lui-même à un procès en réparation. Des jurisconsultes, qui ne demandaient pas mieux que de combattre sur leur terrain contre un homme célèbre, imprimèrent des mémoires qui étaient de nouvelles satires, et ce qu'il y a de pis, des satires juridiques et autorisées. Les amis de Voltaire vinrent à bout de terminer cette querelle dans les tribunaux, mais elle lui nuisit beaucoup dans le public.

On cherchait en même temps à le perdre à la cour ; ce qui était encore plus aisé. L'indépendance de son caractère, l'ascendant de son esprit, la hardiesse souvent indiscrète de ses opinions et la légèreté de ses paroles, alarmaient les uns, embarrassaient les autres, et déplaisaient à tous. Il ne s'agissait plus que de lui ôter l'appui qui le soutenait, celui de la favorite, et il faut avouer qu'on s'y prit avec beaucoup d'adresse. Elle paraissait se faire honneur de son goût pour les lettres et de la protection qu'elle leur accordait. On lui fit entendre qu'à cet égard rien ne pouvait mieux remplir ses vues que de tirer de la retraite et de l'indigence un homme de génie presque octogénaire, que l'on appelait *le Sophocle de la France*, qui depuis long-temps semblait avoir oublié ses talents dans une obscure oisiveté, et ne voulait pas même finir *un chef-d'œuvre*, qu'il avait commencé trente ans auparavant. C'était Crébillon; et quoiqu'il ne fût point *le Sophocle de la France*, et que *Catilina* ne fût rien moins qu'*un chef-d'œuvre*, si l'on n'eût voulu que récompenser et honorer l'auteur de *Rhadamiste*, rien n'était plus juste et plus louable. Mais en faisant venir à la cour le vieux Eschyle, on prévoyait aisément ce qui arriverait de cette espèce de concurrence : on savait que les protecteurs, et sur-tout les protectrices, n'ont guère deux engouements à la fois ; que toutes les préférences seraient pour le nouveau venu ; que l'intérêt général serait pour le vieillard que personne ne pouvait plus craindre, et que Voltaire ne résisterait pas aux dégoûts. Bientôt les œuvres de Crébillon eurent les honneurs de l'impression au Louvre, que n'avaient eus ni Corneille, ni Racine, ni Molière. *Catilina* fut joué vingt fois de suite avec un succès arrangé, qui faisait rire les gens de bon sens, qui fut le scandale du goût et le triomphe de l'esprit de cabale. L'auteur était proclamé de tous côtés comme *un de nos trois grands tragiques*, et l'on permettait à Voltaire de venir après, comme *un fort bel esprit et un homme de beaucoup de talent.*

Si l'on ne veut pas lui pardonner d'avoir eu assez d'amour-propre pour opposer à l'intrigue ce sentiment de sa force qu'heureusement on ne peut pas ôter au génie, et sans lequel il faudrait bien qu'il cédât la victoire à ses ennemis, l'on doit avouer du moins qu'il chercha une noble vengeance. Il revint à sa retraite de Cirey; mais pour mesurer ses forces de plus près avec le rival qu'on lui suscitait, il prit sur-le-champ le parti de traiter les sujets que Crébillon avait traités, et donna successivement *Sémiramis*, *Oreste* et *Rome sauvée*. Son talent lui donna sans peine la victoire dans tous les trois, et même ne laissa lieu à la comparaison que dans un seul. Mais cette victoire n'a été confirmée que par le temps, et le combat fut d'abord très pénible : il commença dans *Sémiramis*.

C'était à peu près le même sujet qu'il avait autrefois voulu mettre en œuvre dans *Éryphile*, et c'est ici que j'ai promis de dire un mot de cette pièce.

Le fond en est tragique : c'est la fable connue d'Alcméon, qui venge sur sa mère Éryphile la mort de son père Amphiaraüs : c'est, à quelques circonstances près, l'aventure d'Oreste sous d'autres noms, et il s'ensuit que Voltaire a fait trois tragédies à peu près sur le même sujet, *Éryphile*, *Sémiramis* et *Oreste*.

Le plus grand défaut d'*Éryphile*, c'est que les caractères, les situations, les sentiments, tout est simplement indiqué, et rien n'est approfondi : c'est proprement une esquisse. Éryphile, reine d'Argos, a aimé autrefois Hermogide, prince du sang d'Argos, et a consenti, ou du moins peu s'en faut, au meurtre de son époux Amphiaraüs; mais quand le crime a été commis, elle en a eu horreur, et a pris le coupable en aversion. Effrayée d'un oracle qui la menaçait, comme Clytemnestre, de périr par la main de son fils, elle l'a fait élever dans un temple, sans lui laisser la connaissance de son sort et de son nom, et a répandu le bruit de sa mort. Tout cela même est assez confusément expliqué; et l'on ne sait pas trop pourquoi, dans les premiers actes, elle n'est pas mieux instruite de la destinée d'un fils qui est si près d'elle. Cependant de longues guerres civiles ont suivi la mort d'Amphiaraüs, et il arrive ici la même chose que dans Messène, après la mort de Cresphonte. Hermogide y joue à peu près le même rôle que Polyphonte dans *Mérope*; il a un parti, il veut régner et épouser Éryphile. Mais celle-ci, qui autrefois l'a aimé au point de se rendre pour lui si criminelle, aime actuellement le jeune Alcméon, un guerrier qui passe pour fils de Théandre, et dont les exploits sont célèbres. Cet Alcméon, comme on s'en doute bien, est son fils, qu'Hermogide a voulu faire périr dans son enfance, et qui a été sauvé secrètement par Théandre, personnage que l'auteur ne fait pas assez connaître, et qui ne tient pas dans la pièce une place convenable. Alcméon, de son côté, aime aussi Éryphile; il aspire au trône : mais son ambition et son amour sont vaguement et faiblement énoncés. La reine a les mêmes remords et les mêmes terreurs que Sémiramis; elle est poursuivie comme elle par le spectre de son époux; mais il s'en faut bien qu'elle ait autant de grandeur dans l'âme et de fermeté dans le caractère, et qu'elle sache imposer, comme Sémiramis, à ses peuples et à son complice. La plupart des scènes principales offrent le même fond dans les deux pièces; mais l'exécution en est si disproportionnée, qu'elle ne laisse pas même lieu au parallèle. Éryphile, ainsi que Sémiramis, doit nommer un roi et choisir un époux au troisième acte; et tout-à-coup elle annonce une résolution qui pourrait être intéressante, si cette reine eût montré jusque-là un cœur plus maternel, et qu'elle n'eût pas mêlé à ses remords l'amour qu'elle sent pour Alcméon. Mais, d'après les dispositions qui précèdent, on est fort étonné de l'entendre dire que son fils est vivant; qu'elle va obliger le grand-prêtre de le produire devant le peuple; que les dieux lui ont prédit que ce fils donnerait la mort à sa mère, mais qu'elle n'en est point effrayée :

De mon fils désormais il n'est rien que je craigne :
Qu'on me rende mon fils, qu'il m'immole et qu'il règne.

Mais si telle était sa résolution, pourquoi donc a-t-elle paru si peu occupée de ce fils? Pourquoi n'en a-t-elle pas dit un mot au grand-prêtre, qu'elle a vu au premier acte? Pourquoi veut-elle *l'obliger à montrer* ce jeune prince? L'a-t-il refusé? S'est-elle même informée de son sort? Elle y a si peu pensé, qu'Hermogide, qui prend aussitôt la parole, lui apprend, ainsi qu'aux Argiens, qu'il a tué ce fils il y a quinze ans, pour le dérober au parricide et pour la sauver elle-même du trépas dont elle était menacée. Il atteste ses services; il réclame les droits de sa naissance, et, résolu à les soutenir par la force, il sort avec tous ceux de son parti. Cette scène, imaginée pour produire des surprises, ne l'est pas de manière à produire de l'effet. La reine y est indécemment bravée par un sujet qui se vante devant elle d'avoir tué son fils, et d'être en état de disputer le trône à la mère. Il ne faut pas que, dans un personnage principal, les remords ressemblent à la faiblesse et à l'impuissance, et tout ce rôle d'Éryphile est mal conçu. Quelle contenance peut-elle faire devant cet Hermogide qu'elle a aimé, et qu'elle n'aime plus! Point de milieu : il fallait, ou qu'elle ne l'eût aimé jamais, ou qu'elle l'aimât encore. Les quinze ans qui se sont écoulés rendent ce dernier point fort peu praticable : il fallait donc exclure l'autre. Aujourd'hui elle aime Alcméon et n'ose pas le proclamer roi; elle hait Hermogide et n'ose pas lui parler en reine. Rien de moins théâtral que ces caractères indécis et ces volontés indéterminées. Je ne puis savoir trop tôt ce que vous voulez, et vous ne pouvez pas le vouloir trop tôt, si vous désirez que j'y prenne intérêt.

Alcméon, présent à cette scène, Alcméon, le héros de la pièce, qui a vaincu deux rois, qui a un parti dans Argos et une grande renommée, à qui la reine a confié ses intérêts, n'ouvre pas la bouche dans un moment si critique, et laisse, sans dire mot, sortir Hermogide, qui court ouvertement à la révolte; ce n'est qu'après sa sortie qu'Alcméon fait à Éryphile des offres de service. Alors, en présence du peuple, elle lui décerne la couronne, le nomme son époux, le déclare roi; demeurée seule avec lui, elle lui avoue son amour, et il n'a pas encore parlé du sien dont il a long-temps entretenu Théandre dans les actes précédents, et qu'il semblait avoir tant de peine à renfermer. Il convenait au moins qu'il en dît quelque chose, mais il ne s'en avise pas, lors même qu'il y est autorisé; c'est une suite d'inconséquences.

Dans l'acte suivant, lorsque Eryphile, prête à célébrer son hymen avec Alcméon, veut entrer dans le temple, l'ombre d'Amphiaraüs en sort menaçante, ensanglantée :

Arrête, malheureux !
. . . .

ALCMÉON.

Ombre fatale,
Quel dieu te fait sortir de la nuit infernale?
Quel est ce sang qui coule? et quel es-tu?

L'OMBRE.

Ton roi.
Si tu prétends régner, arrête, obéis-moi.

ALCMÉON.

Eh bien! mon bras est prêt, parle; que faut-il faire?

L'OMBRE.

Me venger sur ma tombe.

ALCMÉON.

Et de qui?

L'OMBRE.

De ta mère.

Cette ombre, que nous allons retrouver dans *Sémiramis*, sera tout-à-l'heure la matière de quelques réflexions. Alcméon, à qui Théandre a fait croire qu'il est fils d'un esclave, et que ses parents ne sont plus, ne comprenant pas ce que lui prescrit Amphiaraüs, se persuade, on ne sait pourquoi, que cet ordre de venger son roi sur une mère qu'il n'a pas ne signifie autre chose, si ce n'est que les dieux veulent punir son ambition et s'opposer à sa fortune. Il avoue à Éryphile qu'il eut pour père un esclave; et quelques circonstances de son récit commencent à faire soupçonner à la reine la vérité fatale, qui se découvre un moment après, quand le grand-prêtre apporte une épée, qui est dans Argos le signe et l'attribut de la royauté, et la remet aux mains d'Alcméon pour venger Amphiaraüs. Éryphile la reconnaît pour celle qu'Hermogide ravit à son roi quand il l'assassina.

LE GRAND-PRÊTRE.

Voici ce même fer qui frappa votre enfance,
Qu'un cruel, malgré lui ministre du destin,
Troublé par ses forfaits, laissa dans votre sein.

Il ajoute que les dieux lui ont ordonné de garder ce fer jusqu'au jour de la vengeance; et ce jour est arrivé. Tout se révèle: Éryphile reconnaît son fils et lui avoue son crime. Cette scène est la seule où il y ait un moment d'intérêt, qui tient sur-tout à une douzaine de vers pathétiques, qui sont à peu près les seuls que l'auteur ait reportés dans le rôle de Sémiramis. Mais cette scène même n'est encore qu'effleurée; le rôle d'Alcméon y est nul.

Cruel Amphiaraüs! abominable loi!

La nature me parle et l'emporte sur toi.
O ma mère !

Il l'embrasse, et c'est-là tout ce que contient ce rôle dans une situation dont Voltaire a tiré depuis tant de beaux mouvements.

Éryphile répond :

O cher fils que le ciel me renvoie !
Je ne méritais pas une si pure joie.
J'oublie, et mes malheurs, et jusqu'à mes forfaits,
Et ceux qu'un dieu t'ordonne, et tous ceux que *j'ai faits.*

La faiblesse de ces vers, qui terminent une pareille scène, peut faire comprendre avec quelle négligence l'auteur avait ébauché sa pièce; pour cette fois ce n'est pas le sujet qui lui manquait : c'est le travail du poète qui manquait au sujet.

Le dénouement est un combat singulier entre Hermogide et Alcméon sur le tombeau d'Amphiaraüs. Hermogide y perd la vie; et Alcméon, aveuglé par les dieux, frappe sa mère sans le vouloir et sans la connaître, comme Oreste tue Clytemnestre. Éryphile, en mourant, exprime à peu près les mêmes sentiments que Sémiramis; mais l'effet en est aussi différent que le style. Celui de cette pièce est en général faible, vague, incorrect. Le peu de beaux vers qui s'y rencontrent ont trouvé place dans *Sémiramis*, dans *Mérope*, dans *Mahomet;* le tout ensemble ne va pas au-delà de quatre-vingts vers, dont plusieurs ont subi quelques changements. En voici d'autres qu'il n'a pu lier à aucun sujet; et comme ils méritaient d'être conservés, l'auteur, qui n'a jamais rien perdu, les a cités dans un de ses ouvrages.

> Vos oisifs courtisans, que les chagrins dévorent,
> S'efforcent d'obscurcir les astres qu'ils adorent.
> Là, si vous en croyez leur coup-d'œil pénétrant,
> Tout ministre est un traître, et tout prince un tyran.
> L'hymen n'est entouré que de feux adultères;
> Le frère à ses rivaux est vendu par ses frères;
> Et sitôt qu'un grand roi penche vers son déclin,
> Ou son fils ou sa femme ont hâté son destin.
> . . . .
> Qui croit toujours le crime en paraît trop capable.

Ces vers furent d'autant plus remarqués, qu'on avait encore le souvenir assez récent des calomnies, aussi absurdes qu'abominables, répandues dans toute l'Europe sur la mort des petits-fils de Louis XIV, et sur celle du roi d'Espagne, Charles II.

Éryphile ne tomba pas, mais elle eut peu de succès. Un compliment en vers, beaucoup mieux écrit que la pièce, et qui en justifiait les nouveautés hardies, fut extrêmement applaudi, et disposa le public à l'indulgence. Cependant il n'était pas possible que, sur un théâtre chargé de spectateurs, une ombre ne parût pas ridicule, et c'est ce qui arriva encore dans la nouveauté de *Sémiramis*. Ce n'était pas ici la faute de l'auteur; mais le parterre, accoutumé à son style, ne le retrouva pas dans *Éryphile*, et beaucoup d'endroits excitèrent des murmures. Hermogide fit rire lorsqu'en revoyant dans Alcméon le fils d'Éryphile, il s'écriait :

> Ciel! tous les morts ici renaissent pour ma perte!

La quantité de variantes qui se succédèrent entre

les représentations, et qui vont à plus de trois cents vers, prouve les efforts que l'auteur faisait pour satisfaire un public mécontent. Heureusement il le fut aussi de lui-même, retira sa pièce du théâtre, et ne la livra pas à l'impression. Il avait d'autres sujets dans la tête, et ne se souvint d'*Éryphile* que lorsqu'il voulut faire *Sémiramis*.

La critique de l'une est l'éloge de l'autre : tous les défauts que j'ai remarqués dans la première sont remplacés par les beautés qui en sont l'opposé. Malgré la conformité d'objets dans la plupart des scènes principales, l'intervalle entre ces deux pièces est si grand, que l'une semble être d'un écolier qui a quelque talent, et l'autre d'un maître. Ce n'est pas qu'il n'y ait beaucoup à reprendre dans le merveilleux des moyens et dans la marche de la pièce; mais les caractères, les sentiments, le développement des situations, les effets tragiques, les couleurs locales, sont d'une main sûre et long-temps exercée. Non-seulement la fable est infiniment mieux entendue, ais mle lieu où il l'a placée lui donnait les plus grands avantages, et il n'en a négligé aucun. Il y a loin d'une Éryphile à peine connue dans la *Mythologie* à cette fameuse Sémiramis dont le nom est une époque dans ces temps reculés qu'on nomme héroïques; et la souveraine la plus célèbre de la plus ancienne monarchie de l'Orient offre bien plus à l'imagination des spectateurs et à celle du poète que la souveraine ignorée du petit royaume d'Argos. Aussi a-t-il commencé par lui donner ce qui manque à Éryphile, un grand caractère. Ses crimes n'ont été que ceux de l'ambition ; et si elle a eu besoin d'un complice, elle a su le contenir; elle ne l'a jamais aimé et ne le craint pas.

> J'ai su quinze ans entiers, quel que fût son projet,
> Le tenir dans le rang de mon premier sujet.

Si elle fut coupable, si elle ne cherche point à se justifier à ses propres yeux, si sa conscience lui fait dire :

> Plus les nœuds sont sacrés, plus les crimes sont grands.
> J'étais épouse, Otane, et je suis sans excuse,
> Devant les dieux vengeurs mon désespoir m'accuse.

les témoignages qu'on rend à la gloire de son règne, la relèvent d'autant plus à nos yeux, qu'elle ne songe pas à s'en prévaloir. Otane lui dit :

> Ninus, en vous chassant de son lit et du trône,
> En vous perdant, madame, eût perdu Babylone.
> Pour le bien des mortels vous prévîntes ses coups;
> Babylone et la terre avaient besoin de vous;
> Et quinze ans de vertus et de travaux utiles,
> Les arides déserts par vous rendus fertiles,
> Les sauvages humains soumis au frein des lois,
> Les arts dans nos cités naissant à votre voix,
> Ces hardis monuments que l'univers admire,
> Les acclamations de ce puissant empire,
> Sont autant de témoins dont le cri glorieux
> A déposé pour vous au tribunal des dieux.

Assur lui-même, qui la hait, rend hommage à sa supériorité; il n'a pu ni la séduire, ni l'intimider.

> Je connus mal cette âme inflexible et profonde :
> Rien ne la put toucher que l'empire du monde.

Elle en parut trop digne, il le faut avouer :
Je suis dans mes fureurs contraint à la louer.
Je la vis retenir dans ses mains assurées
De l'État chancelant les rênes égarées,
Appaiser le murmure, étouffer les complots,
Gouverner en monarque et combattre en héros.
Je la vis captiver et le peuple et l'armée.
Ce grand art d'imposer même à la renommée,
Fut l'art qui sous son joug enchaîna les esprits :
L'univers à ses pieds demeure encor surpris.
Que dis-je ? sa beauté, ce flatteur avantage
Fit adorer les lois qu'imposa son courage ;
Et quand dans mon dépit j'ai voulu conspirer,
Mes amis consternés n'ont su que l'admirer ?

Si depuis quelque temps l'ombre de Ninus qui l'obsède lui inspire cette épouvante dont toutes les grandeurs humaines ne peuvent garantir une conscience troublée par le crime; si ce fantôme, en réveillant ses remords, la jette quelquefois dans l'abattement et la force à se cacher; dès qu'elle reparaît elle reprend tout son ascendant, et le poète a su peindre avec la même force, et son repentir, et sa grandeur.

...... Sémiramis à ses douleurs livrée,
Sème ici les chagrins dont elle est dévorée.
L'horreur qui l'épouvante est dans tous les esprits.
Tantôt remplissant l'air de ses lugubres cris,
Tantôt morne, abattue, égarée, interdite,
De quelque dieu vengeur évitant la poursuite,
Elle tombe à genoux vers ces lieux retirés,
A la nuit, au silence, à la mort consacrés,
Séjour où nul mortel n'osa jamais descendre.

Où de Ninus mon maître on conserve la cendre.
Elle approche à pas lents, l'air sombre, intimidé,
Et se frappant le sein de ses pleurs inondé.
A travers les horreurs d'un silence farouche,
Les noms de fils, d'époux échappent de sa bouche.
Elle invoque les dieux ; mais les dieux irrités
Ont corrompu le cours de ses prospérités.

Toute la terreur de la tragédie est empreinte dans ce tableau; mais Mitrane, qui vient de le tracer, nous dit un moment après :

De ses chagrins mortels son esprit dégagé
Souvent reprend sa force et sa splendeur première.
J'y revois tous les traits de cette âme si fière,
A qui les plus grands rois, sur la terre adorés,
Même par leurs flatteurs ne sont pas comparés.

Et dans un autre endroit :

Mais la reine a paru, tout s'est calmé soudain ;
Tout a senti le poids du pouvoir souverain.

Enfin, c'est sur-tout dans la scène où elle s'explique avec Assur; c'est-là qu'elle se montre tout entière, et qu'on voit que, née pour commander aux humains, elle ne cède qu'à la justice des dieux. L'auteur a eu soin de faire ressortir encore ce caractère par le contraste de celui d'Assur. Assur est un scélérat endurci, qui a corrompu jusqu'à sa conscience; et ce personnage, livré à l'horreur qu'il nous inspire, sert, comme il le doit, à faire valoir le personnage qui doit nous intéresser. Il met son orgueil à braver les dieux et les remords.

..... Je vous avoûrai que je suis indigné

Qu'on se souvienne encor si Ninus a régné.
Craint-on, après quinze ans, ses mânes en colère?
Ils se seraient vengés, s'ils avaient pu le faire.
D'un éternel oubli ne tirez point les morts :
Je suis épouvanté, mais c'est de vos remords.
Ah! ne consultez point d'oracles inutiles :
C'est par la fermeté qu'on rend les dieux faciles.
Ce fantôme inouï, qui paraît en ce jour,
Qui naquit de la crainte et l'enfante à son tour,
Peut-il vous effrayer par tous ses vains prestiges ?
Pour qui ne les craint point il n'est point de prodiges.
Ils sont l'appât grossier des peuples ignorants,
L'invention du fourbe et le mépris des grands.

Voilà un langage à la portée de tout jeune auteur qui saura faire des vers; mais celui de *Sémiramis* demandait toute la maturité du grand talent. Il importait d'abord, pour mettre le repentir au-dessus de la scélératesse intrépide, que ce repentir ne pût se confondre avec la faiblesse. Sémiramis s'exprime de manière à n'en être pas accusée. Elle sait qu'Assur, descendant de Bélus, et le premier de l'empire après elle, prétend à la main d'Azéma, princesse du sang : d'un autre côté, forcée par les oracles des dieux à choisir un époux, elle sait que nul n'a plus que lui le droit d'y prétendre, et que la voix publique l'y appelle. C'est sur ces deux points qu'elle veut lui parler, et voici de quel ton :

Nous le savez assez : mon superbe courage
S'était fait une loi de régner sans partage.
Je tins sur mon hymen l'univers en suspens ;
Et quand la voix du peuple, à la fleur de mes ans,

Cette voix qu'aujourd'hui le ciel même seconde,
Me pressait de donner des souverains au monde,
Si quelqu'un put prétendre au nom de mon époux,
Cet honneur, je le sais, n'appartenait qu'à vous.
Vous deviez l'espérer ; mais vous pûtes connaître
Combien Sémiramis craignait d'avoir un maître.
Je vous fis, sans former un lien si fatal,
Le second de la terre, et non pas mon égal.
C'était assez, seigneur, et j'ai l'orgueil de croire
Que ce rang aurait pu suffire à votre gloire.

Après lui avoir fait part des ordres qu'elle a reçus de l'oracle d'Ammon, elle continue :

Je connais vos desseins et votre politique.
Vous voulez dans l'État vous former un parti ;
Vous m'opposez le sang dont vous êtes sorti ;
De vous et d'Azéma mon successeur peut naître ;
Vous briguez cet hymen, elle y prétend peut-être ;
Mais moi, je ne veux pas que vos droits et les siens,
Ensemble confondus, s'arment contre les miens.
Telle est ma volonté constante, irrévocable.
C'est à vous de juger si le dieu qui m'accable.
A laissé quelque force à mes sens interdits,
Si vous reconnaissez encore Sémiramis,
Si je puis soutenir la majesté du trône.
Je vais donner, seigneur, un maître à Babylone.
Mais soit qu'un si grand choix honore un autre ou vous,
Je serai souveraine en prenant un époux.
Assemblez seulement les princes et les mages ;
Qu'ils viennent à ma voix joindre ici leurs suffrages.
Le don de mon empire et de ma liberté,
Est l'acte le plus grand de mon autorité.
Loin de le prévenir, qu'on l'attende en silence.

Quand on sait parler ainsi aux hommes, on peut ensuite parler des dieux comme Sémiramis :

> Le Ciel à ce grand jour attache sa clémence.
> Tout m'annonce des dieux qui daignent se calmer;
> Mais c'est le repentir qui doit les désarmer.
> Croyez-moi: les remords, à vos yeux méprisables,
> Sont la seule vertu qui reste à des coupables.
> Je vous parais timide et faible: désormais
> Connaissez la faiblesse; elle est dans les forfaits.
> Cette crainte n'est pas honteuse au diadème;
> Elle convient aux rois, et sur-tout à vous-même;
> Et je vous apprendrai qu'on peut, sans s'avilir,
> S'abaisser sous les dieux, les craindre et les servir.

C'est ainsi qu'on concilie l'effet moral qui résulte du repentir avec l'effet theâtral qui tient à la grandeur du personnage; et combien même le pouvoir de la religion et de la conscience paraît plus imposant et plus marqué quand il agit à ce point sur une âme de cette trempe! Ce mélange de fierté et de remords qui distingue Sémiramis est un caractère absolument original; il n'a de modèle ni chez les anciens ni chez les modernes. Les critiques qui s'élevèrent de tous côtés contre la pièce, au moment où elle parut, ne manquèrent pas d'en compter et d'en exagérer les défauts; mais nul ne rendit justice à ce rôle, qui est un des plus beaux que Voltaire ait conçus.

L'amour qu'elle a pour son fils sans le connaître, amour qui, dans la *Sémiramis* de Crébillon, n'est qu'un égarement odieux et indécent, est ici ce qu'il devait être, un instinct de la nature mal démêlé, sans trouble et sans passions. Cette nuance n'est que légèrement indiquée dans *Ériphile*; elle est décidée dans *Sémiramis*; l'une rougit d'un penchant qu'elle se reproche, l'autre s'applaudit d'un attachement qu'elle croit inspiré par le Ciel; et quelle noblesse, quel intérêt dans les motifs qui déterminent son choix!

Tu sais qu'aux plaines de Scythie,
Quand je vengeais la Perse et subjuguais l'Asie,
Ce héros (sous son père il combattait alors),
Ce héros, entouré de captifs et de morts.
M'offrit en rougissant, de ses mains triomphantes,
Des ennemis vaincus les dépouilles sanglantes.
A son premier aspect tout mon cœur étonné
Par un pouvoir secret se sentit entraîné.
Je n'en pus affaiblir le charme inconcevable,
Le reste des mortels me sembla méprisable...

Otane lui dit :

Quoi! de l'amour enfin connaissez-vous les charmes?
Et pouvez-vous passer de ces sombres alarmes
Au tendre sentiment qui vous parle aujourd'hui?

SÉMIRAMIS.

Non, ce n'est point l'amour qui m'entraîne vers lui.
Mon âme par les yeux ne peut être vaincue.
Ne crois pas qu'à ce point de mon rang descendue,
Écoutant dans mon trouble un charme suborneur,
Je donne à la beauté le prix de la valeur.
Je crois sentir du moins de plus nobles tendresses.
Malheureuse! est-ce à moi d'éprouver des faiblesses,
De connaître l'amour et ses fatales lois?
Otane, que veux-tu? Je fus mère autrefois.

Mes malheureuses mains à peine cultivèrent
Ce fruit d'un triste hymen, que les dieux m'enlevèrent.
Seule, en proie aux chagrins qui venaient m'alarmer,
N'ayant autour de moi rien que je pusse aimer,
Sentant ce vide affreux de ma grandeur suprême,
M'arrachant à ma cour et m'évitant moi-même,
J'ai cherché le repos dans ces grands monuments,
D'une âme qui se fuit trompeurs amusements.
Le repos m'échappait; je sens que je le trouve;
Je m'étonne en secret du charme que j'éprouve.
Arzace me tient lieu d'un époux et d'un fils,
Et de tous mes travaux et du monde soumis.
Que je vous dois d'encens, ô puissance céleste !
Qui, me forçant de prendre un joug jadis funeste,
Me préparez au nœud que j'avais abhorré,
En m'embrasant d'un feu par vous-même inspiré !

Elle n'a point voulu, comme Éryphile, éloigner ce fils dans son enfance, et le priver du trône; c'est Assur qui s'est efforcé en secret de le faire périr, et c'est Phradate qui l'a sauvé, et l'a élevé près de lui dans la Scythie. Le rôle de ce jeune prince est d'une couleur moins neuve que celui de Sémiramis, mais il n'est pas d'un pinceau moins ferme et moins tragique. Il a devant le superbe Assur toute la hauteur d'un guerrier et d'un héros; avec le grand-prêtre, des sentiments de respect pour les dieux; avec sa mère, toute la sensibilité filiale. Lorsqu'il n'est connu encore que par les exploits qui ont illustré l'obscurité de sa naissance supposée, lorsqu'il passe pour le fils de Phradate, il a pour Sémiramis la tendre vénération d'un sujet fidèle; il l'admire comme souveraine, il la chérit comme sa bienfaitrice. Il est épris de la jeune Azéma, qui lui doit sa liberté et qui aime son libérateur; et cet amour est beaucoup plus convenable que celui d'Alcméon pour Éryphile, espèce de méprise qui ne produit rien et dont on ne peut rien attendre. Cet amour de Ninias et d'Azéma n'est pas au premier rang dans la pièce, mais il ne saurait y nuire; il répand plus d'intérêt sur la situation de ces deux jeunes amants dont le sort dépend de Sémiramis, et qui sont en butte à la haine et à la jalousie du traître Assur. Celui-ci même n'est pas inutile à l'effet général de la pièce : tout l'odieux de son caractère détourne sur lui l'aversion des spectateurs, et les dispose à plaindre, à excuser les fautes que Sémiramis se reproche si amèrement, et dont il se vante avec une orgueilleuse férocité. Le poète, qui avait enfin appris à creuser, à approfondir le sujet qu'il n'avait d'abord qu'effleuré, se proposait de tirer un grand effet de pitié et de terreur de la situation d'une mère criminelle, qui ne retrouve son fils qu'au moment où les dieux le lui montrent comme le vengeur de Ninus, et de la situation d'un fils tendre et respectueux qui ne retrouve une mère qu'au moment où les dieux lui ordonnent de la punir. Le génie de Voltaire n'est pas resté au-dessous de cette combinaison, et l'on convient que le quatrième acte de *Sémiramis* est un des morceaux les plus tragiques qu'il ait mis sur la scène. Le cinquième, quoique répréhensible dans les moyens, se soutient après le quatrième par l'effet théâtral, par le tableau frappant et neuf de Ninias sortant du tombeau de Ninus, les mains teintes d'un sang qu'il croit être celui d'Assur, et qu'il reconnaît pour celui de sa mère, lorsque cette infortunée reine se traîne expirante sur les marches du tombeau, appelant à son secours le fils qui vient de l'immoler : un tel spectacle est vraiment celui de la tragédie*.

Voltaire a su, comme dans *Mahomet*, mêler ici les impressions de la pitié à l'horreur du parricide; il arrache des pleurs quand Sémiramis s'écrie :

Viens me venger, mon fils; un monstre sanguinaire,
Un traître, un sacrilège assassine ta mère.

NINIAS.

O jour de la terreur! ô crimes inouïs!
Ce sacrilège affreux, ce monstre est votre fils.
Au sein qui m'a nourri cette main s'est plongée;
Je vous suis dans la tombe, et vous serez vengée.

SÉMIRAMIS.

Hélas! j'y descendis pour défendre tes jours :
Ta malheureuse mère allait à ton secours.
J'ai reçu de tes mains la mort qui m'était due.

NINIAS.

Ah! c'est le dernier *trait* à mon âme éperdue.

---

* Ce *spectacle* a été rendu en beaux vers par Delille, dans le Ve chant de l'*Imagination* :

  Voyez-vous Ninias, que le destin sévère
  Appelle pour venger le meurtre de son père?
  La tombe s'ouvre! il entre et le sang a coulé;
  Le voyez-vous sortir, farouche, échevelé?
  Il demande quel sang rougit sa main fumante,
  Et sa mère à ses pieds s'en vient tomber mourante!
  Ce temple, ce tombeau, ces mânes gémissants,
  Tout d'un sublime horrible épouvante mes sens.

         H. P.

J'atteste ici les dieux qui conduisaient mon bras,
Ces dieux qui m'égaraient.....

SÉMIRAMIS.

Mon fils, n'achève pas.
Je te pardonne tout, si, pour grace dernière,
Une si chère main ferme au moins ma paupière;
Viens, je te le demande au nom du même sang
Qui t'a donné la vie et qui sort de mon flanc.
Ton cœur n'a pas sur moi conduit ta main cruelle;
Quand Ninus expira, j'étais plus criminelle.
J'en suis assez punie : il est donc des forfaits
Que le courroux des dieux ne pardonne jamais!

On peut observer ici les différentes nuances qui distinguent des sujets dont le fond paraît le même. Clytemnestre meurt aussi par la main de son fils; mais il eût été impossible de placer dans *Électre* ou dans *Oreste* cette scène où la mère meurt dans les bras de son fils, et qui est d'un si grand pathétique. C'est que les circonstances personnelles sont très différentes : Clytemnestre est un personnage qu'on ne peut que faire supporter, et sur lequel ne peut jamais reposer l'intérêt : elle a aussi des remords; mais elle vit depuis quinze ans dans l'adultère avec le complice de son crime; elle n'est connue que par ce crime, dont le motif a été une passion perverse pour un vil assassin. Sémiramis n'est point dans l'habitude du crime : le sien a eu du moins quelque excuse et de plus nobles motifs, et sur-tout il est couvert en partie par l'éclat d'un règne glorieux, par une foule de belles actions qui montrent une grande âme dans cette même femme qui a commis une grande faute. Cette admiration mêlée de tendresse, qu'avait pour elle Ninias avant de la reconnaître pour sa mère, était suffisamment justifiée, et rend sa douleur bien plus vive après le coup affreux et involontaire qu'il vient de frapper. Le pathétique de la reconnaissance que l'on a vue au quatrième acte, leurs larmes qui se sont confondues, les accents de la nature qu'on a entendus des deux côtés, tout contribue à rendre cette mort déchirante pour le spectateur comme pour Ninias; et c'est la diversité de ces deux rôles de Sémiramis et de Clytemnestre, dont l'un amène des effets si supérieurs à ceux de l'autre, qui fait qu'un sujet à peu près semblable dans les deux pièces est en total bien plus heureux dans *Sémiramis* que dans *Oreste*. On ne peut, dans celui-ci, porter l'intérêt que sur l'amour réciproque d'un frère et d'une sœur, et celui d'une mère et d'un fils est tout autrement puissant pour nous émouvoir. Aussi nous savons que Voltaire, qui travaillait à ces deux pièces presque en même temps, composait l'une avec plaisir et l'autre avec effort.

On aime à voir que les regrets et les larmes de Ninias adoucissent la punition de Sémiramis; et l'union de ce prince avec Azéma, ordonnée par sa mère expirante, mêle aussi à son malheur une espérance de consolation, que l'on adopte volontiers. Ces sortes d'adoucissements ne sont pas inutiles dans les dénouements où l'infortune tombe sur des personnages qui ont attiré l'affection ou la compassion des spectateurs.

Le caractère d'Oroës, pontife de Babylone, et chef des mages, est parfaitement exprimé dans ces vers, qui contiennent l'abrégé des devoirs du sacerdoce :

>   Obscur et solitaire,
> Renfermé dans les soins de son saint ministère,
> Sans vaine ambition, sans crainte, sans détour,
> On le voit dans son temple et jamais à la cour,
> Il n'a point affecté l'orgueil du rang suprême,
> Ni placé sa tiare auprès du diadème.
> Moins il veut être grand, plus il est révéré.

Le langage qu'il tient à Sémiramis est conforme à ce portrait :

> Je remplis mon devoir et j'obéis aux rois.
> Le soin de les juger n'est point notre partage;
> C'est celui des dieux seuls.

Il était d'autant plus essentiel de lui donner ce caractère, qu'il est dans toute la pièce l'organe des volontés et des vengeances célestes, et que, forcé par le Ciel d'armer le fils contre la mère, il eût été odieux, s'il n'eût paru fait pour se prêter avec douleur à ce triste ministère.

Le style de Voltaire n'a jamais eu plus de pompe que dans cet ouvrage, et n'a pourtant que celle qui convient au sujet, sans lieux communs et sans déclamation. Le lieu de la scène est expliqué, dès les premiers vers, avec une magnificence de détails faite pour annoncer le ton majestueux qui régnera dans toute la pièce :

> Que la reine, en ces lieux brillants de sa splendeur,
> De son puissant génie imprime la grandeur!

> Quel art a pu former ces enceintes profondes
> Où l'Euphrate égaré porte en tribut ses ondes;
> Ce temple, ces jardins dans les airs soutenus,
> Ce vaste mausolée où repose Ninus;
> Éternels monuments moins admirables qu'elle?
> C'est ici qu'à ses pieds Sémiramis m'appelle.
> Les rois de l'Orient, loin d'elle prosternés,
> N'ont point eu ces honneurs qui me sont destinés.

Il est tout simple qu'Arzace, qui n'a jamais quitté la Scythie, soit frappé de tout ce qu'il voit dans le palais de Babylone; et son étonnement a dû fournir au poëte les couleurs de cette exposition descriptive. Arzace, dès le commencement, nous donne la haute idée qu'il a lui-même et qu'il doit avoir de Sémiramis.

> Aux plaines d'Arbazan quelques succès peut-être,
> Quelques travaux heureux m'ont assez fait connaître;
> Et quand Sémiramis, aux rives de l'Oxus,
> Vint imposer des lois à cent peuples vaincus,
> Elle laissa tomber de son char de victoire
> Sur mon front jeune encor un rayon de sa gloire.
> Mais souvent dans les camps un soldat honoré
> Rampe à la cour des rois et languit ignoré.

C'est sur ce même ton, dont la noblesse est toujours intéressante, qu'il rend compte à la princesse Azéma de la première audience qu'il a eue de Sémiramis.

> Je me suis vu d'abord admis en sa présence.
> Elle m'a fait sentir, à ce premier accueil,
> Autant d'humanité qu'Assur avait d'orgueil;
> Et relevant mon front prosterné vers son trône,

M'a vingt fois appelé l'appui de Babylone.
Je m'entendais flatter de cette auguste voix,
Dont tant de souverains ont adoré les lois;
Je la voyais franchir cet immense intervalle
Qu'a mis entre elle et moi la majesté royale.
Que j'en étais touché! qu'elle était à mes yeux
La mortelle, après vous, la plus semblable aux dieux!

Au troisième acte, la pompe du spectacle se joint à celle du style et la justifie. On sait que, depuis *Athalie*, on n'avait rien vu sur la scène d'aussi auguste que l'appareil de cette assemblée où Sémiramis doit choisir un époux, et l'on n'avait pas non plus fait entendre de plus beaux vers que ceux que Voltaire lui fait prononcer sur le trône qu'elle va partager. Cet appareil n'est pas une vaine décoration ; c'est l'action même, et le style est digne de l'action.

Si la terre, quinze ans de ma gloire occupée,
Révéra dans ma main le sceptre avec l'épée,
Dans cette même main qu'un usage jaloux
Destinait au fuseau sous les lois d'un époux;
Si j'ai, de mes sujets surpassant l'espérance,
De cet empire heureux porté le poids immense,
Je vais le partager pour le mieux maintenir,
Pour étendre sa gloire aux siècles à venir,
Pour obéir aux dieux, dont l'ordre irrévocable
Fléchit ce cœur altier si long-temps indomptable.
Ils m'ont ôté mon fils ; puissent-ils m'en donner
Qui, dignes de me suivre et de vous gouverner,
Marchant dans les sentiers que fraya mon courage,
Des grandeurs de mon règne éternisent l'ouvrage !
J'ai pu choisir sans doute entre des souverains;

Mais ceux dont les états entourent mes confins
Ou sont mes ennemis, ou sont mes tributaires;
Mon sceptre n'est pas fait pour leurs mains étrangères,
Et mes premiers sujets sont plus grands à mes yeux
Que tous ces rois vaincus par moi-même ou par eux.
Bélus naquit sujet : s'il eut le diadème,
Il le dut à ce peuple, il le dut à lui-même.
J'ai par les mêmes droits le sceptre que je tiens.
Maîtresse d'un état plus vaste que les siens,
J'ai rangé sous vos lois vingt peuples de l'aurore,
Qu'au siècle de Bélus on ignorait encore.
Tout ce qu'il entreprit, je le sus achever.
Ce qui fonde un état le peut seul conserver.
Il vous faut un héros digne d'un tel empire,
Digne de tels sujets, et, si j'ose le dire,
Digne de cette main qui va le couronner,
Et du cœur indompté que je vais lui donner.
J'ai consulté les lois, les maîtres du tonnerre,
L'intérêt de l'état, l'intérêt de la terre :
Je fais le bien du monde en nommant un époux.
Adorez le héros qui va régner sur vous;
Voyez revivre en lui les princes de ma race.
Ce héros, cet époux, ce monarque, est Arzace.

Ce vers, qui frappe à la fois de terreur, mais par différents motifs, Arzace, Azéma, Assur et Oroës, peut rappeler celui du troisième acte d'*Iphigénie*.

Il l'attend à l'autel pour la sacrifier;

et peut-être Voltaire, qui ne trouvait rien de si beau que cette scène, où un seul mot met dans une situation si terrible Clytemnestre, Achille et Iphigénie, a-t-il cherché à produire un effet à peu près semblable. Mais quoique celui de Sémiramis soit ici fort théâtral, quoiqu'il l'emporte même pour le spectacle, il n'a pas à beaucoup près l'intérêt d'Iphigénie. On conçoit aisément que le danger de la fille, le désespoir de sa mère, et l'indignation d'un amant tel qu'Achille, font une tout autre impression que les amours de Ninias et d'Azéma, et l'ambition trompée d'Assur. Ici Voltaire le cède à Racine dans la partie où il a le plus souvent quelque avantage, dans celle de l'intérêt. Il faut convenir que celui de Sémiramis ne commence réellement qu'au quatrième acte, où il est à la vérité très grand, ainsi que dans le cinquième, mais il y en a peu dans les trois premiers, et c'est le principal défaut de cette pièce, que j'ai considérée jusqu'ici dans ses beautés, et qu'il faut examiner dans ce qu'elle a de défectueux, en rendant justice aux ressources étonnantes que l'auteur a employées pour remplir, autant qu'il était possible, le vide des premiers actes.

Ils se passent tout entiers en préparations, et l'action ne commence véritablement qu'à cette scène qui termine le troisième acte. C'est là seulement, c'est lorsque Sémiramis a fait choix d'Arzace pour son époux, que les personnages commencent à être en situation; et cette marche est essentiellement défectueuse. Le premier acte seul est accordé au poëte pour exposer ses faits et préparer ses ressorts. Ils doivent agir dès le second, sans quoi la langueur se fait sentir. Voyez *Athalie*, la plus simple de toutes nos pièces : la venue de cette reine dans le temple, les motifs qui l'y amènent, l'interrogatoire que su-

fait l'enfant, ont déjà commencé dès le second acte
le péril de Joas et les alarmes du spectateur. Voyons
maintenant *Sémiramis* : au premier acte, la scène
entre Ninias et le grand-prêtre semble nous promettre la révélation des destinées de ce jeune prince
qui ne se connaît pas encore ; c'est dans cette vue
que Phradate, en mourant, l'adresse au pontife,
qui doit l'instruire et le guider. Oroës sait tout ; il
sait qu'Arzace est fils de Sémiramis : pourquoi ne
le lui dit-il pas ? Pourquoi attend-il que sa mère
l'ait choisi pour époux ? Pourquoi l'expose-t-il aux
dangers d'un inceste ? Il se contente de lui apprendre
que Ninus a été empoisonné, et il ajoute :

Je n'en puis dire plus : des pervers éloigné,
Je lève en paix mes mains vers le ciel indigné.
Sur ce grand intérêt, qui peut-être vous touche,
Ce ciel, quand il lui plaît, ouvre et ferme ma bouche.

Je vois bien dans ces vers l'excuse que le poète a
voulu se préparer ; mais est-elle suffisante ? Sa pièce
est fondée sur le merveilleux ; il suppose le grand-
prêtre conduit par l'inspiration céleste : c'est donc
ici qu'il faut examiner ce qu'est le merveilleux dans
la tragédie, et ce qu'il en fait dans la sienne.

Il est également reconnu que la tragédie peut
admettre le merveilleux, et qu'elle ne le peut que
sous certaines conditions. Il peut être employé de
deux manières, ou comme moyen, ou en action.
Il l'est comme moyen dans *Iphigénie*, où l'oracle,
qui demande le sacrifice de la princesse, justifie la
conduite d'Agamemnon, et sert de fondement à

toute la pièce. Il l'est de même dans *Électre*, où le parricide d'Oreste est ordonné par les dieux, et n'est supporté que sous ce point de vue. Il pourrait l'être de même dans *Alceste*, dans quelques autres sujets de la fable. Les modernes, comme les anciens, ont fait usage de cette première espèce de merveilleux. La seconde, celle qui est en action, a souffert parmi nous plus de difficultés. Euripide et Sophocle ne se faisaient aucun scrupule de faire paraître sur la scène des divinités et des ombres. Horace, dont le goût était sévère, exige avec raison que ces ressorts extraordinaires ne soient mis en œuvre que dans le cas d'une absolue nécessité, et d'une importance d'objet proportionnée au merveilleux qu'on emploie. Pour nous, plus difficiles encore, nous avions, jusqu'à Voltaire, renvoyé ce merveilleux au théâtre de la fiction, à l'Opéra. L'auteur de *Sémiramis* prouve très bien dans sa préface que ce scrupule n'est point fondé, et que le merveilleux, appuyé sur les idées religieuses reçues chez toutes les nations, ne blesse par lui-même ni la raison, ni les bienséances théâtrales. Ses raisons sont trop connues pour les répéter ici; et comme elles ne peuvent être détruites, il est permis d'en conclure que ceux qui pensent avoir fait le procès à l'ombre de Ninus, en disant que *nous ne croyons pas aux revenants*, faisaient une parodie, et non pas une critique. Mais il pose lui-même en principe qu'un miracle ne doit pas être reçu dans la tragédie, s'il n'y paraît pas tellement nécessaire, qu'on ne puisse rien mettre à la place et que le spectateur attende et désire l'intervention céleste là où les moyens humains ne suffissent pas. Je crois qu'il a raison : je suppose, par exemple, qu'on ait mis l'innocence dans un danger tellement inévitable, et qu'on l'ait rendue pendant cinq actes tellement intéressante, qu'on ne puisse sauver la victime et contenter le spectateur que par un prodige : j'ose croire qu'un homme de génie pourrait le hasarder avec succès. Voltaire s'applaudit, et ce n'est pas sans fondement, d'avoir préparé l'apparition de Ninus par tout ce qui précède; et il est sûr qu'il a répandu sur toute la pièce un nuage religieux qui en impose à l'imagination, et qui est vraiment l'ouvrage de l'art. Aussi, quoique le spectre de Ninus ait toujours nui à l'effet de *Sémiramis* plus qu'il ne lui a servi, tant que les spectateurs, confondus sur la scène avec les acteurs, s'opposaient à l'illusion plus nécessaire à ce genre de spectacle qu'à tout autre, ce même spectre, depuis que le théâtre est libre, a fait une impression analogue au reste de la pièce. Mais en le jugeant sur les principes de l'auteur, est-il ce qu'il devait être? est-il absolument nécessaire? Non; car tout ce qui se passe dans la pièce pourrait se passer sans lui : le grand-prêtre sait tout et peut tout dire. Il eût donc fallu, pour rendre indispensable l'apparition de Ninus, que personne ne fût instruit du crime de Sémiramis, que lui seul pût empêcher l'inceste, révéler le forfait et commander la punition. Je suis fort loin de comparer à *Sémiramis* un monstre de tragédie tel que *Hamlet* de Shakspeare; mais j'avoue que dans l'auteur anglais, le spectre est beaucoup mieux motivé, et produit plus de terreur que celui de Ninus. Pourquoi ? C'est qu'il vient dévoiler ce que tout le monde ignore, et, de plus, qu'il ne parle qu'au seul prince de Danemarck. Cette dernière circonstance n'est pas indifférente : je ne crois pas qu'un spectre doive paraître sur la scène à la vue d'une grande assemblée ; au milieu de tant de monde la terreur s'affaiblit en se partageant. L'auteur a cru rendre le prodige plus imposant par tout cet appareil; mais en cherchant avec soin pourquoi il ne produit jamais qu'un effet médiocre, il m'a paru que les véritables raisons sont celles que je viens d'exposer. Je ne prétends pas substituer ici mes idées à celles d'un maître tel que Voltaire, et je sais qu'il est fort différent d'indiquer ce qui n'est pas bien, ou de trouver ce qui serait mieux ; mais il me semble que, si Ninus fût apparu devant Ninias, seul et dans le silence de la nuit, et que, sans avoir avec lui une longue conversation, comme le spectre anglais avec Hamlet, il eût en quelques mots, révélé le crime et demandé vengeance, il eût pu inspirer beaucoup plus de terreur [*].

Dans le plan de Voltaire, que vient dire l'ombre à Ninias ? De sacrifier à sa cendre, d'expier des forfaits et d'écouter le pontife. Mais Arzace, que

---

[*] Ce sentiment de La Harpe est aussi celui de Lessing, qui l'a exposé avec beaucoup d'esprit et même de gaieté satirique, dans sa *Dramaturgie*, espèce de revue dramatique, entreprise pour arracher ses compatriotes à l'imitation exclusive du théâtre Français, et où il soumet plusieurs des chefs-d'œuvre de notre scène à une critique quelquefois passionnée et malveillante, mais souvent aussi, juste, ingénieuse et profonde. H. Patin.

son père en mourant a envoyé vers Oroës, Arzace, qui le regarde comme son guide, comme le dépositaire et l'arbitre de ses destinées, est tout disposé à l'écouter, à lui obéir. De quoi donc s'agissait-il ? D'une explication entre Oroës et Ninias, explication qui est encore nécessaire, même après l'apparition de Ninus, puisque Ninus ne découvre rien ; et alors je reviens à la question d'où je suis parti : Pourquoi cet Oroës ne dit-il pas dès le premier acte tout ce qu'il ne dit qu'au quatrième ? Ce que je viens de développer sur la nature du merveilleux tragique, a fait tomber d'avance la raison frivole qu'allègue le grand-prêtre, *que le ciel ouvre et ferme sa bouche quand il lui plaît.* Point du tout : il est évident ici que c'est quand il plaît au poète : car nous sommes convenus que le merveilleux ne doit pas être arbitraire et gratuit, qu'il doit y avoir importance et nécessité ; et où est la nécessité que le grand-prêtre, qui doit apprendre à Ninias que Sémiramis est sa mère, et qu'elle a empoisonné Ninus, le lui apprenne le soir plutôt que le matin ? Il n'y en a pas la moindre raison plausible ; la seule que le spectateur ne sent que trop, et qui n'en est pas une, c'est que la révélation faite au premier acte rapprocherait trop la catastrophe, et rendrait l'intervalle très difficile à remplir. Mais c'était au poète à touver des motifs suffisants pour différer cette révélation, et ce n'en est pas un que de faire dire au pontife qu'il parle *quand il plaît aux dieux.*

C'est aux artistes, pour qui sur-tout sont faites

ces réflexions, à se demander ce qu'ils pensent de cette espèce de hardiesse sans exemple, de concevoir un plan où l'exposition est réellement au quatrième acte; quelle idée ils doivent se former d'un poète qui ose hasarder cette étrange contravention à la première de toutes les règles (bien plus risquable par ses conséquences que l'apparition d'une ombre), et d'un poète qui s'en tire avec succès. Mon dessein n'est sûrement pas de consacrer les fautes parce qu'elles ont réussi ; au contraire, je vais faire voir combien il serait dangereux de s'en autoriser et d'en faire un principe. D'abord, cette faute n'est pas du nombre de celles dont Voltaire disait, lorsqu'on les lui faisait remarquer : *Critiques de cabinet, qui ne font rien pour le théâtre.* Elle y fait beaucoup ; elle est la cause de la langueur qui se fait sentir généralement dans le deuxième et le troisième acte, jusqu'à la grande scène d'apparat qui excite du moins la curiosité. Jusque-là nulle émotion, nulle action ; les personnages ne sont jamais en situation les uns avec les autres; et c'est une preuve de l'importance qu'il faut attacher à l'observation des règles essentielles, dont la violation entraîne de semblables inconvénients. Mais comment n'ont-ils pas empêché que la pièce ne s'établît au théâtre? La raison qu'on en peut donner ne peut assurément pas prescrire contre les règles de l'art, ni rassurer ceux qui le cultivent: c'est que Voltaire a soutenu le deuxième et le troisième acte par tout ce que le génie poétique peut fournir de beautés de détail. Il n'a pas pu faire que l'on fût ému, et qu'on ne s'apperçût pas du vide d'action ; mais par le sentiment de l'admiration qu'inspirent le dialogue, le développement des caractères et l'éclat de la poésie, il a du moins soutenu l'attention ; et ensuite le grand tragique des deux derniers actes, dont l'impression est la dernière qu'on reçoit, a fait oublier ce qui manquait aux premiers. C'est le cas peut être d'appliquer ce vers d'un ancien :

Si non errâsset, fecerat ille minùs.
(Martial.)

« Il aurait fait bien moins s'il n'avait pas failli. » Mais aussi, pour s'autoriser d'un pareil exemple, il faudrait faillir comme Voltaire.

Si je n'ai pas admis l'intervention céleste comme une excuse valable du silence d'Oroës au premier acte, j'avouerai, malgré les critiques, qu'elle me paraît suffire pour justifier l'entrée de Sémiramis dans le tombeau. Je sais qu'il eût été plus simple et plus prudent de n'y descendre que bien accompagnée, ou d'y envoyer cinquante soldats; mais il est reçu que les dieux conduisent tout dans la pièce, et ici l'objet est important, et, suivant l'expression d'Horace, digne de l'intervention des dieux : elle est même expressément prédite. Ninus a dit à sa coupable épouse, qui s'approche de son tombeau :

Quand il en sera temps, je t'y ferai descendre.

Oroës dit à Ninias :

La victime y sera, c'est assez vous instruire :
Reposez-vous sur eux du soin de la conduire.

Nous sommes donc préparés à un évènement extraordinaire qui doit amener la punition terrible de Sémiramis immolée par son fils dans la tombe de l'époux qu'elle a fait périr. Il y a ici proportion entre les effets et les moyens, et c'est tout ce que l'art exige. Sémiramis est égarée, sans doute, quand elle entre dans la tombe où est Assur; mais Oreste ne l'est-il pas quand il tue sa mère en croyant ne frapper qu'Égysthe? Les dieux ne sont pas de trop lorsqu'il s'agit d'un pareil crime et d'un pareil châtiment *.

Le style de *Sémiramis*, si brillant de poésie, n'est pas à beaucoup près aussi pur, aussi châtié que celui de *Mérope*; on voudrait en retrancher un certain nombre de vers, ou négligés, ou incorrects, ou destitués d'harmonie. Cette pièce fut composée très rapidement : l'auteur en changea quantité de vers dans le cours des représentations, et la corrigea aussi vite qu'il l'avait faite. Elle fut accueillie par la cabale la plus violente qu'il eût essuyée depuis *Adélaïde*. Tout le monde se faisait un devoir de prendre parti pour Crébillon, comme s'il était défendu de surpasser son rival. Il avait fait une mauvaise *Sémiramis*, oubliée depuis trente ans; mais on s'en souvint quand Voltaire voulut en donner une meil-

---

* Cette apologie du dénouement de *Sémiramis* me paraît assez peu convaincante. Il était du reste fort difficile de justifier les moyens qui l'amènent, et dont la combinaison est, on ne le peut nier, très arbitraire, très invraisemblable, et même tout-à-fait puérile. La vengeance de Ninus est sans doute comme le dit La Harpe, *un objet important et digne de l'intervention des Dieux;* mais ce qui n'en est guère digne, c'est l'espèce de méprise qu'ils arrangent si péniblement pour punir la mère par la main du fils.

H. Patin.

leure. Elle ne tomba pas cependant; mais la première représentation fut très orageuse, et les autres furent médiocrement suivies. De tous côtés la critique se faisait entendre; elle avait de quoi s'exercer; mais il eût fallu rendre justice aux beautés, et cette justice n'est venue que long-temps après. On se souvient encore de ce vers, le dernier d'une épigramme qui courut alors :

Le tombeau de Ninus est celui de Voltaire.

On a cité partout le prétendu bon mot de Piron, à qui l'auteur demandait ce qu'il pensait de cette pièce: *Vous voudriez bien que je l'eusse faite.* Cette réponse, qui prouve seulement le peu de succès qu'avait alors *Sémiramis*, n'a rien de plaisant que la confiance d'un homme qui, n'ayant jamais fait dans le genre tragique rien qui valût une scène de *Sémiramis*, parlait à Voltaire du ton d'un rival. Le changement qu'a éprouvé le théâtre depuis qu'on a ôté les banquettes, et le talent de notre Lekain, ont enfin mis cette tragédie à sa place, et si de grands défauts ne permettent pas qu'elle soit parmi les pièces du premier ordre, ses beautés poétiques et théâtrales la rangent au moins parmi les premières du second.

Observations sur le style de Sémiramis.

[1] De ces chagrins mortels son esprit dégagé,
Souvent reprend sa force et sa *splendeur* première.

Splendeur ne se dit proprement que des objets extérieurs : la *splendeur* d'un règne, d'une fête, d'une cérémonie, du trône, etc. Il ne peut se dire de *l'esprit*.

² Que, prête à se *glacer*, *traça sa* main mourante.

Consonnance de syllabes sifflantes.

³ Aisément des mortels ils ont *séduit* les yeux.

Terme impropre : la même faute est dans *Bajazet*, et ne devait pas être imitée. D'ailleurs, le mot propre *tromper*, qui est dans le vers suivant, pouvait se mettre dans celui-ci, sans que la répétition fût vicieuse *.

⁴ Mes yeux *remplis de pleurs* et lassés de s'ouvrir.

Le premier hémistiche est peu agréable à l'oreille; le second est emprunté de Rousseau :

>   Et mes yeux, noyés de larmes,
>   Étaient lassés de s'ouvrir.

⁵ En m'arrachant mon fils m'avaient *punie assez*.

Cette élision sèche et dure à la fin d'un vers forme une chute désagréable.

⁶ Je voudrais,... mais faut-il dans l'état qui m'opprime...

On n'est point *opprimé* par un *état*; on est *accablé* d'un *état* et *opprimé* par le sort. Le mot *opprimer* ne peut se dire que de ce qui peut être personnifié figurément, comme le pouvoir, l'injustice, etc. Au

---

* Il ne paraît pas bien évident qu'il y ait *faute* dans ce vers, et que La Harpe ait raison contre Voltaire et Racine. Le *Dictionnaire de l'Académie* explique le verbe *séduire* par le verbe *tromper*. Il y a donc entre ces deux mots une grande analogie pour la signification, et peut-être était-il permis de les employer l'un pour l'autre. H. PATIN.

contraire, *oppressé* ne se dit que des choses : on est *oppressé* de douleur, *opprimé* par ses ennemis. Ce sont ces distinctions nécessaires qui constituent la pureté de la diction en vers comme en prose.

7 *Brisâtes* mes liens, *remplîtes* ma vengeance.

Il faut éviter en vers ces sortes de prétérits, dont la prononciation lourde et emphatique déplait à l'oreille : il faut sur-tout se garder d'en mettre deux à la suite l'un de l'autre : c'est une négligence de style.

8 La fierté d'un héros et le cœur d'un amant.

Relisez la période entière, qui commence cinq vers au-dessus, et vous verrez : *Votre cœur* a cru que vous pouviez déployer *le cœur*, etc. La distance du premier nominatif n'empêche pas que cette répétition battologique ne soit une faute.

9 Ambitieux esclave, et tyran tour à tour.

La précision du style exigeait *esclave et tyran* sans épithète, ou la correspondance des idées demandait une épithète pour chacun de ces deux mots.

10 *Conservez vos bontés*, je brave son courroux.

Il fallait absolument *conservez-moi*. D'autres éditions portent, *ménagez vos bontés*, qui est bien plus mauvais. L'un est insuffisant pour le sens; l'autre est une espèce de contre-sens.

11 . . . . Vois enfin si *les temps* sont venus
De lui porter des coups, etc.

Phrase vicieuse. On dit *le temps* de faire quelque

chose; on ne peut pas dire *les temps de faire*. La raison en est sensible; c'est que *le temps de faire* marque un point défini du temps, qui revient à *occasion;* les temps offrent une idée indéfinie. C'est donc une contradiction dans les termes, une faute grave et d'autant plus choquante, qu'elle est visiblement amenée par la rime, qui seule s'est opposée à l'expression juste, *si le temps est venu.* Il est d'autant plus blâmable dans un bon versificateur de se montrer dépendant de la rime, qu'il est plus beau d'en paraître toujours indépendant.

12 Sachez que de Ninus *le droit* m'est assuré.

L'impropriété de ce mot *droit* présente ici une idée très fausse. On dit dans la pièce, que Bélus n'a dû le trône qu'à *son peuple et à lui-même:* c'était là son *droit :* ce ne peut pas être celui d'Assur, qui ne peut prétendre au trône que comme prince du sang de Bélus; ce qui n'a rien de commun avec *le droit de Ninus,* successeur en ligne directe de Bélus.

13 De vous et d'Azéma l'union désirée
Rejoindra de nos rois *la tige séparée.*

Figure fausse et contre-sens dans les termes. On peut rejoindre *les branches séparées de la tige royale,* et cette figure est aussi claire que le rapport métaphorique d'un arbre à une famille. Mais comment *séparer* ou *rejoindre une tige* sans objet correspondant?

14 De connaître l'amour et ses *fatales lois.*

Fin de vers où l'oreille est trop négligée, comme dans quelques autres.

15 Quel pouvoir a brisé l'éternelle barrière
   Dont le ciel sépara l'enfer et la lumière ?

Proprement *dont* signifie *de qui, duquel*, et non pas *par qui, par lequel*. Mais en poésie, l'exemple des meilleurs écrivains et l'avantage de la précision, quand elle ne nuit point à la clarté, autorisent l'une et l'autre acception.

16 Ce grand choix, tel qu'il soit, *peut n'offenser que moi*.

Quand la transposition d'une particule peut changer le sens, il ne faut pas se la permettre. Azéma veut dire : *Ce choix ne peut offenser que moi;* ce qui est très différent de ce qu'elle dit. La contrainte de la mesure ne justifie pas de pareilles fautes : elle les aggrave en laissant trop voir, ce qu'il ne faut jamais montrer, l'impuissance de dire ce qu'on veut dire.

17 . . . . Arrête et respecte ma cendre :
    Quand il en sera temps, *je t'y ferai descendre*.

Cela signifie proprement *je te ferai descendre dans ma cendre;* ce qui n'est pas français. Mais les idées de *cendre* et de *tombe* sont si voisines, que la pensée les confond par approximation ; et se prête à l'ellipse qu'il faut supposer, *dans la tombe où est ma cendre*. Cette licence n'est peut-être pas une faute, mais n'est pas non plus une beauté.

18 *Glaça sa faible main*, etc.

Cacophonie déjà remarquée ailleurs : cette petite faute est la seule dans tout ce quatrième acte, si tragique.

19 Eh bien! chère Azéma, ce ciel *parle par vous*.

Autre cacophonie.

20 Ah! c'est le dernier *trait* à mon âme éperdue.

Cette phrase est vicieuse. On ne peut pas dire proprement, *c'est le dernier trait à*, et il est impossible de supposer aucune phrase elliptique; car on ne dit pas *porter un trait*, comme on dit *porter un coup*. Au contraire, nous avons vu plus haut un vers qui est justifié par une ellipse très naturelle :

La nature *étonnée à* ce danger funeste.

On dit *étonné de* et non pas *étonné à*, si ce n'est dans cette phrase, *étonné à la vue, à l'aspect*; et il est évident qu'*étonné à ce danger* signifie *étonné à la vue de ce danger*. Ici la précision poétique est dans tous ses droits.

FIN DU VINGT-NEUVIÈME VOLUME.

Contraste insuffisant

NF Z 43-120-14

www.ingramcontent.com/pod-product-compliance
Lightning Source LLC
Chambersburg PA
CBHW050603230426
43670CB00009B/1238